미디음악인을 위한

리듬과 베이스

박운영 저

머리말

어떤 책인가

이 책은 대중음악의 리듬을 배우고자 하는 미디 음악인들을 위해서 만들어졌으며 크게 다음과 같은 4가지 주요내용을 다루고 있다.

1. 대중음악 장르들에 대한 이해
2. 배치와 음색과 강세의 변화라는 리듬구성의 3가지 기본원리
3. 드럼과 베이스기타와 여러 타악기들의 특성
4. 락, 팝, 힙합, R&B, 라틴팝, 테크노, 퓨전재즈, 애시드재즈 등의 주요 장르별 리듬의 청음과 분석

첫번째로 기성 장르들을 이해하는 것은 새로운 리듬의 창작에 도움이 얻기 위해서이다. 앞서서 얘기했지만 그 어떤 장르도 홀로 탄생된 것은 없고 그것은 외계인이 아니고서는 불가능한 일이다. 장르를 공부하는 또 다른 이유는 현재의 주류 장르나 음악적 경향은 언젠가는 힘을 잃고 새로운 것으로 재탄생된다는 것을 알기 위해서이다. 따라서 여러분들이 현재 선호하는 장르 이외의 것들에 대해서도 항상 마음의 문을 열어두기 바란다.

두번째로 리듬의 창작에는 화성과 마찬가지로 분명 원리가 존재한다고 생각한다. 그래서 필자는 많은 음악들을 분석하면서 공통의 규칙들을 정리해 보았다. 그것은 바로 어떻게 분할할 것인가(배치), 어떤 악기를 사용할 것인가(음색), 어느 위치에 강세를 줄 것인가(강세)의 3가지 원리였는데 이를 통해서라면 새로운 리듬에 대해서도 이해와 창작이 수월해지리라 믿는다.

세번째로 대중음악의 주류리듬 악기인 드럼과 그외의 봉고, 콩가, 마라카스 등의 퍼커션들의 특징과 연주법들을 정리하였다.

네번째로 기성곡들의 특징있는 리듬들을 여러분들이 직접 듣고 따라해 볼 수 있도록 부록 파일(mp3)들을 준비하였다. 실제의 곡 속에서 타악기들이 다른 악기들과 함께 어떻게 진행되며 곡 분위기를 위해서 어떤 역할을 하고 있는지를 직접 경험할 수 있게 했다.

노력하여 열심히 공부하는 분에겐 반드시 좋은 결과가 있을 것이다. 이 책을 통한 성과는 이미 필자의 교육경험을 통해서 확인해 보았다.

리듬의 시대에 살면서

우리는 작곡을 공부하고자 할 때 보통 악기 연주와 화성학, 시창/청음을 중점적으로 공부한다. 그러나 이는 화성을 중요시하는 서양클래식 음악의 영향 때문이다. 음악은 선율, 화성, 리듬이라는 3요소로 이루어져 있는데 이들은 모두 동등한 미(美)적인 가치를 지닌다. 그래서 세계 여러 지역과 민족마다 선호하는 경향이 달랐으며, 20세기 후반과 21세기의 대중음악 속에서는 리듬이 중심 요소가 되었다. 1900년대 초 블루스에 의해 일깨워진 리듬을 통해서 락이 탄생되었다.

누군가 "음악은 선율과 화음이 아름다와야 한다. 그리고 리듬은 반주의 역할을 한다."라는 생각을 가지고 있다면 현재의 대중음악을 이해하는데에 어려움이 많게 될 것이다. 현대 전 세계 팝음악 시장을 장악하고 있는 힙합과 R&B와 블랙 팝을 들어보라. 대부분 16비트와 어프 비트(Off Beat)에 강세가 주어진 경우가 많고, 특히 힙합에서는 리듬이 보컬로 구사되고, 선율이 반주로 깔려 있는 경우가 허다하다. 일종의 역전이라 볼 수 있다.

더우기 다른 여타 장르에서도 지금의 리듬중심적 조류 속에서 살아남기 위하여 흑인음악의 특성을 받아들이고 있다. 헤비메탈, 팝, 뉴에이지, 영화음악 등의 전 장르에서 그러한 변화가 일고 있으며, 민속 리듬악기의 현대적인 재해석과 연주가 성행하고 있다.

언제 끝날진 모르지만 여하튼 지금은 리듬의 시대이다. 여러분들은 화성학과 동등한 시간을 리듬을 공부하는데에도 투자해야만 한다. (2002년 7월)

2017년 5월, 위의 옛 머리말로 개정판 인사를 대신한다.

이 책을 사랑하는 예진, 유나에게 바친다.

저자 박운영.

교육과 부록 데이터

필자는 오랜 세월동안 미디 오케스트레이션을 연구/집필/교육해 왔으며 많은 제자들이 실무 현장에서 활동하고 있습니다. 다수의 뮤지컬/영상/앨범 음악을 창작해 왔고, 대학/대학원의 강의를 하며 쌓아온 기법들을 전수합니다. 단순 경험적 노하우가 아닌 체계있고 책임감이 있는 교육 시스템을 중요시 합니다. '미디 오케스트레이션'의 공부가 필요하신 분들께 든든한 등대, 길잡이가 되고 싶습니다. 아래 사이트에서 레슨에 관한 정보를 얻으실 수 있습니다. 이와 더불어 본 책을 공부하기 위한 부록 데이터를 다운 받으실 수 있습니다.

www.midimusic.co.kr

newjaninto@naver.com

차 례

제1장: 장르이야기 I ··· 1

   1. 블루스 (Blues) ·· 1
   2. 재즈 (Jazz) ·· 3
   3. 락엔롤 (Rock 'n' Roll) ·· 6
   4. 락 (Rock) ··· 7
   5. 하드락 (Hard Rock) ··· 8
   6. 헤비메탈 (Heavy Metal) ······································· 9
   7. 소울과 훵크 (Soul&Funk) ···································· 14
   8. 디스코 (Disco) ·· 15
   9. 퓨전 재즈 ·· 16

제2장: 장르 이야기 II ·· 18

   1. 얼터너티브 락 (Alternative Rock) ······························ 18
   2. 하드 코어 (Hardcore) ·· 19
   3. 힙합과 현대 R&B ·· 20
   4. 하우스 (House)와 유로비트 (Euro Beat) ······················· 23
   5. 테크노 (Techno) ·· 25
   6. 애이시드 재즈 (Acid Jazz) ··································· 27

제3장: 리듬을 연주하는 악기들 ······················· 28

   1. 드럼 ··· 28
   2. 베이스 (기타, 신스) ·· 29
   3. 퍼커션 ··· 31
   4. 멜로디/코드악기 ·· 32
   5. 인성 ··· 33

제4장: 드럼의 이해 ··· 35

   1. 드럼의 생김새 ·· 35

    2. 드럼 연주의 특징 ·· 35

    3. 드럼 입력의 예 ·· 36

    4. 드럼 구성악기의 특징 ·· 37

제5장: 타악기의 음역별 역할 ·· 40

제6장: 리듬의 구성원리 - 배치 ·· 44

    1. 베이스 드럼의 배치변화 ··· 45

    2. 하이햇의 배치변화 ·· 48

    3. 스네어 드럼의 배치변화 ··· 53

제7장: 리듬의 구성원리 - 강세 ·· 56

    1. 8비트에서의 강박의 우선 순위 ·· 58

    2. 16비트에서의 강박의 우선 순위 ·· 58

    3. 원칙의 변화 ·· 59

    4. 32비트에서의 강박의 우선 순위 ·· 60

    5. 홀수 분할에서의 강박처리 ·· 61

    6. 알토/테너/베이스 계열의 강박 처리 ·· 62

    7. 꾸밈음과 당김/밀림의 강박 ··· 64

    8. 고스트 노트 ··· 65

    9. 어프 비트 (Off Beat) ·· 66

제8장: 리듬의 구성원리 - 음색 ·· 68

    1. 소프라노 계열의 음색변화 ·· 69

    2. 알토/테너 계열의 음색변화 ··· 71

    3. 베이스 계열의 음색변화 ··· 73

제9장: 드럼 - 8비트,16비트 ·· 74

    1. 8비트 악보연습 ·· 74

    2. 8비트 패턴연습 ·· 75

    3. 16비트 패턴연습-하이햇 심벌 ··· 78

    4. 16비트 패턴연습-베이스 드럼 ··· 79

    5. 16비트 실전연습 (초급) ··· 81

  6. 16비트 실전연습 (중급) ·· 83

제10장: 드럼 - 스윙&트리플릿&32비트 ············ 85
  1. 패턴 연습 ··· 86
  2. 실전 연습 ··· 87

제11장: 베이스 기타의 이해 ······················ 89

제12장: 베이스 - 8비트 ···························· 92
  1. 패턴연습 ·· 92
  2. 실전연습 ·· 96

제13장: 베이스 - 16비트 ·························· 98
  1. 패턴연습 ·· 98
  2. 실전연습 ·· 100

제14장: 베이스 - 스윙&트리플릿&32비트 ········· 104
  1. 패턴연습 ·· 104
  2. 실전연습 ·· 107

제15장: 드럼 - 8비트 필인 ························ 108
  1. 패턴연습 ·· 108
  2. 실전연습 ·· 110

제16장: 드럼 - 16비트 필인 ······················· 112
  1. 패턴연습 ·· 112
  2. 실전연습 ·· 114

제17장: 드럼 - 스윙&트리플릿&32비트 필인 ········ 116
  1. 패턴연습 ·· 116
  2. 실전연습 ·· 118

제18장: 에스닉 퍼커션과 라틴팝 ··················· 119
  1. 봉고 ··· 119

2. 콩가와 퀴카 ········· 120

3. 팀발레와 카우벨 ········· 121

4. 마라카스 ········· 121

5. 라틴 팝 ········· 122

6. 패턴과 실전 연습 ········· 123

7. 실전연습 ········· 126

모범답안 ········· **128**

제1장: 장르이야기 Ⅰ

서양 대중음악의 변천사를 설명하고자 할 때 사실 그 뿌리는 유럽 클래식이라는 거대한 산맥과 만나게 된다. 그러나 클래식의 주요 향유층은 귀족과 전문 음악인들이었다. 대중이 즐겨듣는 음악이 음악사의 큰 흐름으로 자리잡게 된 것은 1900년 초 미국 블루스의 시작부터였다.

따라서 대중음악을 다루는 본 교재에서는 시야를 다소 좁혀 미국 블루스 이후에 발생된 음악들과 그와 동시대의 타 지역에서 발생된 음악들에 초점을 맞추고자 한다.

1. 블루스 (Blues)

블루스의 기원은 1800년대 후반 흑인 영가, 노동요에서 찾을 수 있다. 남부 미시시피 델타의 흑인 노예들이 농장에서 노동과 굶주림, 멸시를 참아내며 흥얼거리던 노래였다. 주로 가난이나 시련 또는 고통 속에 생활의 탄식, 괴로움, 슬픔, 절망감을 노래로 엮었는데 이러한 노래에는 샤우트, 흑인영가의 절규와 리듬과 감정이 있었다.

연주자 대부분이 교육을 받지 못한 사람들이었기 때문에 전적으로 전문가의 도움없이 프레이즈와 스탠자에 대한 블루스의 전통을 발전시켜 나갔으며 그 과정 속에서 이전까지의 고전적인 화성에서 벗어나는 새로운 종류의 음악이 만들어지게 된다.

초기에는 짧게 반복되는 가사와 12마디 정도의 길이, 4/4박자 형식으로 통기타와 하모니카, 아프리카 토속악기 등으로 반주되던 형태였는데 이때 로버트 존슨(Robert Johnson), 소니 보이 윌리엄슨(Sonny Boy Williamson) 크게 활약했는데 이런 형태를 특히 농촌 블루스(Country Blues)라 일컫는다.

이후에 빠르고 경쾌한 리듬을 갖고 대중과 좀더 친근해지는 도시적인 블루스가 나타났는데 이때 머디 워터스(Muddy Waters), 존리 후커(John Lee Hooker), 엘모스 제임스(Elmore James), 비비 킹(B.B.King) 등이 활약한다. 이때 리듬앤 블루스(R&B)라는 리듬이 더욱 강조된 형태가 나타난다. 이것은 일렉기타의 탄생과도 관련이 있다.

<알버트 킹>　　　　　<비비킹>

그리고 1940년대 이후에는 Micheal Bloomfield, Eric Clapton, Roy Buchanan, Duane Allman, Stevie Ray Vaughan 등의 백인 블루스 연주인들도 등장하게 된다.

한편 뉴올리언즈 지방에서는 타 지역과 달리 선동의 의미로 금지되었던 드럼이 허용되었다. 그 결과 블루스와는 다른, 드럼에 의한, 다소 느낌이 다른 음악이 생겨났는데 이것이 바로 재즈이다. 이곳과 함께 시카고에서도 재즈와 블루스가 만나 서로의 장점을 받아 들이면서 '재즈에서 블루스의 향기'가 '블루스에서는 재즈의 채취'가 느껴지기 시작한다.

재즈는 화려한 음악적 수사로 감정적인 충동을 완곡하게 표현하는 음악이라면 블루스는 감정적인 것들을 음악적 기호를 통해 구체화시킨 음악이라 할 수 있다.

또한 멤피스로 옮겨간 블루스는 1950년대에 로큰롤을 탄생시켜, 지금 우리 시대의 록 음악에까지 이르게 되었다.

블루스의 음악형식적 특징을 정리하자면;

블루스는 '블루노트'(Blue Note)라는 특이한 음계를 사용하는데 서양 장조음계의 기준으로 볼 때 제3음, 5음 그리고 7음이 반음씩 내려가 있다. 그러나 이 음계는 멜로디를 이끄는 데에만 사용되고 반주에는 서양의 장조 화음을 사용된다. 따라서 멜로디와 반주가 묘한 불협화음을 유발한다.

블루스의 두번째 특징은 리듬에 있다. 싱코페이션과 스윙(짝수 위치의 음들을 3연음의 마지막 위치로 지연시켜 연주), 그리고 약박에 부여되는 악센트에 의해 백인음악에서 볼 수 없었던 독특한 율동을 불러일으킨다.

블루스의 세번째 특징으로 블루스 노래는 4마디씩의 단위가 3개 모여 결국 12마디가 1절을 이룬다. 12마디의 반 정도는 보컬이 맡고 나머지는 이를 모방한 악기연주가 채워진다.

■ 들어보기

♪ RB-001(Albert King - I'll Play The Blues For You).mp3

♪ RB-002(Freddie King - Sweet Home Chicago).mp3

♪ RB-003(B.B.King-Three O'Clock Blues).mp3

🎵 RB-004(Eric Clapton - Layla).mp3

🎵 RB-005(Sonny Boy Williamson - Good Evening Everybody).mp3

■ 주요 음악인 (약 1900년 초반 이후)

> Robert Johnsons, Muddy Waters, B.B. King, Sonny Boy Williamson, T-Bone Walker Little Walter, Elmore James, Jimmy Reed, Howlin Wolf, Junior Wells, John Lee Hooker 와 Buddy Guy, Bessie Smith(여가수), Koko Taylor, Willie Dixon, Albert King, Freddy King, Albert Collins, Micheal Bloomfield(백인), Eric Clapton(백인), Roy Buchanan(백인), Duane Allman(백인), Stevie Ray Vaughan(스티비 레이본-백인)

2. 재즈 (Jazz)

1920년대 이전에 처음 생성된 재즈 스타일을 뉴올리언즈 사운드라 일컫는다. 재즈는 한때 프랑스가 지배했었던 미국 남부의 뉴올리언즈에서 발생했다. 블루스와는 달리 크레올(Creole)이라는 프랑스인과 흑인 사이의 혼혈계들이 시작한 음악이다. 이들은 백인보다는 못하지만 일반 흑인들보다는 나은 생활을 했기 때문에 클래식 음악교육을 받을 수 있었다. 이러한 바탕에 흑인 특유의 리듬감이 결합된 음악형태를 만들어 내는데 이것이 바로 재즈이다.

이때의 재즈는 트럼펫과 트롬본, 클라리넷 등이 강조되어 고적대 연주 같은 사운드였으며 이것을 뉴올리언즈 사운드라고 불리는데 버디 볼든(Buddy Bolden), 제리 롤 모튼(Jelly Roll Morton), 프레디 캐퍼드(Freddie Keppard) 등이 활약했다.

1920년대의 캔사스, 시카고에서는 솔로 즉흥연주와 준비된 악보에 의한 밴드의 반주가 결합되었는데 규모가 큰 빅밴드와 색소폰의 화려한 연주가 인기를 끌었다. 이것을 이른바 시카고 스타일이라한다. 이 시기에는 2박자 느낌의 뉴 올리안즈 스타일이 스윙감이 더해진 4박자 형태로 발전했다는 특징도 갖는다. 루이 암스트롱(Louis Armstrong), 빅스 바이더벡(Bix Beiderbecke), 킹 올리버(King Oliver) 같은 이들이 활약했다.

1930년대에는 스윙 재즈라하여 재즈가 가장 많은 대중의 사랑을 받는 시기였다. 스윙(Swing)재즈의 율동은 이전에도 있었지만 4박자의 각 박 사이에 악센트를 주는 오프비트(Off Beat)를 구사함으로써 더욱 인기를 얻게 된다. 대공황이 끝나고 라디오가 보급되면서 미국인들은 경쾌한 스윙 재즈에 열광하게 되고 클라리넷 주자인 베니 굿맨(Benny Goodman)이 로스엔젤레스의 팔로마 볼룸과 뉴욕의 카네기홀에서 성황리에 공연을 마침으로써 재즈는 공식적인 음악적 지위를 얻게 된다. 시카고 스타일에서와 마찬가지로 솔로 주자가 즉흥연주를 하고 나머지 빅밴드는 미리 준비된 악보로 연주를 했으며 유럽스타일의 대위법적 멜로디와 화성적인 진행이 강조되었다. 듀크 엘링턴(Duke Ellington-피아노), 베니 굿맨(Benny Goodman-클라리넷), 글렌 밀러(Glenn Miller-트롬본), 카운트 베이시

(Count Basie-피아노), 콜맨 호킨스(Coleman Hawkins-색소폰)와 레스터 영(Lester Young-색소폰), 엘라 핏츠제랄드(Ella Fitzgerald-보컬)와 빌리 홀리데이(Billy Holyday-보컬) 등이 활약했다.

<베니 굿맨>

<듀크 엘링턴>

1940년대에는 비밥 재즈가 발생하였다. 스윙재즈가 상업적으로 성공하자 이에 반감한 이들이 이전의 재즈정신에 따라 아프리카적인 요소를 강조하고, 노래를 부를 때 "비밥 비밥"하는 뜻없는 소리를 내는 것에서 시작되었다. 이것은 스윙 재즈와 달리 4, 5인조의 작은 규모로 각 연주자의 즉흥연주가 강조되었다. 음색과 화성이 대단히 강렬하여 감화음, 7도, 9도, 11도 화음을 구사하고 빠른 템포이긴 하지만 율동감이 별로 없었기 때문에 대중성보다는 예술성이 강조되었다. 그래서 스윙 재즈와 비교된다하여 고전 재즈(Traditional Jazz, Classical Jazz)라 불리었다.

비밥 재즈에서의 특이한 점은 피아노가 리듬악기화 되고, 드럼이 멜로디 악기와 마찬가지로 기교적인 연주를 하며, 빠르고 자극적인 리듬을 구사한다. 찰리 파커(Charlie Parker-앨토 색소폰), 존 "디지" 질레스피(John "Dizzy" Gillespie-트럼펫)와 마일스 데이비스(Miles Davis-트럼펫), 마일트 잭슨(Milt Jackson-비브라폰), 오스카 페티포드(Oscar Pettiford-콘트라베이스)와 찰리 밍구스(Charlie Mingus-콘트라베이스), 케니 클락(Kenny Clarke-드럼)과 맥스 로치(Max Roach-드럼) 등이 활약했다.

1950년대에는 쿨 재즈라하여 제2차 세계 대전이 끝난 이후 허탈감과 우울함에서 벗어나 부드럽고 신선한 형태의 재즈음악이 탄생한다. 정식으로 음악수업을 받은 음악인들이 클래식기법(화성법, 대위법, 무조성주의)을 접목시켜 이전보다 바이브레이션이 적어지고 부드럽고 서정적이며 조용하고 진지한 감상용 재즈를 만드는데 이것을 쿨 재즈라 일컬었다. 이때는 주로 트럼펫, 색소폰, 피아노, 기타, 콘트라베이스, 드럼으로 구성된 캄보밴드로 연주되었다. 마일스 데이비스(Miles Davis-트럼펫), 쳇 베이커(Chet Baker), 스탄 게츠(Stan Getz), 존 콜트레인(John Coltrane), 소니 롤린스(Sonny Rolins-색소폰), 맥스 로치(Max Roach-드럼), 호레이스 실버(Horace Silver-피아노), 데이브 브루백(Dave Brubeck-피아노), 모던 재즈 4중주단(Modern Jazz Quartet) 등이 활약했다.

1960년대에는 프리 재즈라하여 젊은 흑인 재즈 음악인 오네트 콜맨 (Ornette Coleman)과 존 콜트레인(John Coltrane)에 의해서 본격화되었다. 초기에 화성적인 변화를 시도하던 것이 당시의 격심했던 흑백문제와 더불어 격하고 야성적이고, 날카로운 음악으로 발전하게 되었다. 프리재즈는 전통적인 규칙보다는 연주자 각자의 즉흥성이 조성과 박자와 형식을 깨면서까지 표현되었으며, 우연적이고 아프리카적인 무조성성이 나타났다. 어떤 면에서 이들은 미국 재즈보다 유럽 예술음악의 갈래인 전위음악과 가깝다. 존 콜트레인(John Coltrane-색소폰), 오네트 콜맨(Ornette Colman), 빌 에반스(Bill Evans), 웨스 몽고메리(Wes Montgomery), 마일즈 데이비스(Miles Davis), 레니 트리스타노(Lennie Tristano-피아노), 챨리 밍구스(Charlie Mingus-베이스), 아키 세프(Archic Shepp-색소폰) 등이 활약했다.

<빌 에반스>   <칙 코리아>

1970년대에는 퓨전(Fusion) 재즈라하여 마일즈 데이비스는 존 멕로린, 칙 코리아, 웨인 쇼터 등 재즈계의 베테랑을 불러 모아 락음악과 융합된 새로운 형태의 재즈를 구사하였다. 비밥, 쿨, 프리재즈와 달리 협화음적이고, 기교적인 즉흥연주를 줄여 비교적 부드럽게 진행되며, 전기기타, 전기콘트라베이스, 전자피아노, 신디사이저 등을 사용하여 음향성과 예술성을 강조한 재즈이다. 쿨, 프리, 퓨전 재즈로 인하여 재즈음악은 더 이상 유흥음악이 아닌 한 시대를 대변하는 예술 장르로서 인정받게 된다. 마일즈 데이비스(Miles Davis), 칙 코리아(Chick Corea), 데이빗 샌본(David Sanborn), 도널드 버드(D. Byrd), 펫 메스니(Pat Metheny), 허비 행콕(Herbie Hencock), 존 멕로린(John McLaughlin-전기기타) 등이 활약했다.

1980년대 이후에는 신 고전주의라하여 퓨전과 컨템포러리 재즈가 활기를 뛰며 상업적으로 성공할 때 쯤 윈튼 마샬리스는 비밥재즈를 재해석해 연주한다. 초기 재즈의 끈끈함 보다는 지적인 표현이 중시된다. 윈턴 마샬리스(Wynton Marsalis), 케니 개럿(Kenny Garrett), 월레스 로니(Wallace Roney) 등이 유명하다.

■ 들어보기

♬ RB-006(Benny Goodman - In The Mood).mp3-스윙

♬ RB-007(Duke Ellington - Take The -A- Train).mp3-스윙

♬ RB-008(Charlie Parker-Clowboat-to-China).mp3-비밥

♬ RB-009(Miles Davis - Misty).mp3-쿨

♬ RB-010(John Coltrane -Say it).mp3-쿨

♬ RB-011(John Coltrane - Billie's Bounce).mp3-프리

♬ RB-012(Bill Evans & Eddie Gomez - Invitation).mp3-프리

♬ RB-013(Miles Davis-The Doobop Song).mp3-퓨전

♬ RB-014(Chick Corea Electric Band).mp3-퓨전

♬ RB-015(Herbie Hancock-Call it 95).mp3-퓨전

♬ RB-016(Pat Metheny-Above The Treetops).mp3-퓨전

3. 락엔롤 (Rock 'n' Roll)

50년대 중반 무렵 필 히일리, 엘비스 프레슬리 등이 만든 음악으로서 흑인의 리듬과 블루스, 빅밴드를 모방하고 컨츄리 (Country), 웨스턴 (Western), 가스펠음악, 1940-50년대 부기우기 음악을 섞어 만들었다. 몸을 흔드는 식으로 춤을 추는데서 "Rock and Roll"이라 이름 붙였고 그것을 줄여 "락엔롤"이라 하였다. 컨츄리에서는 볼수 없었던 격정적이고 시끄럽고 자극적인 감정들이 블루스에서 전달된 것이다.

<엘비스 프레슬리>

<척베리>

록큰롤이 세상에 알려진 계기가 된 된 것은 빌 헤일리와 코메츠(Bill Haley & Comet)의 'Rock Around The Clock'이다. 하지만 이 당시만 해도 록큰롤은 매우 위험하고 불량한 음악이었다. 특히 TV에선 엘비스 프레슬리의 허리춤을 감추기 위해서 엘비스의 상반신만 방영하기도 했다.

참고로 락엔롤 가운데서도 백인의 컨츄리에 가까운 것을 라커빌리(Rockabilly)라 부른다.

■ 주요 음악인 (약 1940년대 이후)

> 엘비스 프레슬리(Elvis Presley), 척 베리(Chuck Berry), 빌 헤일리와 코메츠(Bill Haley & Comet), 버디 홀리(Buddy Holly), 리틀 리처드(Little Richard), 제리 리 루이스(Jerry Lee Lewis), 레이 찰스(Ray Charles), 패츠 도미노(Pats Domino), 에버리 브라더즈(Everly Bothers), 샘쿡(Sam Cooke), 폴앵카(Paul Anka)

■ 들어보기

♪ RB-017(Elvis Presley - Burning Love).mp3
♪ RB-018(Chuck Berry - Johnny B. Goode).mp3
♪ RB-019(Little Richard - Somethin' Else).mp3

■ 블루스와 락엔롤의 차이

1. 블루스는 흑인(전체) 중심적, 락엔롤은 백인(청년) 중심적이다. 따라서 블루스는 백인 전체에 대한 반항이 내재되어 있고, 락엔롤은 백인 기성세대에 대한 반항이 내재되어 있다.
2. 블루스는 애환에 의한 흑인의 저항을 노래하지만 락엔롤은 흥에 이한 청년이 저항을 노래한다.
3. 블루스가 베이스 기타의 역할과 음량 밸런스가 상대적으로 크다.
4. 사용하는 음계가 다르다.

4. 락 (Rock)

흑인과 백인의 혼용장르였던 락엔롤은 영국의 비틀즈(Beatles)의 등장 이후부터는 거의 백인의 전유물이 되어 간다. 유연한 베이스와 복잡한 화성과 멜로디의 흑인 블루스와 재즈에서 벗어나 단순한 드럼과 기타 반주와 간단한 화성으로 진행되는 락(초기의 Old Rock)으로 변화된다. 일렉기타의 역할이 확실해진다.

정장차림의 비틀즈와 불량스러운 모습의 롤링스톤즈. 이들의 미국 상륙을 일컬어 영국의 침략(British Invasion)이라 하는데 이때부터 락의 본격적인 전성기가 시작된다.

<비틀즈>　　　　　　　　　<롤링 스톤즈>

■ 주요 음악인 (약 1950년대 이후)

> 비틀즈(Beatles), 롤링스톤즈(Rolling Stones), 더도어즈(The Doors), 자니스 조플린(Janis Jopelin), 알만브라더스 밴드(Allman Brothers Band)

■ 들어보기

♪ RB-020(Beatles The One -A Hard Days Night).mp3

♪ RB-021(Rolling Stones - Twenty Flight Rock).mp3

♪ RB-022(Doors - L.A. Woman).mp3

■ '락(Rock)음악이 무엇이냐'고 물어보면 간단하게 뭐라 대답할까요?

1950년대 엘비스 프레슬리와 비틀즈에 의해서 본격화되었던 음악장르로서 4/4박자를 기본으로, 저(低)-고(高)-저-고의 비트 구분이 베이스 드럼과 스네어 드럼으로 명확해졌으며 일렉기타의 역할이 이전보다 강해진다.

5. 하드락 (Hard Rock)

1960년대 말, 지미핸드릭스(Jimi Hendrix)와 크림(Cream) 등에 의해서 기존 락보다 더욱 직선적이고 강력한 사운드의 음악이 시작되는데 그 이전에 엘비스 프레슬리가 불렀던 로커빌리 스타일의 '사냥개(Hound Dog)'라는 곡이 결정적인 발단을 제공하였다.

하드락은 디스토션 기타 사운드(지미 핸드릭스가 처음 시작)와 파괴적인 베이스 드럼/스네어 드럼, Open Hi-Hat으로 채워지는 세부 비트, 남성적이고 격한 보컬, 음역 폭이 좁고 짧은 선율, 노골적이고 위압적인 남성성을 과시하는 무대 매너 등이 이전 락과 다른 점이다.

<지미 핸드릭스>

<본조비>

■ 주요 음악인 (약 1960년대 말 이후)

> 지미 핸드릭스(Jimi Hendrix)-후반, 크림(Cream), 레드 제플린(Led Zeppelin), 딥 퍼플(Deep Purple), 씬 리지(Thin Lizzy), UFO, 유어라이예 힙(Uriah Heep), 키스(KISS), 에어로스미쓰(Aerosmith), 밴 헤일런(Van Halen), AC/DC, 화이트스네이크(Whitesnake), 레인보우(Rainbow), 컬트(Cult), 본 조비(Bon jovi), 저니(Journey), 러버보이(Loverboy), 휘리너(Foreigner)

■ 들어보기

♬ RB-020(Jimi Hendrix - PurpleHaze).mp3

♬ RB-021(Aero Smith - Dude (Looks Like A Lady).mp3

♬ RB-022(Van Halen - Ain't Talkin' 'Bout Love).mp3

♬ RB-023(Bon Jovi - You Give Me A Bad Name).mp3

♬ RB-024(White Snake - The Deeper The Love).mp3

6. 헤비메탈 (Heavy Metal)

헤비메탈은 종종 하드락과 구별하지 않기도 하는데 시대적으로 1980년대 이전은 하드락, 그 이후를 헤비메탈이라 구분하기도 한다. 그러나 굳이 그 음악적 특색을 말하자면 보다 헤비메탈은 빠른 템포와 샤우트 창법, 멜로디의 약화, 보다 강조된 디스토션 기타, Crash Cymbal의 활약 등으로 표현되는 폭력성, 왜곡, 약탈, 소음, 허무주의적 광기 등이 그 특징이다.

헤비메탈은 대략 쥬다스 프리스트(Judas Priest)에서 그 시작이 보이는데 이후 다음과 같이 여러 갈래의 하위 장르로 발전하면서 상업적으로도 크게 성공하여 락의 최전성기에 이르게 된다.

■ 정통 메탈(Orthodox Metal)

하드록의 본류를 계승한 정통파로서 초기에는 영국 밴드가 많았지만 이후 미국으로 건너가 더욱 발전하게 된다. 쥬다스 프리스트(Judas Priest), 아이언 메이든(Iron Maiden), 오지오스본(Ozzy Osbourne).

<쥬다스 프리스트>

■ L.A.메탈(L.A.Metal)

80년대초 미국 서해안을 중심으로 유행하기 시작한 멜로디 중심의 흥겹고 경쾌하며 성적인 내용을 위주로하여 10대 팬들에게 많은 인기를 끌었다. 쾌락적이고 가볍다고 비판을 받긴 했지만 헤비메탈의 대중화에 크게 기여하였다.· 머틀리 크루(Motley Crue), 콰이엇 라이오트(Quiet Riot), 랫(Ratt), L.A.Guns, 포이즌(Poison), 건스 앤 로우지즈(Guns N'Roses), 도큰(Dokken), 워런트(Warrant), 슬로터(Slaughter).

■ 팝 메탈(Pop Metal)

헤비메탈과 팝을 접목시킨 다소 순하고 달콤한 쟝르로서 초기엔 인정을 못받지만 몇몇 그룹의 성공으로 인해 하나의 당당한 장르로 인정받게 되었다. 본 조비(Bon Jovi), 데프 레퍼드(Def Leppard:초기엔 정통 메탈), 넬슨(Nelson), 유로웁(Europe).

■ 바로크 메탈(Baroque Metal)

헤비메탈을 클래식에 접목시킨 쟝르로서 클래시컬 메탈(Classical Metal)이라고도 하는데 바로크적 선법을 중시하여 주로 비발디나 요한 바하의 작법을 모방하였다. 보통 밴드보다는 개인 연주자가 유명하다. 잉위 맘스틴(Yngwie Malmsteen), 울리히 로쓰(Ulich Roth, 스콜피온스), 임펠리테리(Impelliteri).

■ 쓰래쉬 메탈(Thrash Metal)

80년대 중반과 90년대 초반에 등장한 것으로서 고속의 스피드를 주무기로 하며 과격한 사운드와 가사내용이 특징이지만 데스 또는 블랙 메탈 보다는 비교적 덜 광폭하고 덜 사타니즘적이어서 헤비메탈의 초보자들이 입문하기에 적합하다. Metallica(메탈리카), 메가데쓰(Megadeth), 앤쓰렉스(Anthrax), 슬래이(Slaye), 세펄츄라(Sepultura), 테스터먼트(Testament), 크리에이터(Kreator), 엑서더스 소덤(Exodus Sodom), 디스트럭션(Destruction).

<메탈리카>

■ 멜로딕 스피드 메탈(Melodic Speed Metal)

스래쉬 메탈과 비슷하지만 멜로디를 강조하여 대중적인 호응을 노린 스타일로서 독일 밴드가 많다. 헬로윈(Helloween), 블라인드 가디언트(Blind Guardian), 크로우밍 로우즈(Chroming Rose), 갬머 레이(Gamma Ray).

■ 파워 메탈(Power Metal)

정통 메탈과 스래쉬 메탈의 중간적인 특성을 갖는데 남성적인 보컬과 힘있는 사운드가 특징이다. 매너워(Manowar), 메탈 처취(Metal Church), 팬터러(Pantera).

■ 데쓰 메탈(Death Metal)

미국 플로리다에서 시작한 데쓰 메탈은 쓰래쉬 메탈이 더욱 극단화된 것이다. 어두운 그로울링 보컬/베이스/기타, 빠른 속도, 무거운 소음, 음향효과, 기계음, 죽음이나 파괴, 악마찬양 등이 특징이다. 퍼제스트(Possessed), 배떠리(Bathory), 데쓰(Death), 네이팜 데쓰(Napalm Death), 어비튜어리(Obituary), 캐너벌 콥스(Cannibal Corpse), 디어자이드(Deicide), 모어비드 에인절(Morbid Angel), 카어커스(Carcass).

■ 블랙 메탈(Black Metal)

베놈(Venom)이 처음으로 블랙메탈을 창시했는데 스래쉬와 데스와 달리 암울하고 어두움을 배경으로 북유럽 특유의 신비스러움과 서정성이 담겨진다. 이후 아메리카와 아시아에도 널리 전파되었다. 크레이들 어브 필쓰(Cradle of Filth), 버줌(Burzum), 림보닉 아트(Limbonic Art), 디섹션(Dissection), 악튜어러스(Arcturus), 엠퍼러(Emperor), 새타이리콘(Satyricon).

■ 그라인드 코어(Grind Core)

메탈 가운데서 가장 과격한 장르로서 멜로디나 일정한 내용을 전달하기보다는 극단적인 스피드와 과격한 사운드를 추구하기 때문에 자칫 지루하기도 하다. 네이팜 데스(Napalm Death), 테러라이즈(Terrorizer), 브루틀 튜르쓰(Brutal Truth), 카커스(Carcass).

■ 둠 메탈(Doom Metal)

데스 메탈에서 세분화된 쟝르로서 데스와 다른점은 스피드가 느리고 사운드가 더욱 헤비하며 우울하고 장중한 분위기 속에서 중세의 전설이나 고대 신화를 노래하곤 한다. 캔들머스(Candlemass), 커세드럴(Cathedral), 파라다이스 로스트(Paradise Lost), 마이 다잉 브라이드(My Dying Bride).

■ 인더스트리얼(Industrial)

헤비메탈과 테크노 뮤직을 접목한 장르로서 컴퓨터 뮤직과 각종 이펙터, 샘플링에 의한 인공적인 사운드를 사용하여 사회비판과 동성애, 변태섹스, 폭력, 악마주의 등을 표현한다. 매럴린 맨슨(Marilyn Manson), 미디스트리(Ministry), 나인 인치 네일스(Nine Inch Nails), 피어 팩토리(Fear Factory), 가드플래쉬(Gudflesh).

■ 프로그레시브 메탈(Progressive Metal)

프로그레시브 락과 헤비메탈을 접목시킨 장르로서 클래식 교향곡처럼 길고 복잡하며 주제가 뚜렷한 것이 특징이다. 러쉬(Rush), 훼이트 워닝(Fates Warning), 드림 씨어터(Dream Theater), 쉐도우 갤러리(Shadow Gallery), 마젤란(Magellan).

■ 고딕 메탈(Gothic Metal)

고딕 메탈은 음울한 보컬과 종교적이고 신비스러운 분위기로 죽음, 공포, 소외감 등을 표현한다. 고딕 메탈은 장르는 또한 여럿으로 갈라지는데 둠 메탈(Doom Metal), 다크웨이브(Darkwave Metal), 앰비언트메탈(Ambient Metal) 등 모두 이 장르에서 파생된 것들이다. 씨어터 어브 트래제디(Theatre of Tragedy), 엘런드(Elend), 드림스 어브 새니티(Dreams of Sanity), 오우즈 어브 엑스터시(Odes of Ecstasy), 썬다운(Sundown), 타입 어브 네거티브(Type of Negative), 문스펠(Moonspell), 에인션트 세러머니(Ancient Ceremony).

■ 가스펠 메탈(Gospel Metal)

크리스천 록(Christian Rock)이라고도 음악을 통해 기독교의 복음을 전파하는 것으로서 블랙 메탈에 대항하기 위해 만들어졌다. 그러나 팝 메탈 계열이 많아서 큰 관심을 얻진 못했다. 스트라이퍼(Stryper), 빌리브(Believe), 화이트크로스(White Cross), 가디언(Guardian).

■ 씨어트리컬 메탈(Theatrical Metal)

쇼크 록(Shock Rock)이라고도 불리며 충격적인 라이브 무대가 특징이다. 앨리스 쿠퍼(Alice Cooper), 리지 보던(Lizzy Borden), 킹 다이아몬드(King Diamond).

■ 들어보기

♪ RB-025(Judas Priest - Electric Eye).mp3-정통

♪ RB-026(Montley Crue - Without you).mp3-L.A 메탈

♪ RB-027(Quiet Riot - Come on Feel The Noise).mp3-L.A 메탈

♪ RB-028(Guns 'N Roses - Paradise City).mp3-L.A 메탈

♪ RB-029(Yngwie Malmsteen - FarBeyond The Sun).mp3-바로크메탈

♪ RB-030(Metalica-Holier Than Thou).mp3-쓰래쉬 메탈

■ 하드락과 헤비메탈을 굳이 구분해 본다면

1. 메탈의 보컬은 디스토션 기타, 오픈 하이햇/크래쉬 심벌 등의 파열된 음색에 어울리는 샤우트 창법으로 구사된다.

2. 메탈은 하드락과 달리 멜로디가 감소하였으며, 디스토션 기타와 드럼에 의한 사운드와 힘을 강조한다.

7. 소울과 훵크 (Soul&Funk)

먼저 소울에 대해 설명하자면, 1960년대에 백인의 락음악은 기성세대에 대한 젊은이들의 반항심과 불만을 표출해주었다면 이와 비교하여 백인들에 대한 흑인들의 저항과 투쟁정신이 새로운 음악 양식으로 나타나게 되었는데 이것이 제임스 브라운(James Brown)이라는 가수에 의해 시작된 소울(Soul) 음악이었다. 이것은 기존의 리듬앤 블루스의 발달된 리듬감과 흑인들의 구슬픈 바이브레이션 창법, 그리고 백인들의 경쾌한 락 비트와 상업적 요소를 결합시킨 것이다. 당시 디트로이트의 모타운(Motown)이라는 음반사에서 주로 제작, 발매하였기 때문에 모타운 사운드라고도 불린다. 아레싸 플랭클린(Aretha Franklin), 스티비 원더(Stevie Wonder), 수프림스(Supremes: 다이애나 로스), 템테이션스(Temptations), 마빈 게이(Marbin Gaye), 잭슨 파이브(Jackson Five)

<제임스 브라운>　　　　<아레싸 플랭클린>

이와 비교하여 1966년경에 훵크(Funk)가 등장하는데 소울음악이 부드럽고 상업적인데 비하여 훵크는 흑인 특유의 리듬감과 지향성에 기칠고 남성적인 락의 특성이 결합되어 보다 더 강하고 역동적인 느낌을 준다. 블루스가 베이스 기타에 의해서 부드럽고 연속적으로 채워진 듯한 리듬을 갖는다면 펑크의 리듬은 각 비트 간이 강하게 끊기는 듯한 락적인 요소를 나타낸다. 슬라이 앤 더 패밀리 스톤(Sly & The Family Stone), 부스티 콜린스(Bootsy Collins), 팔러먼트(Parliament), 조지 클린튼(George Clinton), 마빈게이(Marvin Gaye), 커티스 메이필드(Curtis Mayfield) 등.

흑인 음악이 본격적으로 상업성의 궤도에 오른 것은 바로 이 소울과 펑크의 시대라 볼 수 있다.

■ 들어보기

♬ RB-031(Aretha Franklin -I Will Survive).mp3

♬ RB-032(James Brown - Diggin On).mp3

♬ RB-033(Stevie Wonder-Part Time Lover).mp3

♬ RB-034(Stevie Wonder-Why I Feel This Way).mp3

♬ RB-035(Parliament-Mothership Connection).mp3

♬ RB-036(Sly & The Family Stone-Papa Was A Rolling Stone).mp3

■ 펑크(Punk)는 무엇인가

펑크(또는 펑크락)는 1970년대 영국에서 더 트록스(The Troggs), 섹스 피스톨즈(Sex Pistols), 더 클래쉬(The Clash) 등의 밴드에 의해서 시작된 장르로 이전의 복잡하고 정교한 락 경향(특히 아트락)에 반하여 나타났다. 그래서 이들의 음악은 난잡하고 외설적이며 비사회적이과 자기파괴적인 가사와 단순하고 엉뚱한 진행의 화성과 멜로디로 구성되었기 때문에 당시의 언론과 비평가들로부터 극도의 비판을 받게된다. 이러한 음악적 경향은 1970년대 중반에 하나의 청년 문화로까지 발전하였다.

그러나 얼마 안되어 Sex Pistols의 베이시스트 Sid Vicious가 헤로인 과다복용으로 죽고, 다른 록밴드들이 평범한 락음악을 부르게 되면서 서서히 퇴조하게 되었다. 비록 짧은 수명을 갖긴 했지만 이후의 락 음악에 큰 영향을 미치게 되는데 80년대의 뉴웨이브, 하드코어와 90년대의 그런지 뮤직 등이 그 영향을 받았다.

8. 디스코 (Disco)

디스코라는 말의 어원은 Disco Thegue라고 프랑스어로서 본래는 레코드 가게라는 의미였는데 이것이 변화되어 레코드를 걸고 춤출 수 있는 곳을 "디스코"라고 부르게 되었다.

1970년 후반부터 흑인들에 의해서 락과 소울이 결합된 경쾌한 댄스풍의 음악이 널리 불리게 되었는데 이 거세게 불어닥친 디스코 열풍에 헤비메탈과 프로그레시브록은 한동안 위축되고 말았다. 디스코는 멜로디를 배제하고 연속적 비트를 강조하는 '단순성'으로 단숨에 대중들을 끌어들였는데 이는 당시의 베트남 전쟁과 오일 쇼크 등으로 억눌린 젊은이들의 스트레스를 발산하게 해주었기 때문이다.

디스코를 처음 유행시킨 가수는 도나 서머, 그레이스 존슨, 쉭 같은 흑인들이였는데 1977년 존 트래볼타가 주연한 영화 '토요일 밤의 열기(Saturday Night Fever)'로 인해 전세계로 확산되었다. 이에 따라서 로드 스튜어트, 바브라 스트라이샌드, 롤링 스톤스, 블론디 등도 디스코 대열에 참여했으며, 비지스의 경우는 디스코풍의 영화음악으로 일약 세계적인 스타가 되었다.

그러나 디스코는 1980년대 모던락의 등장으로 점차 퇴조했지만 그 영향으로 하우스와 유로팝, 댄스팝, 테크노팝, 에이시드 재즈 등이 탄생하게 된다.

디스코 리듬은 다음과 같은 전형적인 특징을 갖는다.

1. 베이스 드럼의 4분연타
2. 스네어를 대신하는 핸드클랩
3. 하이햇(클로즈-오픈)과 베이스 기타의 '16분-16분-8분' 혹은 '8분-16분-16분' 연주

<디스코 리듬의 전형적인 형태>

■ 들어보기
♪ RB-037(Donna Summer-Hot Stuff).mp3
♪ RB-038(Jamiroquai-Canned Heat).mp3

9. 퓨전 재즈

재즈와 록이 참으로 융화되어(Fusion) 예술적인 형태를 띠면서 재즈의 발전에 기여하게 되는 것은 1960년대 말부터 이다. 체이스(Chase), 블러드(Blood), 스웻 앤 티얼스 (Sweat & Tears) 등의 그룹들이 스윙 록 (Swing Rock)이란 형태의 음악을 선보였는데 퓨전재즈가 본격화된 것은 1970년대 초 마일스 데이비스의 <비취스 브루(Bitches Brew)>란 음반을 통해서이다.

그는 존 맥러플린, 칙 코리아, 웨인 쇼터 등과 함께 기존의 재즈와는 달리 전기기타, 전자피아노, 신디사이저 등의 락음악적인 요소들과 재즈의 즉흥성을 결합시켰는데 그로 이하여 퓨전재즈(Fusion Jazz) 혹은 락 재즈(Rock Jazz)라 불리우게 된다.

퓨전재즈는 재즈를 상업적으로 부흥시키는데 큰 역할을 하였으며 현재까지도 폭넓은 매니아의 사랑을 받고 있다. 마일스 데이비스(Miles Davis), 펫 메스니(Pat Metheny), 칙 코리아(Chick Corea), 데이빗 샌본(David Sanborn), 허비 행콕(Herbie Hencock), 티 스퀘어(T-Square), 카시오페아(Casiopea).

<카시오페아>

■ 들어보기

♪ RB-039(Miles Davis-The Doobop Song).mp3

♪ RB-040(Pat Metheny-James).mp3

♪ RB-041(Spyro Gg For Lorraine).mp3

♪ RB-042(Casiopea-Longing).mp3

♪ RB-043(T-Square-Sabana Hotel).mp3

제2장: 장르 이야기 II

1. 얼터너티브 락 (Alternative Rock)

얼터너티브(Alternative)란 그 무엇인가를 '대체하는'이란 뜻을 갖는 말이다. 80년대의 헤비메탈은 저항과 야생성이라는 락의 본연의 모습보다는 상업주의와 타성에 젖어버렸다. 그 명칭이 의미하듯이 얼터너티브 락은 80년대까지 헤비메탈 사운드로 정점에 이르렀던 기성 주류 음악에 대항하여 나타난 새로운 세대들의 음악으로서 일부 대학생들을 중심으로 독립음반 회사와 대학 방송국, 단편영화, 실험영화, 다큐멘터리 방송물 등에서 표현되기 시작했던 음악이다.

<너바나>

얼터너티브락은 처음에 미국 시애틀을 중심으로 너바나, 펄 잼, 사운드가든, 앨리스 인 체인스 등에 의해서 시작되었는데 처음에는 '그런지'라는 임시적 이름으로 불리었다. 초기에 여러 방송매체에서 소개된 너바나의 영향으로 그들과 비슷한 류의 음악들이 생기긴 했지만 사실 얼터너티브에는 일정한 음악적 유형은 없다. 단지 거칠로 가공성과 획일성을 배제한다는 정도의 공통성이 있으며, 크로스 오버 뮤직, 레게, 퓨전, 펑크, 테크노 등의 여러 요소를 두루 포함한다.

다른 말로 모던 락(Modern Rock)이라고도 하는데 초기와는 달리 지금은 상업적 성공으로 인하여 주류 음악의 대열에 들어섰다.

<펄잼>

너바나(Nirvana), 펄 잼(Pearl Jam), 래디오헤드(Radiohead), 스매싱 펌프킨(Smashing Pumpkins), 앨리스 인 체인(Alice In Chains), 사운드 가든(Soundgarden), 스톤 템플 파일럿츠(Stone Temple Pilots)

■ 들어보기

♬ RB-044(Nirvana-Beeswax).mp3

♬ RB-045(Nirvana-Mexican Seafood).mp3

♬ RB-046(Pearl Jam-Alive).mp3

♬ RB-047(Radiohead-Creep).mp3

2. 하드 코어 (Hardcore)

다른 말로는 얼터너티브 메탈(Alternative Metal)이라고도 불리는데 이것이 의미하듯이 기존의 헤비 메탈의 정형적인 틀을 변형하여 헤비 메탈의 빠르고 과격한 면에 펑크락(Punk Rock)의 사회불신, 반항성을 결합시킨 것이다. 랩(Rap) 보컬이 가미되어 랩 메탈이라고도 하며, 혹은 핌프락(Pimp Rock)이라도 부른다.

하드코어의 단어적 의미가 '극도로 노골적인, 완고한'이듯이 음악적으로도 쓰래쉬 메탈풍의 무겁고 시끄러운 기타 리프(riff)와 드럼, 과격한 가사, 과격한 랩 보컬이 특징이다.

제2장: 장르 이야기 II

<코온>

<림프 비즈킷>

코온(Korn), 수어사이들 텐던시즈(Suicidal Tendencies), 바이오해저드(Biohazard), 레이쥐 어게인스트 더 머신(Rage Against the Machine), 데프톤스(Deftones), 림프 비즈킷(Limp Bizkit), 원 미니트 사일런스(One Minute Silence)

■ 들어보기

♪ RB-048(Korn-Ball Tongue).mp3
♪ RB-049(Korn-Freak on A Leash).mp3
♪ RB-050(Rage Against The Machine-How I Could Just Kill A Man).mp3
♪ RB-051(Limp Bizkit-Clunk).mp3

3. 힙합과 현대 R&B

힙합이란 말은 흑인들의 춤 동작을 일컫는 말로서 "엉덩이(Hip)를 들썩거린다(Hop)"란 뜻이다. 1970년 대 초 미국 동부 뉴욕의 디스코 택에서 흑인 DJ이 들이 R&B나 Funk음악을 틀어주었는데 특정 부분을 반복 연주시키거나, 흥을 돋구기 위한 말들을 중얼거리는 것으로 힙합음악이 태동되었고, 결국 1978년 슈거힐 갱(Sugerhill Gang)의 "Rapper's Delight"가 발매되면서부터 본격적인 힙합음악이 시작되었다.

<빅 퍼니셔>

<본 써그 앤 하모니>

<2PAC>

제2장: 장르 이야기 II

> 비스티 보이스(Beastie Boys), Run-DMC, MC Hammer, Marky Mark and the Funky Bunch, N.W.A., Public Enemy, Boogie Down Production, 갱 스타(Gang Starr), Eric B. and Rakim, EPMD, Big Daddy Kane, 퍼프 대디(Puff Daddy), 투팍(2PAC), 로린 힐(Lauren Hill), 우 탕 클랜(Wu-Tang Clan), Dr. Dre, Master P, 노토리어스 빅(Notorious B.I.G.), Jeru the Damaja, Black Moon, Mobb Deep, NAS, 본 써그 앤 하모니(Bone Thugs-N-Harmony)

■ 들어보기

♬ RB-052(Beastie Boys-Brass Monkey).mp3

♬ RB-053(2pac-Can't C Me).mp3

♬ RB-054(2pac-All about U).mp3

♬ RB-055(Big Punisher-Punish Me).mp3

♬ RB-056(Lauryn Hill-Doo Wop).mp3

♬ RB-057(Wu-Tang Clan-A Better Tomorrow).mp3

♬ RB-058(Dr. Dre-Nuthin' But A 'g' Thang).mp3

♬ RB-059(Nas-Nas is Like).mp3

♬ RB-060(Bone Thugs N Harmony-Cross Roads).mp3

1980년대 초반 마이클 잭슨과 프린스에 의해서 흑인음악은 서서히 대중음악의 중심으로 들어서기 시작하는데 이들의 음악은 이전의 소울&펑크보다도 더욱더 백인 팝음악과 결합되어 대중성과 상업성에서 크게 성공을 거두었다.

그러던 중 1980년대 후반에는 휘트니 휴스턴, 자넷잭슨, 머라이어 캐리, 토니 브랙스톤, TLC, N Sync, 로린힐 등에 의해서 힙합보다 비교적 부드럽고 경쾌한 팝음악이 전개된다. 한 걸음 더 나아가서 마이클 볼턴과 조지 마이클처럼 백인이면서도 흑인 음악을 구사하는 부류가 생기는데 이들의 음악을 일컬어 블루 아이드 소울(Blue-Eyed Soul)이라 부른다.

<N Sync>　　　　　　　　　　　　<로린힐>

이와 같이 현대의 R&B는 1900년대 초반의 저항적인 정통 R&B와는 달리 보다 부드럽고, 흑백 통합적이며, 상업적이고, 여흥적인 성격을 띤다.

<머라이어 캐리>　　　　<데스티니스 촤일드>　　　　<보이즈 투 맨>

> 휘트니 휴스턴(Whitney Houston), 머라이어 캐리(Mariah Carey), 토니 브랙스톤(Tony Braxton), 데스티니스 촤일드(Destiny's Child), 보이즈 투 맨(Boyz II Men), 베이비 페이스(Babyface), 모니카(Monica), TLC

■ 들어보기

♬ RB-061(Whitney Houston & Cece Winans-Count on Me).mp3

♬ RB-062(Mariah Carey-And You Don't Remember).mp3

♬ RB-063(Tony Braxton-Come On Over Here).mp3

♬ RB-064(Destiny Child-Independant Woman).mp3

♬ RB-065(Boyz II Men-I'll Make Love to You).mp3

♬ RB-066(Monica- Angel of Mine).mp3

♬ RB-067(TLC-No Scrubs).mp3

힙합의 남성성과 현대 R&B의 여성성의 대비는 1960년대의 펑크와 소울의 대비와도 비슷하다. 두 장르의 구체적인 차이를 얘기하자면;

힙합은 정통적인 멜로디 보컬이 아닌 리듬 보컬, 사회 비판적인 가사, 절제된 리버브, 극히 적은 코드(Harmony) 혹은 불협화, 반주로 사용되는 멜로디, 스크래치 효과음, 힘있는 리듬, 거친 보컬, 기성 멜로디의 패러디, 둥명스러운 베이스 기타 연주 등의 특징을 갖는다.

현대 R&B는 백인의 팝과 마찬가지로 멜로디를 중시하며, 부드러운 리듬, 스트링과 신스

스트링 반주, 깔끔하고 풍부한 화성, 부드러운 보컬, 풍부한 리버브, 사랑을 노래하는 가사 등의 특징을 보인다.

4. 하우스 (House)와 유로비트 (Euro Beat)

1970년대 후반에 풍미했던 디스코가 막을 내리고 이것이 새롭게 재탄생된 것이 미국적인 하우스와 유럽적인 유로비트이다.

하우스는 80년대 후반 미국의 시카고와 뉴욕, 그리고 영국의 런던과 같은 도시의 댄스 클럽에서 마스(M/A/R/R/S), 마돈나(Maddona), 데이빗 콜(David Cole), 로버트 클리빌스(Robert Clivilles) 등에 의해서 발전되었다.

하우스 음악은 이후 엠비언트 하우스(Ambient House), 에이씨드 재즈(Acid Jazz), 힙-하우스(Hip-House) 등의 세부 장르를 탄생시킨다.

> 마스(M/A/R/R/S), 마돈나(Maddona), 데이빗콜(David Cole), 로버트 클리빌스(Robert Clivilles), Inner City, Mk, Ralphie Rosario, Robin S., Bobby Konders, Caucasian Boy, X-Press-2, Ming's Incredible Disco Machine, Cotton Club, The Goodmen, Strictly Rhythms, Underworld, Fluke, Techno Tronic

■ 들어보기

♬ RB-068(Techno Tronic-Pump Up The Jam).mp3

♬ RB-069(Dirty Disco Dubs-Stamp Your Feet).mp3

♬ RB-070(MARRS-Pump It Up The Volume).mp3

블루스 이후부터의 대중음악은 주로 미국과 영국이 강세였다. 그러던 중 1970년대부터 1980년대 초반까지 ABBA, Boney M, Baccara, Ace of Base 등 몇몇 유럽의 팝 그룹들이 종종 세계 음반챠트를 석권하기도 했다. 이들의 음악은 미국 사운드보다 좀더 부드럽고 인간적인 정서를 담고 있어서 대중들에게 쉽게 받아들여지는데 이런한 요소가 디스코와 결합되어 탄생된 댄스음악이 바로 유로비트이다.

유로비트는 1980년대 후반 모던 토킹(Modern Talking)과 런던 보이즈(London Boys)에 의해서 본격화되었고, 지금은 유럽 외의 댄스 음반에서도 쉽게 들을 수 있는 음악적 특징이 되었다.

\<La Bouche\>   \<Aqua\>

> Modern Talking, London Boys, Joy, 2 Unlimited, Bad Boys Blue, Bananarama, Baltimora, Blue System, C.C.Catch, David Lyme, Grant Miller, Ken Laszlo, Linda Jo Rizzo, Lee Marrow, Patty Ryan, Radiorama, Popsie, Saphir, Sophie, Spagna, Aqua, La Bouche

■ 들어보기

♪ RB-071(Modern Talking-Touch By Touch).mp3

♪ RB-072(La Bouche-Wanna Be My Lover).mp3

♪ RB-073(La Bouche-You won't forget me).mp3

♪ RB-074(Aqua-Barbie).mp3

♪ RB-075(Aqua-Back_From_Mars).mp3

흔하게 들을 수 있는 하우스와 유로비트의 공통점은 일렉트릭 베이스 드럼의 4분연타, 16비트로 교차되는 클로즈/오픈 하이햇, 일렉트릭 베이스 등을 이야기 할 수 있다.

두 장르의 개괄적인 차이점을 쉽게 얘기하자면 하우스는 거칠고 강하고 정교한 남성적인 특징을 갖는다면 유로댄스는 부드럽고 달콤하고 선율적인 여성적 특징을 나타낸다.

구체적인 차이점을 얘기하자면,

하우스는 자극적인 하이햇, 정교하고 복잡한 리듬, 반복된 샘플 연주, 절제되고 멜로디와 강렬한 보컬 음색, 랩의 첨가, 스크래치와 효과음, 절제된 리버브 처리 등의 특징을 갖는다.

유로비트는 인상적인 멜로디, 강한 리버브 처리, 단순한 리듬과 단순한 신스 베이스, 선정적이거나 혹은 반대로 중성적인 여성 보컬, 과장된 남성 보컬, 신디사이저 백킹, 선율적인 스트링, 신스 리드나 혹은 신스 벨의 연주 등의 특징을 갖는다.

	유로비트	하우스
보컬	단순하고 감미로운 멜로디 선정적인 여성보컬(혹은 중성의 남성)	복잡하거나 약화된 멜로디+랩 거친 보컬+Rap
베이스	신스베이스	일렉 베이스 기타, 신스베이스
배킹	신스 패드, 스트링	X
이펙터	강한 리버브	X
효과음	부드러운 SFX	자극적인 효과음, 샘플링, 스크래치
2/4박	Hand Clap	Hand Clap

<유로비트와 하우스의 흔히 볼 수 있는 차이점>

5. 테크노 (Techno)

테크노 음악은 1960년대 후반 컴퓨터 혹은 신디사이저를 사용했던 영국의 록시 뮤직 (Roxy Music), 브라이언 이노 (Brian Eno), 독일의 탠저린 드림 (Tangerin Dream), 크라프트베르크 (Kraftwerk) 등의 전위적이고 실험적인 뮤지션들에 의해서 시도되었다. 이후 팝적인 요소를 갖게 된 것은 1970년대 후반 디스코의 영향을 받은 버글즈 (Burgles), 게리 뉴만 (Gary Numan), 울트라복스 (Ultravox), 휴먼 리그 (Human League) 등에 의해서이다.

그러나 테크노라는 정식 장르 명칭이 생기고 본격화된 것은 1990년대 초반 프로디지 (Prodigy), 케미컬 브라더스(Chemical Brothers), 듀오 오비털(Duo Orvital), 언더 월드 (Underworld), 모비(Moby) 등에 의해서이다.

테크노 음악은 그 단어 뜻대로 신디사이저와 효과음, 실험적인 음향 등의 특징을 중심으로 하여 반복과 중복, 불협화음, 기계음에 의한 명상과 몽환 등의 요소로 구성된다.

현재의 테크노는 엠비언트 (Ambient), 애시드 재즈 (Acid Jazz), 트랜스 (Trance), 드럼 앤 베이스 (Drum and Bass), 하드코어 테크노 (Hardcore Techno), 트립 합 (Trip-Hop), 테크노 댄스(Techno Dance-이의 포함 여부에 관해서는 이견이 있기도 하다) 등의 수많은 하위 장르를 탄생시켰다.

<프로디지>

<팻보이 슬림>

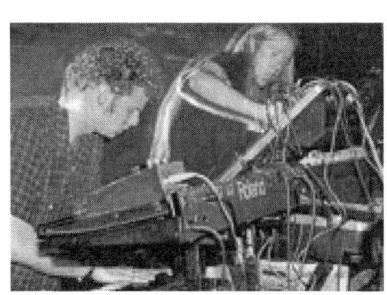
<케미컬 브라더스>

<오비털>

프로디지(Prodigy), 케미컬 브라더스(Chemical Brothers), 오비털(Orvital), 언더 월드(Underworld), 모비(Moby), 팻보이 슬림(Fatboy Slim), 에이팩스 트윈(Aphex Twin), 오테커(Autechre), 오브(The orb), 케이엘에프(KLF), 브라이언 이노(Brian Eno), 폴 오켄폴드(Paul Oakenfold), 폴 밴 다익(Paul van dyk), 666, Dj Quicksilver

■ 들어보기

♬ RB-076(Kraftwerk-Computerworld).mp3-최초의 컴퓨터 테크노음악

♬ RB-077(Prodigy-Mindfields(Matrix)).mp3

♬ RB-078(Chemical Brothers-Out of Control).mp3

♬ RB-079(Underworld-Bornsleepy).mp3

♬ RB-080(Moby-Body Rock).mp3

♬ RB-081(Fatboy Slim-Badder Badder Schwing)

♬ RB-082(666-Mueve).mp3

♬ RB-083(Dj Quicksilver-Bellissima).mp3-트랜스

♬ RB-084(BT-Flaming June).mp3-트랜스

6. 애이시드 재즈 (Acid Jazz)

에이시드 재즈는 고급화된 현대 재즈 분위기와는 달리 1980년대 말부터 미국 뒷골목의 흑인들에 의해서 시작된 거칠고 빠른 댄스음악으로서 재즈와 힙합, 휭크, R&B, 랩, 정글, 라틴 락 등의 복합적인 요소가 결합된 것이다.

저속한 랩과 힙합 또는 하우스 리듬으로 채워지고, 다른 가수의 곡을 삽입시키기도하며 쉽게 이해되는 소울풍의 보컬 등이 특징이다.

<자미로꽈이>

어스쓰리(US3), 자미로꽈이(Jamiroquai), 디게이블 플래닛(Digable Planets), 토킨 라우드(Talkin' Loud), 브랜드 뉴 헤비스(Brand New Heavies), 스피어 헤드(SpearHead), 인카그니토(Incognito), 클래지꽈이(Clazziquai), 다운 투더 본(Down To The Bone), 알 자로(Al Jarreau)

■ 들어보기

♬ RB-085(Incognito-Everyday).mp3

♬ RB-086(Al Jarreau-Girl from Ipanema).mp3

♬ RB-087(The Brand New Heavies-Put The Funk Back In It).mp3

♬ RB-088(Down To The Bone-Yo Mama's Phat).mp3

♬ RB-089(SpearHead-Of Coarse You Can).mp3

♬ RB-090(Jamiroquai-Too Young to Die).mp3

제3장: 리듬을 연주하는 악기들

보통 많은 사람들이 리듬은 드럼 혹은 타악기와 베이스 기타에 의해서 만들어진다고 생각하고 있지만 사실은 그렇지 않다. 그러나 대부분의 경우에는 어느 한 악기에 의해 강조되는 중심 리듬을 다른 악기들이 보조해가는 경우와 또는 여러 악기군이 동등한 비중으로 리듬을 함께 만들어 가는 경우가 많다.

여기서는 단지 '무엇이 강하게 강조되어 있는가'에 촛점을 맞추어 각각의 예들을 살펴보자.

1. 드럼

대중음악의 거의 대부분이 이 드럼(Drums)에 의해서 리듬이 진행될 만큼 그 역할이 크다. 특히 락과 퓨전, 테크노 등의 백인 중심의 음악 속에서는 다른 악기보다도 이 드럼에 리듬을 맡기는 비중이 크다.

<드럼 세트>

■ Quiet Riot (Come on Feel The Noise)

드럼에 의해 주도되는 리듬이 잘 나타나는 곡으로서 초반부에 다음과 같은 두 개의 패턴이 연주되고 있다.

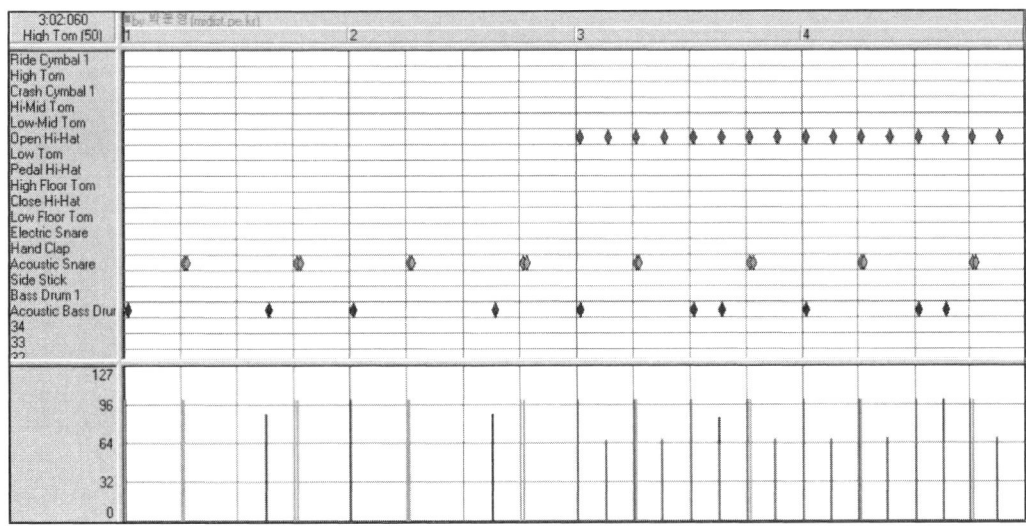

<🎵 RB-091(Quiet Riot-Come on Feel The Noise).mp3>

■ The Knack (My Sharona)

초반에 탐탐으로 시작되는 부분이 매우 인상적이다.

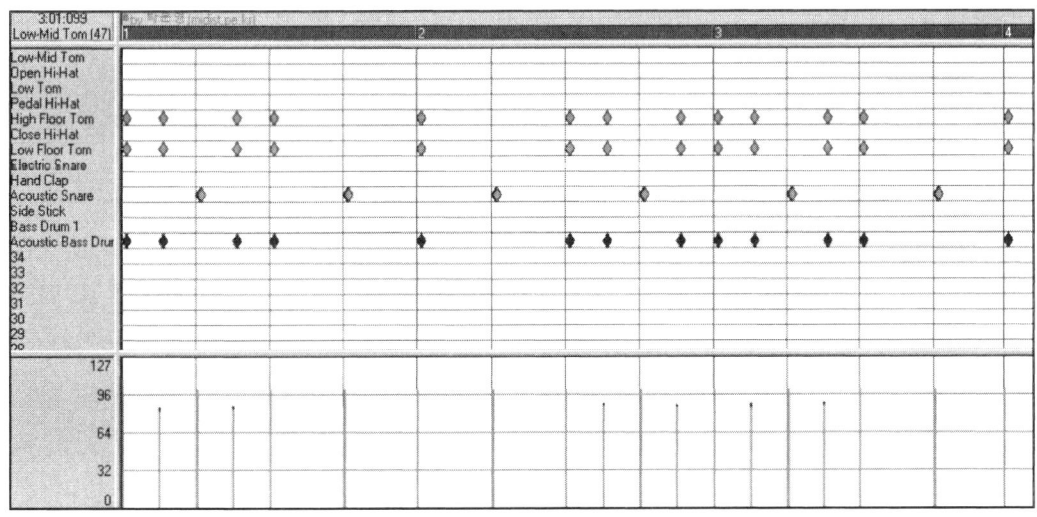

<🎵 RB-092(The Knack-My Sharona).mp3>

2. 베이스 (기타, 신스)

흑인 중심의 정통 블루스, 소울&펑크, 힙합, R&B 등에서는 베이스 기타가 리듬에 참여하는 비중이 백인 음악에 비해서 상대적으로 크다. 쉽게 말해서 높낮이(음정)의 변화가 활발하고, 볼륨의 밸런스도 다른 악기에 비해서 높은 편이다.

제3장: 리듬을 연주하는 악기들

<베이스 기타>

■ Brandy&Monica (The boy is Mine)

드럼이 있긴 하지만 이보다는 베이스 기타의 리듬이 훨씬 더 강하게 강조되고 있다.

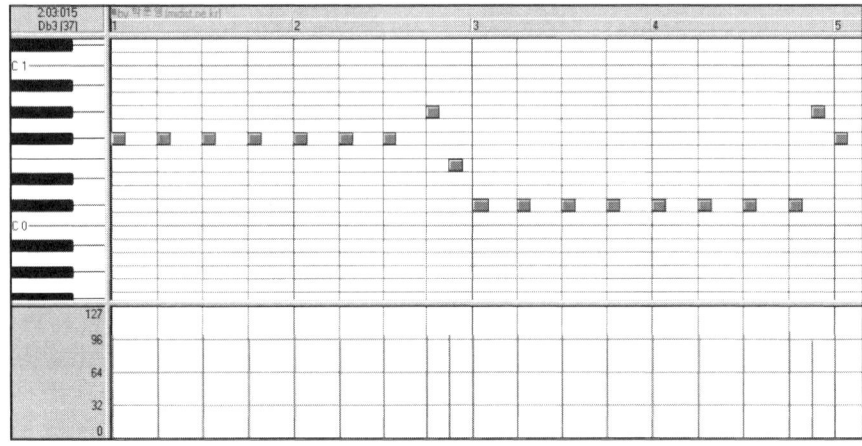

<🎵 RB-093(Brandy&Monica-The boy is Mine).mp3>

■ The Knack (My Sharona)

초반에는 드럼으로만 시작되다가 베이스 기타가 강하게 합류하는 락 스타일이다.

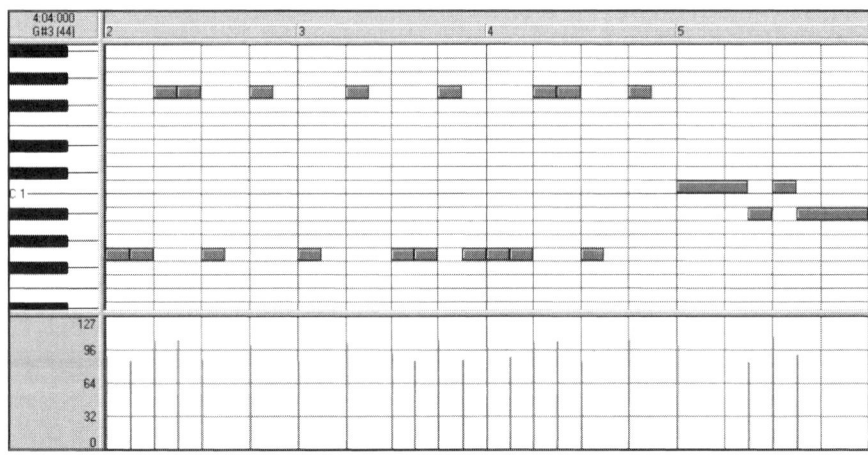

<🎵 RB-094(The Knack-My Sharona-bass).mp3>

3. 퍼커션

이국적이고 토속적인 분위기를 위해서 봉고, 콩가, 마라카스, 카바사, 마림바, 실로폰 등의 악기들이 활용되기도 한다. 퓨전, 재즈, 팝, 라틴계열, 영화음악, 크로스오버, 뉴에이지 등의 장르에서 특히 자주 활용된다.

<콩가>　　　　<봉고>　　　　<팀발레와 카우벨>　　<마라카스>

■ Hans Zimmer (Power Of One)

한스 짐머의 영화음악에는 오케스트라와 결합된 퍼커션 연주들이 자주 등장한다. 아래의 경우는 봉고와 마림바, 베이스 기타, 카바사를 사용해 이의 분위기를 비슷하게 모방해 본 것이다.

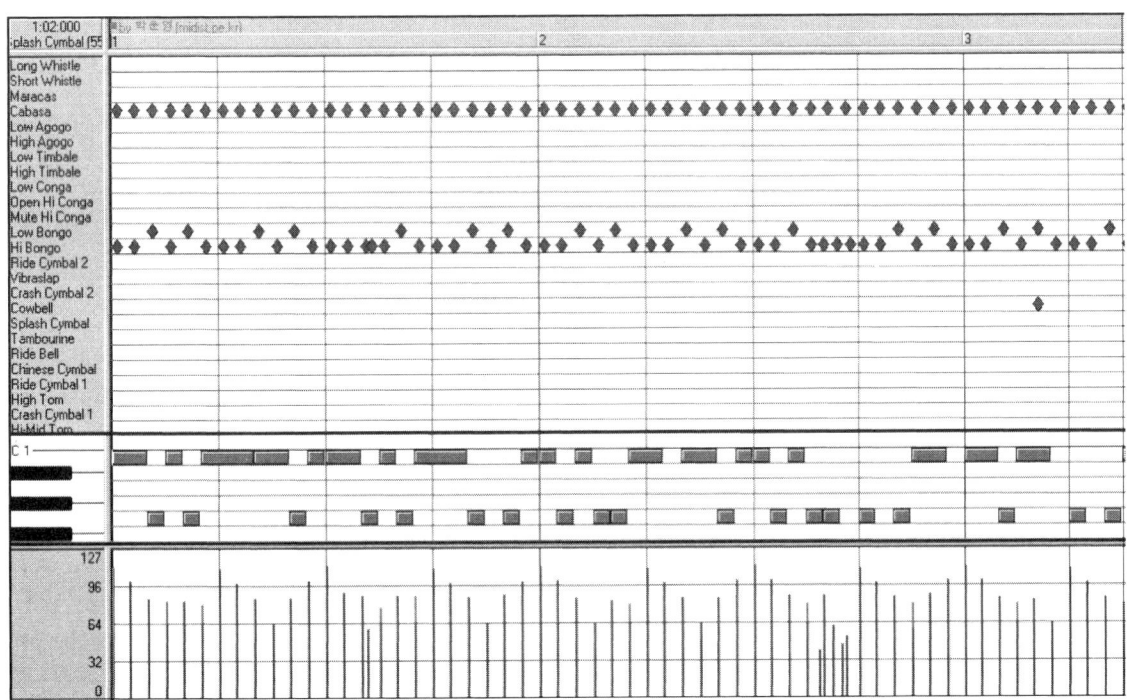

< ♪ RB-095(HansZimmer(Power Of One).mp3>

4. 멜로디/코드악기

리듬를 강조하기 위해서 드럼과 퍼커션의 움직임에 일반 멜로디/코드 악기들이 합류하기도 한다. 또한 멜로디 악기와 코드 악기로만 리듬이 진행되는 경우도 있다. 대부분 나름대로의 선율을 그려가면서 리듬에 합류하게 된다.

■ 666 (Amokk)

규칙적인 드럼 리듬이 있긴 하지만 이보다는 활발하고 자극적인 신스브라스 계열의 소리가 더 인상적이다(딜레이 효과가 첨가되어 있다). 테크노에서는 이런 신스 악기에 의한 리듬의 강조가 흔하다.

<신디사이저>

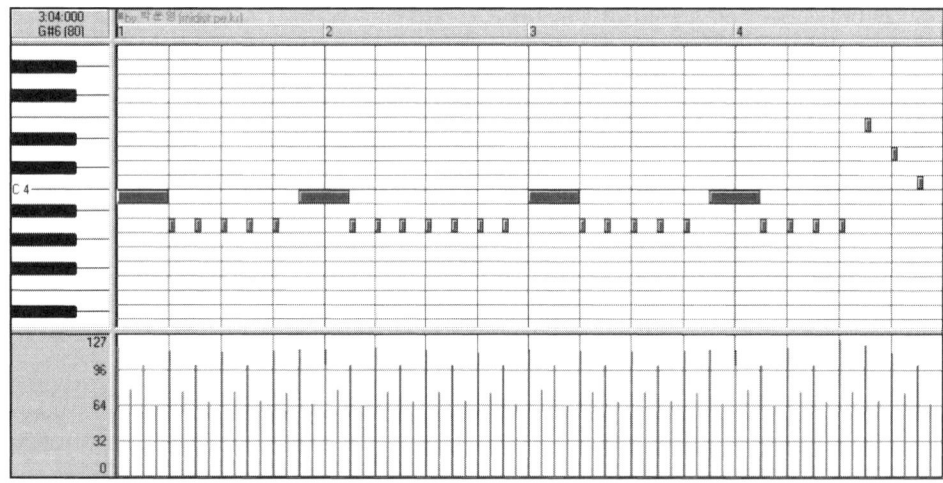

<🎵 RB-096(666-Amokk).mp3>

■ Hans Zimmer (Gladiator)

이 부분은 현과 브라스, 북, 퍼커션 등에 의해서 리듬이 만들어지지만 현과 브라스가 중심 역할을 하고 있다. 이 중심 리듬을 다음과 같이 추측해 보았다.

<오케스트라 악단>

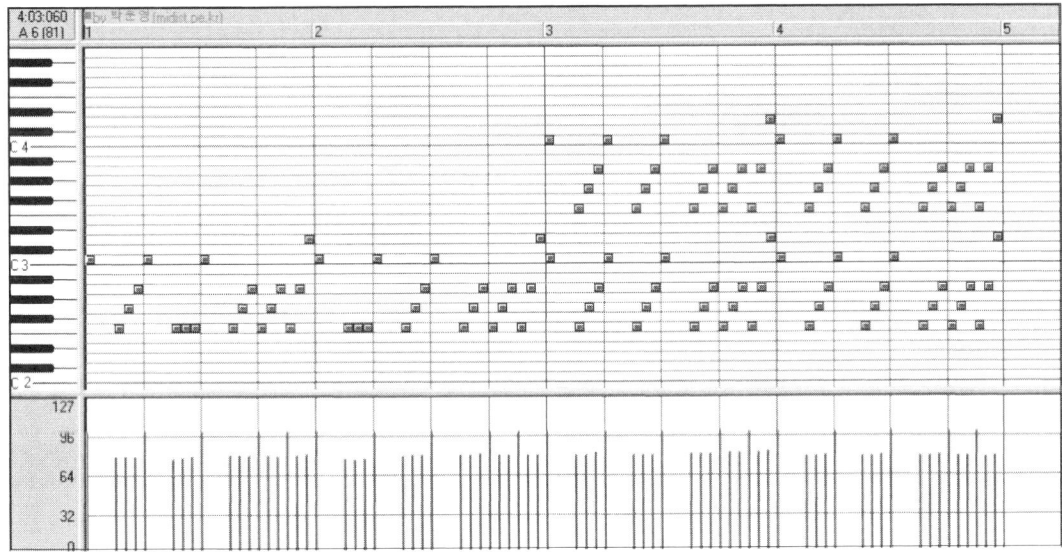

<♬ RB-097(HansZimmer-Gladiator).mp3>

5. 인성

사람의 목소리에 의해 리듬이 표현되는 경우도 있다. 굳이 아카펠라가 아닐지라도 일반 기악과의 협주에서도 이런 경우가 있는데 대개 아프리카, 라틴 등의 이국적인 분위기를 묘사하는 경우가 많다.

<크와이어 합창단>

■ Hans Zimmer (Lion King - Circle of Life)

이곡의 초반부에 북과 퍼커션의 여린 반주 위에 목소리에 의해 리듬이 만들어져 간다. 중반과 후반에는 락 드럼이 강하게 드러나지만 계속해서 목소리의 리듬이 진행된다. 이때 목소리에는 화성을 위한 음정 변화가 수반된다. 다음과 같이 추측해보았다.

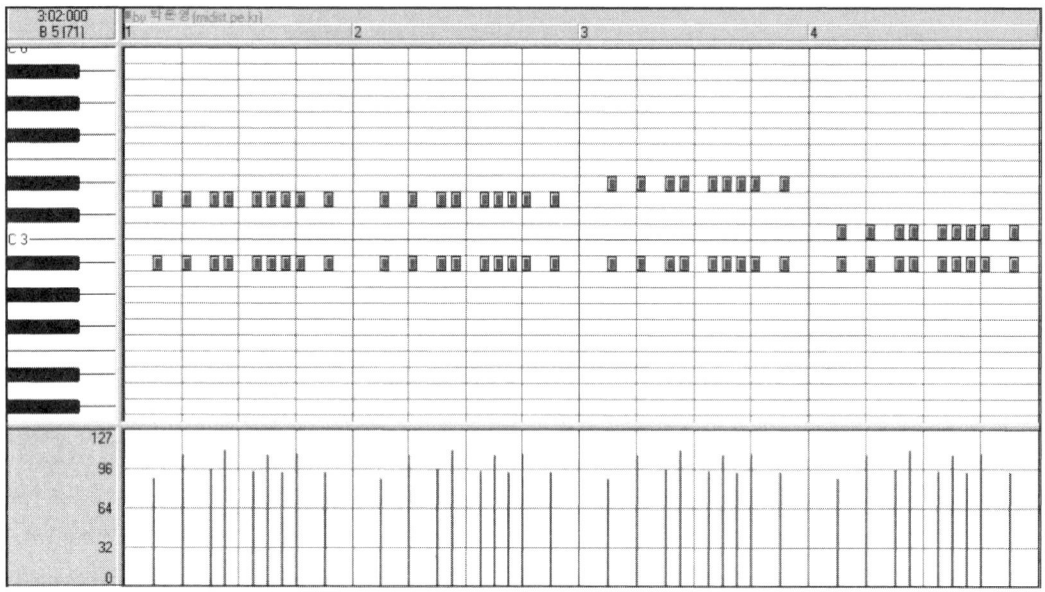

< ♬ RB-098(HansZimmer(Lion King-Circle of Life).mp3>

제4장: 드럼의 이해

대중 음악 속에서의 리듬은 드럼에 의해 크게 주도된다. 여기서는 드럼의 생김새와 연주 특징과 실제감을 위한 벨로서티 처리법을 알아보자.

1. 드럼의 생김새

드럼은 베이스 드럼, 여러개의 탐탐, 하이햇 심벌, 두세 개의 심벌 등으로 구성되어 있다. 그러나 곡과 밴드의 스타일에 따라서 각 구성악기의 크기와 종류가 달라진다.

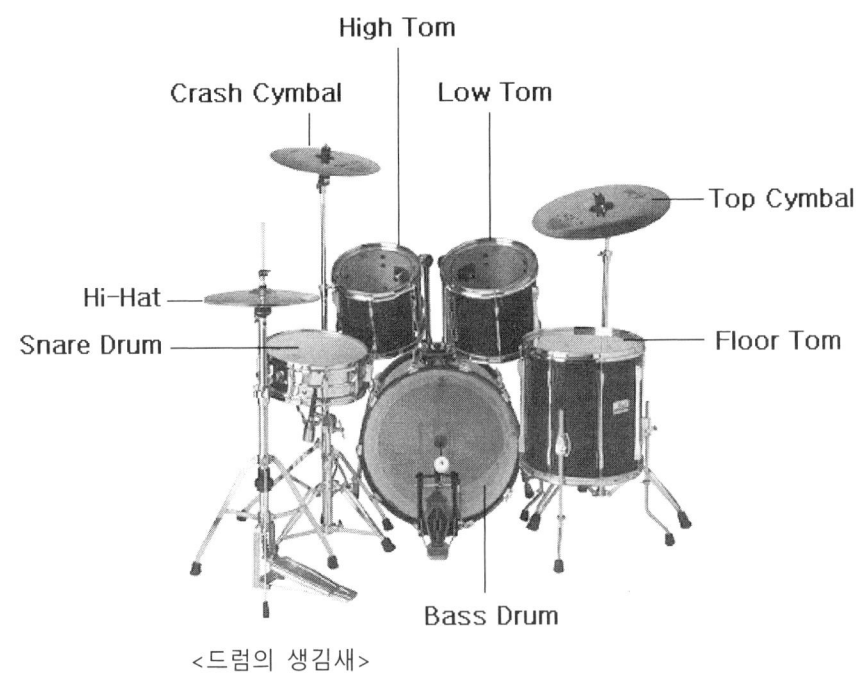

<드럼의 생김새>

2. 드럼 연주의 특징

드럼은 기본적으로 한 세트가 이용되며 한 사람에 의해서 연주됩니다. 한 세트에 여러 악기들이 구성되어 있기는 하지만 동시에 소리낼 수 있는 악기의 수와 속도에 제한이 있습니다. 일반적으로 다음과 같은 규칙이 있습니다.

1. 기본적으로 스틱(두 손)으로 연주하는 악기는 두 개까지만 동시에 칠 수 있습니다. 따라서 발로 연주하는 클로즈 하이햇과 킥드럼은 그 두개의 제한과 무관하게 독립적으로 연주 가능합니다.
2. 크래쉬 심벌을 연주한 후 하이햇이 연주되려면 최소한 1박자 정도의 시간이 필요합니다.
3. 킥 드럼은 보통 8비트, 16비트 정도까지만 연주가 가능하지만(템포에 따라서 달라짐) 두 대를 사용하는 하드코어, 메탈에서는 32비트 정도도 연주 가능합니다.

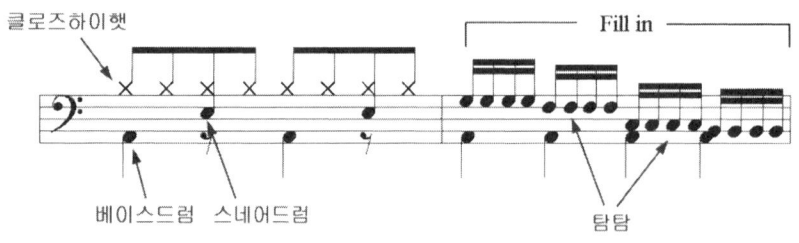

<드럼의 악보 표기와 필인 연주>

그러나 현대의 테크노와 하우스 음악 등의 컴퓨터 음악에서는 위와 같은 규칙에 상관없이 자유롭게 입력되곤 합니다. 그리고 기보를 돕기 위해서 각 구성악기들에 대하여 다음과 같은 약자를 표시하기도 한다.

Cym.	심벌	○	오픈 하이햇
T.Cym.	톱 심벌	+	클로즈 하이햇
S.Cym.	사이드 심벌	Rim.	림 쇼트
H.H.	하이햇 심벌	L.T.	라지 탐탐
B.D.	베이스 드럼	S.T.	스몰 탐탐
S.D.	스네어 드럼	R	오른손으로 치기
		L	왼손으로 치기

3. 드럼 입력의 예

가장 널리 쓰이는 박자인 4/4박자 연주에서는 '강-약-중간-약'의 강세가 일반적입니다. 이러한 강세변화를 잘 주어야 리듬감이 잘 표현된다. 드럼의 벨로서티 변화를 표현하기 위한 방법에는 여러가지가 있는데 여기서는 다음과 같이 비교적 쉬운 몇가지 방법을 소개하겠다.

■ 8비트

주로 8분 음표로 분할, 연주되는 것을 8비트(beat) 드럼 패턴이라고 부른다.

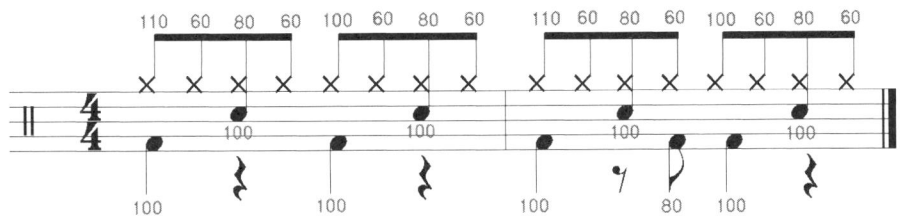

<8비트 드럼연주>

■ 16비트

16분 음표로 분할, 연주되는 것을 16비트 드럼 연주라고 합니다. 여기서도 하이햇과 베이스 드럼의 강세 변화가 중요하다.

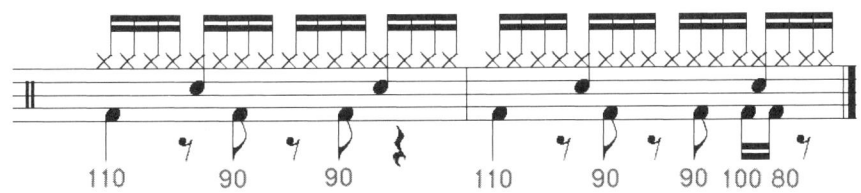

<16비트 드럼연주>

4. 드럼 구성악기의 특징

■ 베이스 드럼

베이스 드럼은 가장 낮은 음정에 해당되며 다른 드럼과 달리 발로 밟는 풋 페달(Foot Pedal)로 소리를 내기 때문에 다른 말로는 킥 드럼(Kick Drum)이라고도 한다. 그 크기 또한 가장 커서 보통 20~22인치의 것들이 사용된다. 연주시 필요에 따라서는 한쪽의 헤드(북면)를 떼어내어 소리를 강조하거나 내부에 헝겊을 넣어 소리를 감쇄시키기도 한다.

■ 스네어 드럼

스네어 드럼은 헤드의 안쪽에 스네어라고 불리우는 철로된 줄들이 달려있어 금속성이 가미된 독특하고 강렬한 소리를 내기 때문에 주로 리듬을 강조하기 위해 사용한다. 헤드를 고정하고 있는 테두리를 림(Rim)이라고 부르는데 이것을 치는 림 쇼트(Rim Shot 또는 Side Stick)라는 주법도 있다.

 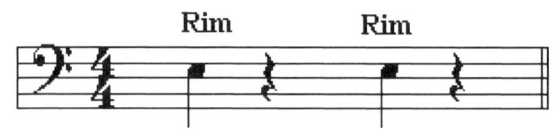

<스네어 와이어와 림 쇼트의 표기법>

■ 심벌과 하이햇 심벌

심벌은 드럼 세트에서 2개 이상을 사용할 수 있는데 가장 많이 사용되는 것을 라이드 심벌(Ride Cymbal 또는 Top Cymbal)이라 부르고, 그 외의 하나를 크래쉬 심벌(Crash Cymbal 또는 Side Cymba)이라 부른다.

하이햇 심벌(HiHat Cymbal)은 스탠드 위에 두 장의 심벌을 서로 마주 보게 놓고서 풋 페달을 밟았을 때 서로 부딪쳐 소리나게하는 것이다. 이 주법을 하이햇 워크라 하는데 그러나 주로 사용되는 주법은 심벌이 닫혀진 상태에서 스틱으로 치는 하이햇 쇼트이다.

심벌과 하이햇은 악보상에서 같은 위치에 표시되는데 보통은 하이햇으로 연주하되 특별히 '(T.Cym)'이라고 표시된 경우에만 심벌로 연주한다. 그리고 하이햇 워크에 의한 연주는 베이스 드럼의 위치에 표시하고 '(H.H.Pedal)'이라고 적는다.

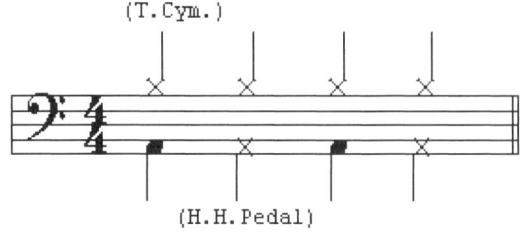

<하이햇과 심벌의 기보예>

또, 강하게 파열음을 내는 크래쉬 심벌은 '(Crash)'나 '(C.Cym.)'이라고 표시한다.

이 클로즈 하이햇과 오픈 하이햇을 구분하기 위해서 음표 위에 각각 +와 ○를 붙이거나 오픈 하이햇을 ♩로 표시한다.

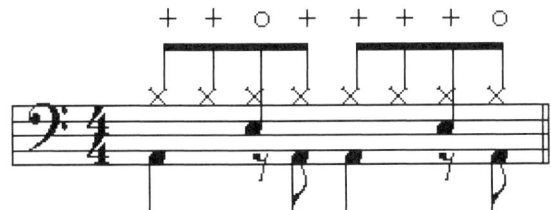

<클로즈 하이햇과 오픈 하이햇의 표기>

■ 탐탐

탐탐(TomTom)은 재질이나 구조가 스네어 드럼과 비슷하지만 헤드 안쪽에 스네어가 없다는 점이 다르다. 음색은 스네어 드럼보다 음정이 낮으며 비교적 덜 자극적이다. 그 크기에 따라서 여러 음정을 내는데 작은 것을 스몰 탐탐(Small Tom-tom)이라 하고, 큰 것을 플로어 탐탐(Floor Tom-tom) 또는 라지 탐탐(Large Tom-tom), 베이스 탐탐(Bass Tom-tom)이라고 한다. 일반적으로 한 드럼 세트에 2개 이상에서부터 8개까지 장착된다.

악보상에는 스네어 드럼의 위아래로 음정을 구분하여 표시하는데 4~5개 정도밖에 표기할 수 없다. 따라서 연주자의 해석에 의해 사용되는 탐탐이 달라질 수 있다.

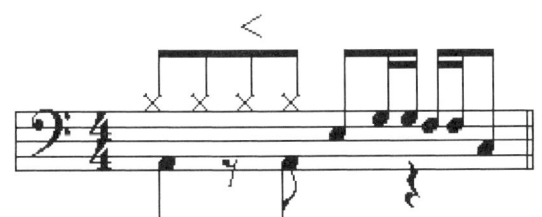

<탐탐의 표기 (마지막 3,4박)>

제5장: 타악기의 음역별 역할

드럼(Drums)은 그 명칭이 복수로 되어 있는 것처럼 여러 개별 악기들이 모여진 세트(Set)이다. 우리는 항상 음정이 구분되는 멜로디 악기의 음역에 대해서 보통 소프라노, 알토, 테너, 베이스라는 구분을 둔다. 그러나 이 구분은 타악기에서도 마찬가지로 적용되는데 주요 악기별로 다음과 같이 구분할 수 있다.

소프라노	Hi-Hat, Ride Cymbal, Tambourin, Maracas, Claves, Bongo, Conga(High), Triangle 등
알토/테너	Snare Drum, Hi/Mid Tom-Tom, Bongo(Low), Timbale, Conga(Low) 등
베이스	Low Tom, Bass Drum, Timpani, 그외 라틴/아프리카/아일랜드/아시아 등의 베이스류

이러한 구분은 단지 이론적인 것에 그치지 않고 실제로 여러분들이 리듬을 만들 때 아주 유용하게 응용될 수 있는데 각 음역별로 그 움직임이나 참여 횟수가 달라진다. 다시 말해서 하나의 리듬 패턴 속에서 각 악기별로 연주되는 횟수에 대한 일반적인 규칙이 있는데 장르마다 약간씩 차이가 있긴 하지만 보통 다음과 같다.

소프라노 > 알토와 테너 > 베이스/크래쉬 소프라노

보통 소프라노는 자잘한 진행 리듬(드럼의 하이햇과 같은)을 연주하고, 테너가 중심 리듬을, 알토가 중심에 대한 보조 리듬을, 베이스가 강세리듬을 연주하는 경우가 흔하다.

소프라노가 활발히 움직이기는 하지만 음량면에서 약하기 때문에 알토/테너만큼 결정적인 역할이 주어지진 않고 리듬에 지속적인 흐름과 활기를 제공하는 역할을 한다.

한가지 유의할 점은, 팝 뮤직의 킥 드럼은 베이스 드럼이라고도 하지만 오케스트라의 팀파니(Large)나 베이스 드럼에 비교한다면 테너 음역에 해당됩니다.

제5장: 타악기의 음역별 역할

음 역	역 할
소프라노	①진행감, 흥을 유지 ②장식 (팝뮤직의 하이햇)
알토 (소프라노 역할을 하기도 함)	①악센트, 자극, 격정 ② 2/4박의 강세(팝뮤직의 스네어 드럼)
테너	리듬의 주요 윤곽 (팝뮤직의 킥 드럼)
베이스/크래쉬 소프라노	강세 (On Beat) (오케스트라의 큰 북,심벌)

[타악기의 음역별 역할]

이러한 원리는 대중음악이건 클래식이건 어느 나라에서건 공통적으로 보여지는 리듬의 원리이다. 따라서 여러분들이 그러한 음역 구분의 중요성과 그에 따른 연주 횟수와 역할의 차이를 명심한다면 어떠한 장르에서건 성공적인 창작이 가능할 것이다. 다음의 예들을 통해서 확인해보자.

■ 2Pac (Only God Can Judge Me)

흑인 음악인 힙합에서는 베이스 드럼의 16분 꾸밈과 스네어 드럼의 2박-4박의 위치 고정이 자주 나타난다. 8분 중심의 하이햇에서도 16분 꾸밈이 약한 벨로서티로 나타난다.

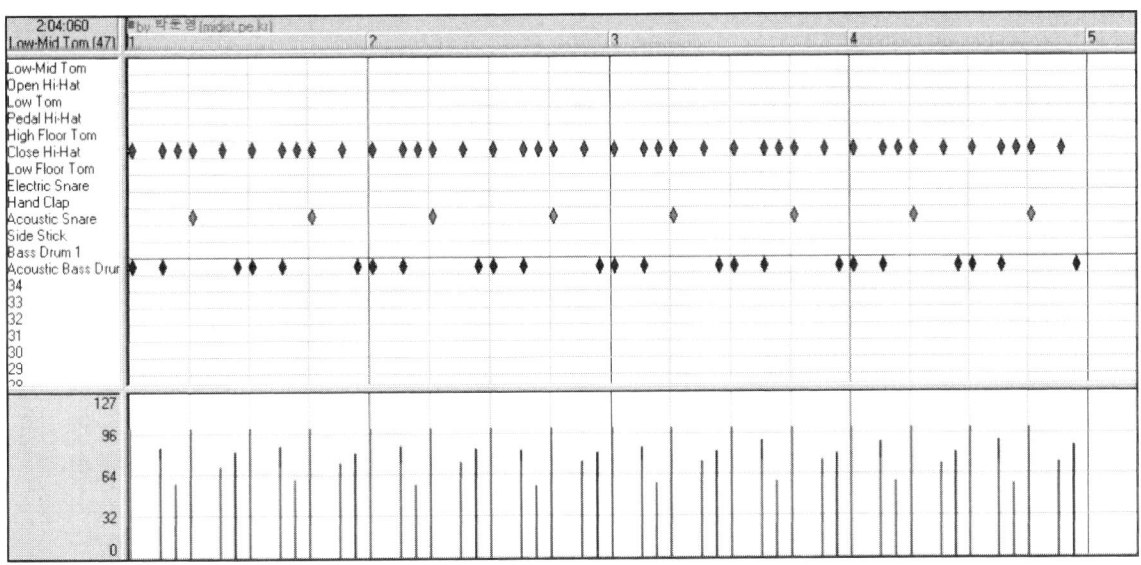

<♪ RB-099(2Pac-Only God Can Judge Me).mp3>

■ Vangelis (1492 Conquest of Paradise)

여기서는 팀파니(테너)의 전형적인 연주가 나타난다. 특별히 두 대의 알토 악기(스네어와 봉고/콩가)들이 소프라노의 역할을 대신하여 바쁘게 움직이고 있다. 봉고와 콩가, 일본의 타이코 등의 악기들은 이와같은 소프라노적인 연주가 흔하다.

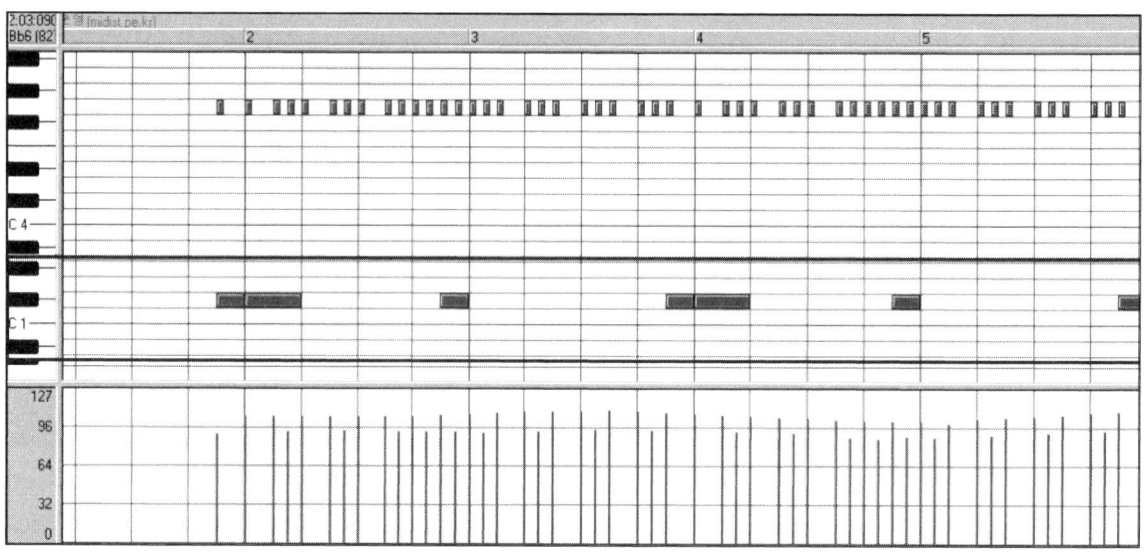

<🎵 RB-100(Vangelis-1492 Conquest of Paradise).mp3>

■ Prodigy (Breathe)

테크노에서 흔히 등장하는 8분 위치의 오픈 하이햇과 16비트 베이스 연주가 특징이다. 분주히 움직이는 소프라노와 베이스의 좋은 예이다.

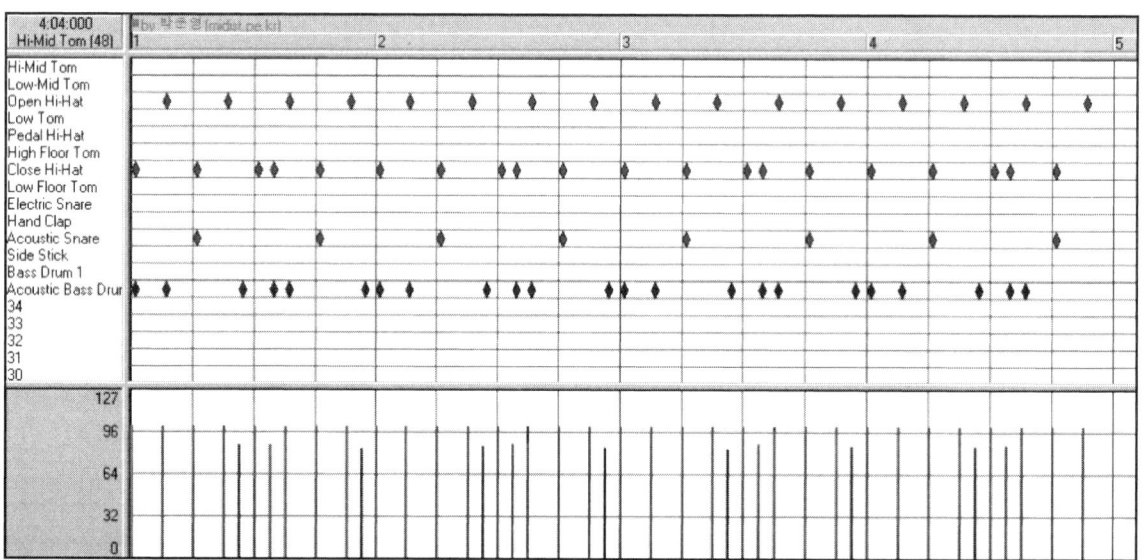

<🎵 RB-101(Prodigy-Breathe).mp3>

■ James Horner (Legend of The Fall)

전체적으로 무거운 분위기를 연출하기 위해서 각 음역의 역할들이 아래로 이동된 경우이다. 스네어드럼이 소프라노적인 역할(많은 움직임)을 하고, 베이스 드럼이 테너적인 역할(베이스를 보조하기 위한 중간의 움직임)을 하고, 팀파니가 낮은 음역에서 베이스적인 역할(적은 움직임)을 하고 있다.

클래시컬한 음악들 속에서는 움직임의 정도가 보통 '소프라노>알토/테너>베이스'의 모양새가 흔하다.

제5장: 타악기의 음역별 역할

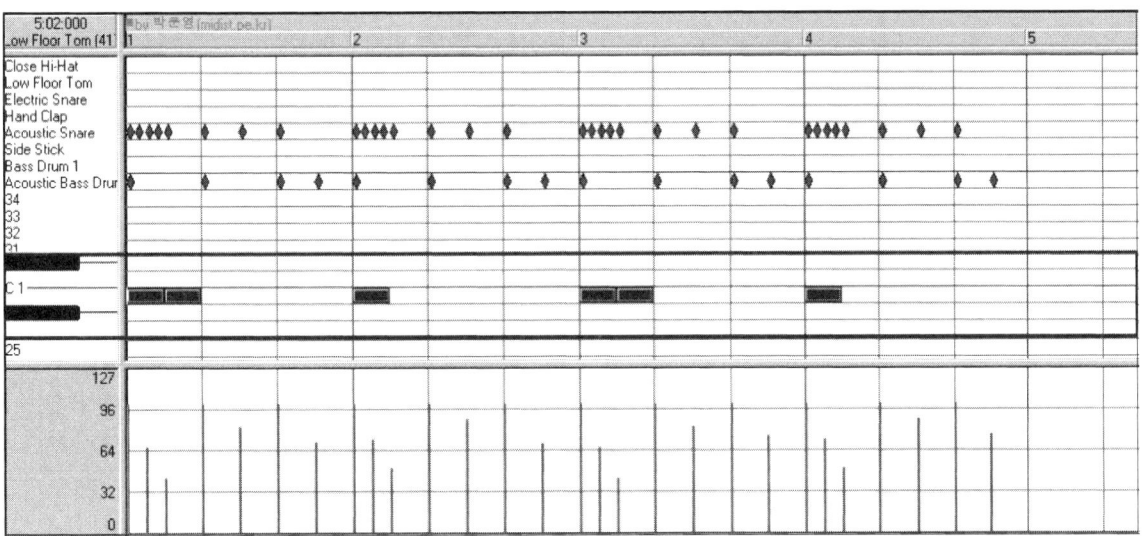

<🎵 RB-102(JamesHorner-Legend of The Fall).mp3>

제6장: 리듬의 구성원리 - 배치

"리듬을 만드는데에도 어떤 규칙이 있지 않을까?" 우리는 보통 자신이 좋아하는 장르의 리듬을 그저 자주 듣고서 흉내내는 정도에서 리듬에 대한 공부를 끝내곤 한다. 그러나 단순히 들으면서 익숙해지는 정도의 그런 경험적인 방식으로 리듬을 공부하게 된다면 다른 여타의 다양한 장르들에 대한 응용과 창의적인 시도가 힘들어질 것이다.

현대는 혼합 장르의 시대로서 다양한 장르 간의 결합을 통해서 새로운 장르들이 만들어지고 있는데 그 좋은 예가 펌프락, 애시드 재즈, 퓨전 재즈, 락앤랩 등이다. 그러나 거슬러 올라가보면 블루스의 탄생시기부터 지금까지 그 어떤 장르도 홀로 탄생된 것은 없으며 기존의 장르들의 여러 요소들이 결합된 것들이 대부분이다.

따라서 리듬을 공부할 때는 새로운 장르를 접할 때 그것이 어떤 요소들로 결합된 것인지를 쉽게 파악할 수 있어야 하고 더 나아가서 작곡자 자신만의 개성있는 리듬을 창작하기 위해서는 '리듬 습관을 경험하고 있는 것'이 아닌 '구성원리를 알고 응용할 수 있어야' 한다. 따라서 이 장에서는 여러 장르들에 공통적으로 엿보이는 리듬 구성의 원리를 설명하고자 한다.

리듬은 통상적으로 배치의 변화, 강세의 변화, 음색의 변화를 통해서 다양하게 변형된다. 이 장에서는 다음과 같은 단순한 8비트 패턴을 첫번째 원리인 '배치의 원리'에 따라서 변형시켜보자.

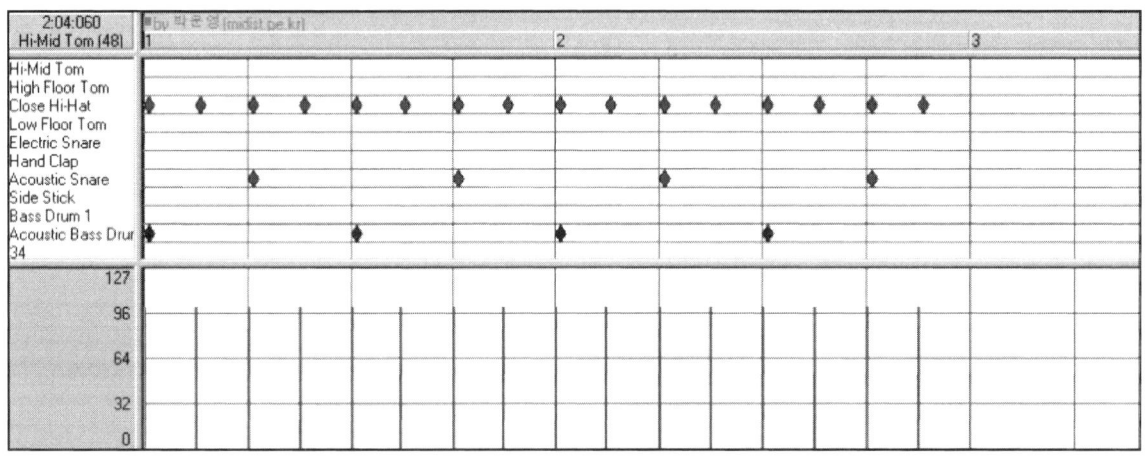

<♪ RB-103.mp3>

배치의 변화란 몇 비트로 구분하고, 어떤 위치에다 소리를 배치하는가에 관한 원리이다. 구성원리 가운데서 리듬 형태를 결정짓는 가장 우선적인 원리이다.

베이스 계열(특히 베이스 드럼)은 덩치가 큰 악기가 많기 때문에 사람이 연주하는 악기의 경우에는 대개 2비트, 4비트, 8비트, 16비트 연주가 흔하며 그 이상의 분할 연주는 힘들다. 그러나 컴퓨터음악으로 표현되는 장르에서는 그 이상의 분할 연주도 종종 나타난다.

알토/테너 계열(특히 스네어, 탐탐, 봉고, 콩가 등)은 미국과 유럽 중심의 일반 팝에서는 2박과 4박 위치에 연주되는 경우가 흔하지만 재즈나 퓨전, 라틴, 아프리카, 아시아 풍의 음악 들 속에서는 소프라노 계열과 마찬가지로 빠르게 연주되기도 한다.

소프라노 계열(특히 하이햇, 마라카스, 탬버린 등)은 베이스 드럼과는 달리 4비트, 8비트, 16비트, 32비트, 트리플릿(8분/16분/32분 잇단음표), 롤(Roll=64분음표 이상으로 분할되는 트레몰로 연주) 등의 다양한 비트가 가능하다.

1. 베이스 드럼의 배치변화

■ 베이스 드럼의 8비트 변화

단조로운 2비트 간격의 베이스 드럼의 중간 중간에 새로운 노트를 넣어보거나 이동시킨다.

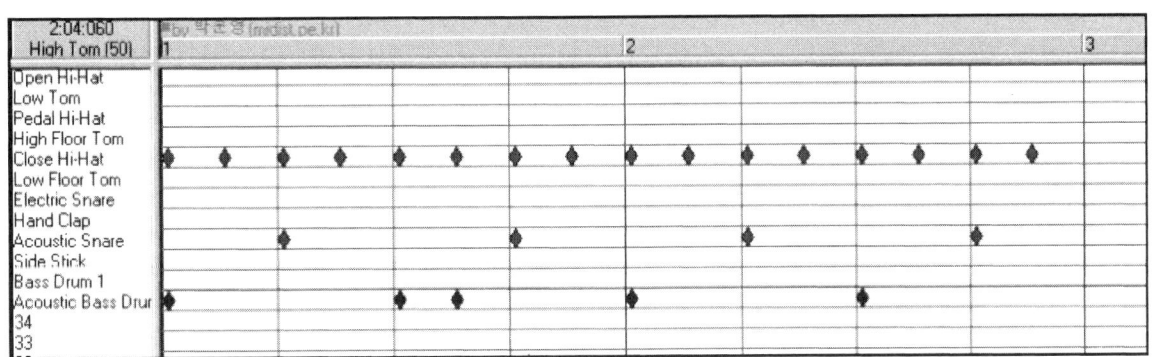

<♪ RB-104.mp3>

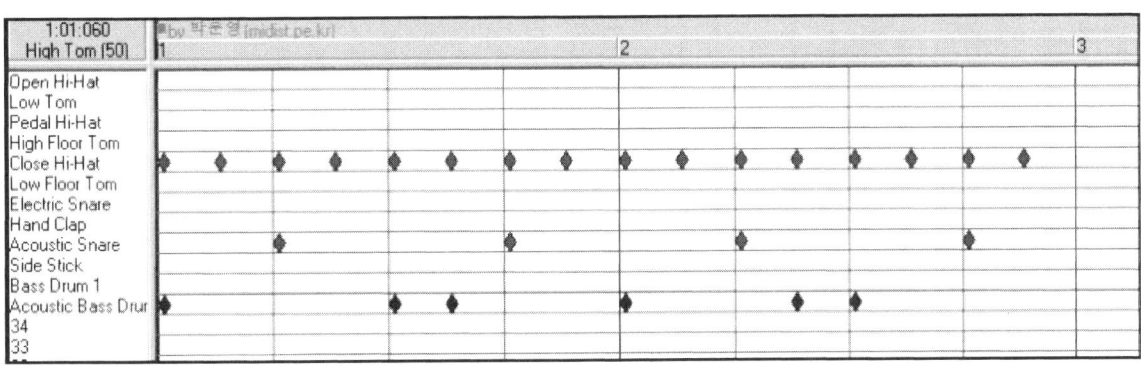

<♪ RB-105.mp3>

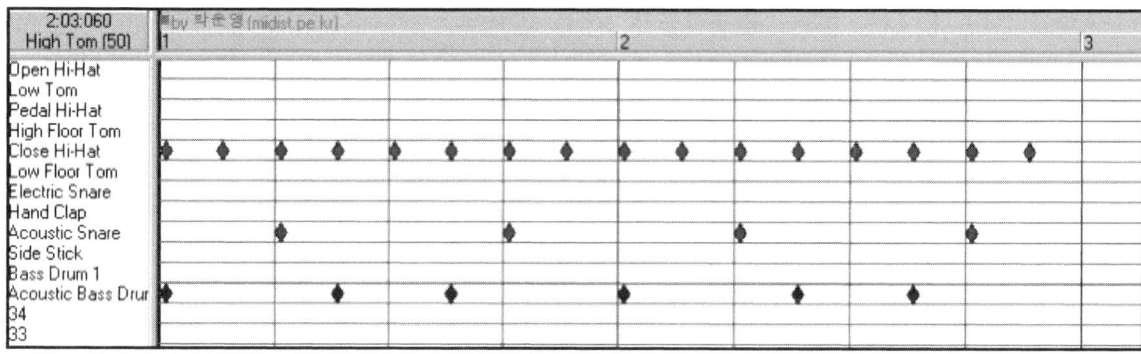

<🎵 RB-106.mp3>

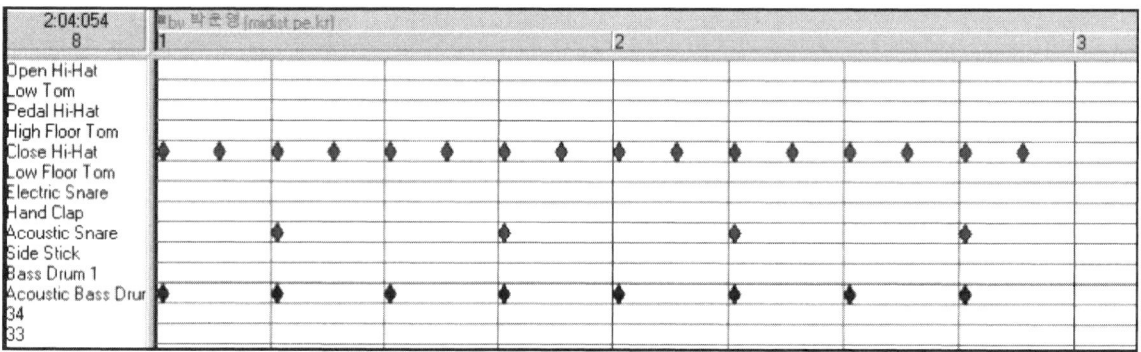

<🎵 RB-107.mp3>

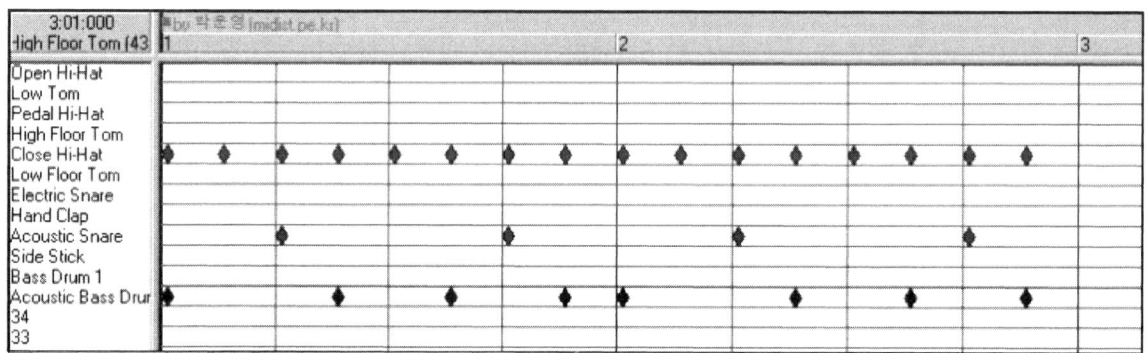

<🎵 RB-108.mp3>

■ 베이스 드럼의 16비트 변화

단순한 생각이긴 하지만 16비트의 변화가 가해질 때부터 우리는 흔히들 '멋지다'란 말을 한다.

제6장: 리듬의 구성원리 - 배치

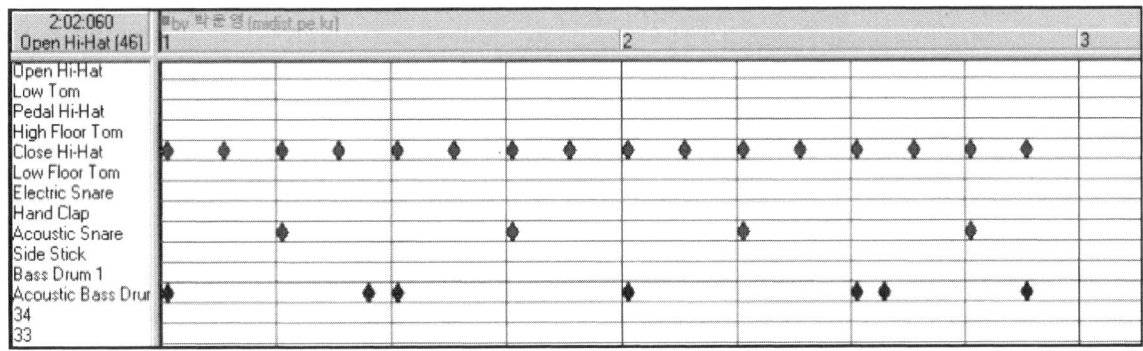

<♬ RB-109.mp3: 정박에 대하여 앞서 오는 경우와 뒤따라 오는 경우>

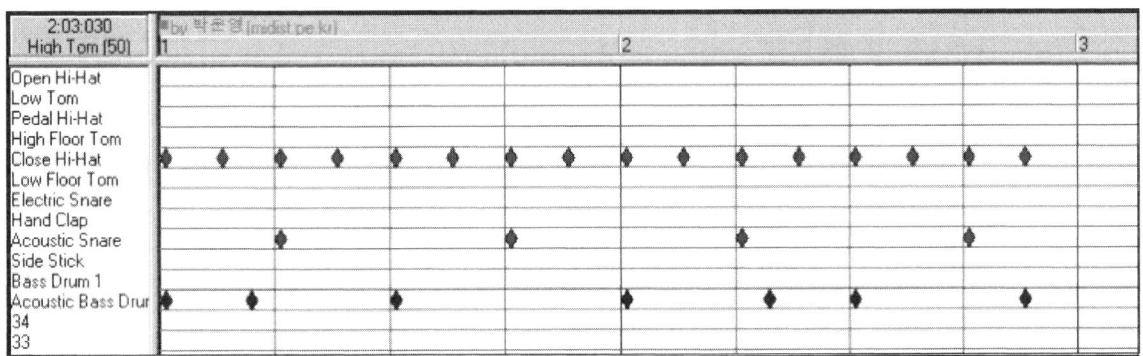

<♬ RB-110.mp3: 스네어에 대하여 앞서 오는 경우와 뒤따라 오는 경우>

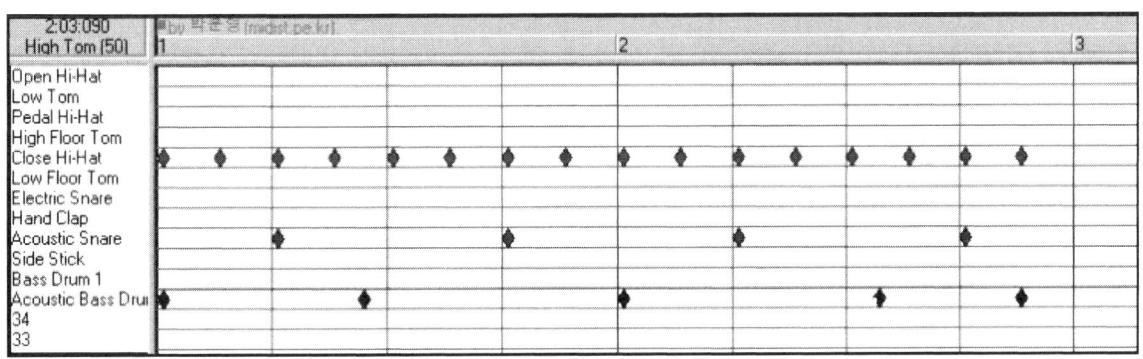

<♬ RB-111.mp3: 정박을 벗어나 앞당겨진 경우(싱코페이션)와 뒤로 밀려진 경우(딜레이)>

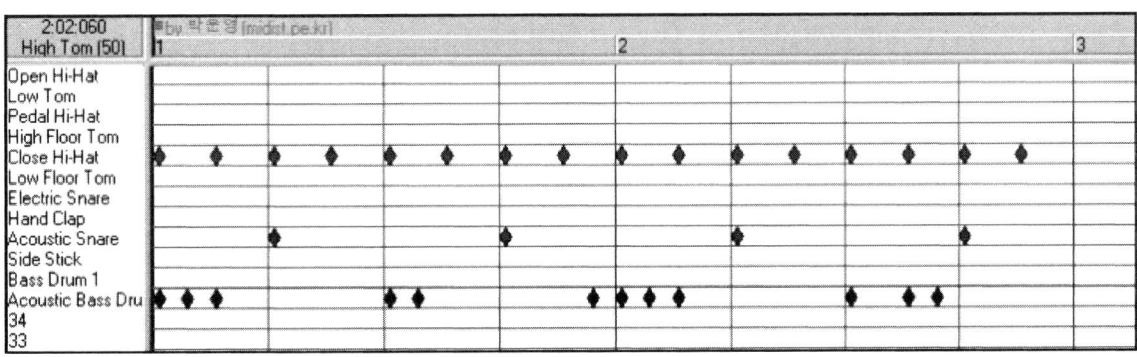

<♬ RB-112.mp3: 연타된 경우>

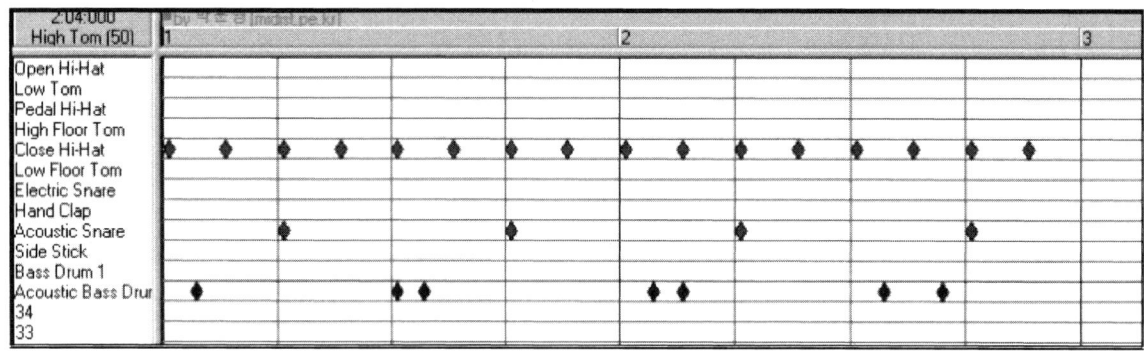

<♪ RB-113.mp3: 정박의 생략을 강조한 경우>

■ 베이스 드럼의 32비트 변화

베이스 드럼의 32비트 연주는 사람에겐 힘든 연주이고, 격한 느낌을 주기 때문에 기본 패턴으로 쓰이기 보다는 컴퓨터 음악이 사용되는 테크노, 하드코어, 댄스, 힙합 등의 필인(Fill In) 부분에서 종종 나타난다(종종 락, 헤비메탈, 퓨전 등에서 2대의 베이스 드럼을 준비해 두 발로 연주하는 경우도 있다).

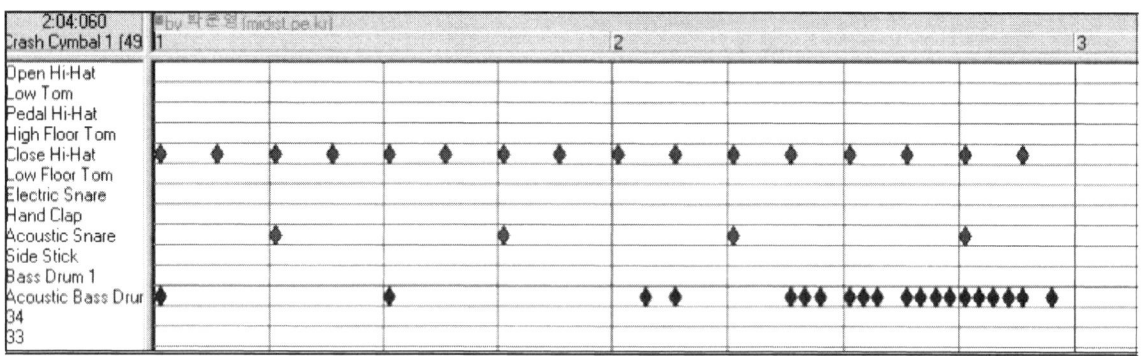

<♪ RB-114.mp3>

2. 하이햇의 배치변화

■ 하이햇의 8비트 변화

하이햇의 8비트 연주는 아주 기본적인 형태이기 때문에 그 범위 안에서의 변화는 드문 편이다.

제6장: 리듬의 구성원리 - 배치

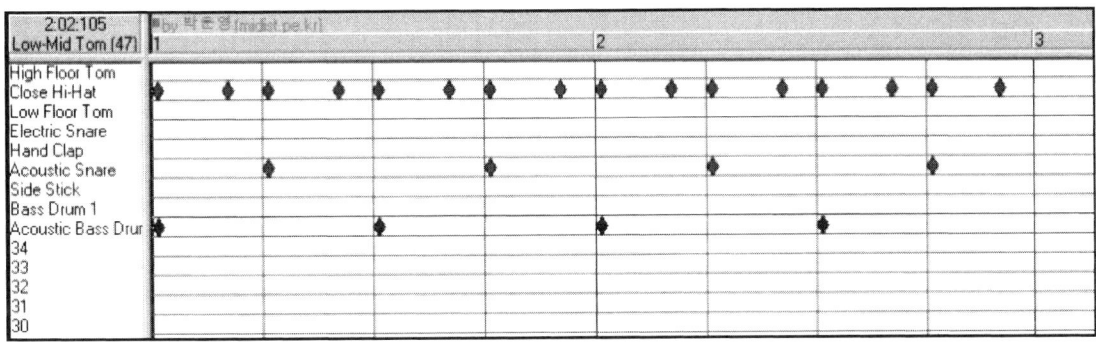

<🎵 RB-115.mp3>

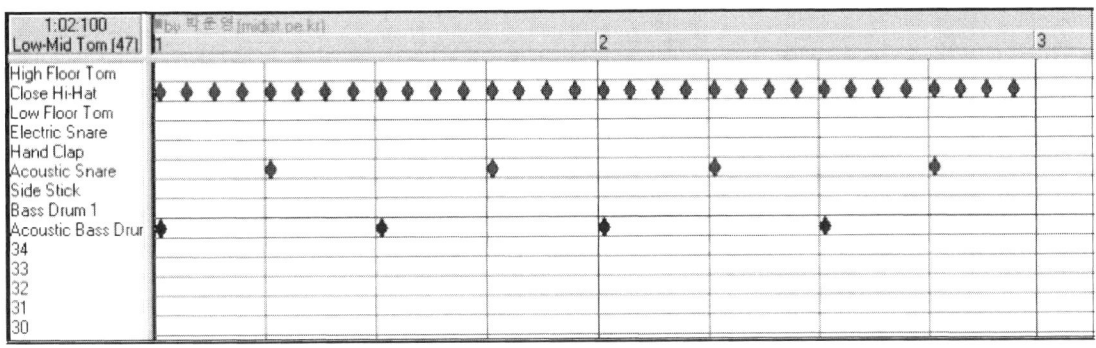

<🎵 RB-116.mp3: 8비트 스윙(swing) 연주. 8분 위치에 있는 음들이 3잇단 음표의 마지막 위치로 이동한다. 재즈나 알앤비 등에서 흔하게 쓰인다.>

■ 하이햇의 16비트 변화

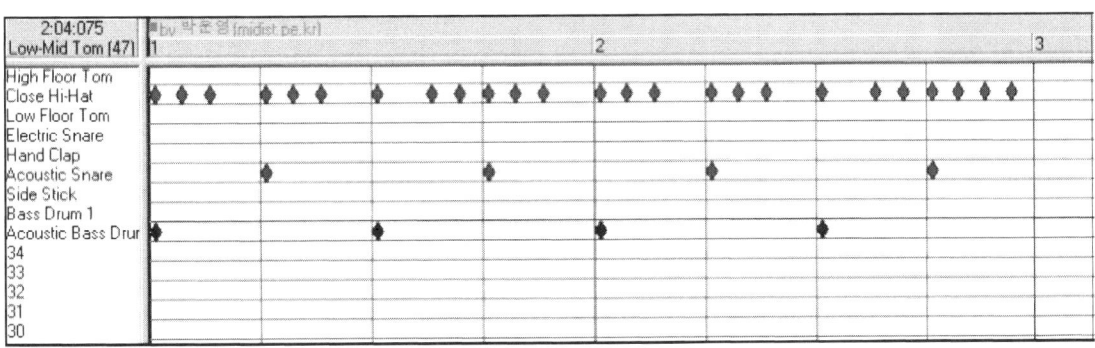

<🎵 RB-117.mp3: 하이햇의 가장 기본적인 16비트 연주이다.>

<🎵 RB-118.mp3>

< ♪ RB-119.mp3 >

■ 하이햇의 32비트 변화

32비트로 내내 연주하는 경우는 드물고 16비트의 기본 속에 첨가되는 형식이 많다. 뒤에서 배우겠지만 이 첨가음들은 대개 약하게 연주되어 흥을 돋구는 역할을 한다.

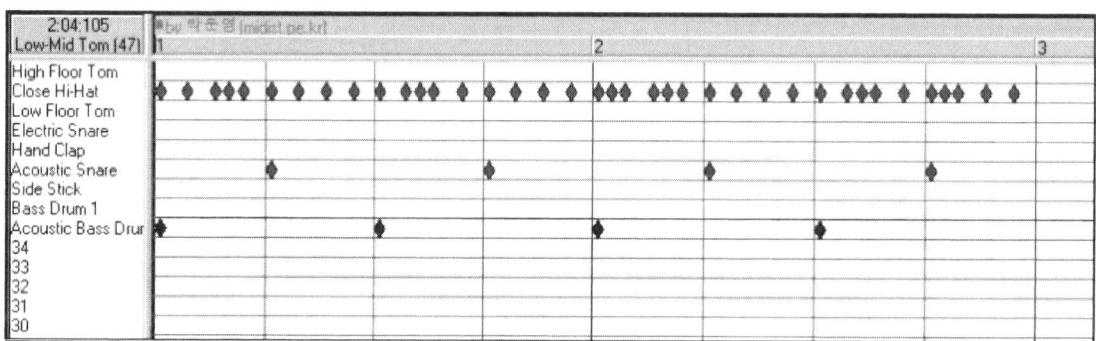

< ♪ RB-120.mp3 >

■ 하이햇의 트리플릿 연주

트리플릿(Triplete: 3잇단음표, 홀수박) 연주는 특히 흑인 계열의 음악 속에 종종 등장한다.

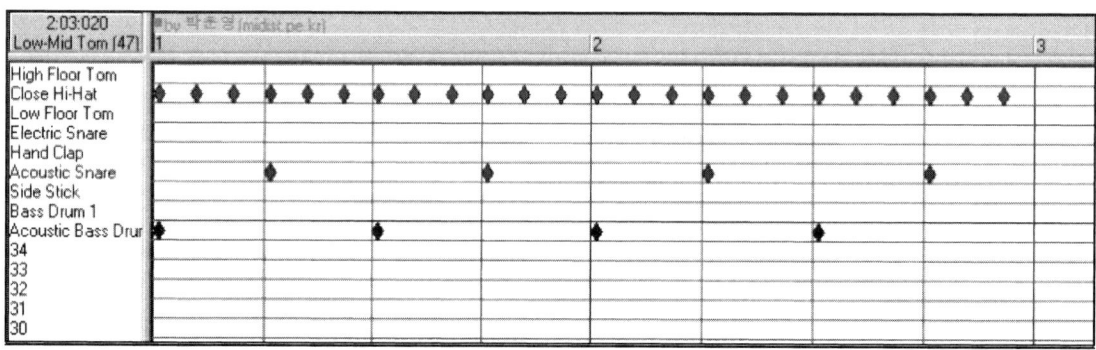

< ♪ RB-121.mp3: 8분 3잇단 음표로의 연주 >

제6장: 리듬의 구성원리 - 배치

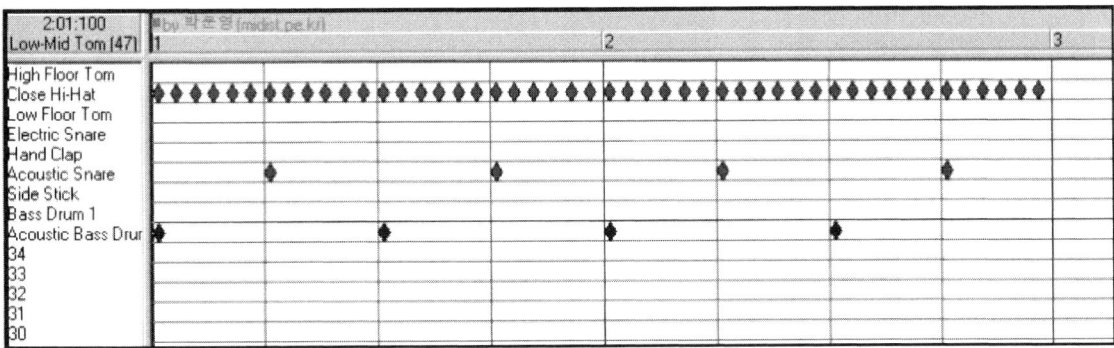

<🎵 RB-122.mp3: 16분 3잇단 음표로의 연주>

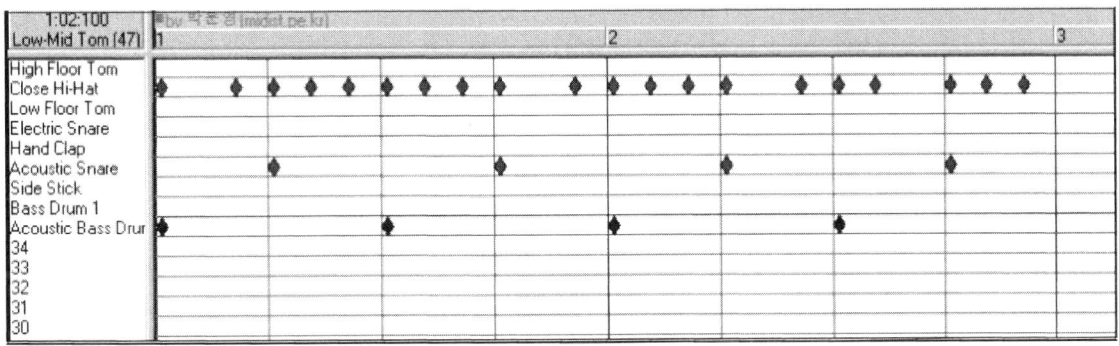

<🎵 RB-123.mp3: 8분 3잇단 음표로에서의 변화>

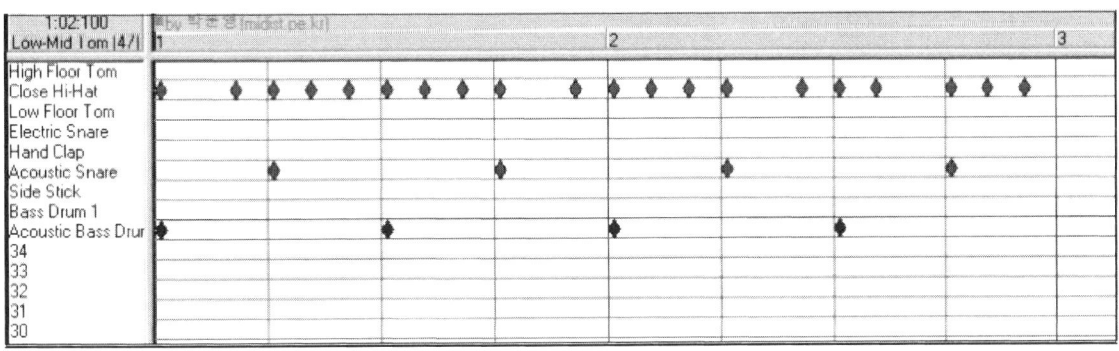

<🎵 RB-124.mp3: 8분 3잇단 음표로에서의 변화>

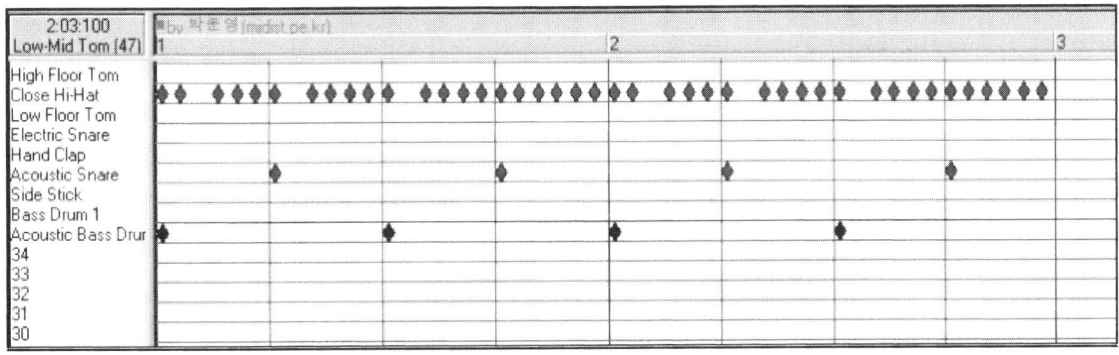

<🎵 RB-125.mp3: 16분 3잇단 음표로에서의 변화>

■ 하이햇의 트리플릿 첨가

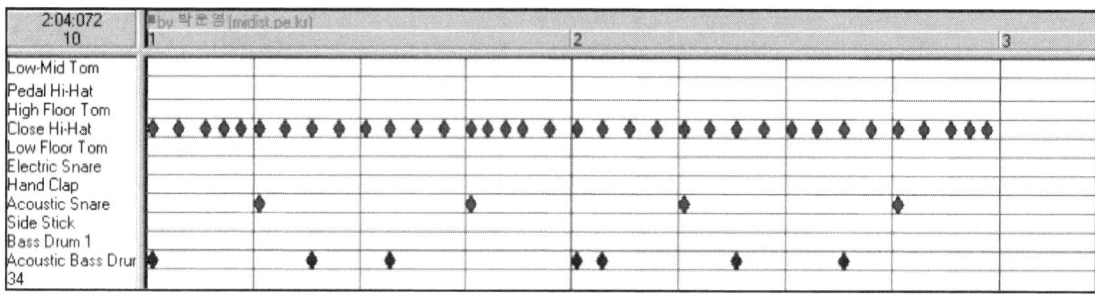

<♫ RB-126.mp3: :짝수분할 속에 첨가되는 트리플릿 하이햇>

트리플릿 연주는 계속 진행되기도 하지만 일반 짝수 분할(8비트, 16비트)이나 홀수 분할(트리플릿) 속에 살짝 첨가되어 새로운 분위기를 부여하기도 한다. 일단 짝수 분할 속에 홀수 분할음을 살짝 첨가하는 것은 대부분 잘 어울린다. 그러나 유의할 점은 홀수 분할 속에 짝수 분할음을 무턱대고 첨가하는 것은 듣기가 거북하다는 것이다. 다음의 두 가지 규칙에 따른다면 그 거북함을 피할 수 있게 된다.

① 기본적으로 홀수 분할에는 홀수 분할을 첨가한다. 예를 들어서 8분 트리플릿의 리듬 속에는 16분 트리플릿을 첨가하는 것이 가장 잘 어울린다.

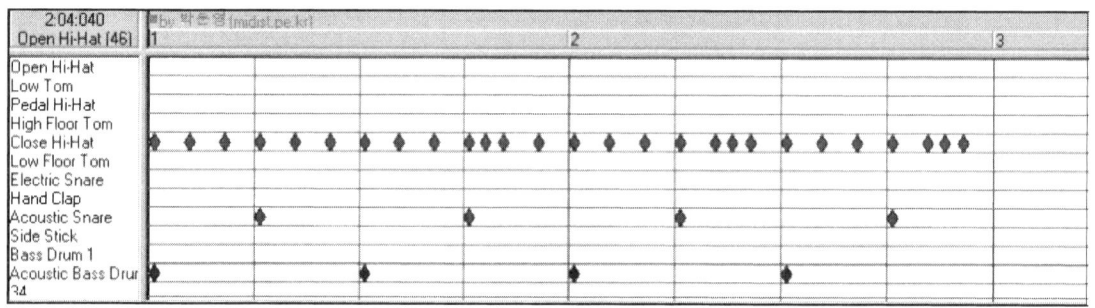

<♫ RB-127.mp3: :홀수 분할 속에 첨가되는 트리플릿 하이햇>

② 홀수 분할에 짝수 분할을 첨가할 때는 최소 8분길이 동안의 연주로 첨가되는 것이 듣기 좋다.

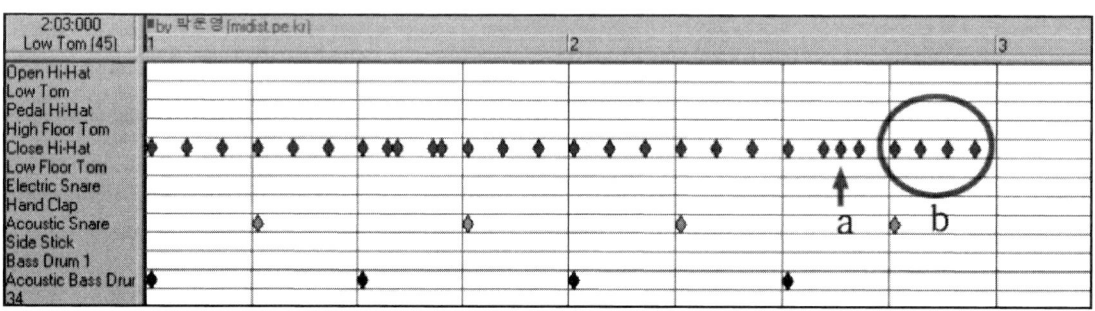

<♫ RB-128.mp3: 홀수 분할 속에 첨가되는 짝수 분할=어색하게 들린다>

바로 위의 경우처럼 홀수 분할 속에 짝수분할음을 넣었을 경우에는 어색하고 뭔가 리듬을 놓친 어설픈 연주처럼 들린다. 그러나 a음과 같이 8분위치 혹은 4분위치에 놓일 경우에 비교적 들을만 하고, 또 b의 경우처럼 8분 음표 이상의 길이동안 짝수 분할이 연주되는 경우도 들을만하다.

③ 짝수 분할 속에 홀수 분할을 첨가하는 것은 대개의 경우 무난하다.

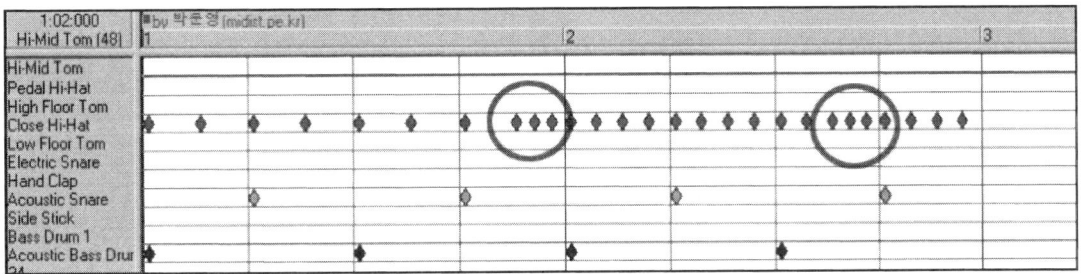

< ♬ RB-129.mp3: 짝수 분할 속으로 홀수 분할음을 첨가할 때는 대체로 잘 어우러진다>

3. 스네어 드럼의 배치변화

■ 스네어의 2박, 4박 위치

클래식이나 크로스오버와는 달리 팝 음악 속에서 스네어는 위치의 변화가 적은 편이다. 필자가 무수히 많은 팝 음악을 들어봤을 때 스네어가 2박과 4박에 놓인 경우는 거의 90%에 가까운 듯했다(필인의 경우를 제외한 기본 패턴 속에서). 그러나 다른 악기들 못지 않게 다양한 위치 변화가 얼마든지 가능하다.

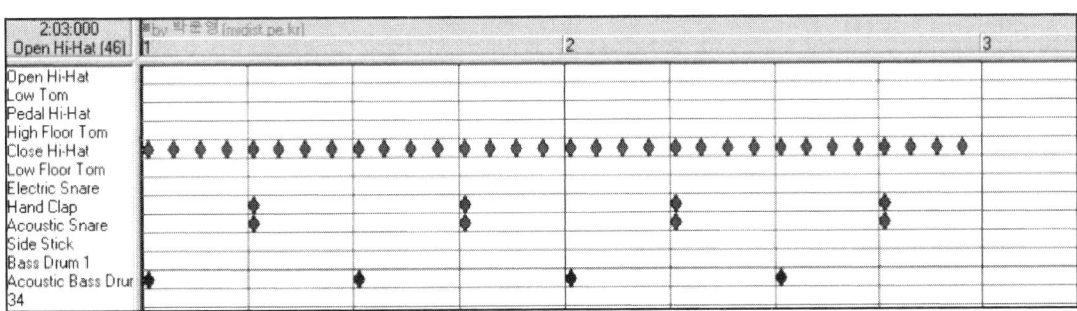

< ♬ RB-130.mp3: 핸드클랩과 함께 2와 4박에 놓인 스네어 드럼>

제6장: 리듬의 구성원리 − 배치

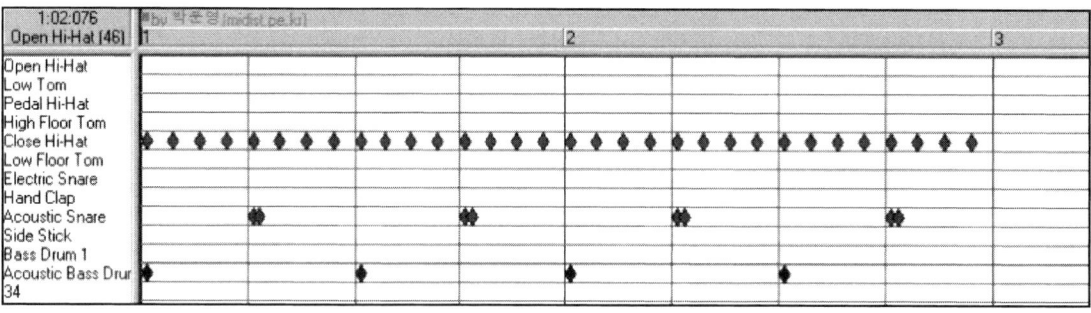

<♬ RB-131.mp3: 2개의 스네어 스틱으로 연주되는 경우>

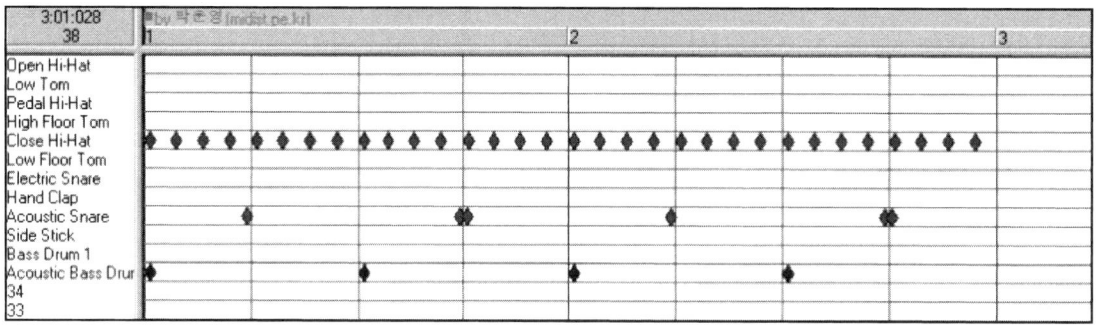

<♬ RB-132.mp3: 스네어가 약간씩 앞당겨져 연주되는 드라이빙 락(Driving Rock) 스타일>

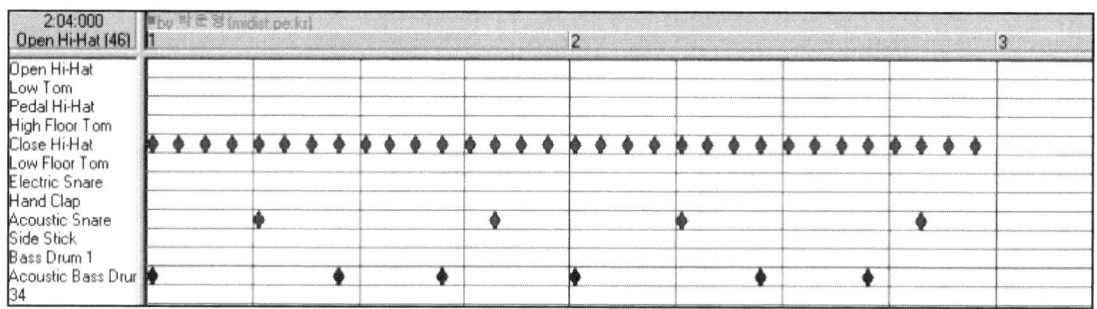

<♬ RB-133.mp3: 펑크 혹은 퓨전 스타일로 뒤로 16비트 밀린 경우>

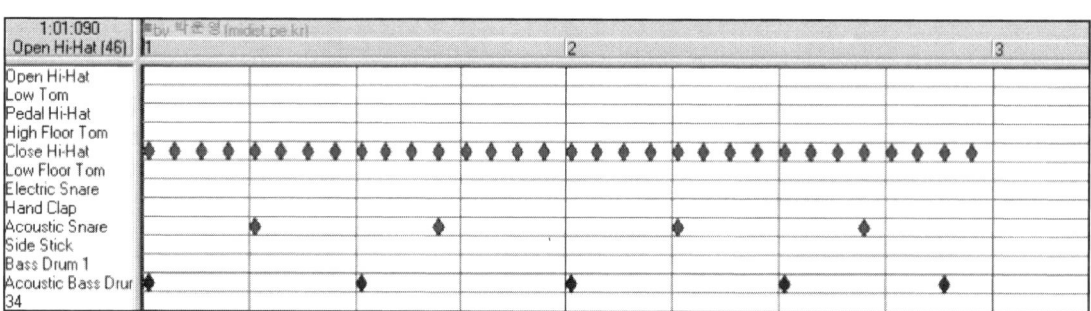

<♬ RB-134.mp3: 16비트 앞당겨진 경우>

제6장: 리듬의 구성원리 - 배치

<🎵 RB-135.mp3: 베이스와 스네어의 교차로 노래하는 듯한 리듬>

<🎵 RB-136.mp3: 빠른 템포 속에서 8분위치의 어프비트(Off Beat)에 위치시킨 경우>

<🎵 RB-137.mp3: 베이스 드럼과 함께 진행되다 8비트로 분할되는 경우>

<🎵 RB-138.mp3: 퓨전 스타일의 활발한 스네어/베이스 드럼의 교차>

초보자들은 특히 퓨전 스타일의 스네어와 베이스의 활발한 교차 연주에 어려움이 많을텐데 기성곡들에 대한 듣고 흉내내는 훈련을 통해서 감각을 발전시킨다면 쉽게 창작할 수 있게 될 것이다.

제7장: 리듬의 구성원리 - 강세

앞 장에서는 노트를 어떤 위치에 배치하느냐에 따라서 리듬 형태가 달라진다는 것을 배웠다. 그러나 그것과 함께 각 음들의 강세 역시 리듬의 형태를 결정하는 중요한 요소이다. 초보자들은 이 점을 모르고 있는 경우가 많다.

아래의 두 예는 벨로서티를 처리하지 않은 경우와 처리한 경우로서 후자의 것이 훨씬 흥겹게 들린다.

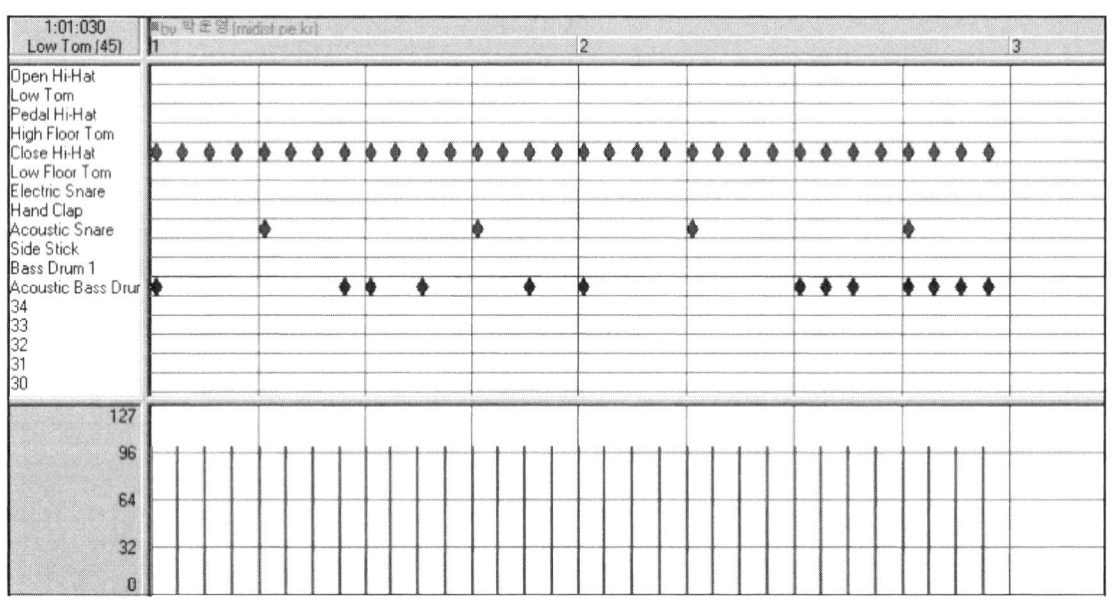

<♬ RB-139.mp3: 강세의 변화가 처리되지 않은 경우>

제7장: 리듬의 구성원리 - 강세

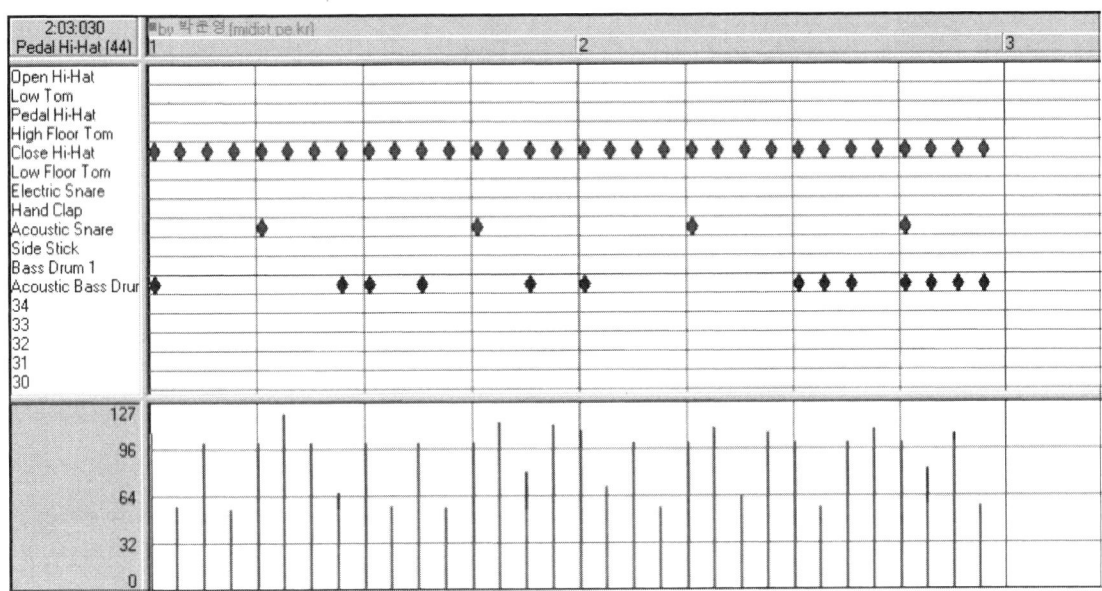

<♬ RB-140.mp3: 강세의 변화가 처리된 경우>

다음은 경우는 위의 'RB-140.mp3'를 다른 강세로 처리한 경우로서 느낌이 서로 달라진다.

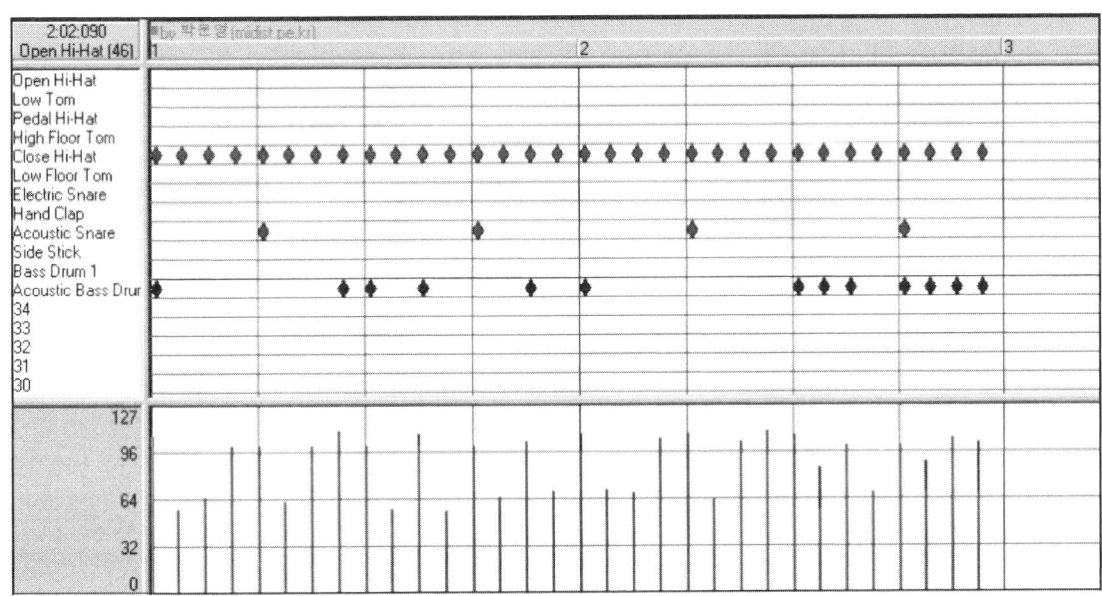

<♬ RB-141.mp3: 강세의 변화가 위와 다르게 처리된 경우>

이와 같이 강세가 없는 리듬은 죽은 리듬이며 그 모양에 따라서 서로 다른 느낌을 갖기 때문에 처리에 있어서 매우 신중해야 하고 또 그 모양을 만들 때 작곡자의 의도가 분명하게 담겨져야 한다.

그럼 이제부터 강세의 기본 원리와 변형들에 관해서 알아보자.

1. 8비트에서의 강박의 우선 순위

배치된 음들 가운데서 가장 강하게 처리해야 하는 음은 바로 '정박(On Beat)'이고, '홀수박(Odd Beat)'이다. 정박이란 4분 위치의 음들을 말하고, 홀수박이란 그 리듬 분할 가운데서 매 홀수번째의 음들을 말한다.

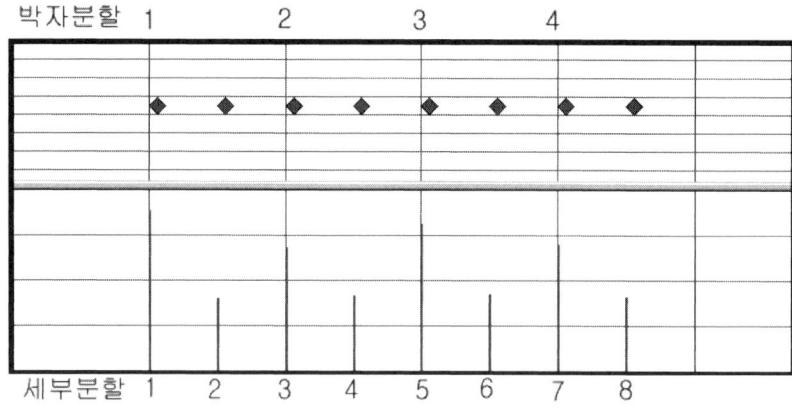

<8비트에서의 분할>

여기서 말하는 박자 분할은 그 음악이 몇 박자이냐에 따르는 일반적인 분할이며, 세부 분할은 한 마디를 채우고 있는 음들의 개수에 따른 분할을 말한다. 세부 분할은 보통 8비트/16비트/32비트 등의 일정한 간격으로 위치하게 된다.

보통 박자 분할선을 정박(On Beat)이라고 말한다. 홀수박(Odd Beat)은 박자 분할과 세부 분할 모두의 경우에서의 홀수 위치를 말한다.

"강박은 정박(On Beat)과 홀수박(Odd Beat)에 우선적으로 주어진다"라는 원리는 이 박자 분할과 세부 분할의 두 차원에서 생각해야 한다.

위의 그림에서 박자 분할의 측면에서는 1과 3이 강박이 되고, 2와 4는 약박이 된다.

그러나 이 2와 4음들은 세부 분할의 측면에서 볼 때는 홀수박(3,7)에 해당되므로 다른 2,4,6,8음보다는 상대적으로 강하게 처리된다.

2. 16비트에서의 강박의 우선 순위

16비트의 경우에는 다음의 그림과 같이 세 단계의 분할(박자분할/8비트분할/16비트분할)이 이루어지게 되므로 강박의 우선순위 역시 3가지 단계로 부여된다.

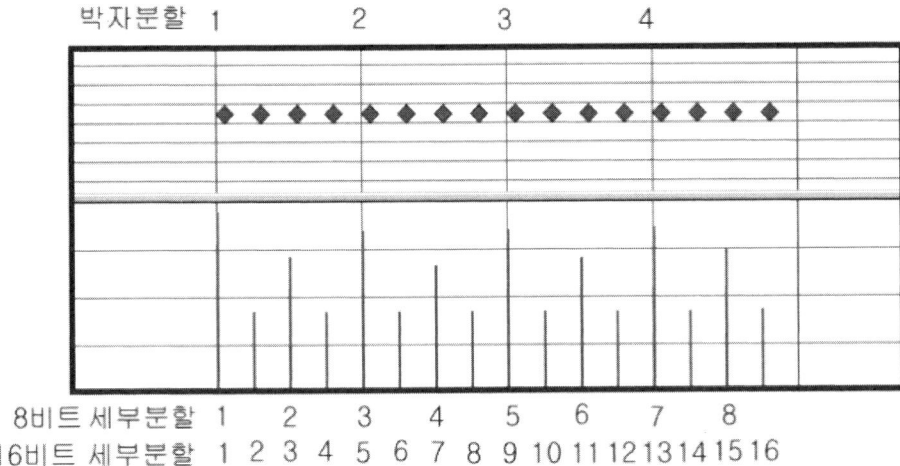

<🎵 RB-141.mp3: 16비트에서의 분할>

박자분할의 단계와 8비트 세부분할 단계까지의 강박의 우선순위와 그 처리는 동일하다. 16비트 세부 분할에서의 짝수박 음들(2,4,6,8,10,12,14,16)이 가장 약하게 처리한다.

3. 원칙의 변화

앞에서 보았듯이 약박음들에서도 '4비트의 짝수위치 > 8비트의 짝수위치 >16비트의 짝수위치'라는 우선 순위가 존재한다. 강약의 원리에 관해서 아무것도 모르고 있었던 초보자라면 이런 원리만 적용해도 상당히 생동감있는 리듬이 만들어 질 것이다.

그러나 이것은 아주 표준적이고 무던한 리듬을 만들기 위한 원리이기 때문에 지루하게 들릴 수도 있다. 대개의 경우 작곡자의 의도에 따라서 강약의 모양은 다음과 같이 여러 가지로 자유롭게 변형될 수 있고 원리에 정반대가 되는 경우도 있다. 그 모양이 의도적이던 우연적이던 여러분의 음악에 맞는 적절한 것을 창작하기 바란다.

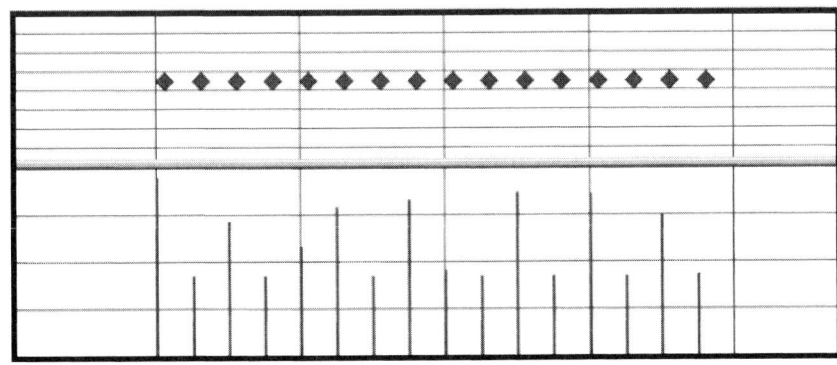

<🎵 RB-142.mp3>

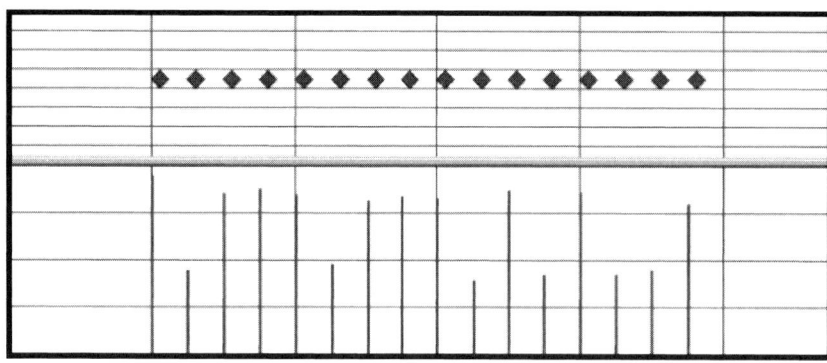

<🎵 RB-144.mp3>

4. 32비트에서의 강박의 우선 순위

바로 위에서 보았듯이 8비트, 16비트 등의 변형에서는 강박의 위치가 바뀌어도 그럭저럭 들을 만하고 오히려 색다른 느낌을 주는 좋은 결과도 생길 수 있다. 그러나 32비트의 경우는 다르다. 만일 32비트의 짝수 위치에 강박을 주면 대부분의 경우 마치 연주 중 실수한 것 같은 느낌을 주게 된다.

타악기의 연주에서 32비트의 분할이 기본 패턴으로 진행되는 경우는 드물고 대개 살짝 첨가되는 경우가 많다. 아래의 예가 바로 그러한데 이때 이 음들은 짝수위치의 것이므로 다른 음들보다 약하게 처리해야 한다.

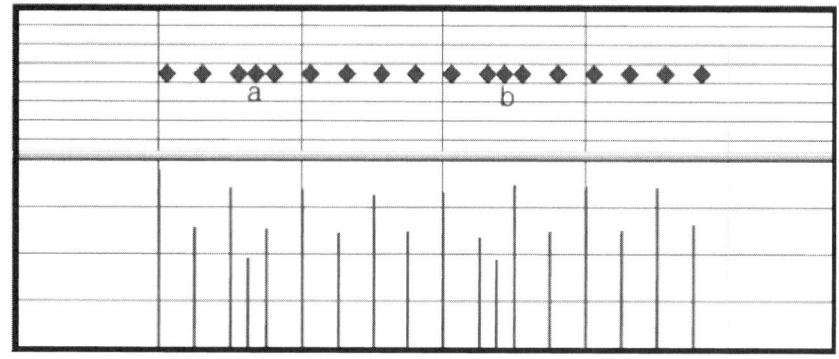

<🎵 RB-145.mp3: 32분 음들은 약박으로 처리되는 것이 좋게 들린다>

만일 다음과 같이 강박으로 처리하게 되면 연주가 어설프게 들린다.

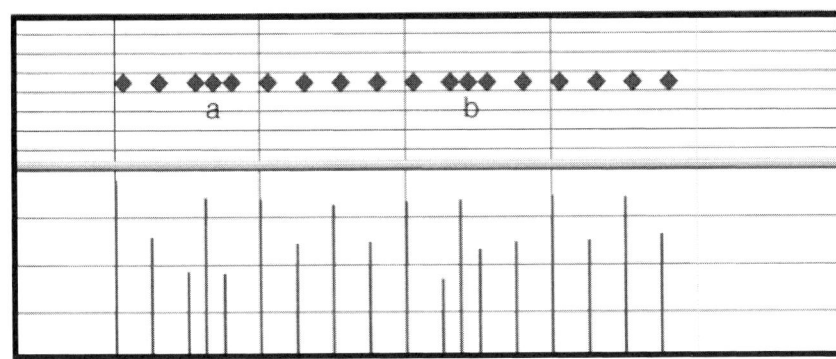

<🎵 RB-146.mp3: 실수한 연주처럼 들린다>

또 주의할 점은 32분음이 약박으로 처리되더라도 그 주변에 8분이나 16분음이 존재해야 듣기가 좋다. 만일 그렇게 하지 않으면 역시 잘못 연주한 것처럼 들린다.

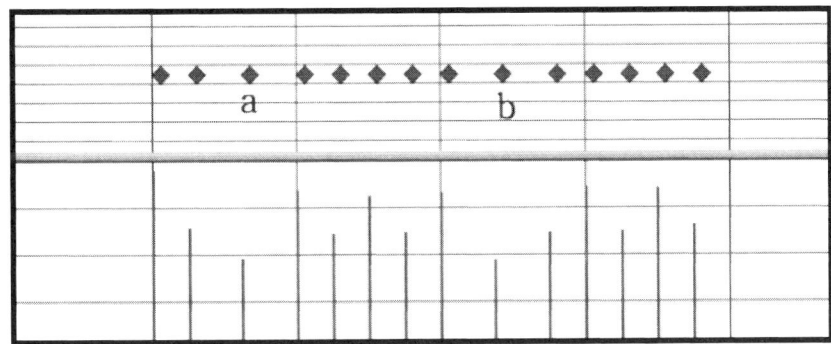

<🎵 RB-147.mp3: 주변에 강박의 8분/16분 음이 있어야 한다.>

5. 홀수 분할에서의 강박처리

짝수 분할에서는 '강-약-강-약'의 교차였다면 홀수 분할(트리플릿)에서는 '강-약-약'의 반복이 기본이 된다.

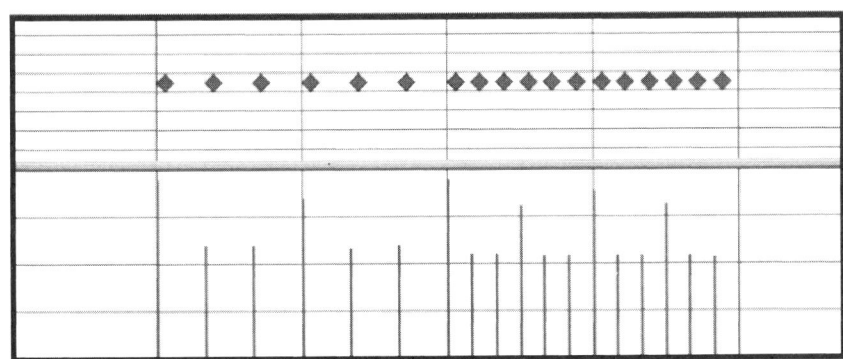

<🎵 RB-148.mp3: 기본적 형태>

그러나 다음과 같이 제2마디의 16비트 트리플릿에 대해서는 '강-약-강-약'의 짝수 분할의 느낌을 줄 수도 있다. 자신의 곡 분위기에 맞는 강세를 선택하면 된다.

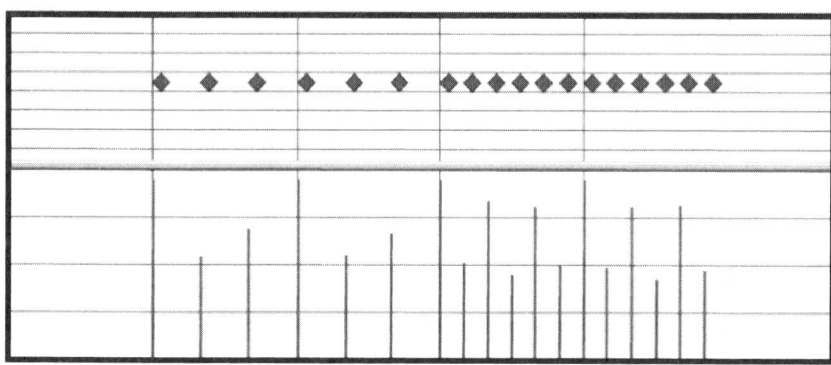

8분/16분 트리플릿에서의 강세는 다음과 같이 기본 원칙을 벗어나서 자유롭게 변화될 수 있다.

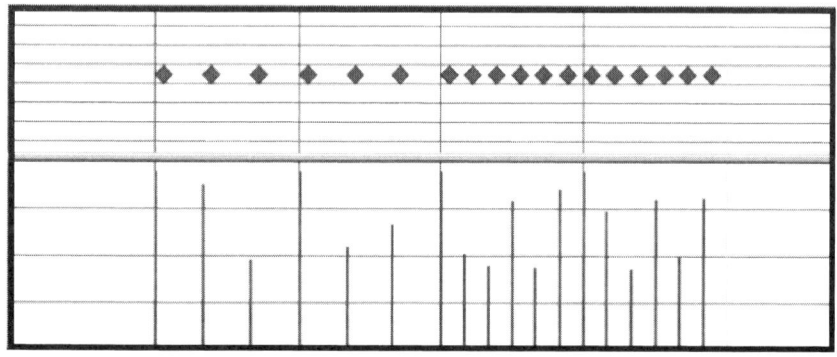

<🎵 RB-149.mp3: 평이한 변형>

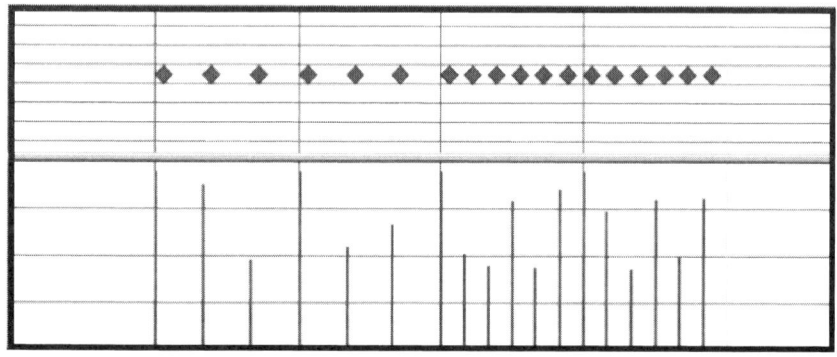

<🎵 RB-150.mp3: 매우 이국적이고 원초적인 느낌을 준다>

6. 알토/테너/베이스 계열의 강박 처리

지금까지 우리는 소프라노 계열인 하이햇(혹은 카바사, 마라카스, 탬버린이나 혹은 봉고, 콩가 등의 알토/테너계열)에 대한 강박의 처리를 알아보았다. '강박은 정박과 홀수에 부여된다'라는 기본을 바탕으로 그것의 변형들을 알아보았는데 이런 원리는 알코/테너/베이스 계열에서도 마찬가지이다. 다음의 여러 예들을 보면 짝수 혹은 정박이 아닌 곳의 음들은 모두 약하게 연주된다.

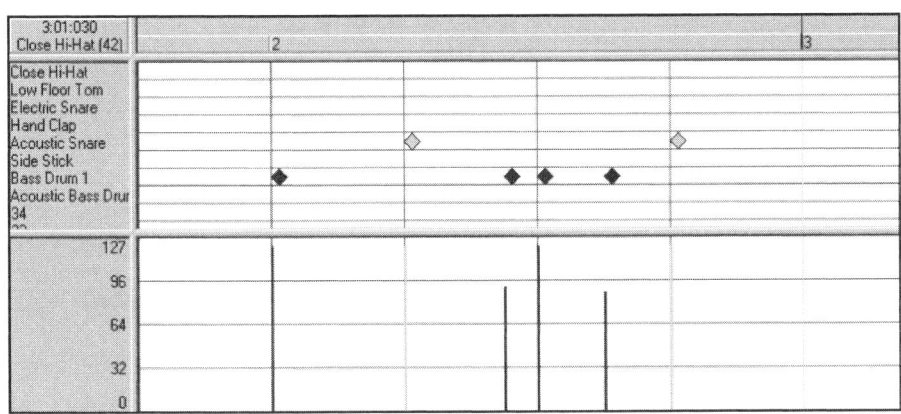

<🎵 RB-151.mp3>

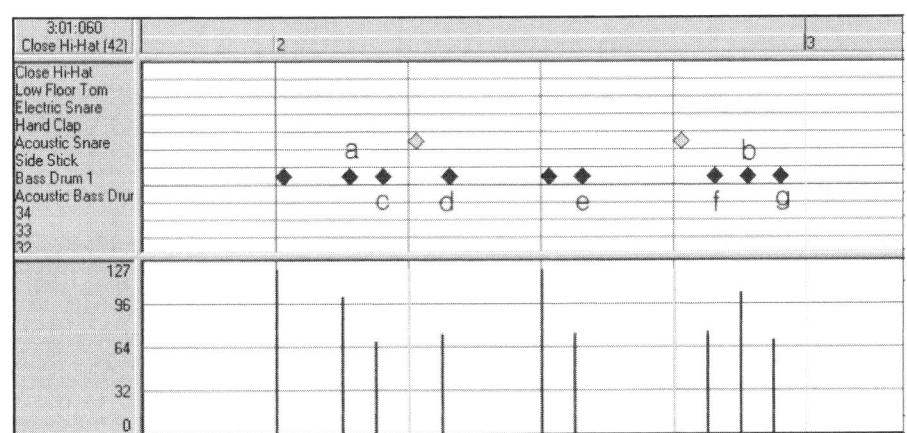

<🎵 RB-152.mp3: 8분분할의 음들(a,b)보다 16분분할의 음들(e~g)이 더 약하게 연주된다>

특히 베이스 드럼 역시 8비트, 16비트 분할 내에서는 다음과 같이 다양한 변형이 가능하지만 리듬의 큰 윤곽을 만들어 내는 악기인 만큼 신중해야 한다.

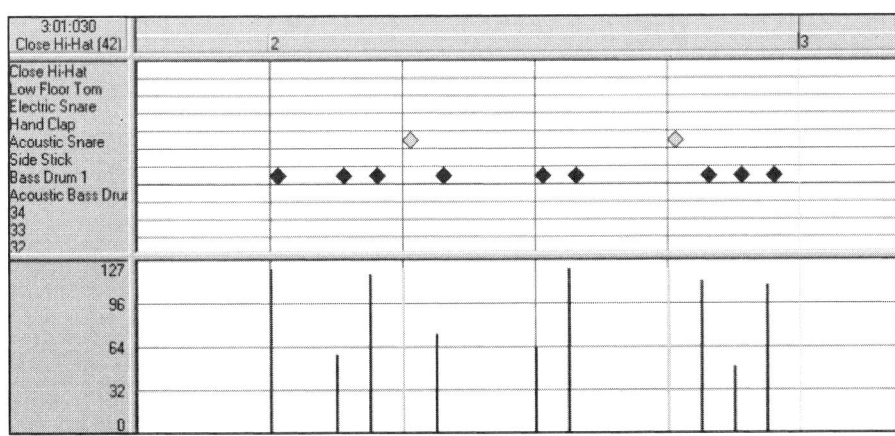

<🎵 RB-153.mp3: 변형>

7. 꾸밈음과 당김/밀림의 강박

보통 정박의 베이스 드럼 앞뒤(16비트)에 꾸밈음을 넣기도 하는데 이런 음들은 앞서서 배운 원칙들에 따라서 약박으로 처리한다. 만일 이 음들을 강박으로 처리하게 되면 어설픈 앞당김음(싱코페이션)이나 어설픈 밀림음(딜레이)처럼 들릴 우려가 있다.

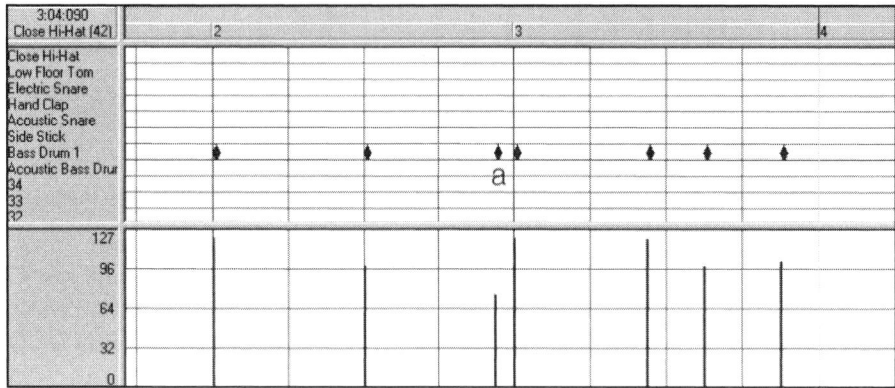

<♬ RB-154.mp3: 앞꾸밈음(a)은 보통 약박이 된다>

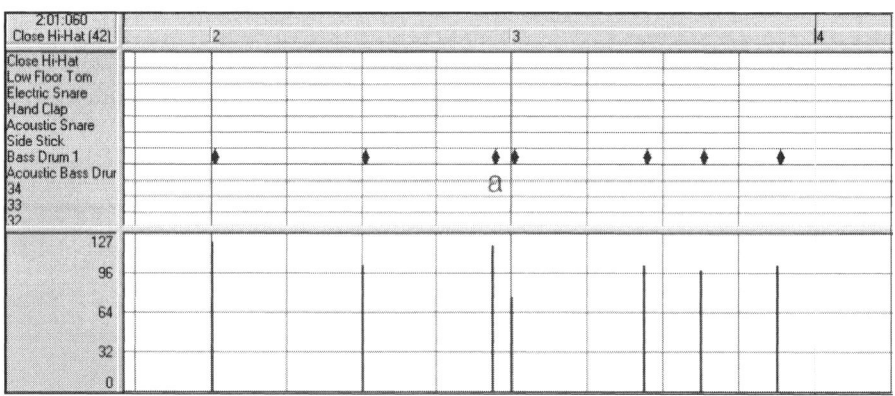

<♬ RB-155.mp3: 다소 어설픈 앞당김음(싱코페이션)처럼 들린다>

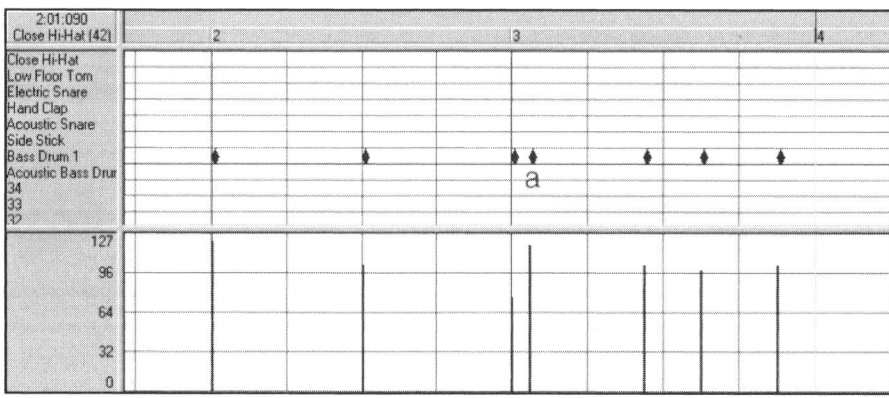

<♬ RB-156.mp3: 다소 어설픈 밀림음(딜레이)처럼 들린다>

만일 확실하게 당김음이나 밀림음으로처럼 들리게 하려면 정박의 음을 생략하고 이들을 강박으로 처리하는 것이 효과적이다.

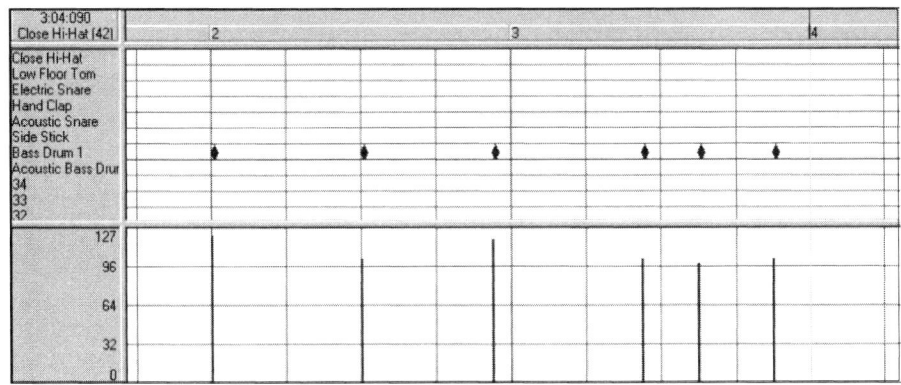

<🎵 RB-157.mp3: 당김음은 확실하게 강박으로 처리한다>

8. 고스트 노트

리듬 속에 들릴 듯 말듯한 작은 소리들을 첨가하여 묘한 재미를 불어넣는 경우가 있는데 그런 음들을 고스트 노트(Ghost Note)라 부른다. 고스트 노트는 벨로서티가 대략 30 이하로 작기 때문에 어느 위치에서든, 어떤 분할로든, 어떤 종류의 악기에서든 첨가될 수 있다. 이는 벨로서티가 30이상으로 우리 귀에 비교적 잘 들여오는 꾸밈음(침가음)과는 다르게 구분할 필요가 있다.

잘 넣으면 덜 지루하고 세련되게 들릴 수 있지만 잘못하면 곡 전체가 지저분해지거나 다른 파트의 선명함을 방해할 수 있으므로 신중해야 한다. 보통 퓨전, 재즈, 펑크, 테크노, 힙합 등의 장르에 자주 등장한다.

아래의 예는 하이햇, 스네어, 베이스 드럼에 고스트 노트가 골고루 첨가된 경우이다.

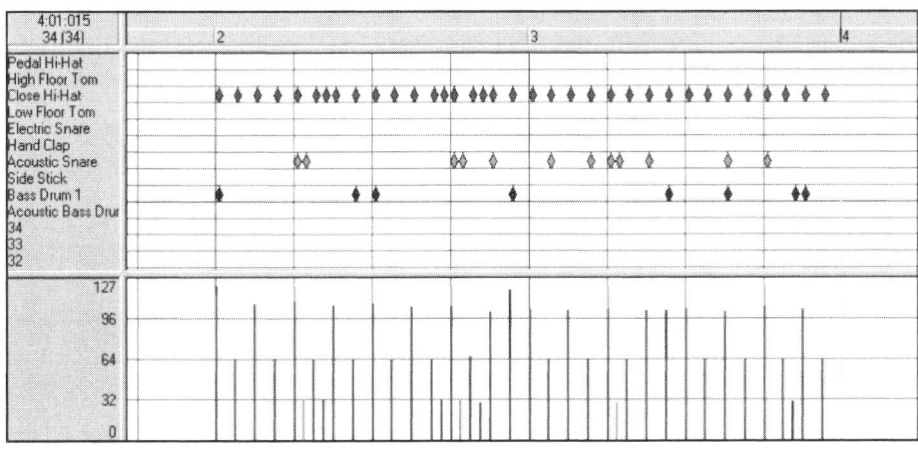

<🎵 RB-158.mp3>

9. 어프 비트 (Off Beat)

원칙적으로는 약박이어야 할 곳을 노골적으로 강하게 연주하는 이런 경우를 '어프 비트(off beat)가 강조된 리듬' 혹은 그냥 '어프 비트'라 말한다. 흑인 블루스에서 시작되었다고 볼 수 있는 대부분의 음악장르들이 사실은 이 '어프 비트'의 성격을 갖고 있다. 그것은 스네어에 의한 '음색적인 악센트'로 대체되어 있다. 1,3박은 묵직한 베이스 드럼으로 힘과 안정감을 주고, 2,4박은 들뜨고 자극적이고 밝은 스네어 드럼으로 연주하는 경우가 바로 어프 비트의 성격인 것이다.

그러나 그것은 흔하고 일반적인 경우라서 어프 비트라 말하진 않고 다음과 같이 8분 혹 16분 위치를 강조할 경우를 그렇게 말한다. 팝에서는 보통 오픈 하이햇이나 피아노, 기타 등에 의해서 표현하기도 한다.

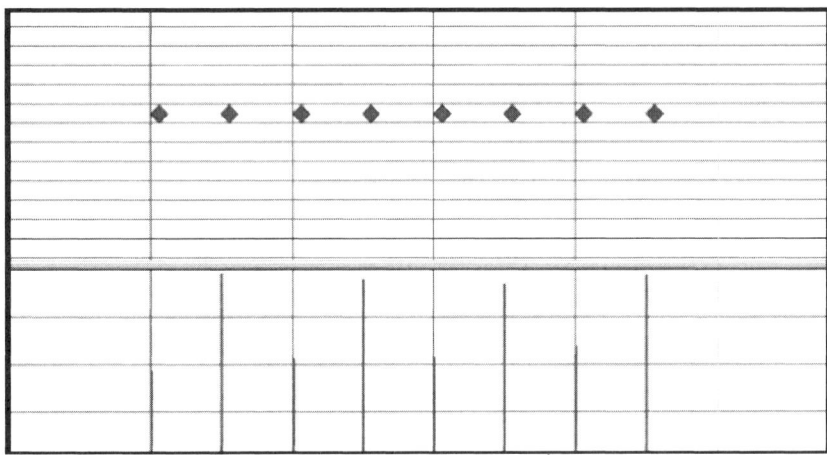

<♬ RB-159.mp3: 강세에 의한 어프비트>

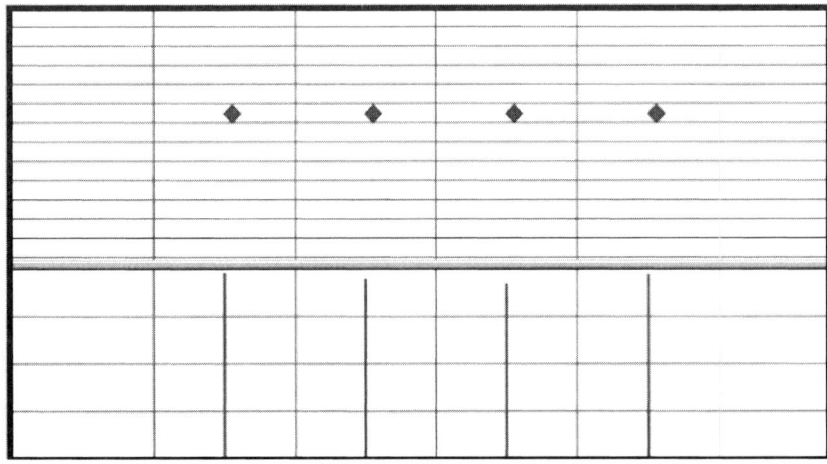

<♬ RB-160.mp3: 생략에 의한 어프비트>

제7장: 리듬의 구성원리 - 강세

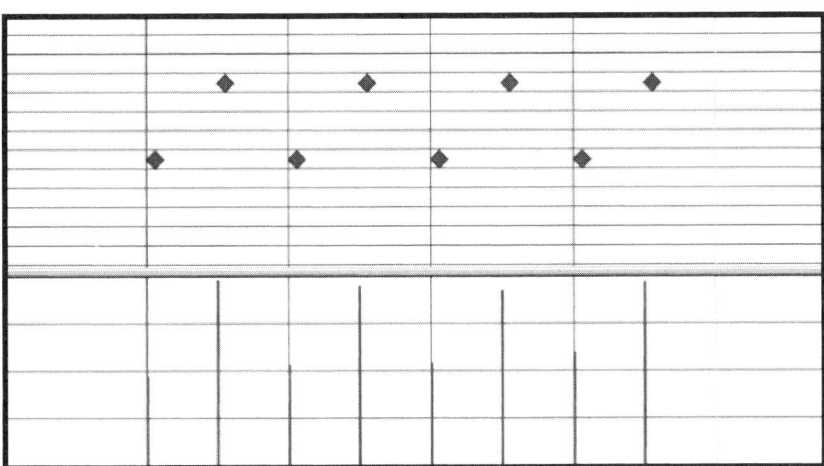

<♬ RB-161.mp3: 악기 변화에 의한 어프비트>

제8장: 리듬의 구성원리 - 음색

강세와 마찬가지로 음색 역시 리듬에 색채감과 흥을 더해주는 중요한 요소이다. 이 두 요소는 사실 서로 혼동되기도 하는데 예를 들자면 벨로서티가 강하게 부여된 클로즈 하이햇 소리가 종종 오픈 하이햇처럼 들리기도 하고(특히 TR-808/909 드럼음색 등에서), 벨로서티가 '강-약'으로 교차되는 1대의 마라카스 소리가 마치 크기가 다른 2대의 마라카스처럼 들리기도 한다.

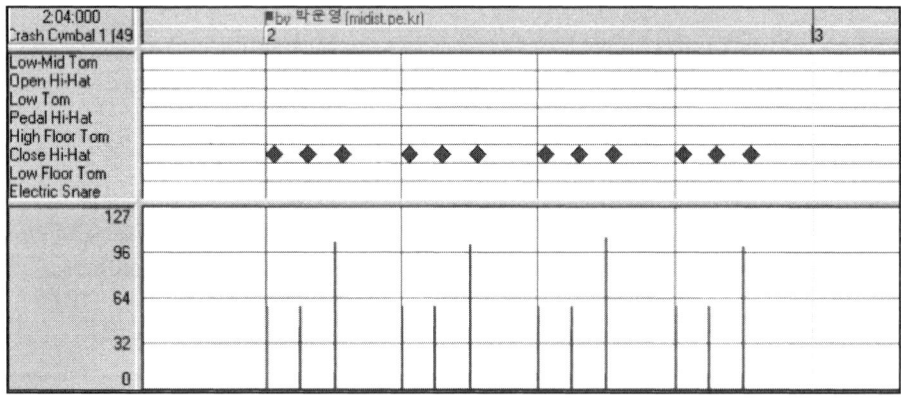

<♪ RB-162.mp3: 클로즈 하이햇에 의한 강세변화>

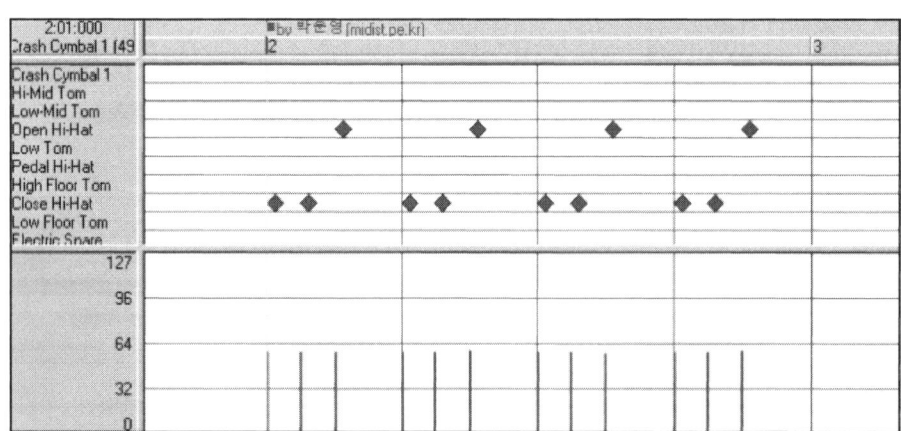

<♪ RB-163.mp3: 클로즈 하이햇과 오픈 하이햇에 의한 음색교차>

제8장: 리듬의 구성원리 - 음색

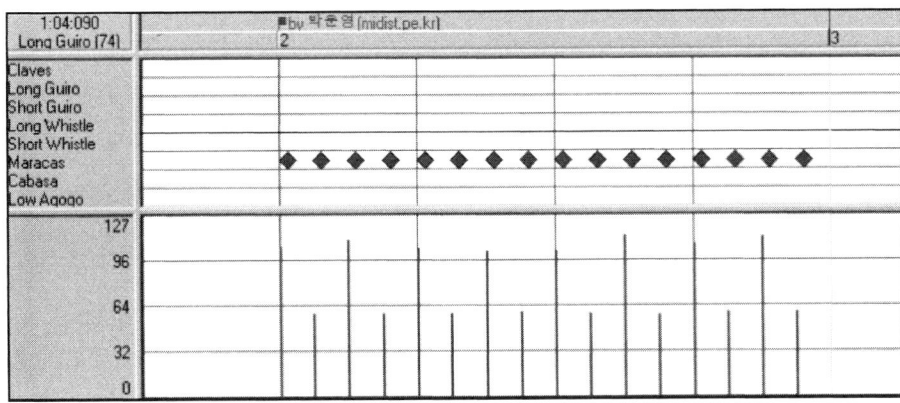

<🎵 RB-164.mp3: 마라카스의 강세 변화는 2대의 다른 악기처럼 들린다>

초보자들에게는 여러대의 악기 연주로 들리는 것이 알고보면 한 악기의 강약의 변화일 뿐인 경우가 많다. 이런 현상을 좋게 생각한다면 결국 강세의 원리와 음색의 원리가 서로 비슷하기 때문일 수도 있다. 쉽게 말해서 강조하고 싶은 부분은 밝고 센 소리로 연주하면 되고 감추고 싶은 부분은 둔탁하고 어두운 소리로 연주하면 된다.

1. 소프라노 계열의 음색변화

이 계열 가운데 팝음악에서 가장 널리 연주되는 것은 아무래도 하이햇일 것이다. 음색이 촉촉거리고 톡톡 끊어지기 때문에 잘게 분할해도 귀에 거슬리거나 다른 리듬악기를 감쇄시키지 않기 때문에 가장 널리 사용된다. 이 계열의 악기들은 다음과 같이 여러 가지로 대체된다.

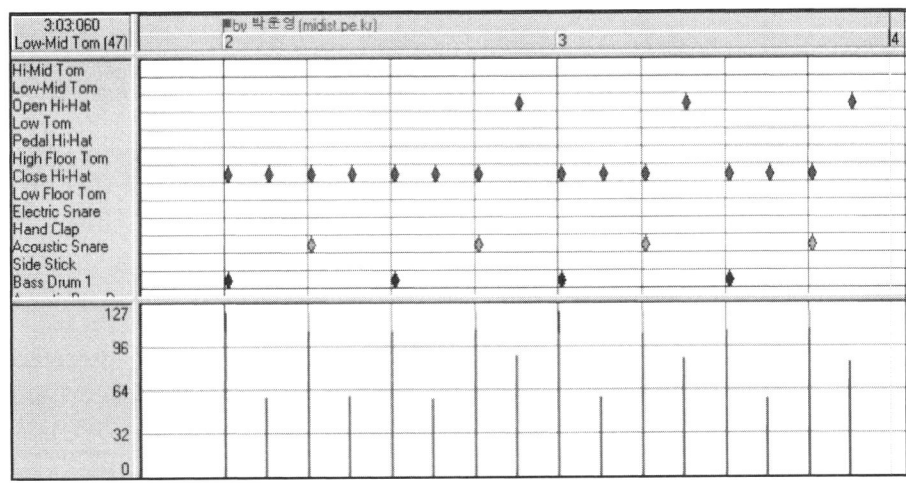

<🎵 RB-165.mp3: 오프 비트에 간헐적으로 나타나는 오픈 하이햇>

제8장: 리듬의 구성원리 - 음색

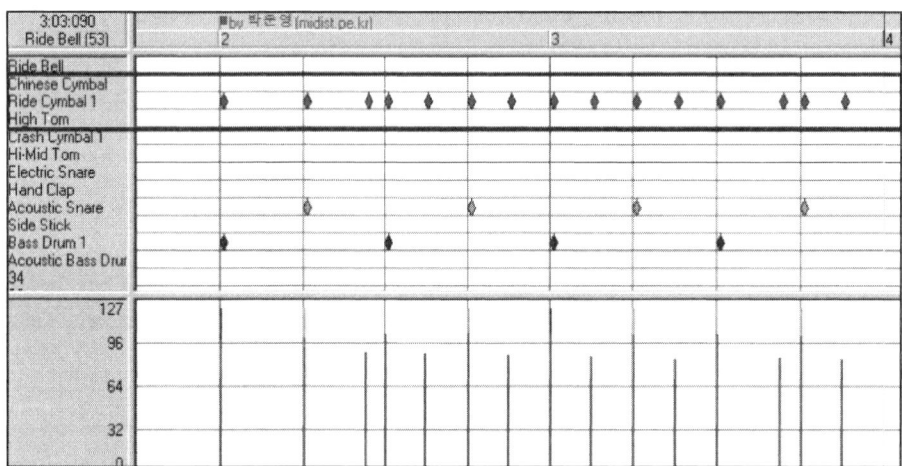

<🎵 RB-166.mp3: 오프비트에 반복적으로 나타나는 오픈하이햇>

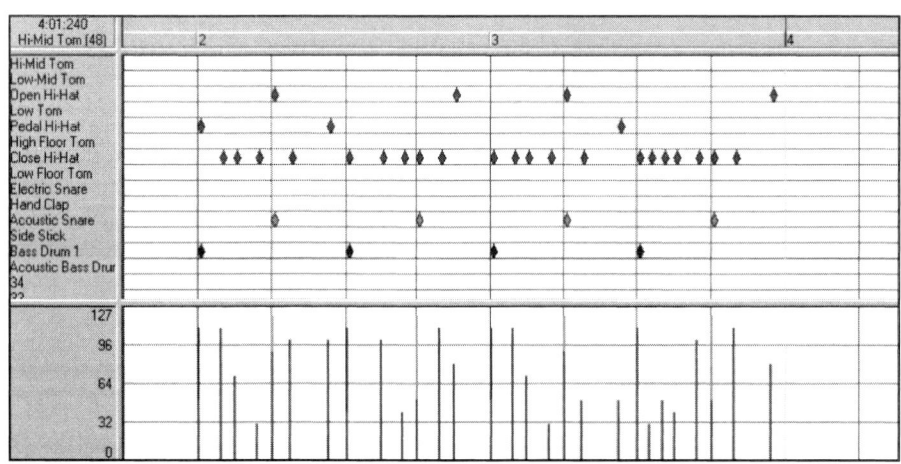

<🎵 RB-167.mp3: 라이드 심벌에 의한 연주>

<🎵 RB-168.mp3: 페달 하이햇, 클로즈 하이햇, 오픈 하이햇의 조합>

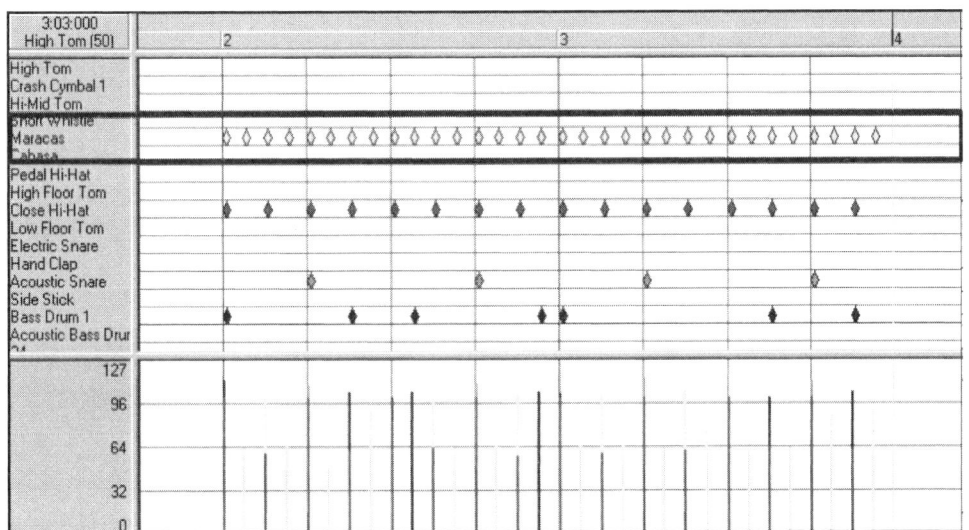

<🎵 RB-169.mp3: 크래쉬 심벌의 4분 연타>

<🎵 RB-170.mp3: 마라카스가 부가된 경우. 탬버린이나 카바사로로 대신할 수도 있다>

2. 알토/테너 계열의 음색변화

팝음악 속에서 이 계열에는 스네어 드럼이 가장 널리 사용되고 있는데 그 외에 탐탐이나 림샷, 핸드클랩 등으로 대체되기도 한다.

제8장: 리듬의 구성원리 - 음색

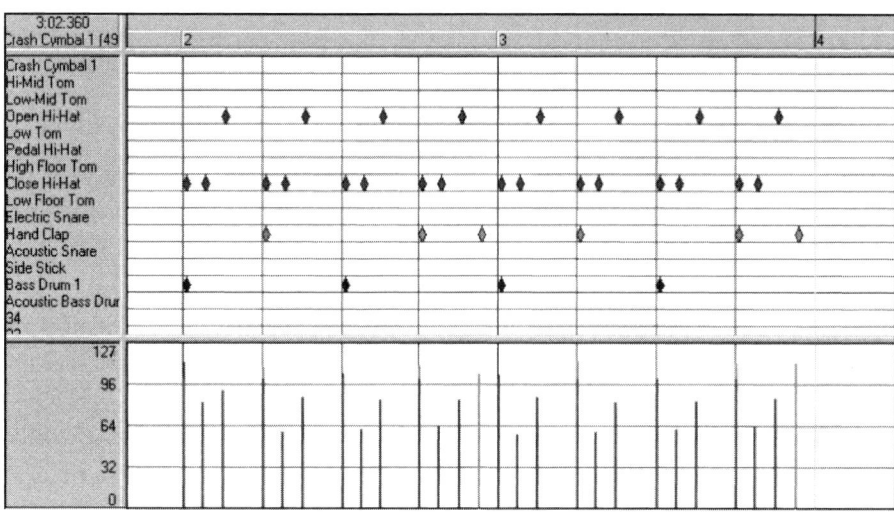

<🎵 RB-171.mp3: 핸드클랩으로 대신한 경우. 펑크나 디스코, 하우스, 댄스, 테크노 등에서 자주 등장한다.>

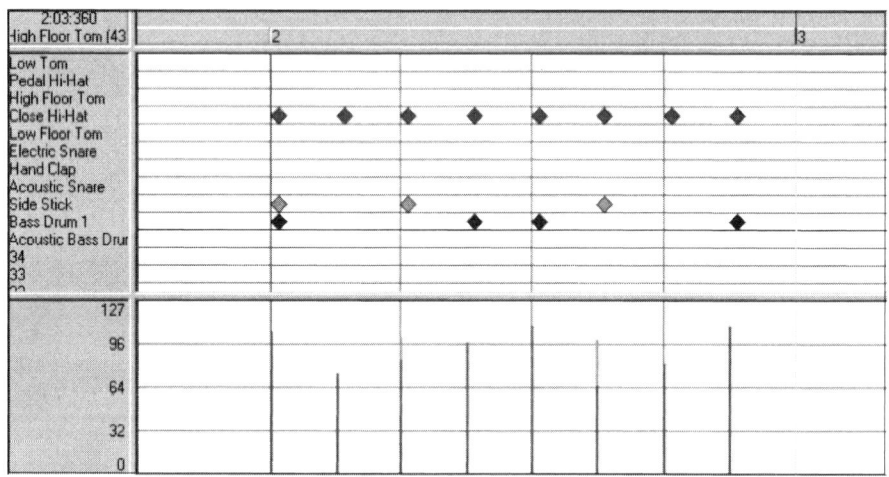

<🎵 RB-172.mp3: 차분한 분위기를 위해서 림샷(Rim Shot 혹은 Side Stick)으로 대체된 경우. 재즈나 발라드, 라틴 등에서 자주 등장한다>

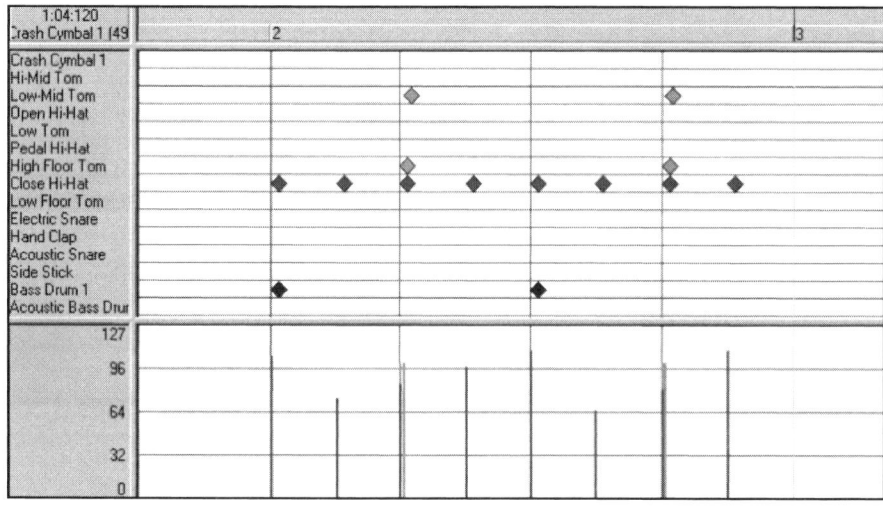

<🎵 RB-173.mp3: 울림이 좋은 탐탐으로 대체된 경우. 하드락, 메탈 등에서 종종 들을 수 있다>

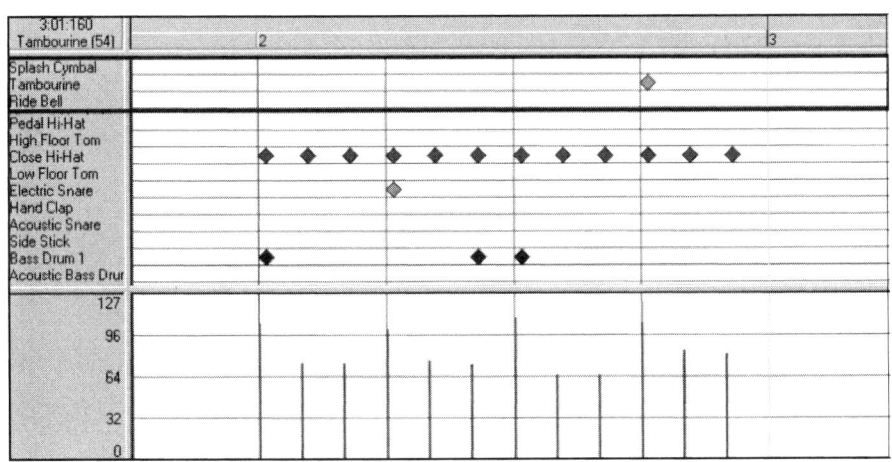

<🎵 RB-174.mp3: 조용한 발라드나 알앤비 등에서 탬버린으로 대체된 경우>

3. 베이스 계열의 음색변화

베이스 계열에서는 소프라노/알토/테너 계열과는 달리 종류별로 음색 차이가 상대적으로 적은 편이다. 보통 락, 재즈, 퓨전, 정통 블루스 등에서는 어쿠스틱 베이스 드럼을 사용되는 반면 테크노, 댄스, 힙합 등에서는 다양한 일렉트릭 베이스 드럼이 사용된다.

그리고 유럽, 아메리카, 라틴, 아프리카, 아시아 등의 민속적인 음악 속에서는 해당 지역의 베이스 퍼커션이 사용되겠지만 최근의 현대적인 크로스 오버 음악 속에서는 타 지역의 퍼커션들이 자유롭게 혼용되고 있다.

제9장: 드럼 - 8비트, 16비트

대중음악 속에서는 일정한 단위로 리듬 패턴이 반복되는데 보통 1마디 단위, 2마디 단위, 4마디 단위, 8마디 단위 등이 나타나며, 이 가운데서 2마디 단위가 가장 흔하게 사용된다. 이 장에서는 8비트와 쉬운 16비트를 몇가지 연습해보자.

1. 8비트 악보연습

다음의 예제 패턴들을 듣고 악보에 표기하라.

♪ RB-175.mp3

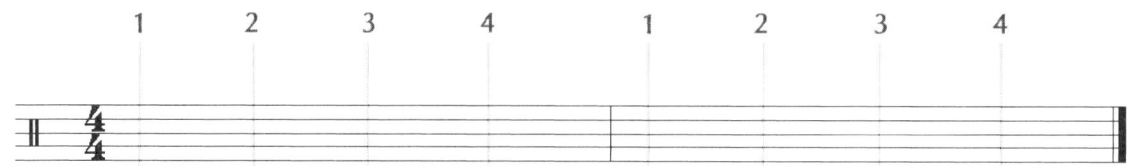

♪ RB-176.mp3

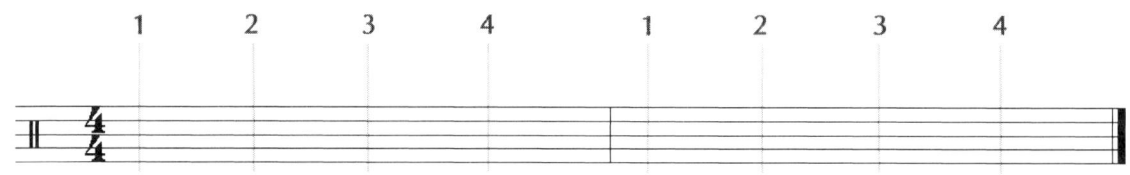

♪ RB-177.mp3

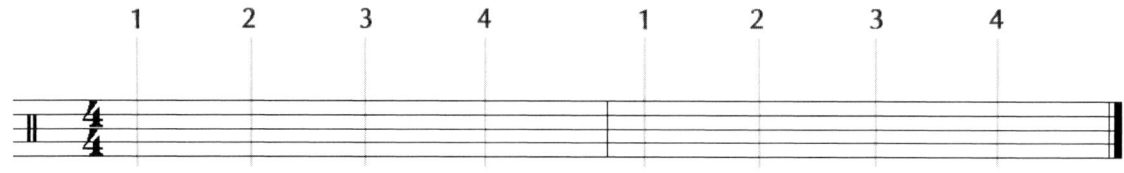

♬ RB-178.mp3

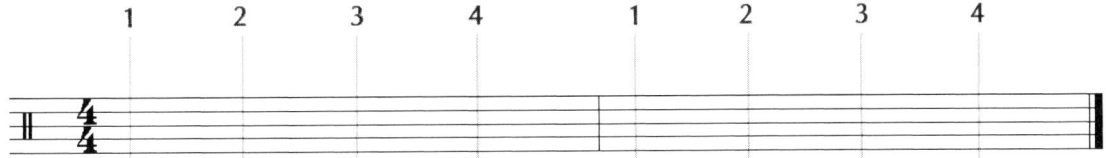

2. 8비트 패턴연습

다음의 예제 패턴들을 듣고 시퀀서의 피아노롤에 입력하라.

♬ RB-179.mp3

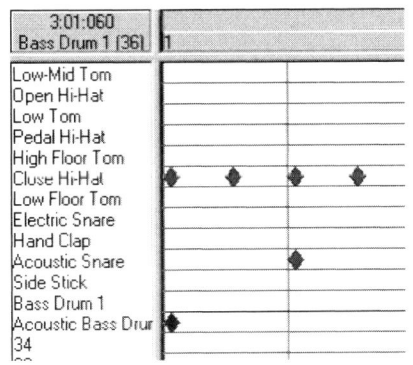

♬ RB-180.mp3

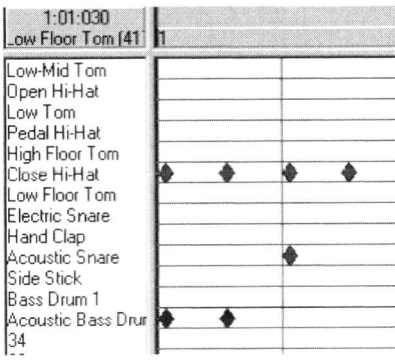

♬ RB-181.mp3

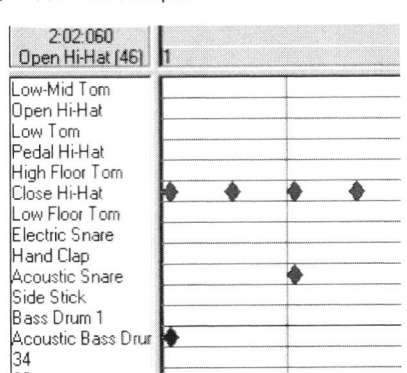

♬ RB-182.mp3

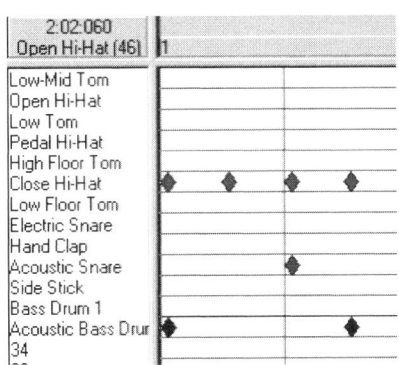

<경쾌한 로커빌리 스타일>

제9장: 드럼 - 8비트, 16비트

♬ RB-183.mp3

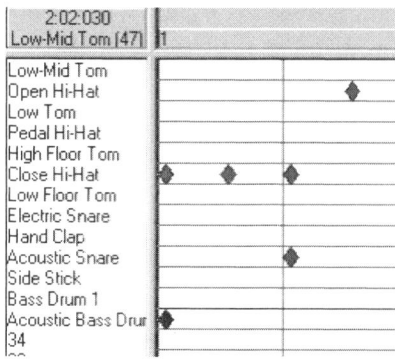

<오픈 하이햇에 의해 활기띤 느낌>

♬ RB-184.mp3

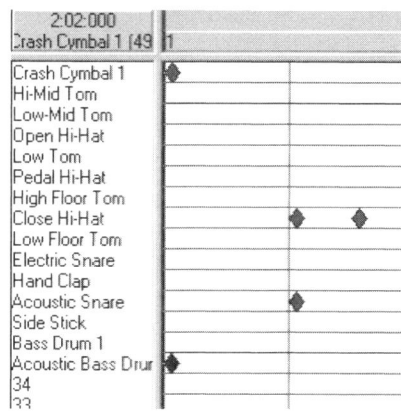

<크래쉬 심벌에 의한 필인>

♬ RB-185.mp3

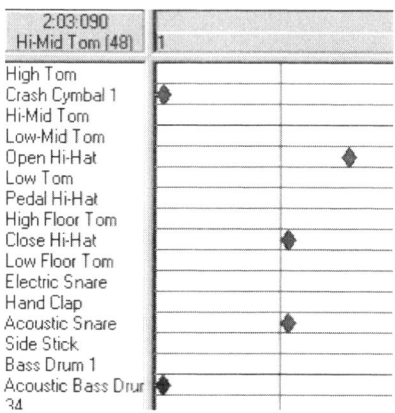

♬ RB-186.mp3

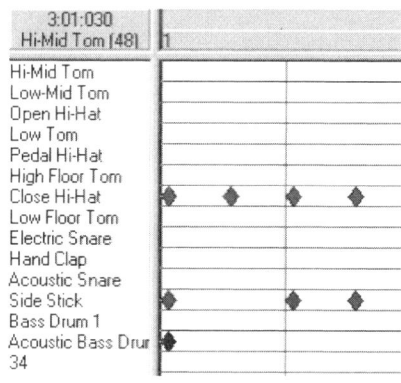

<보사노바 스타일>

♬ RB-187(Jamiroquai-03).mp3

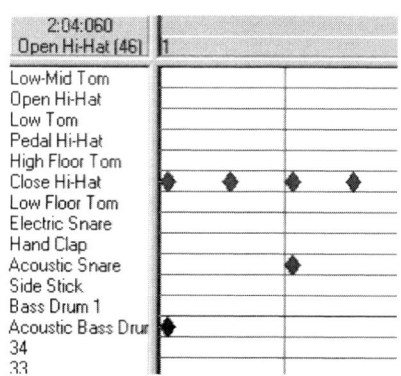

<애시드 스타일. 초반 2마디만>

♬ RB-188(Tony Braxton-C ome on over here).mp3

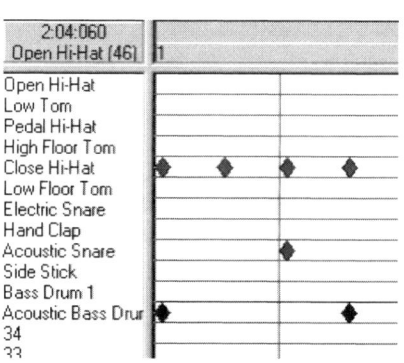

<R&B. 인트로 제외한 기본만>

♬ RB-189(Bone Thugs'N'Harmony-Ghetto Cowboy).mp3

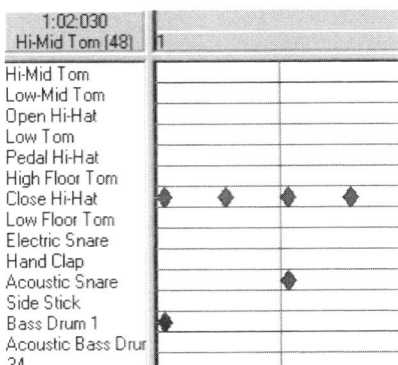

♬ RB-190(Judas Priest-Screaming For Vengeance).mp3

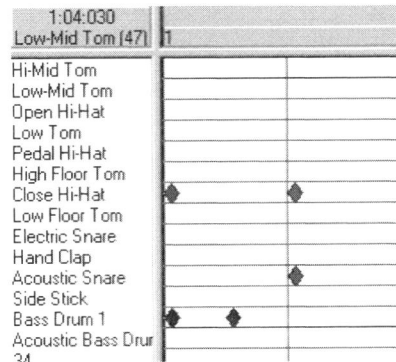

<초기 하드락. 매우 빠른 템포로 인하여 16비트처럼 느껴진다>

♬ RB-191(Van Halen-Pretty Woman).mp3

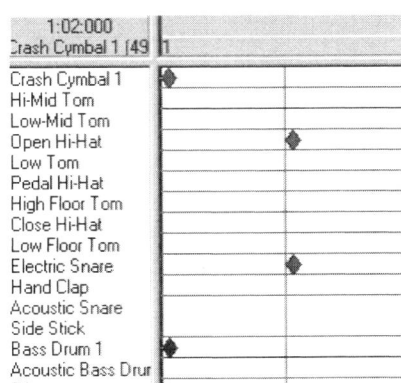

<하드락. 첫 2마디만>

♬ RB-192(Eminem-The Kids).mp3

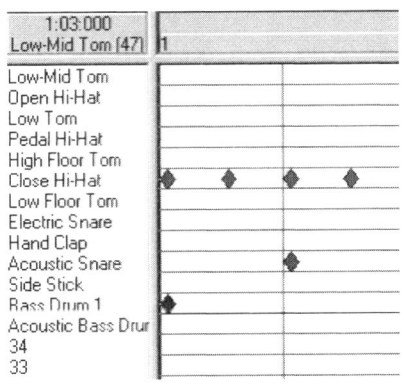

<락앤랩>

♬ RB-193(N Sync-I Want You Back).mp3

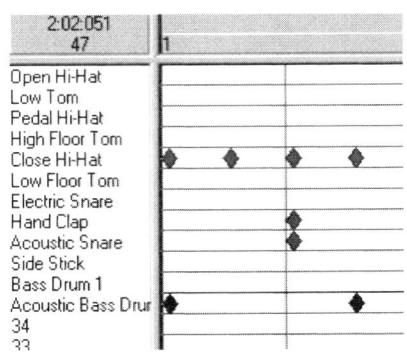

<비트팝>

3. 16비트 패턴연습-하이햇 심벌

♪ RB-194.mp3

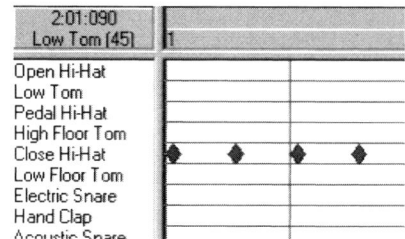

♪ RB-195.mp3

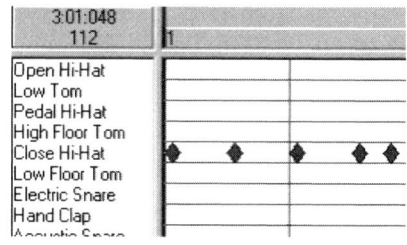

♪ RB-196.mp3

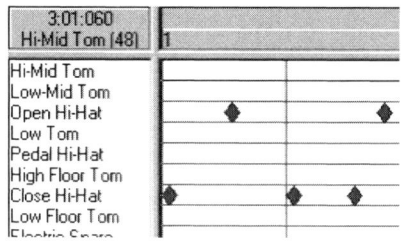

♪ RB-197.mp3

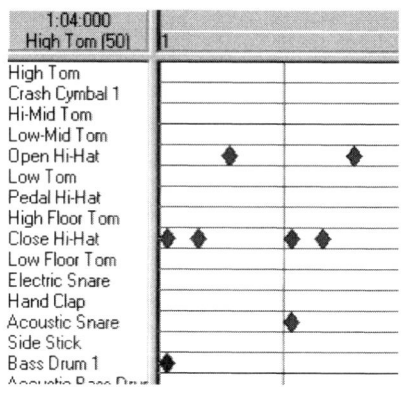

<디스코 스타일>

♪ RB-198.mp3

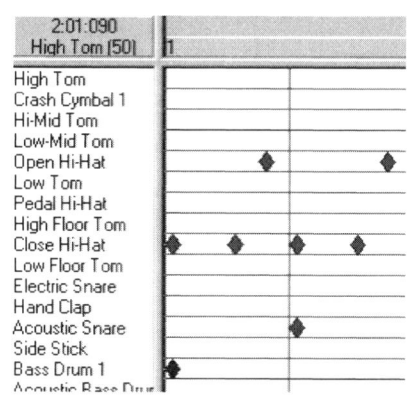

<디스코 스타일>

♪ RB-199.mp3

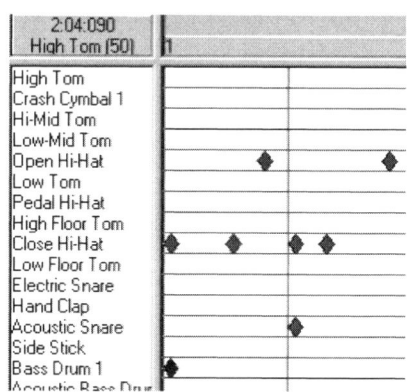

<디스코 스타일>

♪ RB-200.mp3

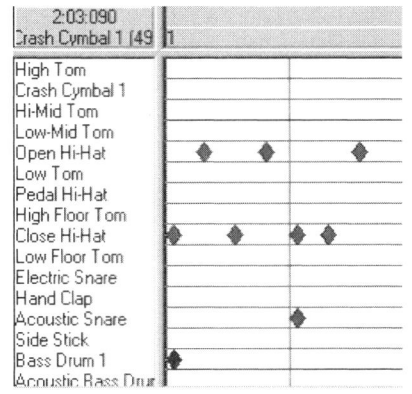

<디스코 스타일. 하이햇의 규칙적인 변화>

♪ RB-201.mp3

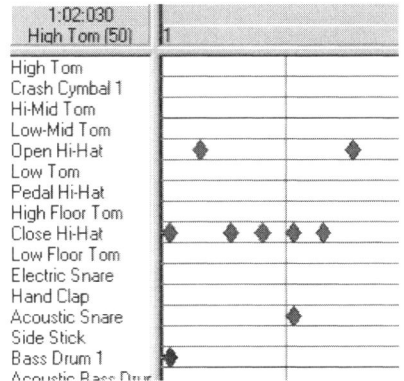

<디스코 스타일. 하이햇의 화려한 변화>

4. 16비트 패턴연습-베이스 드럼

♪ RB-202.mp3

(악보에 기입)

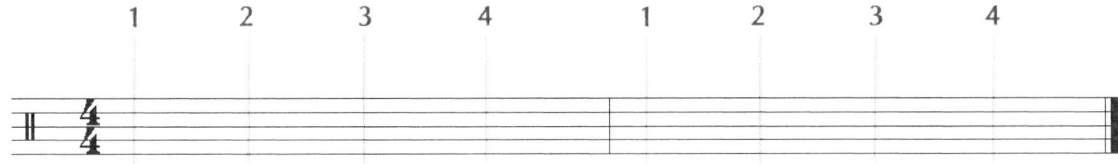

♪ RB-203.mp3

(악보에 기입)

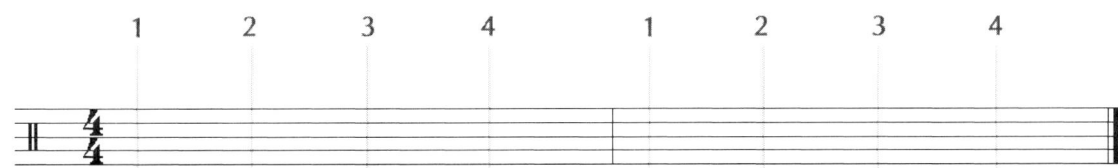

제9장: 드럼 — 8비트, 16비트

♬ RB-204.mp3

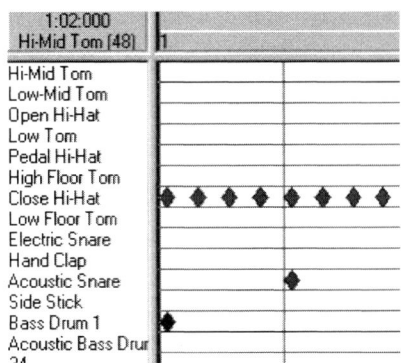

<비트팝>

♬ RB-205.mp3

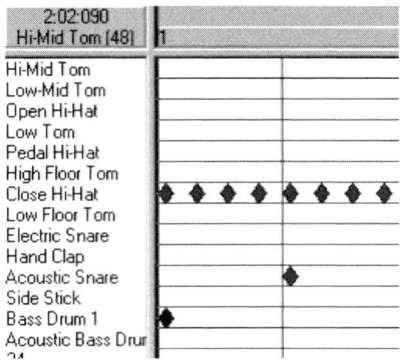

<락, 비트팝>

♬ RB-206.mp3

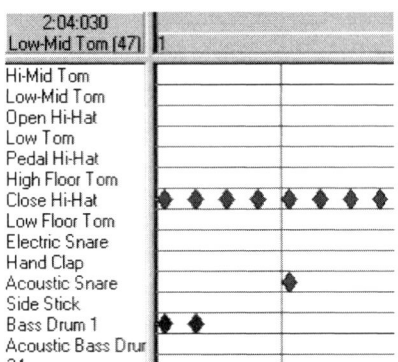

<락, 비트팝>

♬ RB-207.mp3

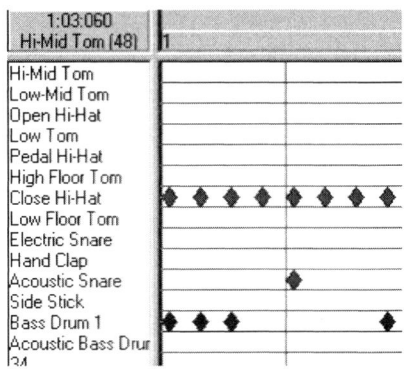

<하드락, 핌프락, 비트팝, 테크노, 빠른 힙합>

♬ RB-208.mp3

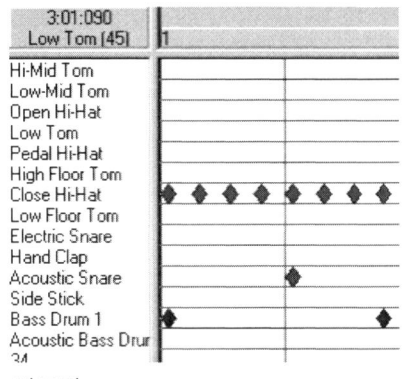

<비트팝>

♬ RB-209.mp3

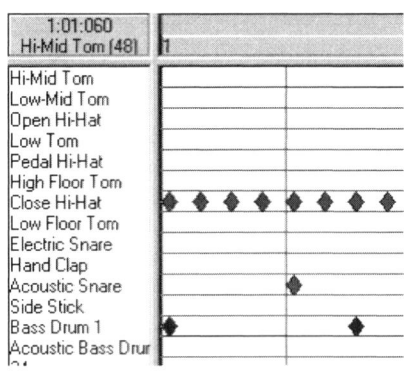

<비트팝>

♬ RB-210.mp3

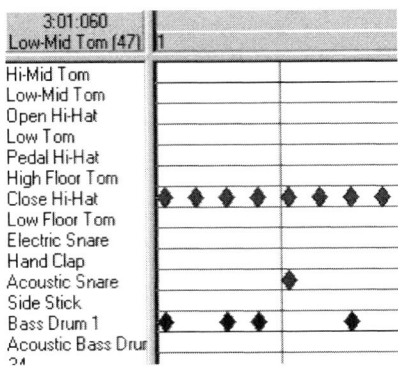

<비트팝, 핌프락>

5. 16비트 실전연습 (초급)

♬ RB-211(Britney Spears-Born To Make You Happy).mp3

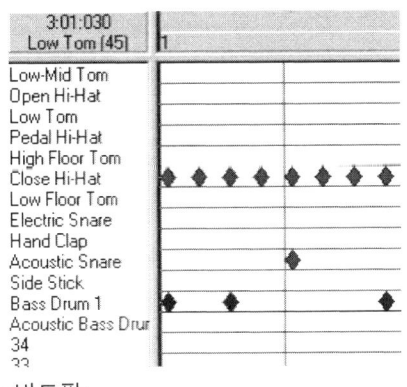

<비트팝>

♬ RB-212(Aqua-Back From Mars).mp3

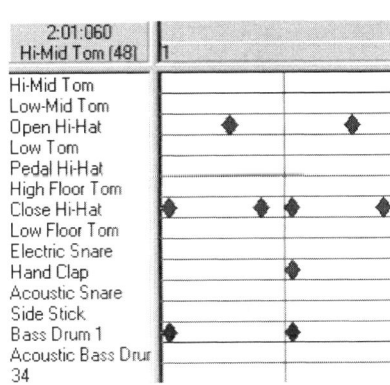

<유로비트>

♬ RB-213Chemical Brothers-Out of Control).mp3

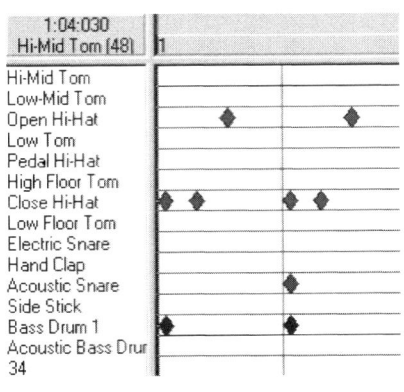

<테크노>

♬ RB-214(Prodigy-Smack My Bitch Up).mp3

<테크노, 리버스 심벌 포함>

제9장: 드럼 - 8비트, 16비트

♪ RB-215(Nas-Nas is Like).mp3

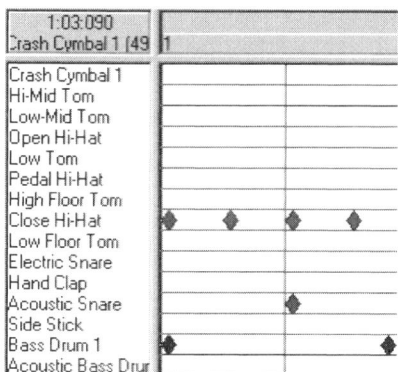

<힙합>

♪ RB-216(Motley Crue-Dr. Feelgood L).mp3

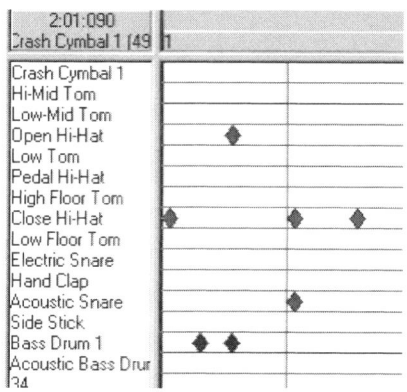

<메탈>

♪ RB-217(Donna Summer-Hot Stuff).mp3

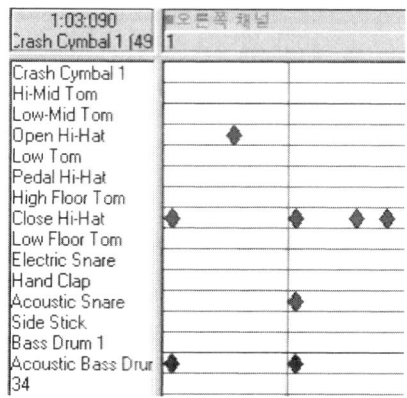

<디스코>

♪ RB-218(D'Angelo AZ-You're My Lady).mp3

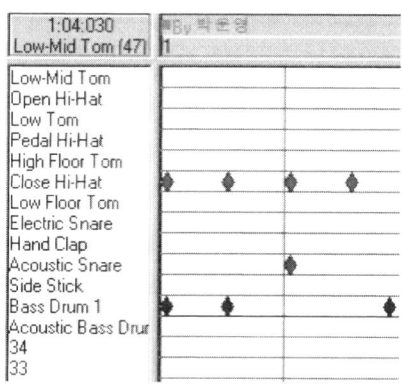

<비트팝. 힙합>

♪ RB-219(Casiopea-Transient View).mp3

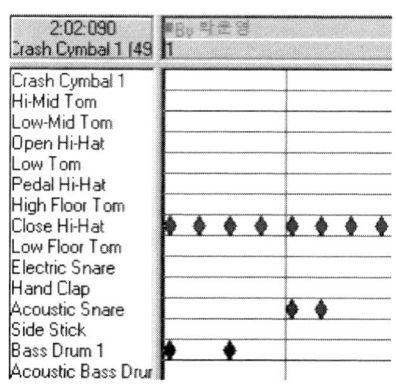

<퓨전재즈>

6. 16비트 실전연습 (중급)

♪ RB-220(Jimi Hendrix-PupleHaze).mp3

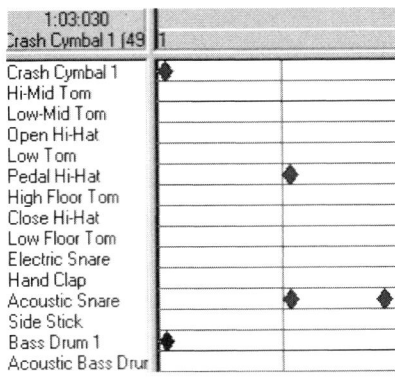

<하드락, 펑크>

♪ RB-221(Janet Jackson-Because Of Love).mp3

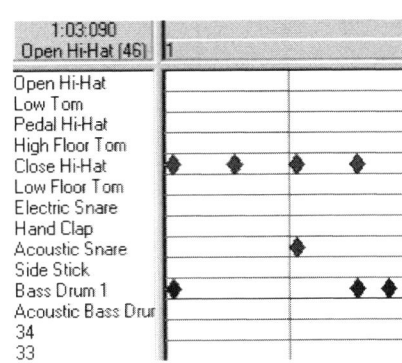

<블랙 팝비트. 초반 4마디까지. 트라이앵글과 카바사 포함>

♪ RB-222(Mariah Carey-Always Be My Baby).mp3

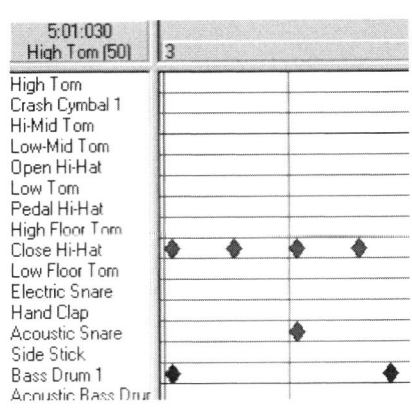

<비트 팝>

♪ RB-223(Puff Daddy-Fake Thugs Dedication).mp3

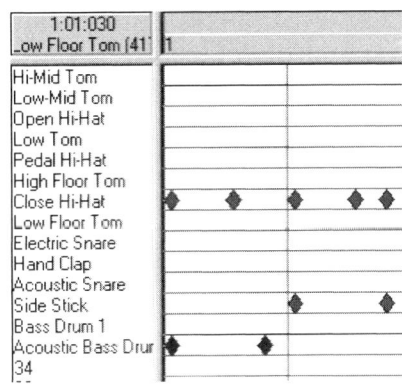

<힙합>

♪ RB-224(Destiny Child-Independant Woman).mp3

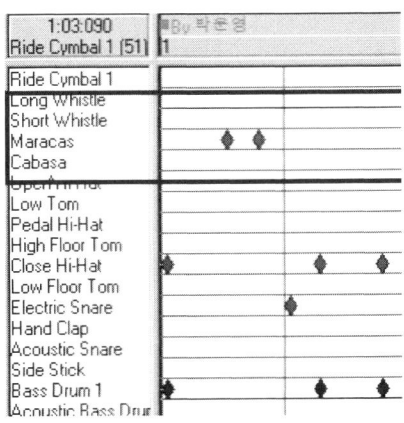

<비트팝. 싱코페이션의 벨로서티. 마라카스 포함>

♪ RB-225(BT-Flaming june).mp3

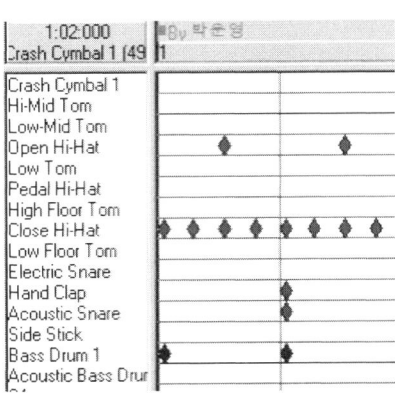

<테크노 트랜스>

제9장: 드럼 - 8비트,16비트

♫ RB-226(Boyz II Men-4 Seasons Of Loneliness).mp3

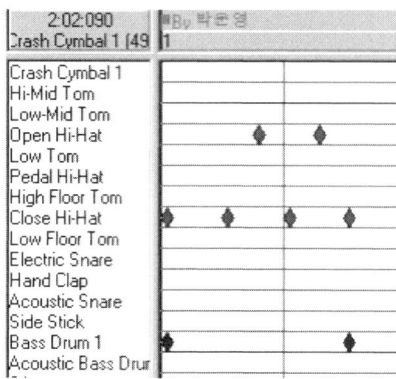

\<R&B\>

♫ RB-227(Big Punisher-You Came Up).mp3

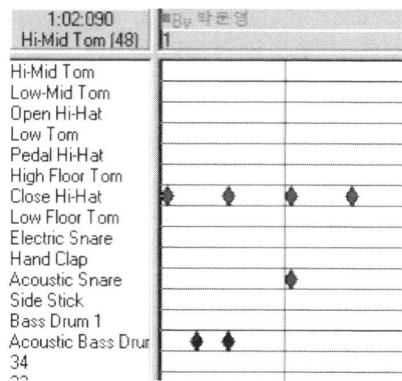

\<힙합\>

제10장: 드럼 – 스윙&트리플릿&32비트

재즈에서의 스윙(Swing)이나 락에서의 셔플(Shuffle)이란 말은 다음과 같이 일반적인 8비트(혹은 16비트)의 연주를 약간씩 뒤로 밀거나 앞당겨 연주하는 것을 일컫는다. 악보 첫머리에 ♫=♪♪ 라는 표시를 하여 짝수번째의 음들을 트리플릿의 마지막 음위치로 연주하라고 지시한다. 16비트 스윙에서는 ♫=♪♪ 라고 표시한다.

하이햇 뿐만 아니라 나머지 스네어 드럼이나 베이스 드럼 등도 함께 밀려지며 이때 밀려진 음들은 대개 약박으로 연주된다.

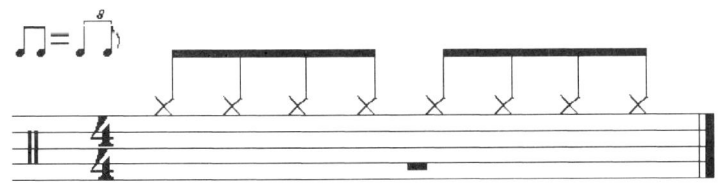

위의 악보를 시퀀싱하면 다음과 같이 된다.

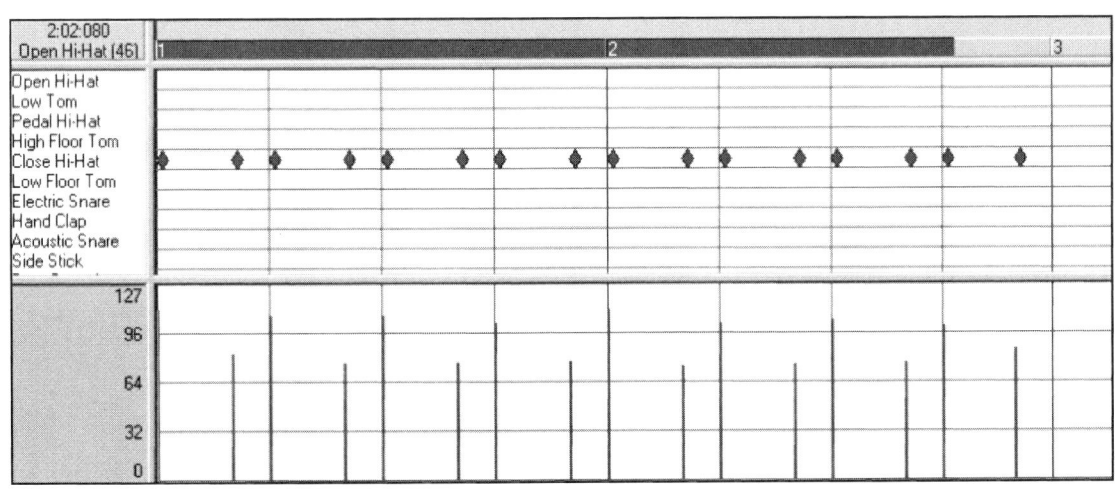

<8비트 스윙>

다음의 각 예들을 듣고 악보가 아닌 시퀀서의 피아노롤 창에 직접 옮겨보자. 벨로서티의 처리에도 유념하기 바란다.

1. 패턴 연습

♪ RB-228.mp3

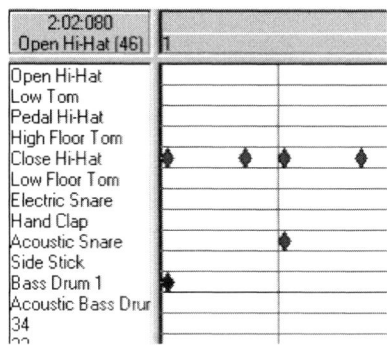

<스윙 재즈, 블랙 팝 비트>

♪ RB-229.mp3

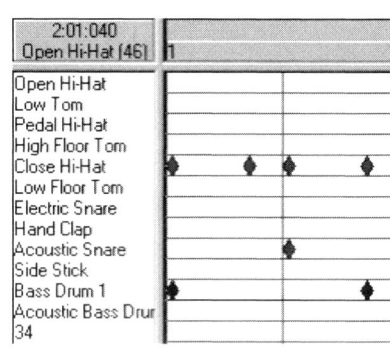

<스윙 재즈, 블랙 팝 비트>

♪ RB-230.mp3

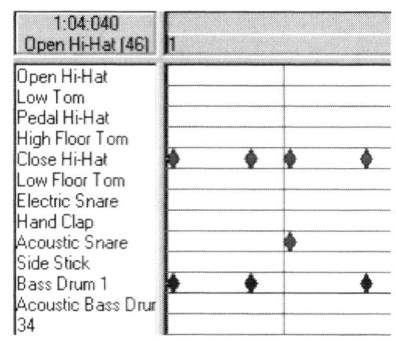

<스윙 재즈, 블랙 팝 비트>

♪ RB-231.mp3

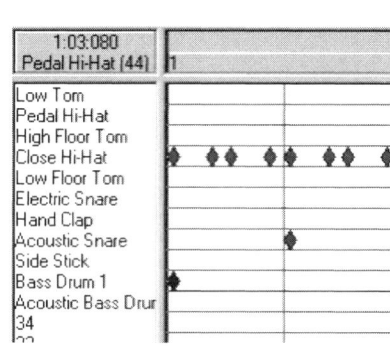

<소울, 셔플락, 아메리카 락>

♪ RB-232.mp3

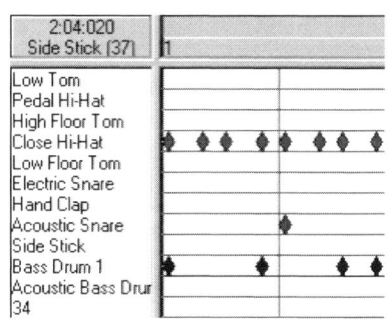

<비트팝, 힙합, 퓨전>

♪ RB-233.mp3

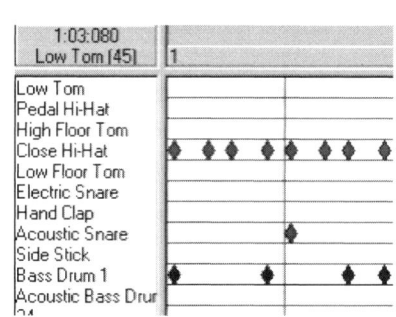

<비트팝, 힙합, 퓨전>

♪ RB-234.mp3

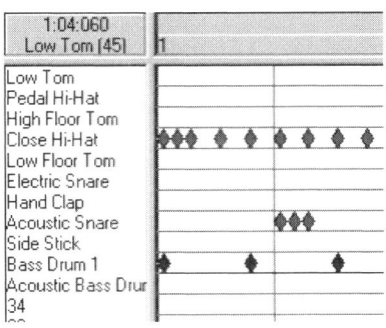

<비트팝, 힙합, 퓨전>

2. 실전 연습

♪ RB-235(Albert King&Stevie Ray Vaughan-Confessin' The Blues).mp3

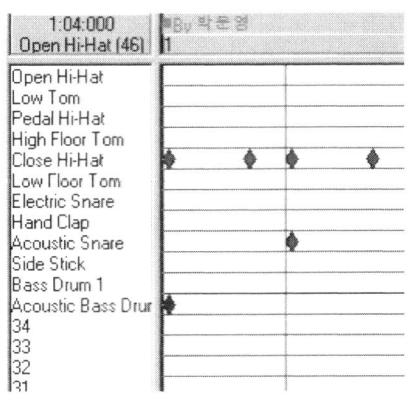

<정통 R&B>

♪ RB-236(Boyz II Men-I'll make love to you).mp3

<현대 R&B. 마라카스와 탬버린 포함>

♪ RB-237(Lauryn Hill-Ex Factor).mp3

<현대 R&B. 마라카스 포함>

♪ RB-238(Stevie Wonder-Part time Lover).mp3

<소울. 모타운 사운드>

♪ RB-239(Michael Jackson&Paul Mccartney-The Girl Is Mine).mp3

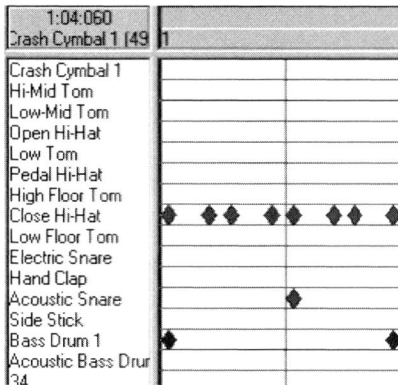

<블랙 팝, 소울>

♪ RB-240(Marilyn Manson-Beautiful People).mp3

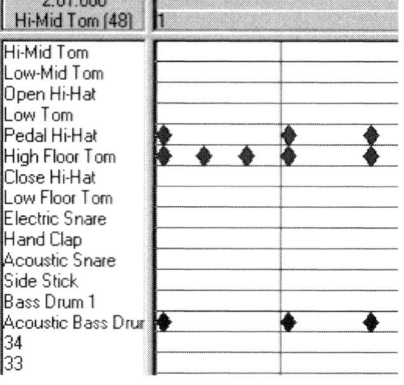

<하드코아, 핌프락>

♪ RB-241(Destiny's Child-Survivor).mp3

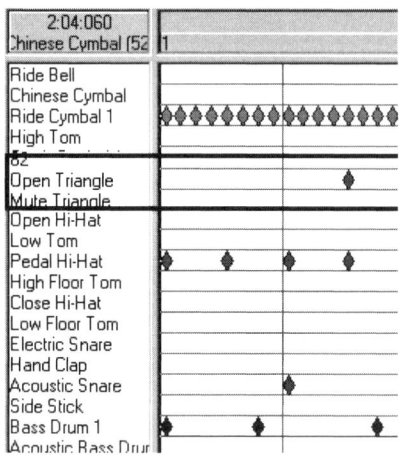

<비트팝. 탬버린 포함. 하이햇이 두 대임. 32비트 하이햇은 라이드 심벌로 대신 시퀀싱>

♪ RB-242(Fear Factory-What Will Become).mp3

<하드코아, 핌프락>

♪ RB-243(N sync-Digital Get Down).mp3

<비트 팝>

제11장: 베이스 기타의 이해

일렉트릭 베이스 기타는 4~5개의 줄을 가지고 있으며, 이것의 연주를 악보에 표기할 때에는 낮은 음자리표에 표기하는데 실제의 음역보다 1옥타브 높게 표기된다.

<베이스 기타>

악보를 읽는 방법이나 연주법들이 일반 일렉기타와 거의 비슷하여 쵸킹(쵸킹다운), 해머링(풀링어프), 슬라이드, 비브라토 등이 모두 가능하다.

쵸킹(Chalking)은 피킹(줄을 뜯는 일)한 후 프렛에서 줄을 위아래로 밀어올리거나 내려 음정을 변화시키는 주법으로서 악보상에서는 'cho.'나 'C'로 표시하며, 보통 반음에서부터 2음반 정도까지의 음정변화가 가능하다.

해머링(Hammering On)은 줄을 뜯은 후에 그 줄의 높은 음정을 다른 손가락으로 누르는 연주법을 말한다. 풀링(Pulling Off)은 헤머링과는 반대로 두 음정을 동시에 누르고 있다가 줄을 뜯은 후 높은 음정의 손가락을 떼는 연주법이다. 악보상에서는 각각 'H'와 'P'로 표기한다.

슬라이드(Slide)는 프렛 위에서 손가락을 미끄러뜨려 음정을 부드럽게 올리거나 내리는 주법이다. 악보상에서는 'S'로 표기한다.

아래의 예는 슬라이드와 해머링(and 풀링어프), 쵸킹 주법의 예를 든 것이다.

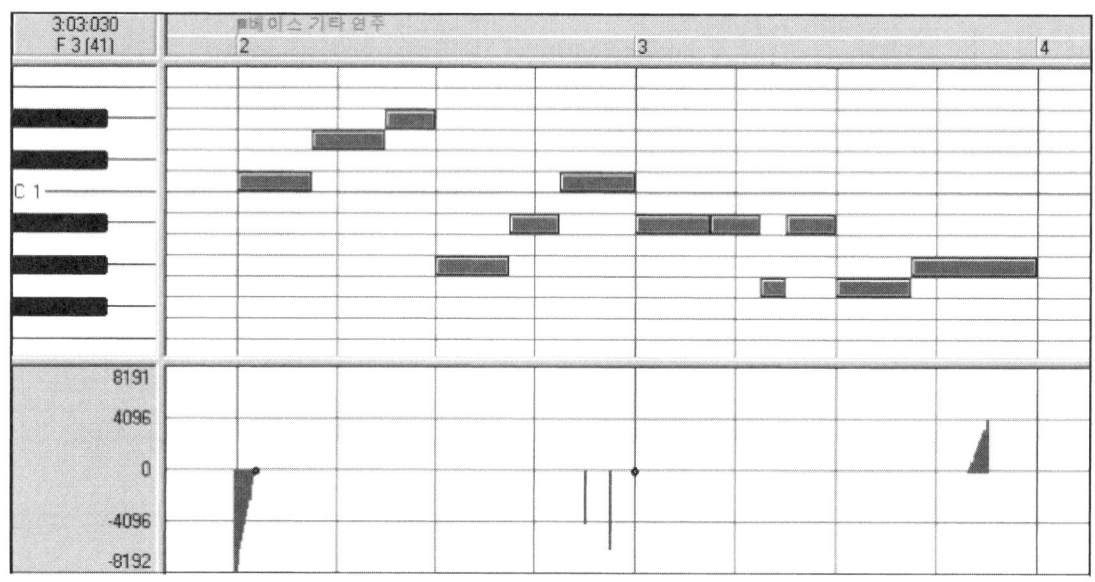

<베이스 기타의 슬라이드와 풀링어프, 쵸킹 주법 ♪ RB-244(베이스기타).mp3>

베이스 기타는 줄을 뜨는 방식이 크게 세 가지 정도로 구분된다. 즉, 집게 손가락과 가운데 손가락을 사용하는 핑거 피킹 주법, 피크를 사용하는 플랫 피킹 주법과 엄지 손가락으로 줄을 두드리는 것(Thumping)과 집게 손가락으로 뜯는 것(Plukcing)을 조합하여 연주하는 쵸퍼 주법이 있다.

베이스 기타의 악보에는 이러한 주법들이 일일이 표시되지 않기 때문에 일반적으로는 핑거 피킹를 사용하고, 다소 예리하고 가는 음색은 플랫 피킹을 사용하며, 강한 비트와 사운드를 위해서는 쵸퍼를 사용한다.

대부분의 미디 사운드 모듈에는 각 주법들에 맞는 패치들이 있는데 GM/GS 모듈의 경우 핑거 피킹은 Fingered Bass 패치를, 플랫 피킹은 Picked Bass 패치를, 그리고 쵸퍼는 Slap Bass 패치를 사용하면 된다.

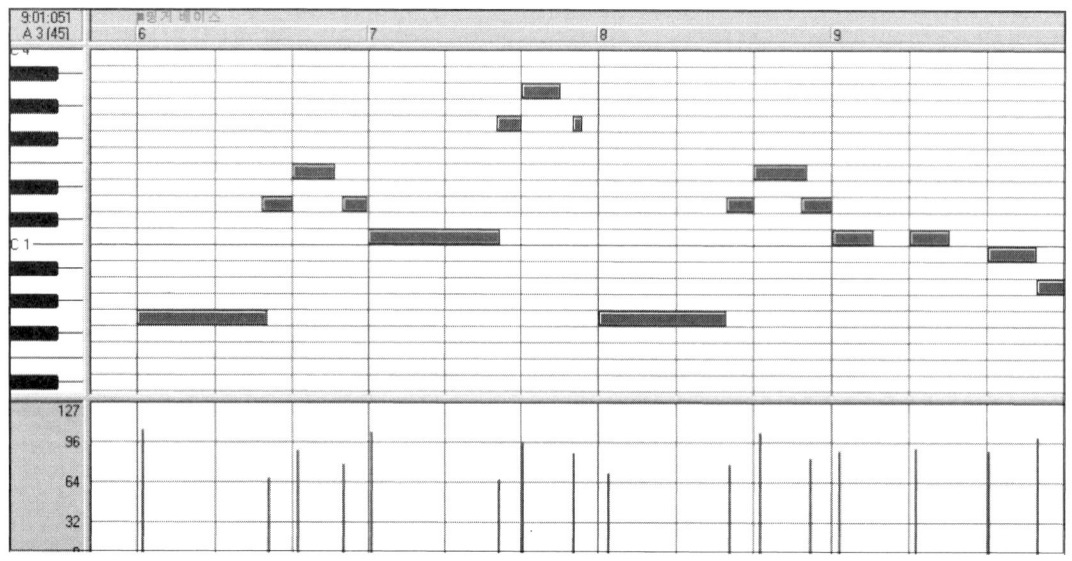

<핑거 피킹(Fingered Bass) 연주의 예 ♪ RB-245(베이스기타).mp3>

제11장: 베이스기타의 이해

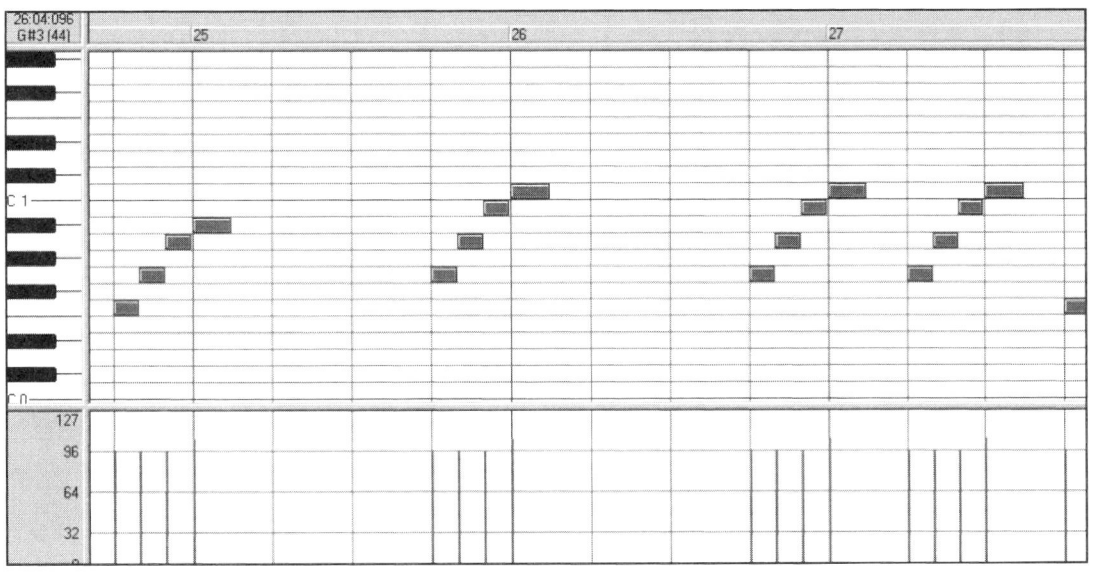

<플랫 피킹(Picked Bass) 연주의 예 ♬ RB-246(베이스기타).mp3>

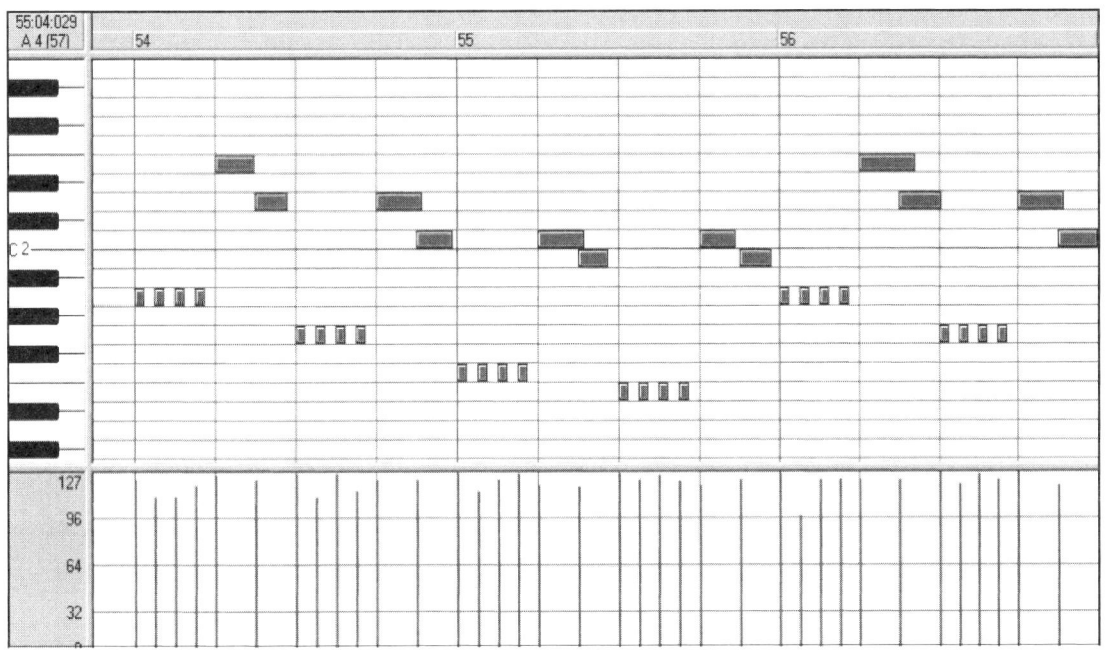

<슬랩(Slap Bass) 연주의 예 (♬ RB-247(베이스기타).mp3>

제12장: 베이스 - 8비트

베이스(기타 혹은 신스) 연주는 보통 2마디, 4마디, 8마디 등의 단위로 반복되는데 4마디의 경우가 가장 흔하며, 힙합, 테크노, R&B, 소울, 댄스음악 등에서 반복되는 경우가 많다. 그러나 모든 음악 속에서 베이스가 패턴을 가지고 반복되는 것은 아니므로 유의하기 바란다.

8비트 패턴은 힙합, 댄스, R&B, 팝, 하드락 등의 장르에서 쉽게 볼 수 있는데 간결하고 깔끔한 맛을 느끼게 해준다.

다음의 예제 패턴들을 듣고 시퀀서의 피아노롤에 표기하라.

1. 패턴연습

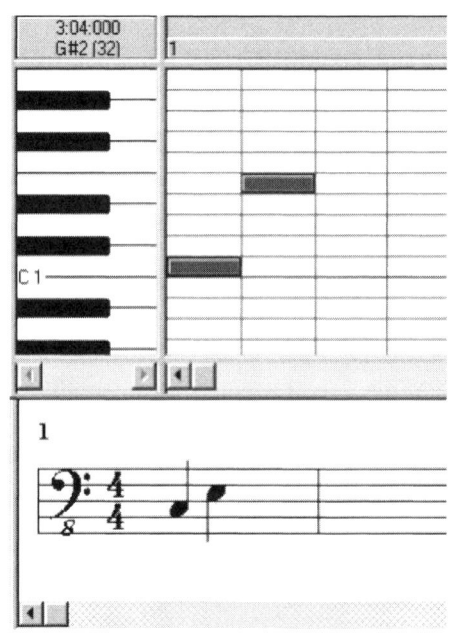

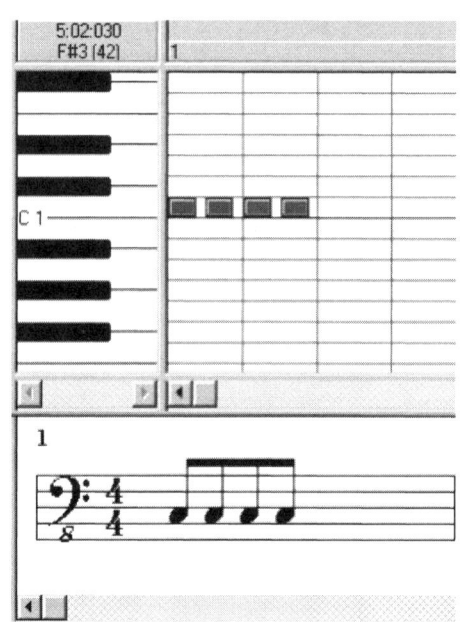

제12장: 베이스 - 8비트

♬ RB-250.mp3

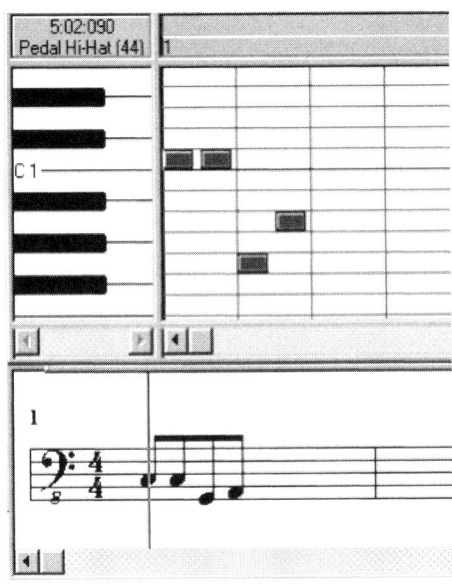

♬ RB-251.mp3

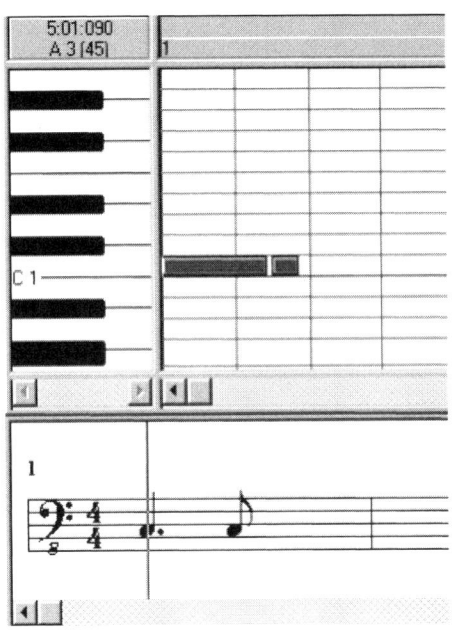

♬ RB-252.mp3

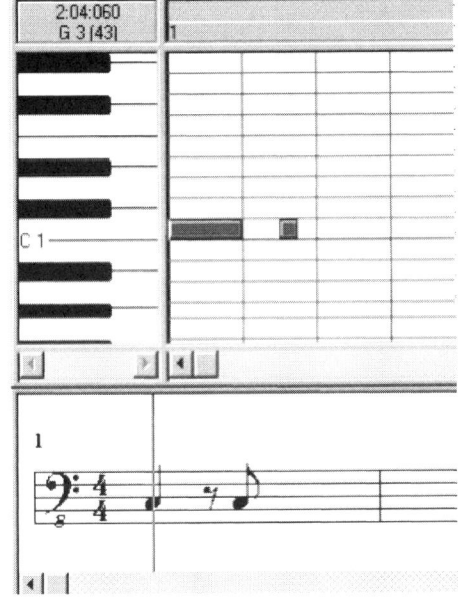

♬ RB-253.mp3

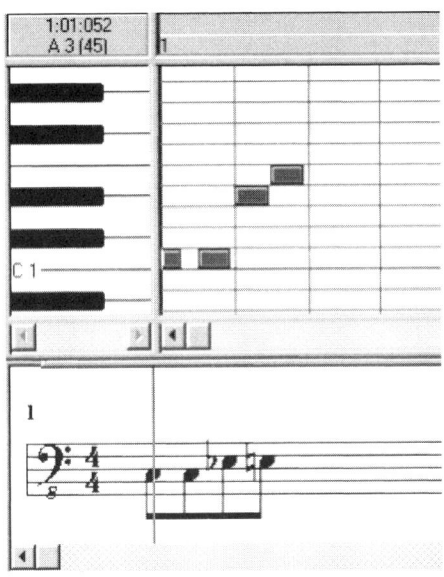

제12장: 베이스 - 8비트

♫ RB-254.mp3

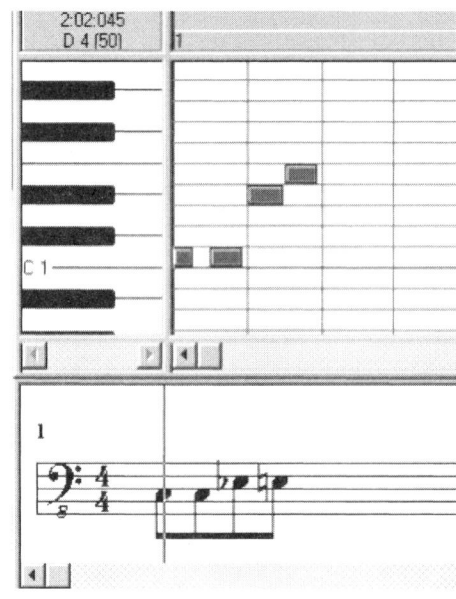

♫ RB-255.mp3

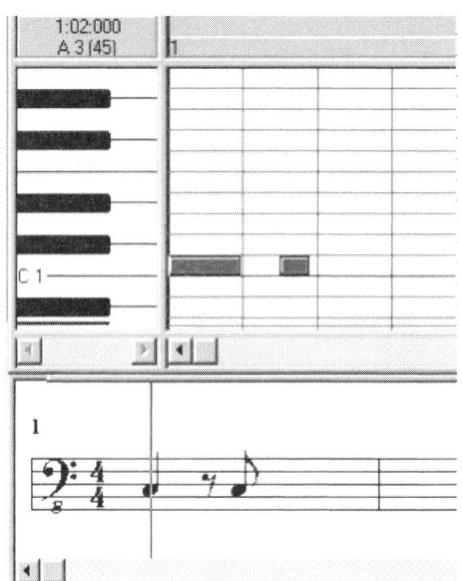

♫ RB-256.mp3

<해머링>

♫ RB-257.mp3

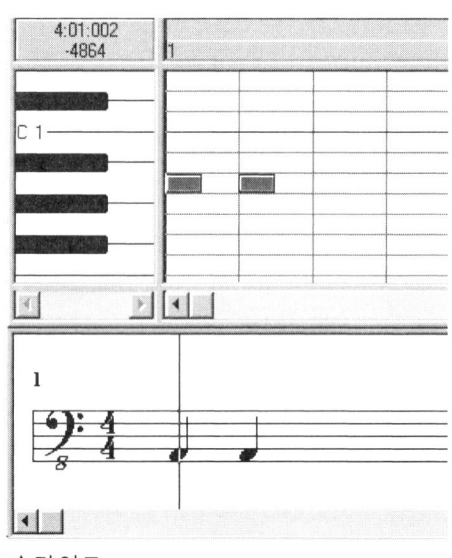

<슬라이드>

제12장: 베이스 - 8비트

♪ RB-258.mp3

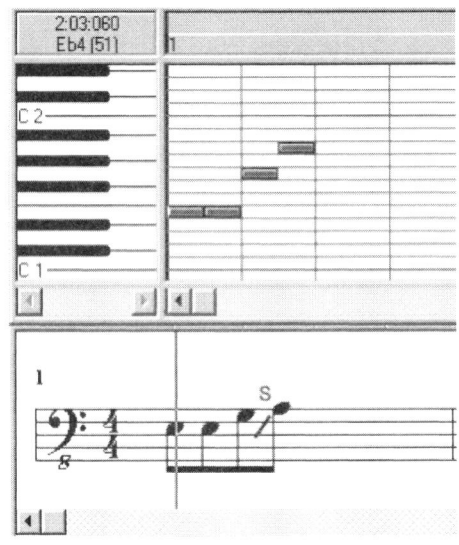

<슬라이드와 해머링, 붙임줄>

♪ RB-259.mp3

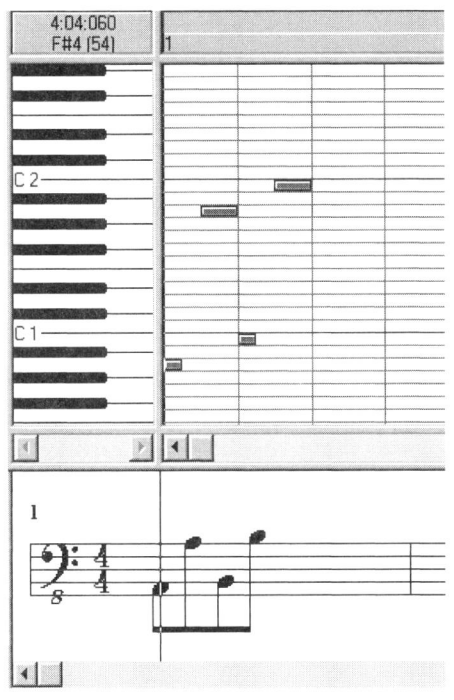

<슬랩=쵸퍼>

♪ RB-260.mp3

<슬랩=쵸퍼>

2. 실전연습

♪ RB-261(Madonna-Like A Virgin).mp3

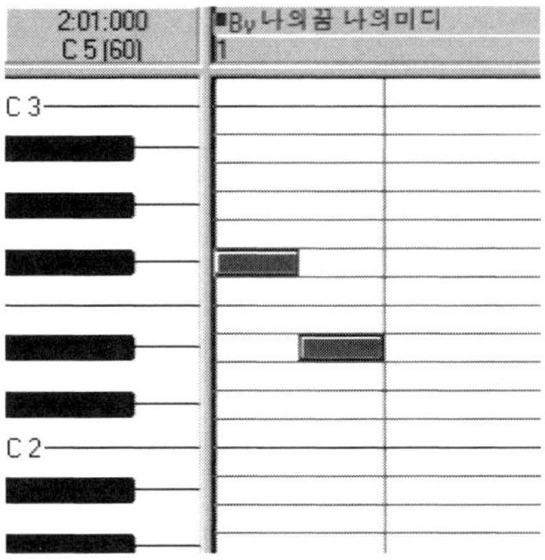

<비트팝, 앞 2마디>

♪ RB-262(N Sync-For The Girl Who Has Everything).mp3

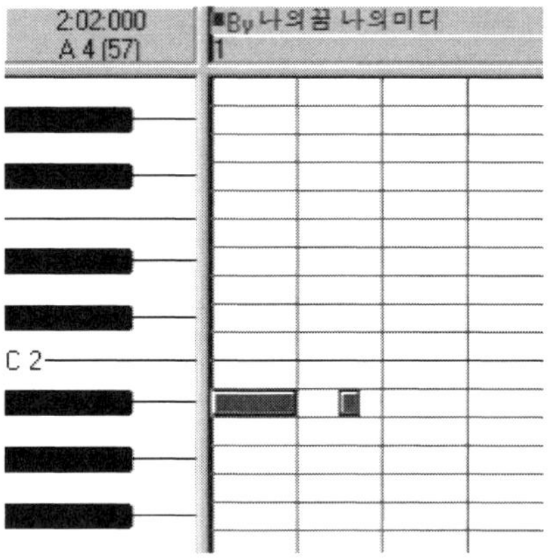

<팝. 앞 4마디>

♪ RB-263(Judas Priest-Breaking The Law).mp3

<초기 메탈. 앞 4마디>

♪ RB-264(666-Bomba).mp3

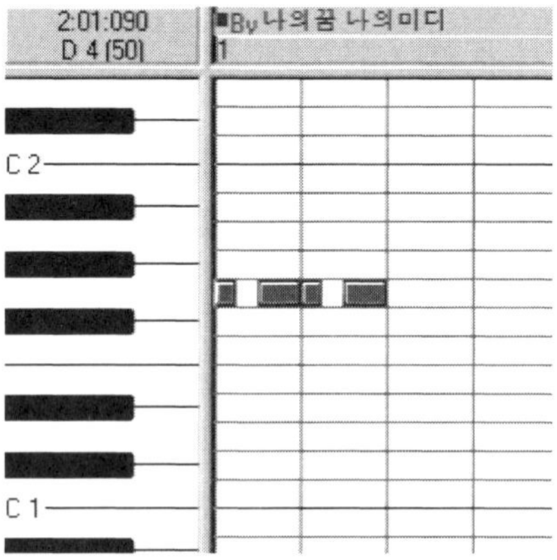

<테크노 댄스. 앞 4마디>

♪ RB-265(La Bouche-You won't forget me).mp3

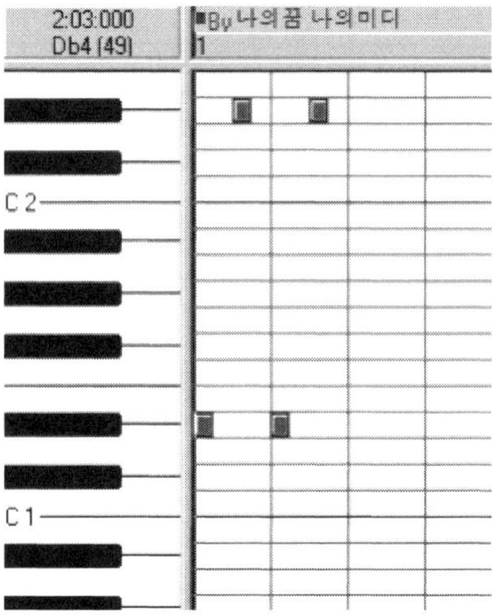

<유로비트. 앞 4마디>

♪ RB-266(Big Punisher-Punish Me).mp3

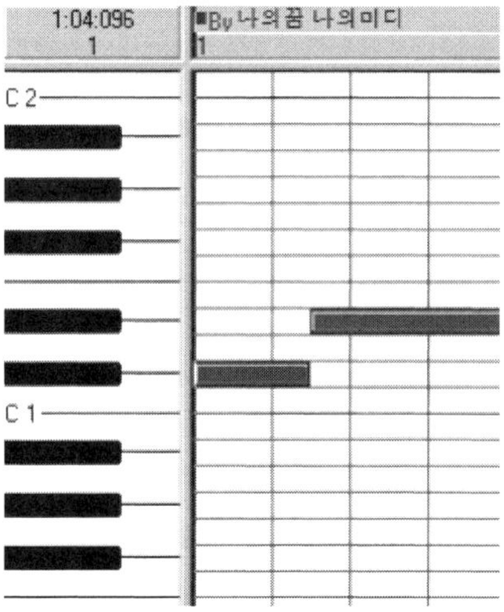

<힙합. 앞4마디>

제12장: 베이스 - 8비트

♪ RB-267(Bon Jovi-In These Arms).mp3

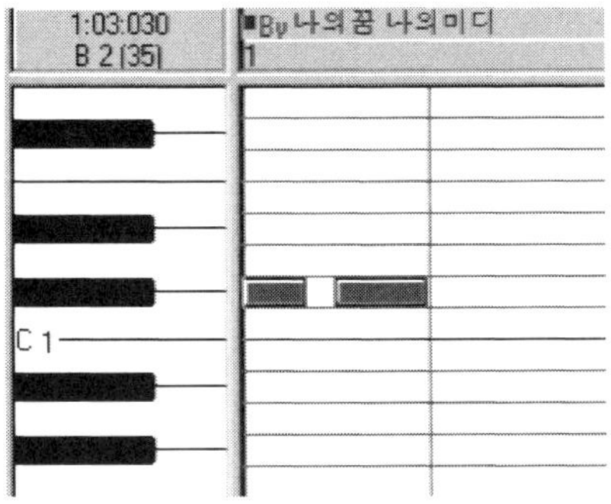

<하드락. 앞 예비박자(3,4박) 빼고 2마디. 해머링 표현>

♪ RB-268(Eminem-The Kids).mp3

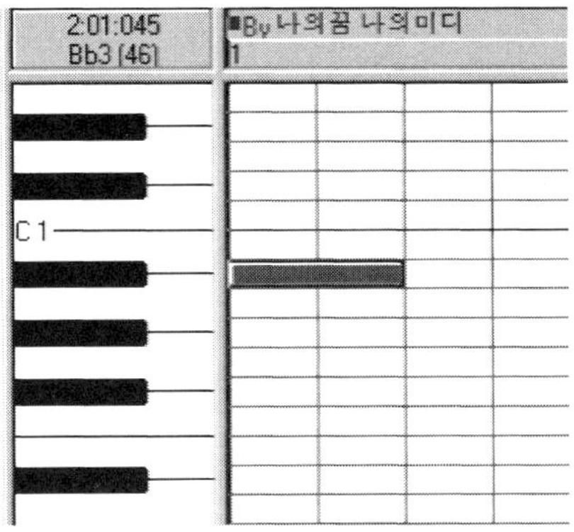

<락앤랩. 앞 4마디>

♪ RB-269(Michael Jackson-Billie Jean).mp3

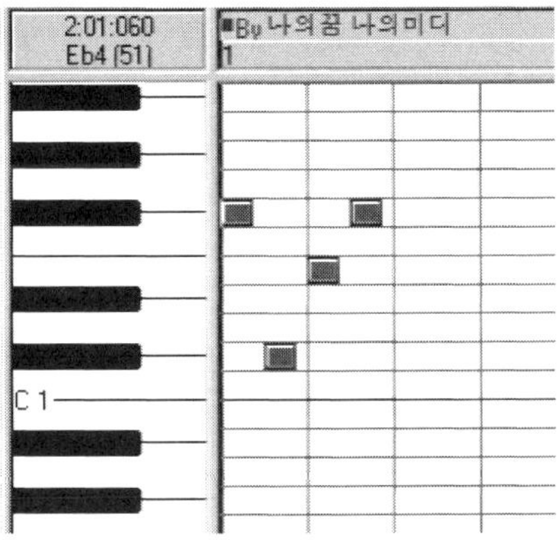

<블랙 비트. 앞 4마디>

♪ RB-270(Puff Daddy-I'll Do This For You).mp3

<힙합. 앞 4마디>

제13장: 베이스 - 16비트

최근의 힙합, 팝, R&B 등에서는 8비트 기본 위에 16비트를 살짝 첨가하거나 아니면 단순한 형태의 16비트 패턴으로 진행하는 경우가 많다. 하드락과 헤비메탈, 댄스 등의 경우에는 무겁거나 화려한 사운드로 인해 복잡한 듯 해보이지만 생각보다 간결한 경우가 많다. 이에 반하여 정통 재즈, 퓨전 재즈 등에서는 복잡한 변주가 많으므로 충분한 사전 공부가 필요하다.

다음의 예제 패턴들을 듣고 시퀀서의 피아노롤에 표기하라.

1. 패턴연습

♪ RB-271.mp3

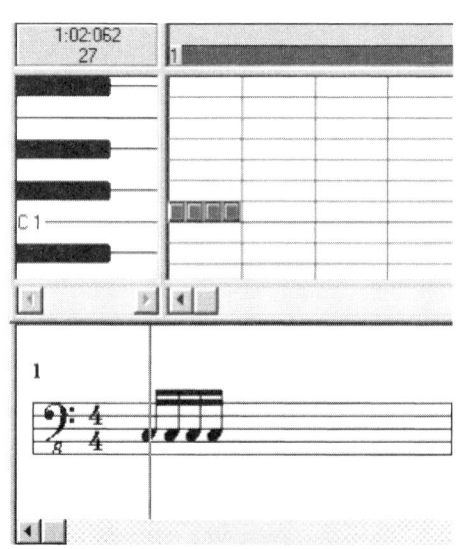

♪ RB-272.mp3

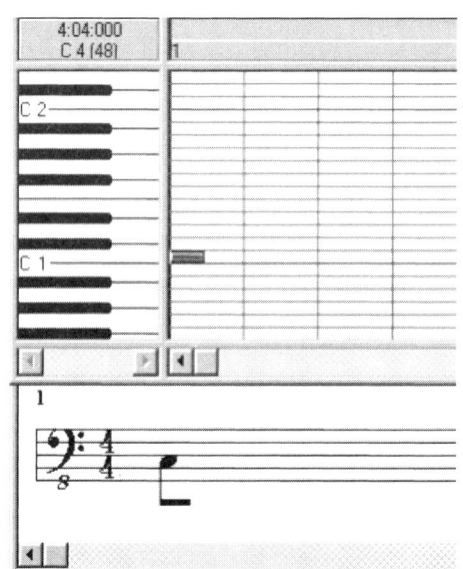

제13장: 베이스 - 16비트

♫ RB-273.mp3

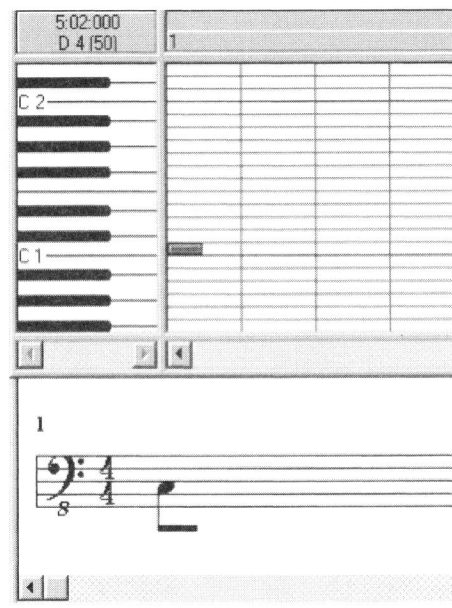

♫ RB-274.mp3

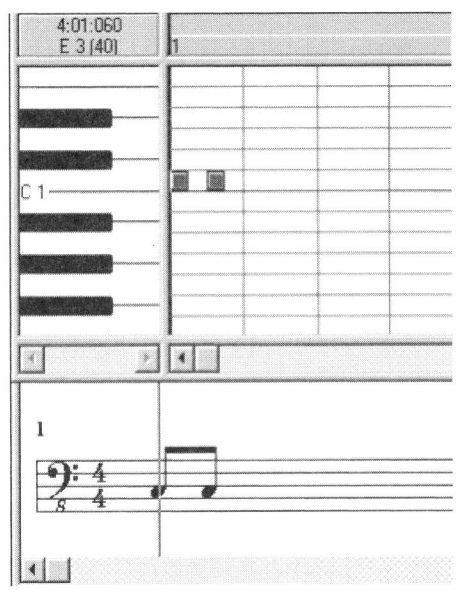

♫ RB-275.mp3

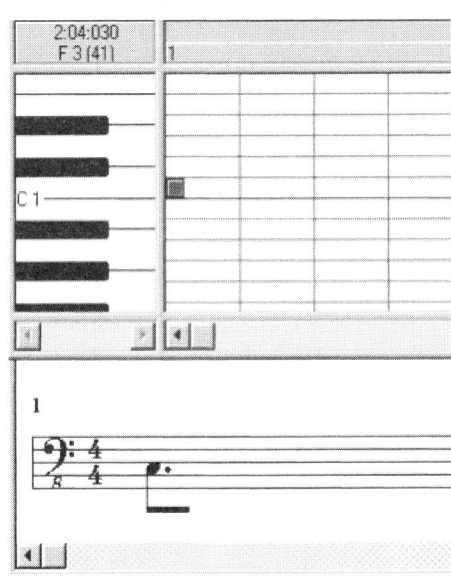

♫ RB-276.mp3

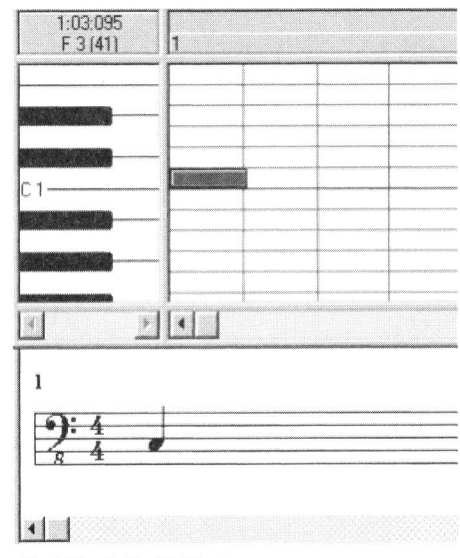

<해머링 혹은 풀링 오프>

♪ RB-277.mp3   ♪ RB-278.mp3

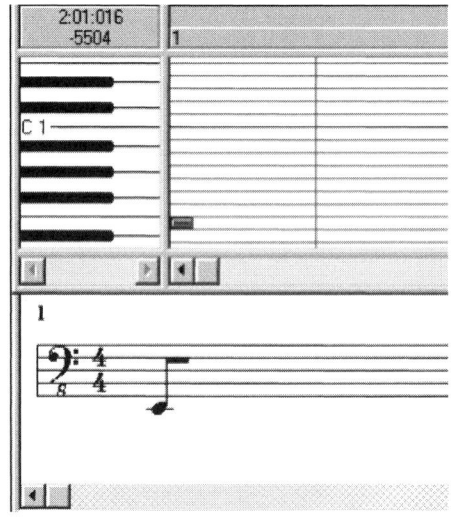   

<슬랩=쵸퍼, 해머링, 풀링 오프>   <슬랩=쵸퍼, 해머링, 풀링 오프>

2. 실전연습

♪ RB-279(Donna Summer-Hot Stuff).mp3   ♪ RB-280(Labouche-Wanna Be My Lover).mp3

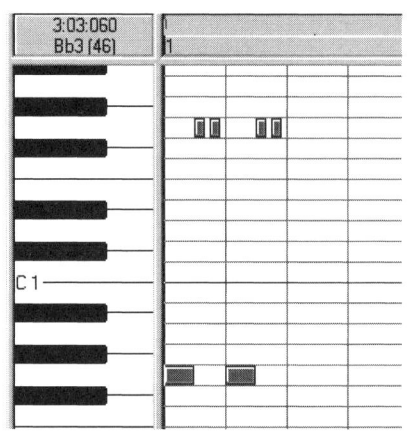

<디스코. 앞4마디>   <유로비트. 앞 4마디>

제13장: 베이스 - 16비트

♬ RB-281(Chemical Brothers-Out of Control.).mp3

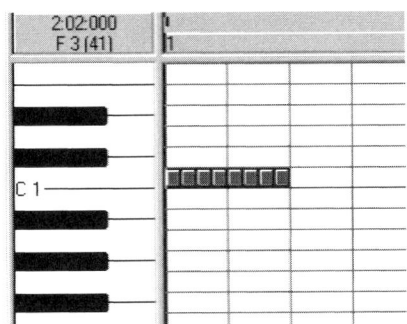

<테크노. 앞4마디>

♬ RB-282(Radiohead-Creep).mp3

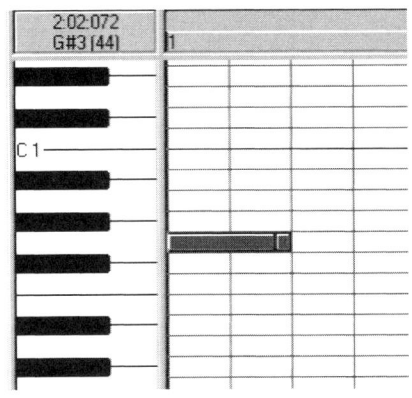

<얼터너티브 락. 앞4마디>

♬ RB-283(Blackstreet-I'm Sorry).mp3

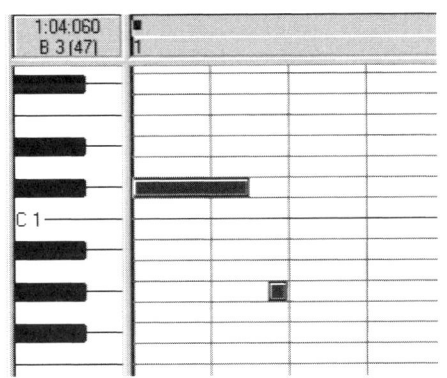

<R&B. 앞 4마디>

♬ RB-284(Boyz 2 Men-Doin Just Fine).mp3

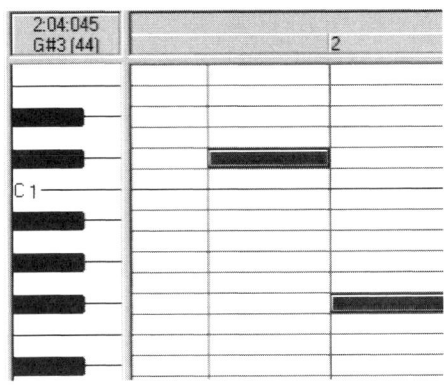

<R&B. 예비박자(4박)의 슬라이드와 이후의 2마디>

♬ RB-285(JD&Mariah Carrey-Sweetheart).mp3

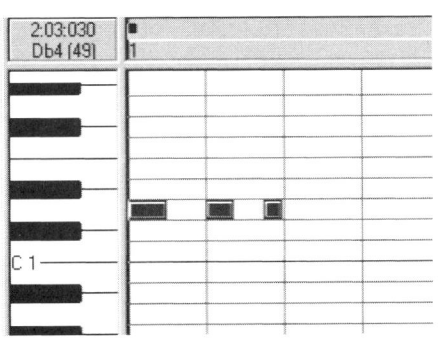

<비트팝. 앞 4마디. 해머링 포함>

♬ RB-286(N Sync-Sailing).mp3

<팝. 예비박자(4박)의 슬라이드와 이후의 3마디>

제13장: 베이스 - 16비트

♬ RB-287(TLC-Waterfalls).mp3

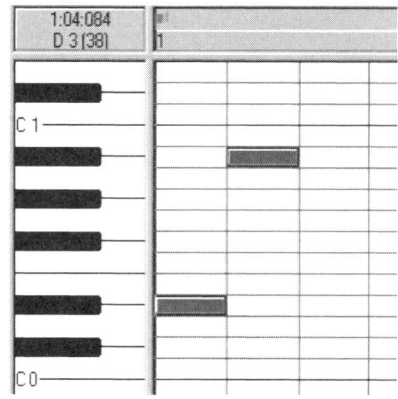

<팝. 앞4마디>

♬ RB-288(T square-Sweet Sorrow).mp3

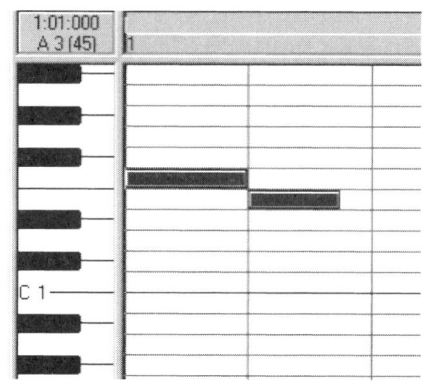

<퓨전재즈. 3번째 마디 첫음까지. 필인 부분>

♬ RB-289(2pac-all about u).mp3

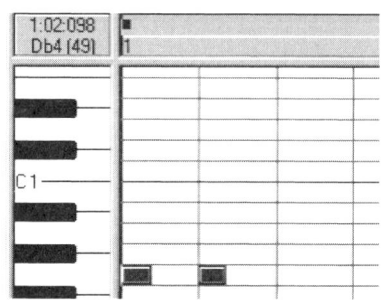

<힙합. 앞 4마디>

♬ RB-290(2pac-All Eyez On Me).mp3

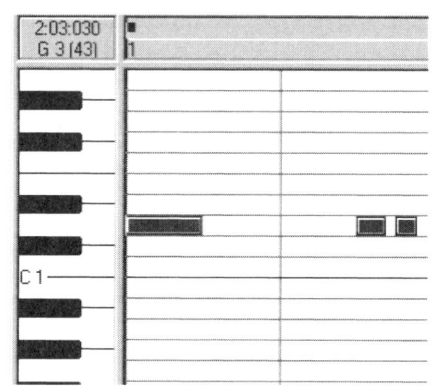

<힙합. 앞 2마디>

♬ RB-291(Big Punisher-Still Not A Player).mp3

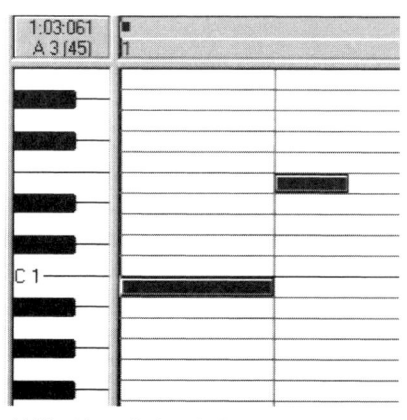

<힙합. 앞 2마디. 가벼운 슬라이드>

♬ RB-292(Casiopea-Downsouth).mp3

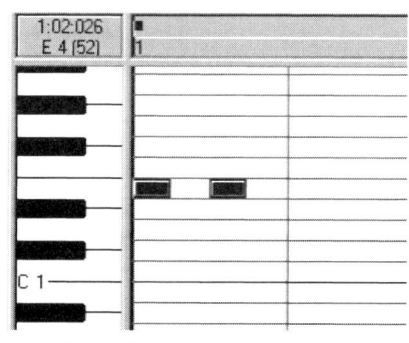

<퓨전재즈. 앞 2마디>

제13장: 베이스 - 16비트

♪ RB-293(Madonna-La Isla Bonita).mp3

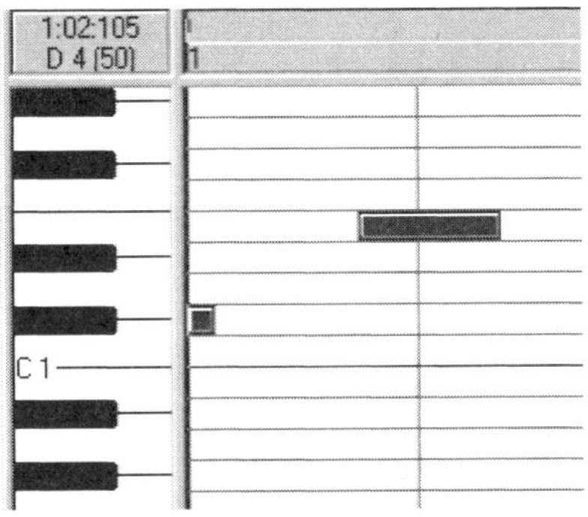

<비트팝. 앞 2마디>

♪ RB-294(Michael Jackson-Baby Be Mine).mp3

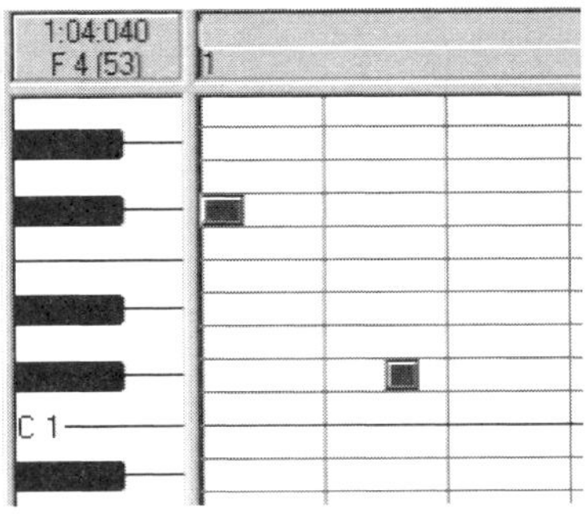

<비트팝. 소울. 앞 4마디>

♪ RB-295(Lauren Hill-Every Ghetto, Every City).mp3

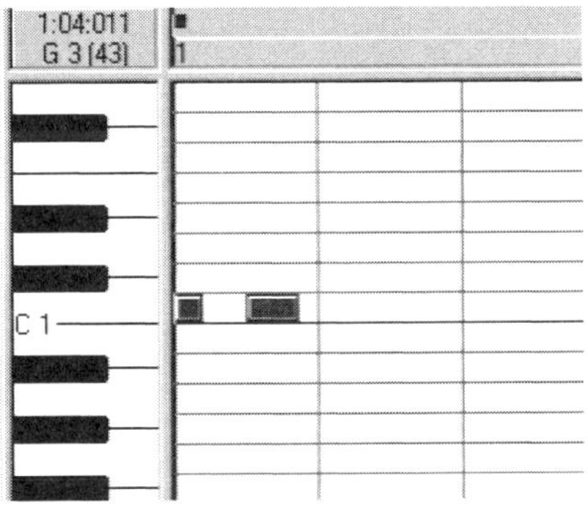

<힙합. 앞 3마디>

제14장: 베이스 - 스윙&트리플릿&32비트

스윙이나 트리플릿의 베이스 패턴은 블루스나 재즈, R&B, 아메리카 락, 소울 등에서 잘 쓰인다. 그리고 드럼과 마찬가지로 32비트는 계속되는 진행보다는 잠깐동안의 꾸밈정도로 많이 등장한다.

다음의 예제 패턴들을 듣고 시퀀서의 피아노롤에 표기하라.

1. 패턴연습

♪ RB-296.mp3

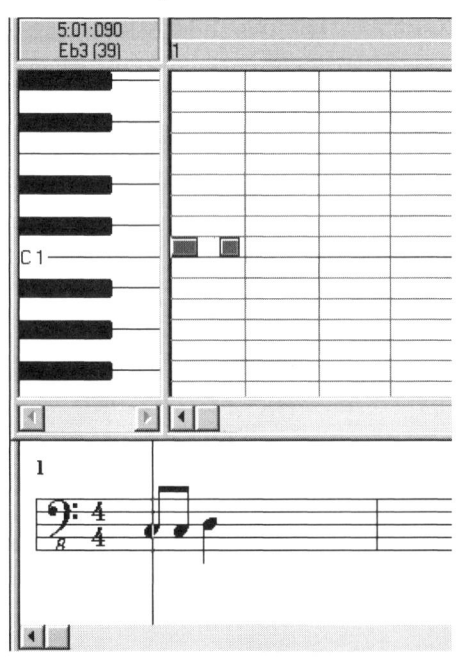

♪ RB-297.mp3

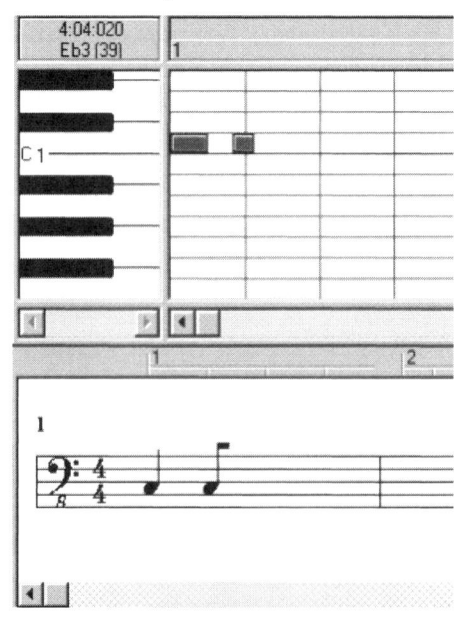

제14장: 베이스 - 스윙&트리플릿&32비트

♪ RB-298.mp3

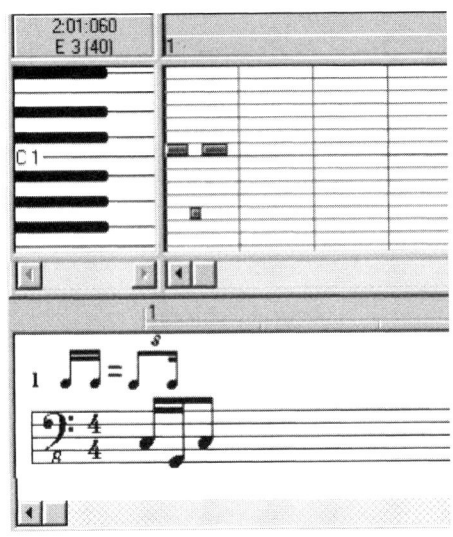

<16비트 스윙>

♪ RB-299.mp3

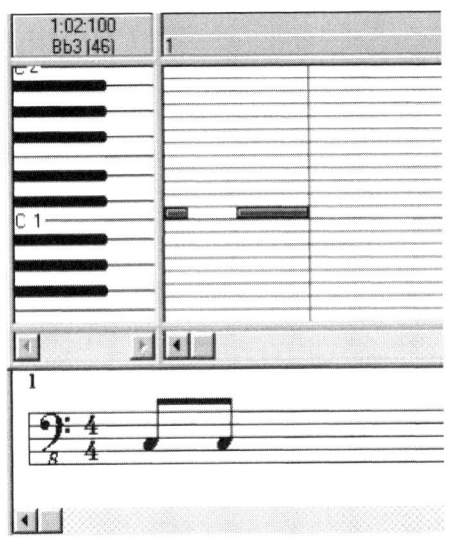

<16비트 스윙>

♪ RB-300.mp3

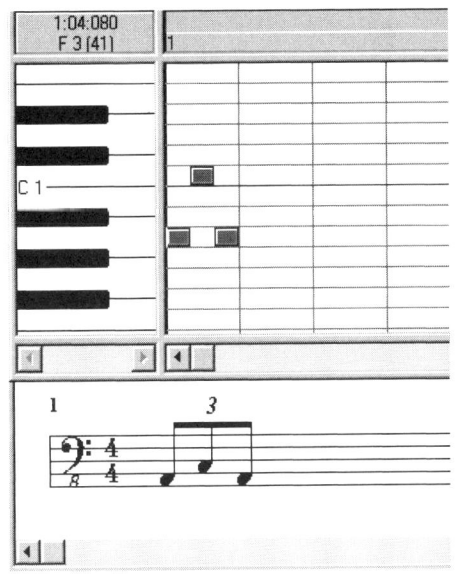

<8분 트리플릿>

♪ RB-301.mp3

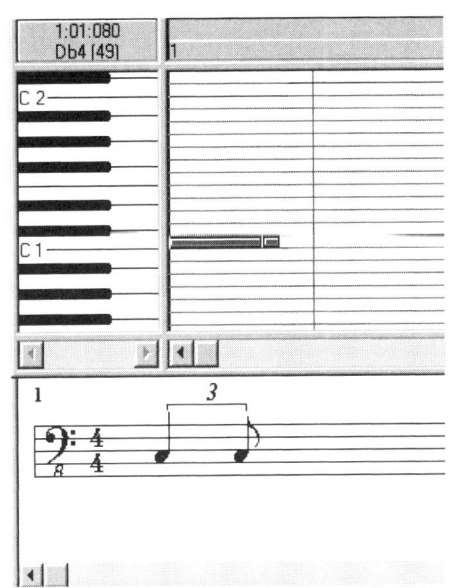

<8분 트리플릿, 해머링>

♬ RB-302.mp3

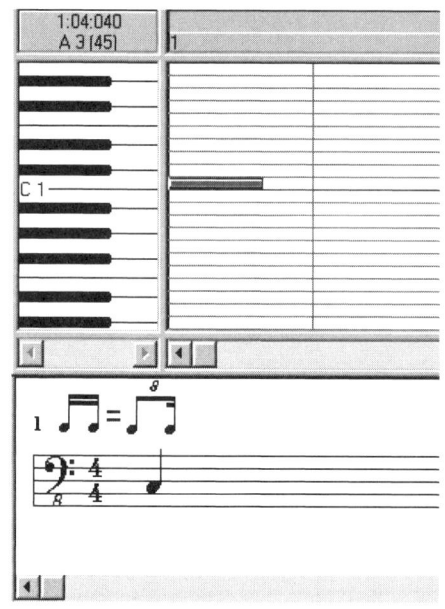

<16분 트리플릿>

♬ RB-303.mp3

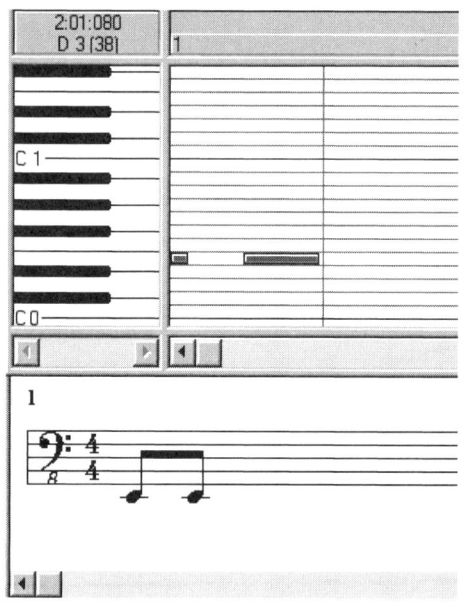

<16분 트리플릿>

♬ RB-304.mp3

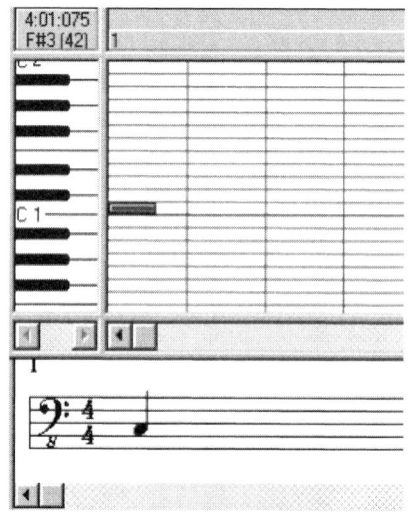

<32비트>

2. 실전연습

♪ RB-305(Jimi Hendrix-Blues8).mp3

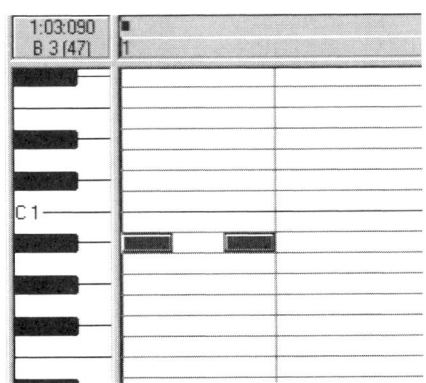

<블루스. 앞 2마디. 가벼운 슬라이드>

♪ RB-306(Michael Jackson & Paul Mccartney-The Girl Is Mine).mp3

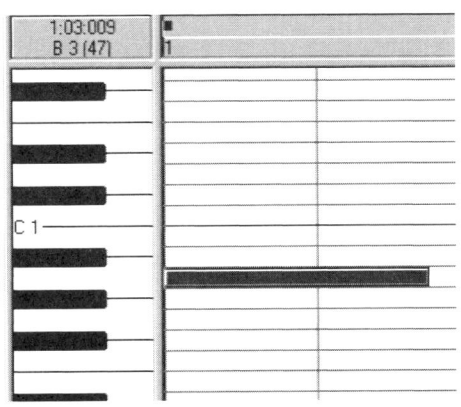

<소울. 앞 2마디, 16비트 스윙>

♪ RB-307(Toto-Georgy Porgy).mp3

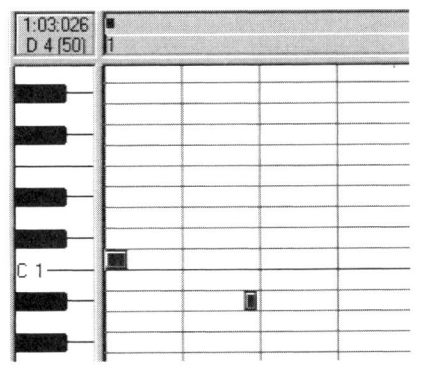

<아메리카 락. 앞 4마디, 3잇단음표의 마지막 음보다는 약간 앞당겨진 16비트 스윙>

♪ RB-308(Boyz II Men-I'll make love to you).mp3

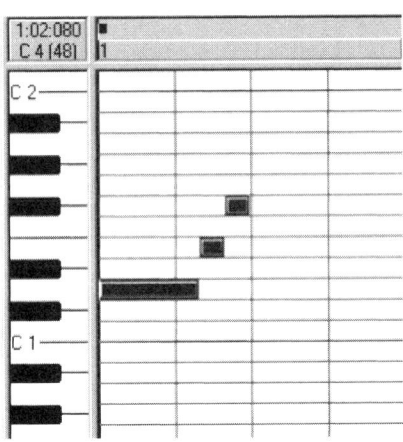

<R&B. 앞 4마디>

제15장: 드럼 - 8비트 필인

필인(Fill In)이란 노래의 분위기가 바뀔 때 기본패턴의 일정함을 깨기 위해서 1마디~4마디 정도 동안 새로운 리듬을 연주하는 것을 말한다.

8비트 필인은 16비트보다 분위기 전환력이 약하기 때문에 큰 분위기 전환을 요구하는 절 단위보다는 4마디나 8마디의 작은소절 단위에서 잘 쓰인다.

또한 힙합이나 R&B 등에서는 기본리듬 자체가 정교하고 곡 분위기를 이끄는 비중이 높기 때문에 필인을 8비트로 약하게 넣거나 아예 넣지 않는 경우도 많다.

하드락과 메탈 등에서 8비트 필인이 잘 쓰이는데 그것은 곡의 템포가 빠르기 때문에 8비트 필인이 16비트처럼 체감되기 때문이다.

다음의 예제 패턴들을 듣고 시퀀서의 피아노롤에 표기하라.

1. 패턴연습

♪ RB-309.mp3

♪ RB-310.mp3

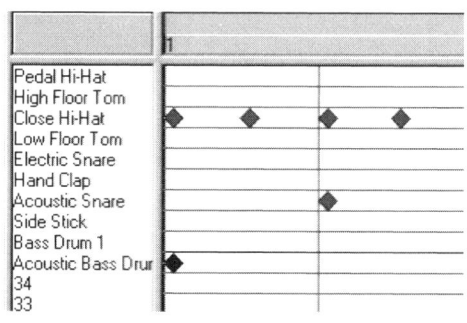
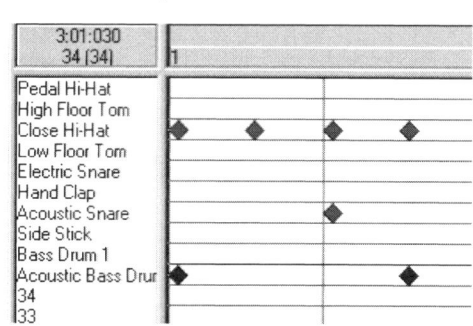

♪ RB-311.mp3

♪ RB-312.mp3

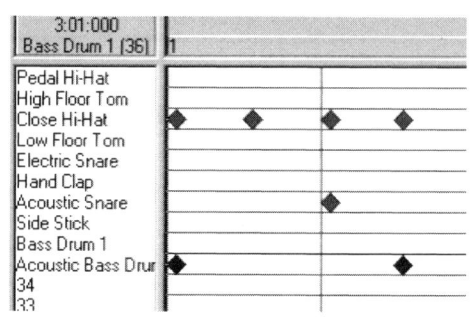

제15장: 드럼 - 8비트 필인

♪ RB-313.mp3

♪ RB-314.mp3

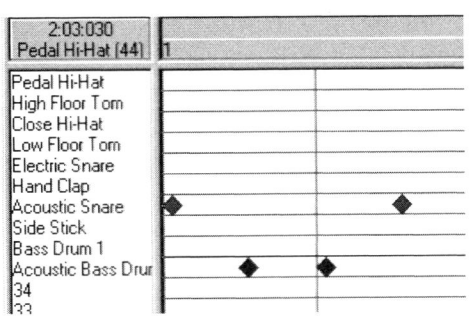

♪ RB-315.mp3

♪ RB-316.mp3

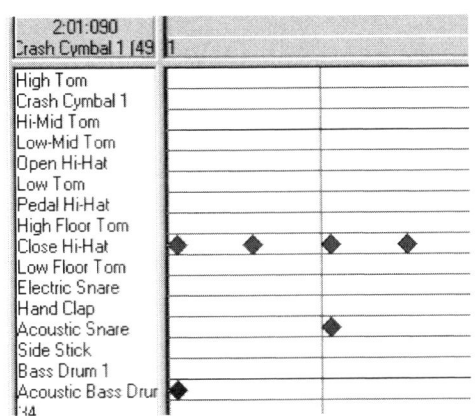
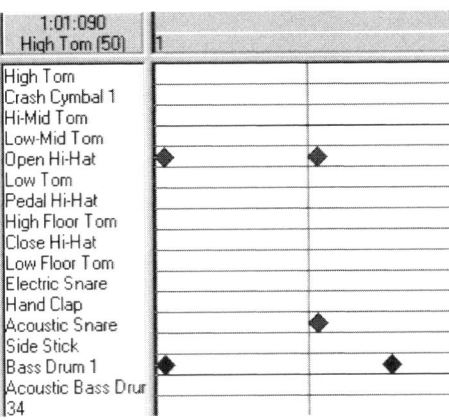

♪ RB-317.mp3

♪ RB-318.mp3

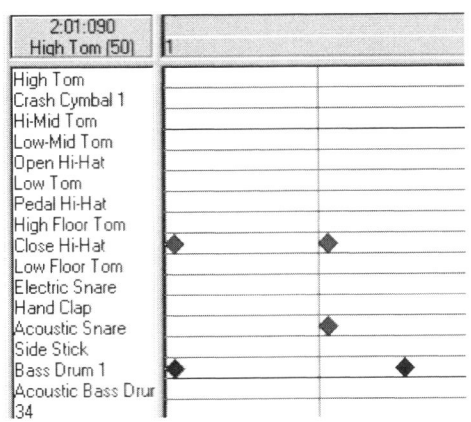
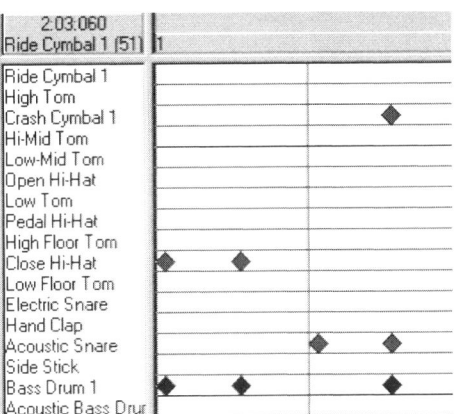

<클로즈 하이햇의 작은 변화>

제15장: 드럼 - 8비트 필인

♪ RB-319.mp3

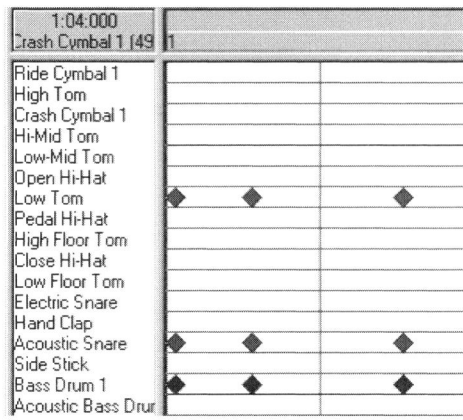

♪ RB-320.mp3

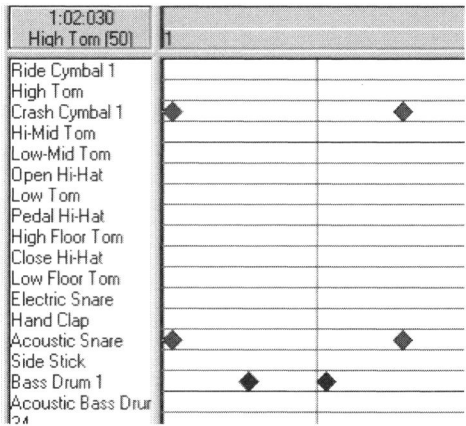

♪ RB-321.mp3

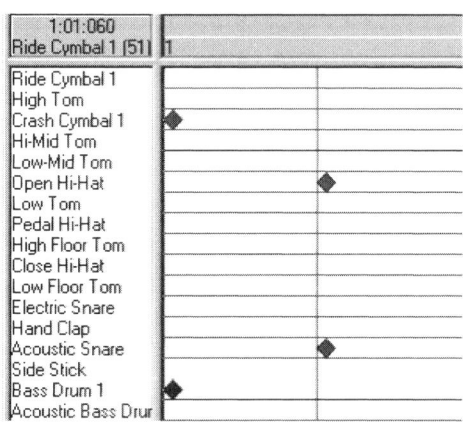

2. 실전연습

♪ RB-322(Nirvana-All Appologies).mp3

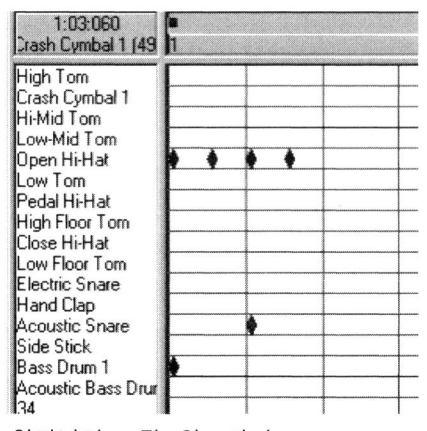

<얼터너티브 락. 앞 3마디>

♪ RB-323(Quiet Riot-Love's A Bitch).mp3

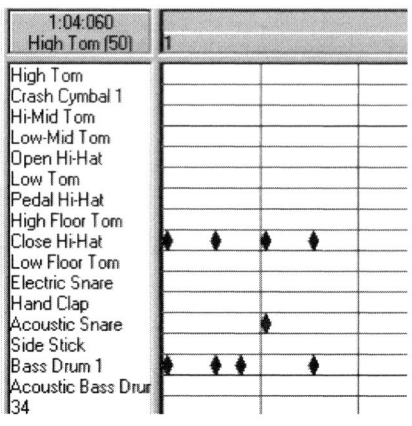

<하드락. 앞 2마디>

- 110 -

제15장: 드럼 - 8비트 필인

♪ RB-324(Bon Jovi-In These Arms).mp3   ♪ RB-325(Madonna-Crazy For You).mp3

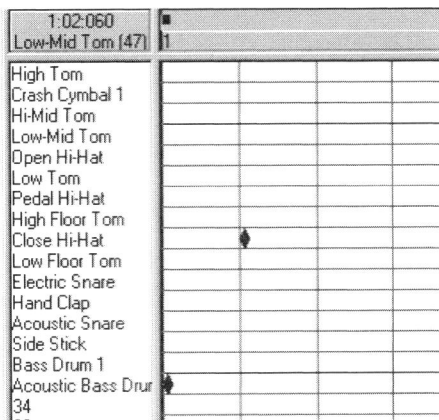

<하드락. 앞 2마디>   <팝. 앞 2마디, 임시로 나타나는 6/4박자>

제16장: 드럼 - 16비트 필인

전 장르에 걸쳐서 16비트 필인은 가장 널리 사용되고 있다.

예전에는 필인을 구성하는 악기로서 탐탐이 널리 사용되었지만 최근에 이르러서는 스네어와 베이스 드럼의 사용빈도가 높아지고 있다. 특히 테크노, 댄스, 힙합, R&B에서 더욱 그러한데 더 나아가서는 특이한 효과 음향으로 필인을 구성하기도 한다.

특이하게도 테크노에서는 2마디 이상의 긴 필인도 자주 볼 수 있다.

다음의 예제 패턴들을 듣고 시퀀서의 피아노롤에 표기하라.

1. 패턴연습

♫ RB-326.mp3

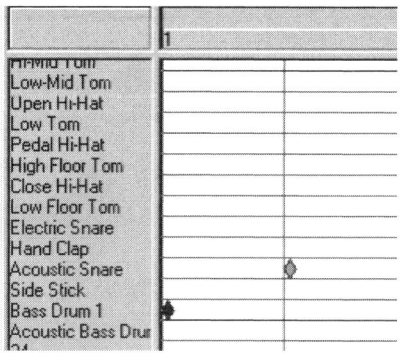

♫ RB-327.mp3

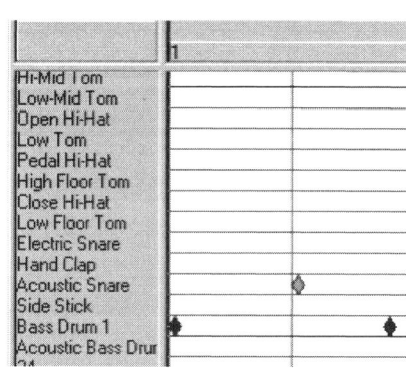

♫ RB-328.mp3

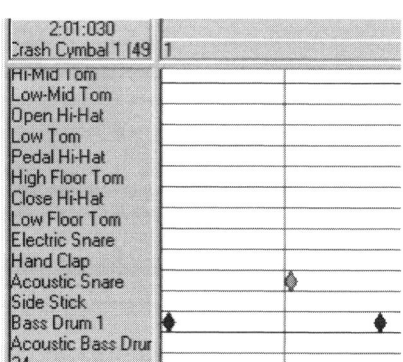

♫ RB-329.mp3

제16장: 드럼 - 16비트 필인

♪ RB-330.mp3

♪ RB-331.mp3

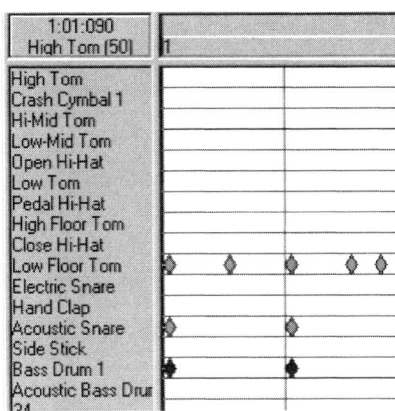

♪ RB-332.mp3

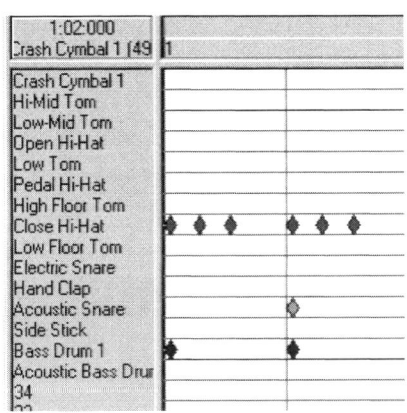

♪ RB-333.mp3

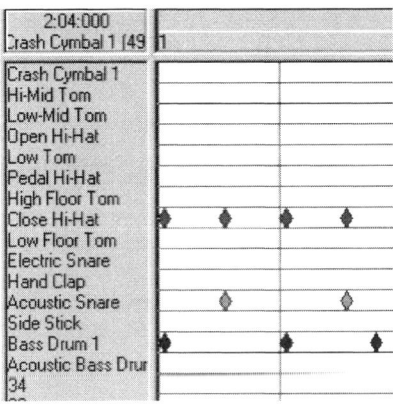

♪ RB-334.mp3

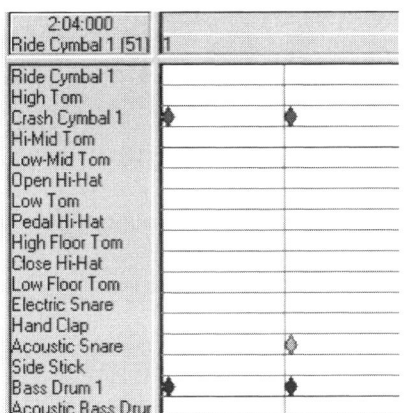

♪ RB-335.mp3

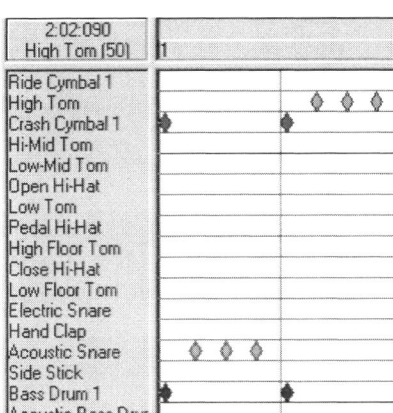

2. 실전연습

♬ RB-336(Def Leppard-Billy's Got A Gun).mp3

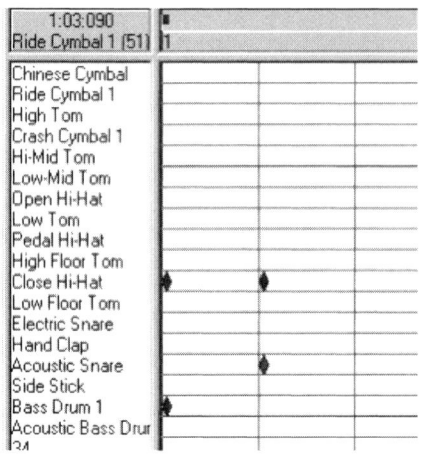

<하드락. 앞 2마디>

♬ RB-337(Def Leppard-Billy's Got A Gun).mp3

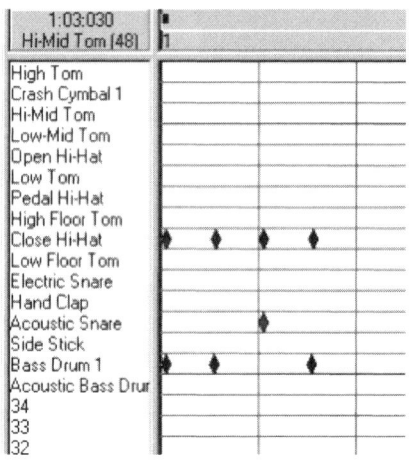

<하드락. 앞 2마디, 첫 베이스 드럼음은 앞마디에서 미리 당겨 연주됨>

♬ RB-338(Mariah Carey -Anytime You Need A Friend).mp3

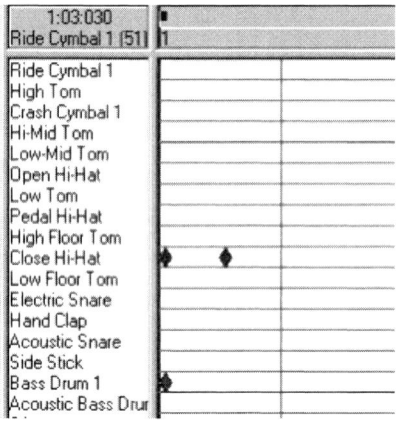

<팝. 앞 2마디, 2/4박자가 임시로 첨가되는 경우>

♬ RB-339(N Sync-Here We Go).mp3

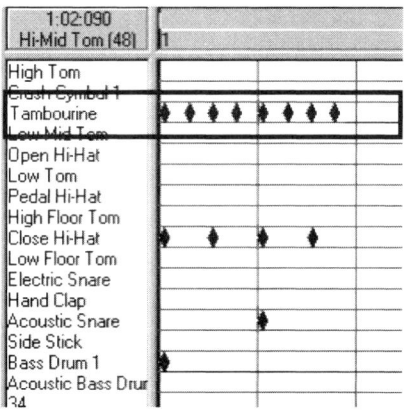

<비트팝. 앞 2마디>

제16장: 드럼 - 16비트 필인

♪ RB-340(Britney Spears-Born To Make You Happy).mp3

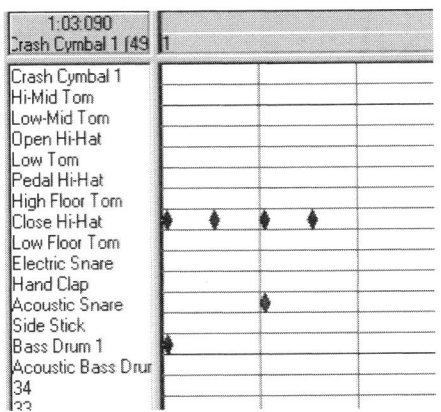

<비트팝. 앞 2마디와 제 3마디 첫음까지>

♪ RB-341(Britney Spears-Born To Make You Happy).mp3

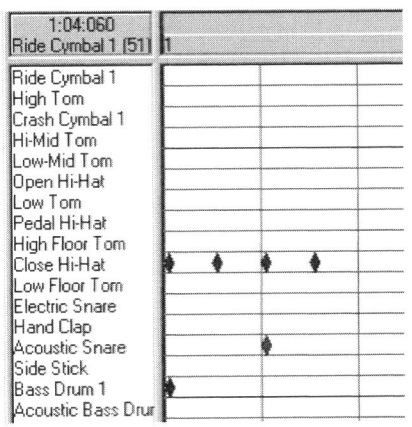

<비트팝. 앞 2마디와 제 3마디 첫음까지>

♪ RB-342(BT-Flaming june).mp3

<테크노 트랜스. 앞 2마디>

제17장: 드럼 – 스윙&트리플릿&32비트 필인

보통 스윙 필인은 기본 리듬도 스윙인 경우에 사용된다. 그러나 트리플릿 필인은 꼭 그렇지만도 않다. 기본패턴이 8비트와 16비트(짝수박)일지라도 그것의 분위기를 깨기 위해서 트리플릿 필인(홀수박)이 살짝 첨가되기도 한다.

32비트 필인 역시 마찬가지인데 지나치게 많이 첨가되거나 혹은 강세를 갖는 경우엔 과장되고 우스꽝스러울 수도 있다.

다음의 예제 패턴들을 듣고 시퀀서의 피아노롤에 표기하라.

1. 패턴연습

♪ RB-343.mp3

♪ RB-344.mp3

제17장: 드럼 - 스윙&트리플릿&32비트 필인

♪ RB-345.mp3

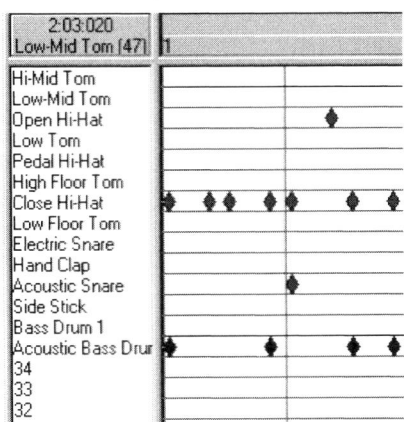

♪ RB-346.mp3

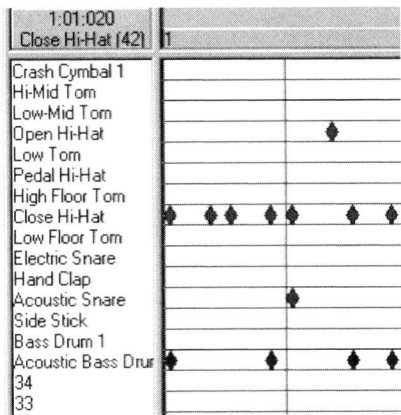

♪ RB-347.mp3

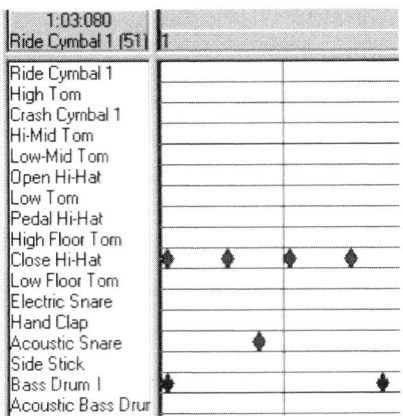

♪ RB-348.mp3

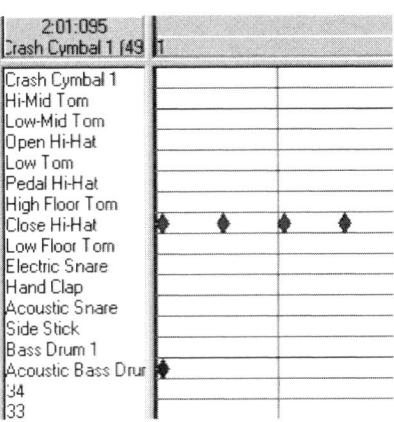

♪ RB-349.mp3

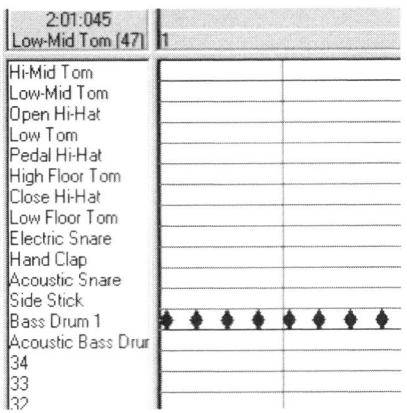

2. 실전연습

♬ RB-350(Journey-Open Arms).mp3

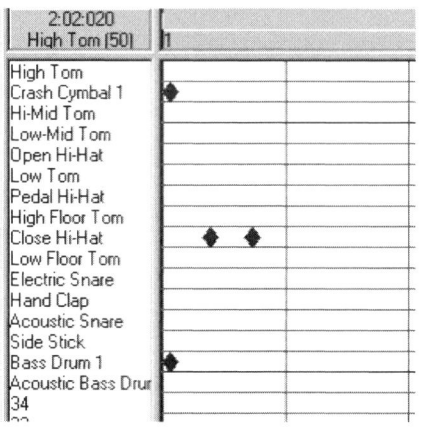

<락 발라드. 제3마디 첫음까지>

♬ RB-351(Boyz II Men-I'll make love to you).mp3

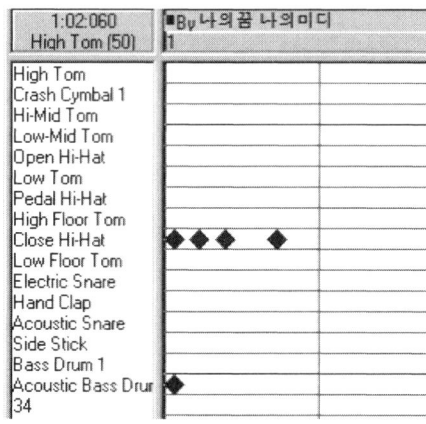

<R&B. 제 3마디 첫음까지>

♬ RB-352(Stevie Wonder-Part time Lover).mp3

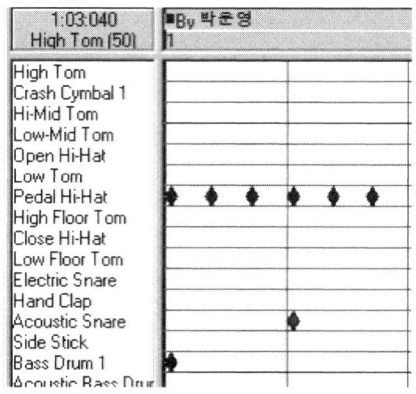

<소울. 앞 2마디>

♬ RB-353(Mariah Carey-And You Don't Remember).mp3

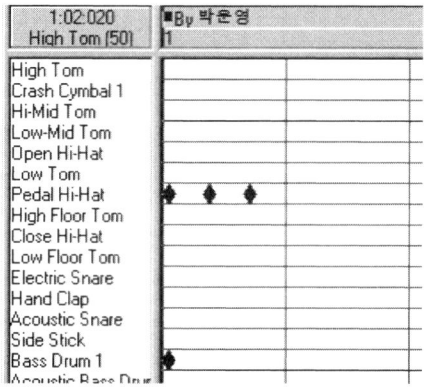

<소울. 앞 2마디>

♬ RB-354(Jamiroquai-Virtual Insanity).mp3

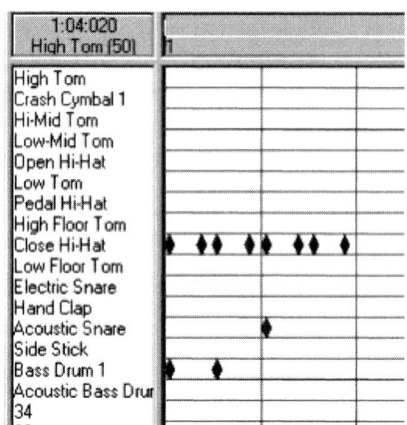

<애시드재즈. 제 3마디 첫음까지>

제18장: 에스닉 퍼커션과 라틴팝

퍼커션(Percussion)이란 사전적인 뜻은 그냥 타악기를 말하지만 보통은 팝 드럼세트의 악기들(베이스 드럼, 스네어 드럼, 하이햇, 심벌, 탐탐 등)을 제외한 그외의 오케스트라용 타악기와 남미, 아프리카, 아시아, 서남아시아의 민속 타악기들을 말한다.

이 장에서는 오케스라 퍼커션을 제외한 심벌, 봉고, 콩가, 마라카스 등에 관해서 알아보자.

1. 봉고

<봉고>

봉고(Bongo)는 쿠바의 토속 악기로서 두 개를 한 쌍으로 한다. 넙적다리 사이에 끼우고서 가죽으로 된 북면을 손가락을 모아서 연주하는데 큰 북과 작은 북의 음정 차이는 대략 완전 5도 정도이다.

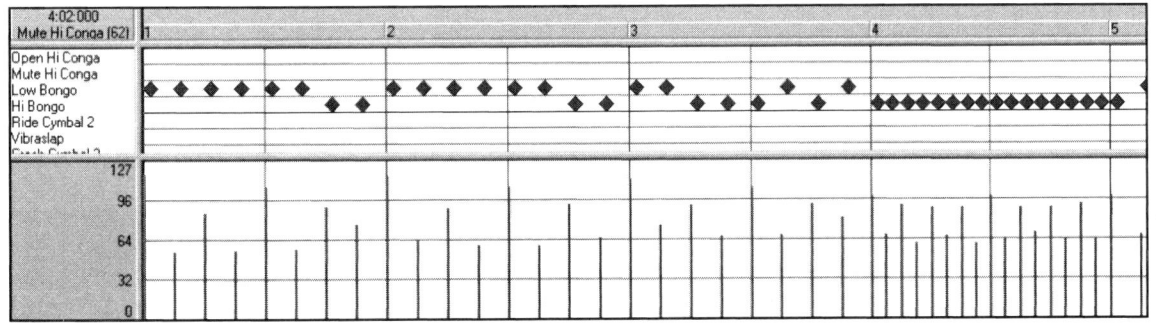

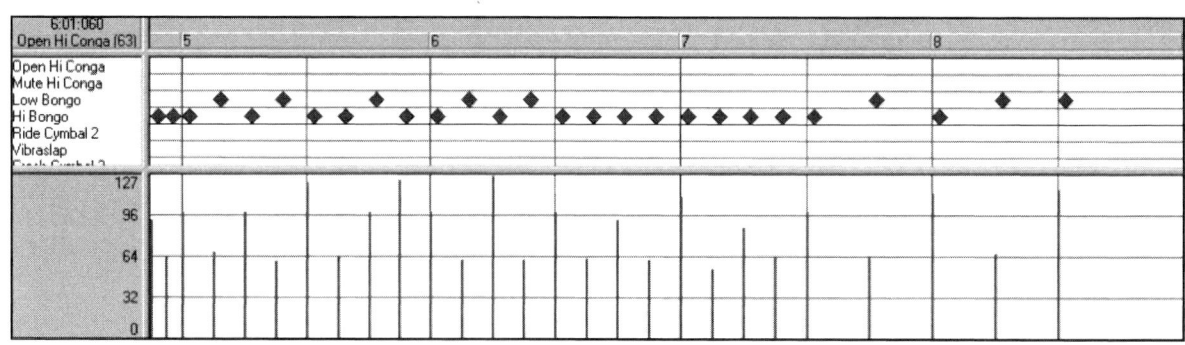

<봉고의 연주예 ♪RB-355(봉고).mp3>

2. 콩가와 퀴카

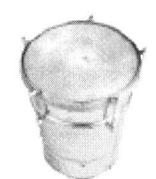

<콩가와 퀴카>

콩가(Conga)는 남미의 악기처럼 생겼지만 아프리카 민속 악기이다. 항아리처럼 생겼으며 밑바닥은 열려 있다. 보통 2~3명의 연주자가 동원되며 북면을 손바닥이나 손가락으로 연주하는데 북면 중앙과 귀퉁이가 서로 다른 음정을 낸다.

퀴카(Cuica)는 특이하게도 마찰을 이용하여 소리를 내는 브라질 민속 악기이다. 중앙에 박혀있는 스틱을 손가락으로 문질러서 북면을 진동시키면 짐승의 울음과도 같은 소리가 난다.

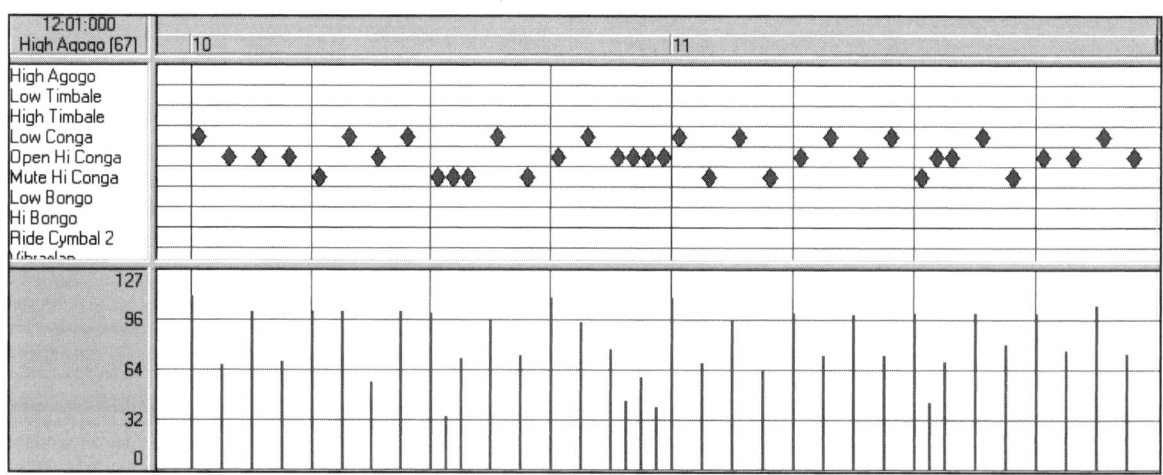

<콩가의 연주예 ♪ RB-356(콩가).mp3>

3. 팀발레와 카우벨

<팀발레와 카우벨>

팀발레(Timbale)는 일명 탐탐(Tom-Tom)이라고도 불리우는데 봉고와 마찬가지로 크기가 다른 두 개(높은 음정, 낮은 음정)가 한쌍을 이루고 있는데 크기가 봉고보다 약간 더 크고 음정도 더 낮다. 특별한 스탠드 위에 올려놓고서 연주한다. 팀발레의 위에는 보통 카우벨(Cowbell)이라는 악기가 달려있는데 이것도 팀발레 채로 연주한다.

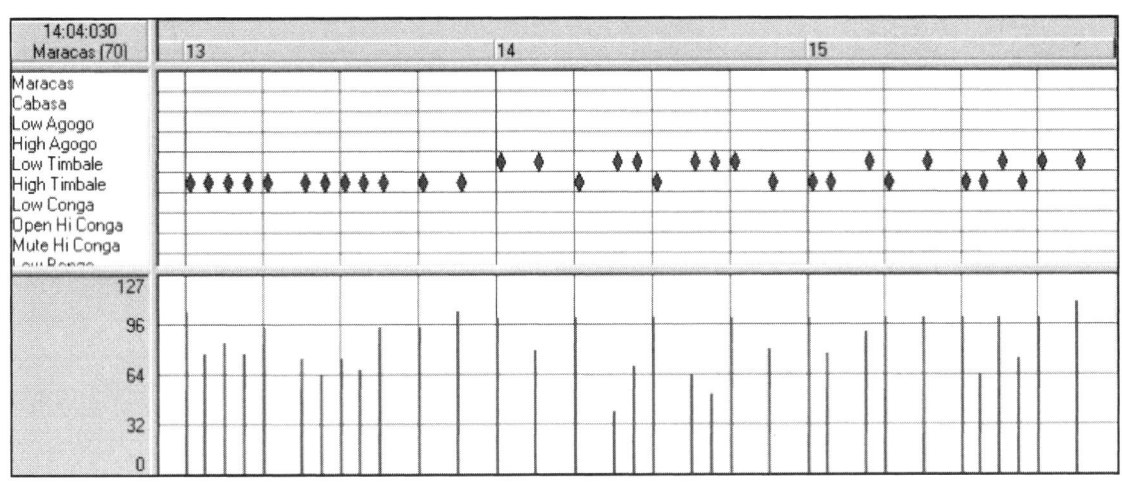

<팀발레의 연주예 ♬ RB-357(팀발레).mp3>

4. 마라카스

<마라카스>

마라카스(Maracas)는 야마나무과 식물인 마라카의 열매를 건조시킨 후 속에 남아있는 씨를 흔들어 소리를 낸 것이 이 악기의 기원이라 하는데 지금은 알루미늄 통 속에 쇳가루를 넣어서 만든다. 양손에 한 개씩 쥐고서 흔들어 짧게 소리를 내거나 두손을 교차하여 트레몰로를 연주하기도 한다.

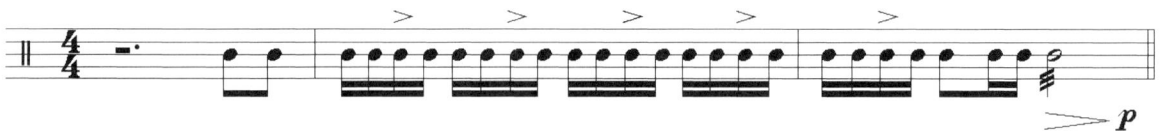

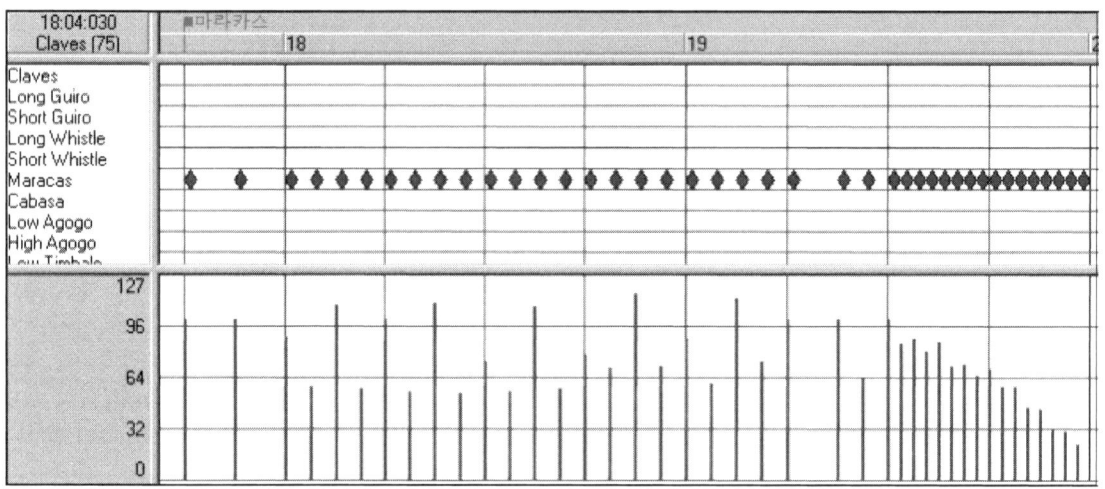

<마라카스의 연주예 ♬ RB-358(마라카스).mp3>

5. 라틴 팝

아시아나 남태평양, 서남아시아 등과 달리 라틴(남아메리카) 지역의 음악은 전세계적으로 몇 년마다 한번씩 전세계적인 붐을 일으키곤 한다. 필자의 생각엔 라틴 고유의 리듬이 흥겹고 경쾌하다는 장점과 함께 대중음악의 중심지인 미국과 인접하여 주류로의 편입이 용이 했기 때문이 아닌가 생각된다.

주요 라틴리듬인 삼바, 보사노바, 살사, 룸바 등은 미국의 락, 힙합, 댄스, 재즈 등과 결합하여 새로운 장르를 탄생시키면서 널리 사랑받고 있으며, Ricky Martin, Tamara, Shakira, Sergio Dalma, Los Juanes, Gloria Stefan, Enanitos Verdes, Delber Shakira, Chayanne 등의 여러 가수들이 라틴 지역과 미국 등에서 활동하고 있다.

6. 패턴과 실전 연습

♪ RB-359(Babyface-nobody knows it but me).mp3

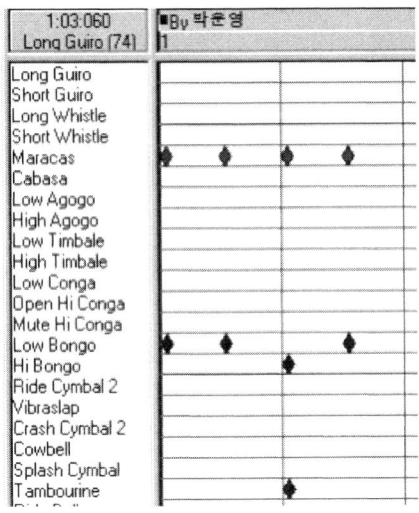

<앞 2마디: 봉고, 마라카스, 탬버린, 귀로 (핸드클랩은 제외)>

♪ RB-360(Boyz 2 Men-Do You Remember).mp3

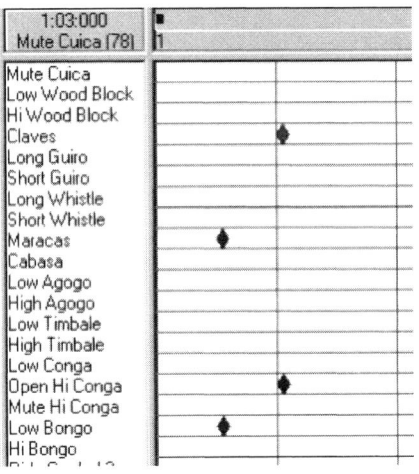

<앞 2마디: 봉고(Low Bongo를 Low Conga로 대신 표현), 마라카스, 핑거 클릭(클레이브스로 대신 표현)>

♪ RB-361(Madonna-La Isla Bonita).mp3

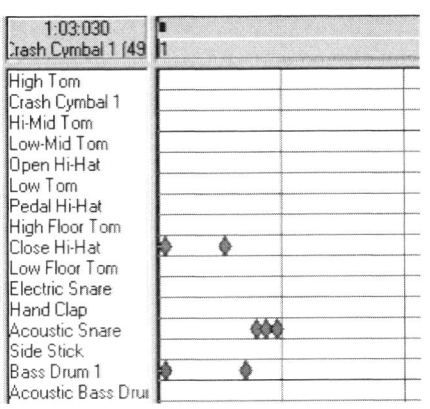

<앞 2마디: 봉고, 드럼, 캐스타넷츠<클레이브스로 대신 표현)>

♪ RB-362(Stevie Wonder-True To Your Heart).mp3

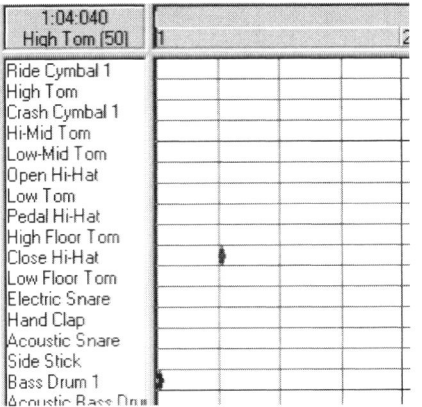

<앞 4마디: 클로즈하이햇, 베이스드럼, 봉고>

제18장: 에스닉 퍼커션과 라틴팝

♬ RB-363.mp3

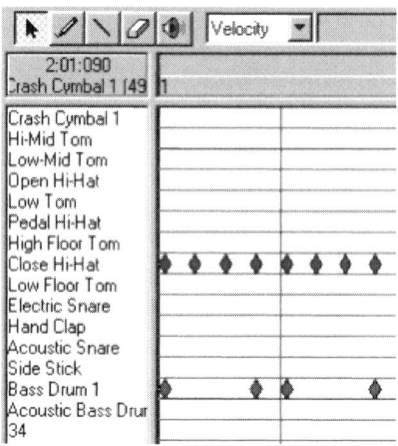

<삼바(Samba)-브라질>

♬ RB-364.mp3

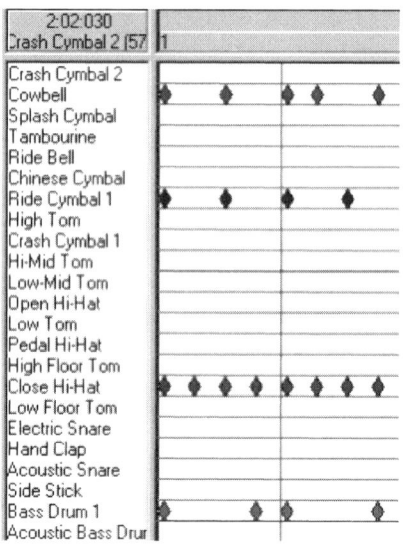

<삼바-첨가>

♬ RB-365.mp3

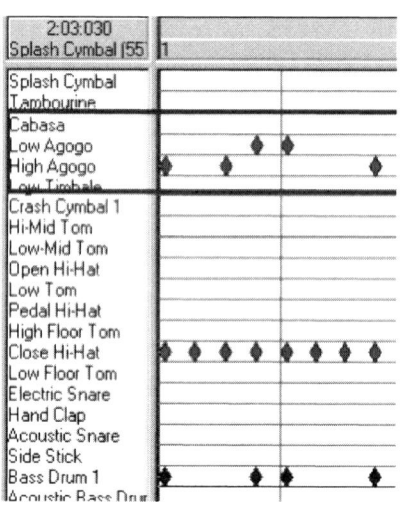

<삼바>

♬ RB-366.mp3

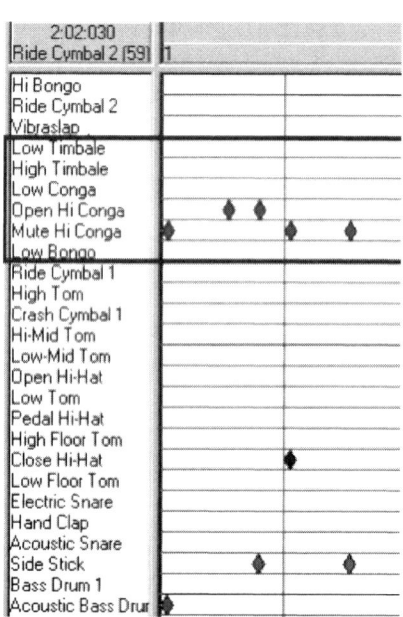

<룸바(Rhumba)의 기본과 필인-쿠바>

제18장: 에스닉 퍼커션과 라틴팝

♪ RB-367.mp3

<룸바>

♪ RB-368.mp3

<살사(Salsa)-쿠바>

♪ RB-369.mp3

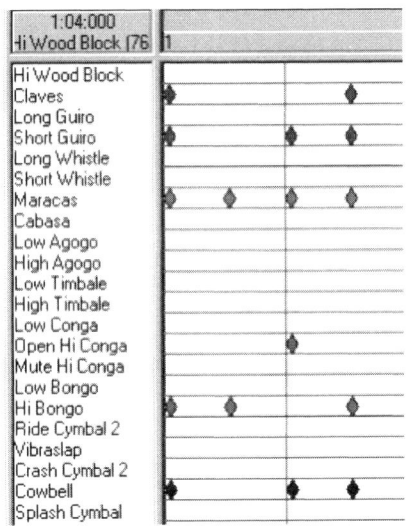

<살사-퍼커션>

♪ RB-370.mp3

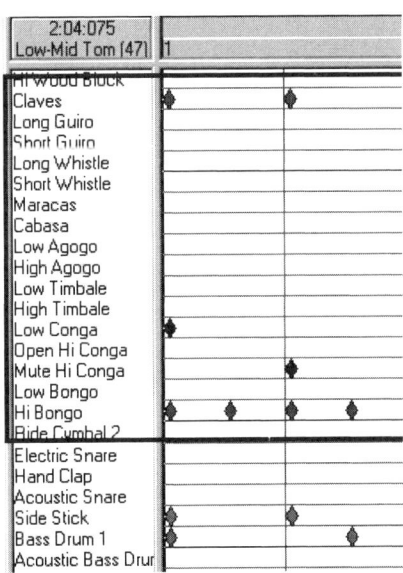

<살사-혼합>

♪ RB-371.mp3

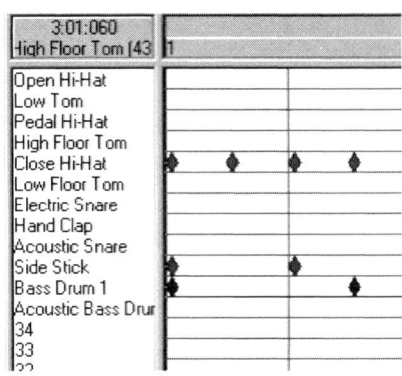

<보사노바(Bosanova)-브라질>

♪ RB-372.mp3

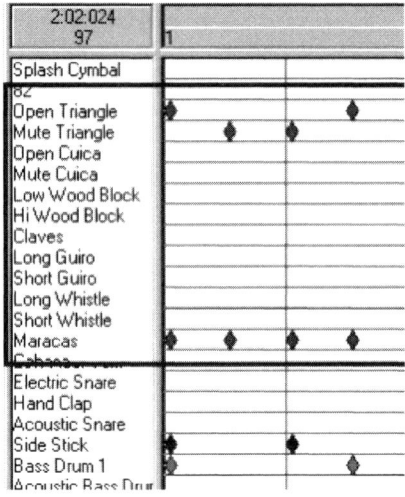

<보사노바>

7. 실전연습

♪ RB-373(Carlos Vives-La Mona).mp3

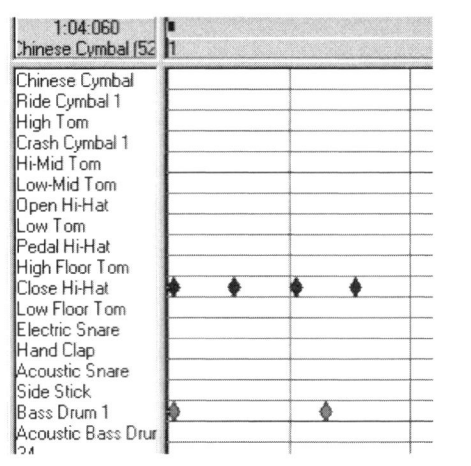

<앞 2마디: 봉고, 베이스드럼, 하이햇, 마라카스, 로우 봉고를 로우 콩가로 대신>

♪ RB-374(Candela).mp3

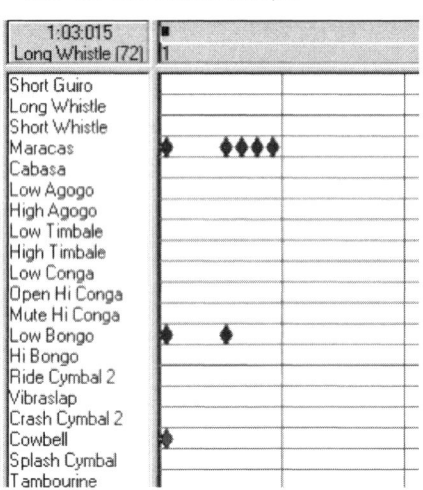

<앞 2마디: 카우벨, 봉고, 마라카스>

♫ RB-375(Buena onda).mp3   ♫ RB-376(Susana).mp3

<앞 2마디: 봉고, 마라카스, 베이스 드럼, 라이드 심벌>

<앞 2마디: 베이스드럼, 봉고, 마라카스, 탬버린, 하이햇, 핸드클랩>

모범답안

♪ RB-175.mp3

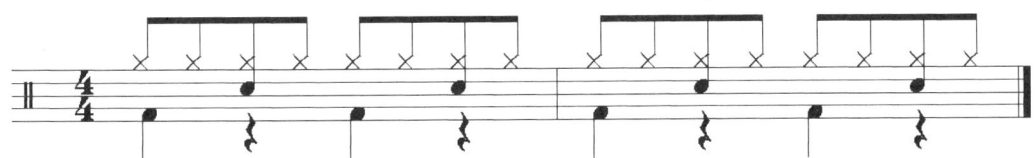

♪ RB-176.mp3

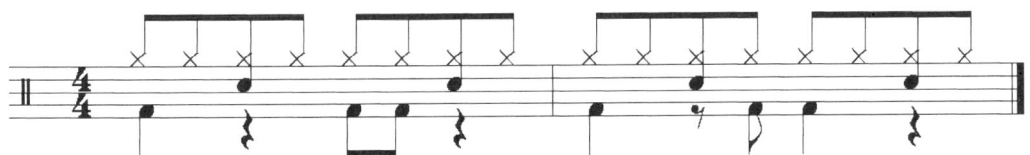

♪ RB-177.mp3

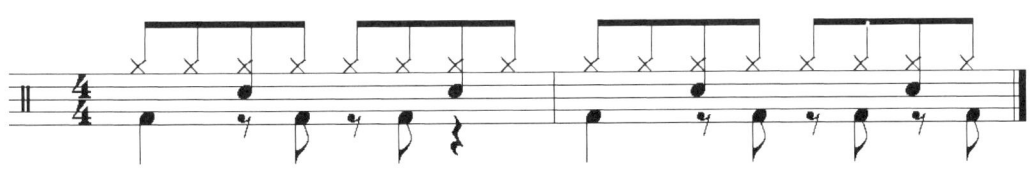

♪ RB-178.mp3

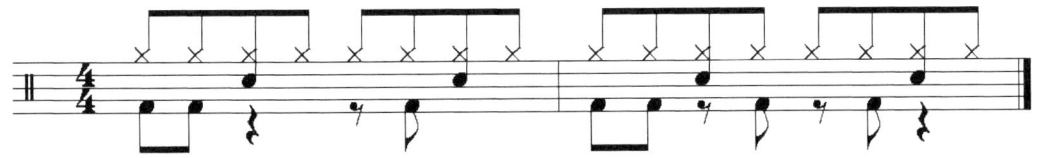

♪ RB-179.mp3

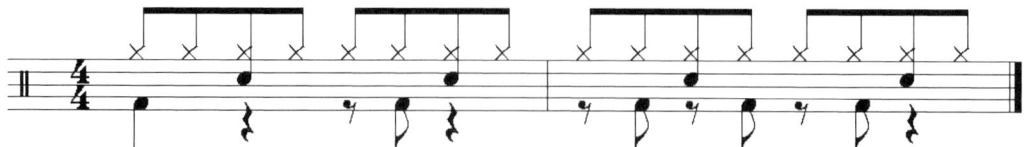

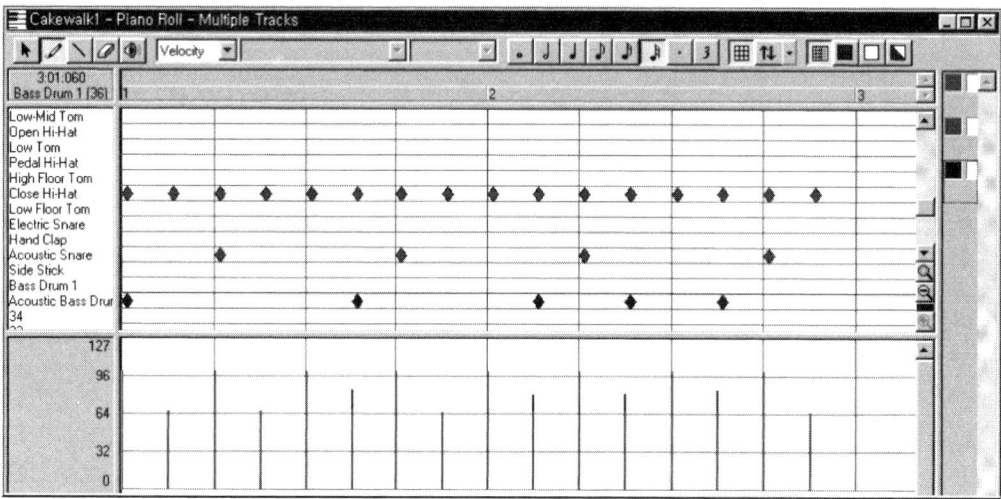

♪ RB-180.mp3

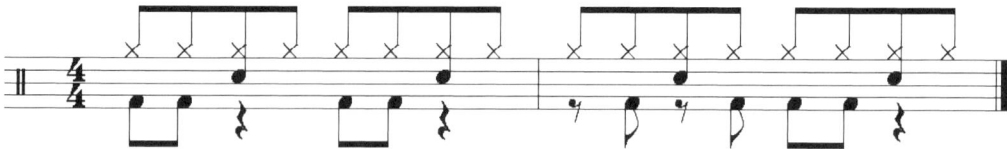

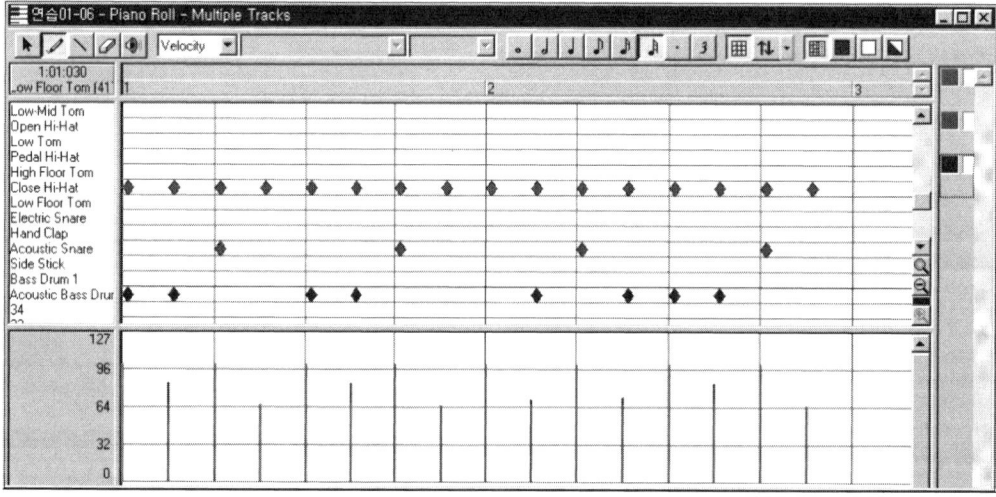

모범답안

♪ RB-181.mp3

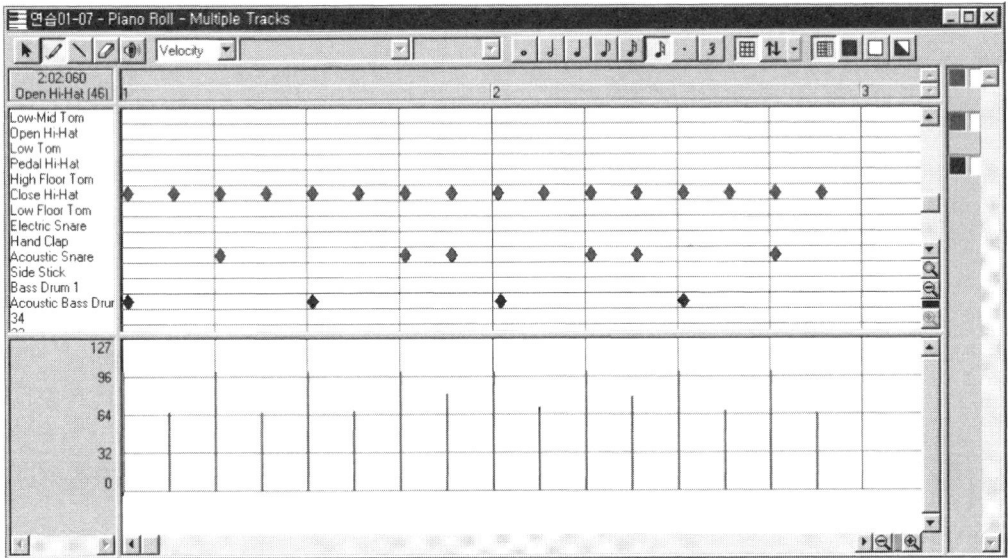

♪ RB-182.mp3

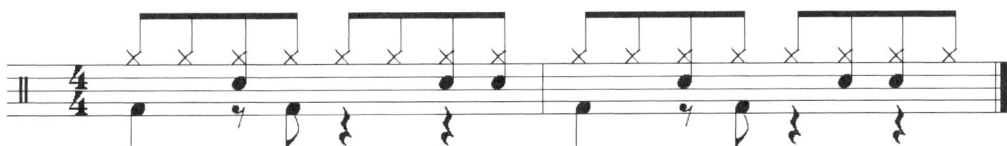

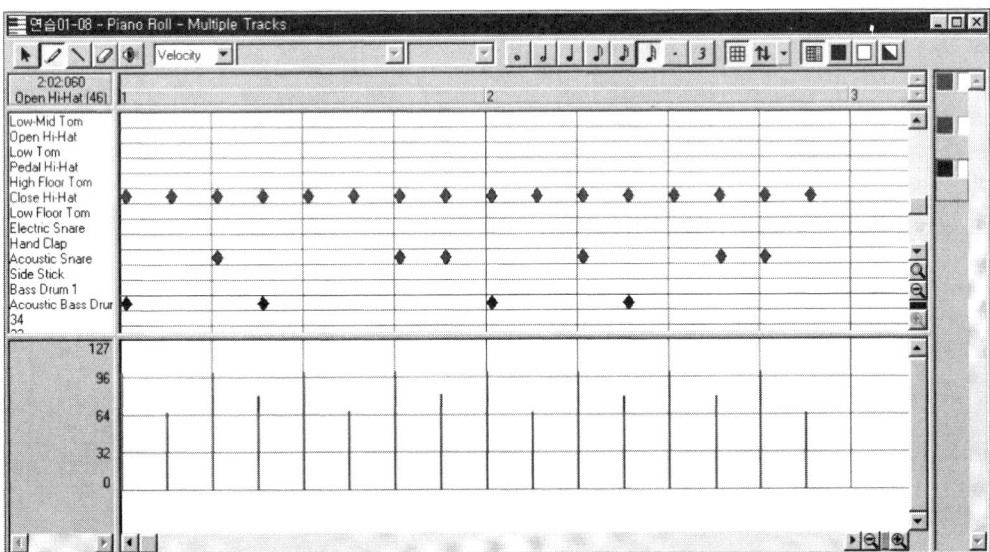

♪ RB-183.mp3

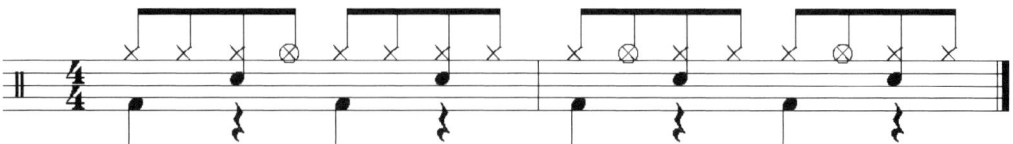

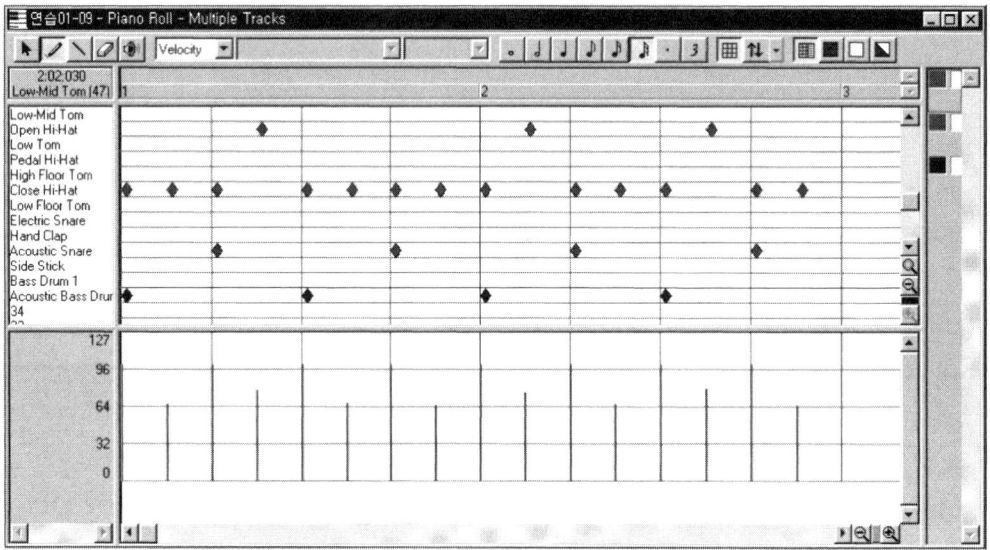

♪ RB-184.mp3

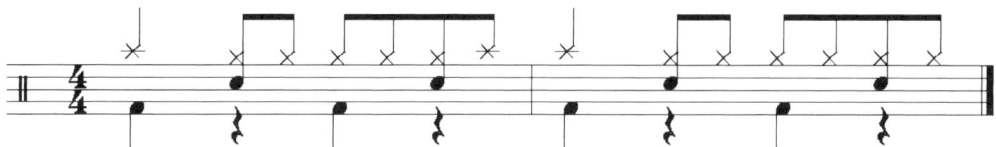

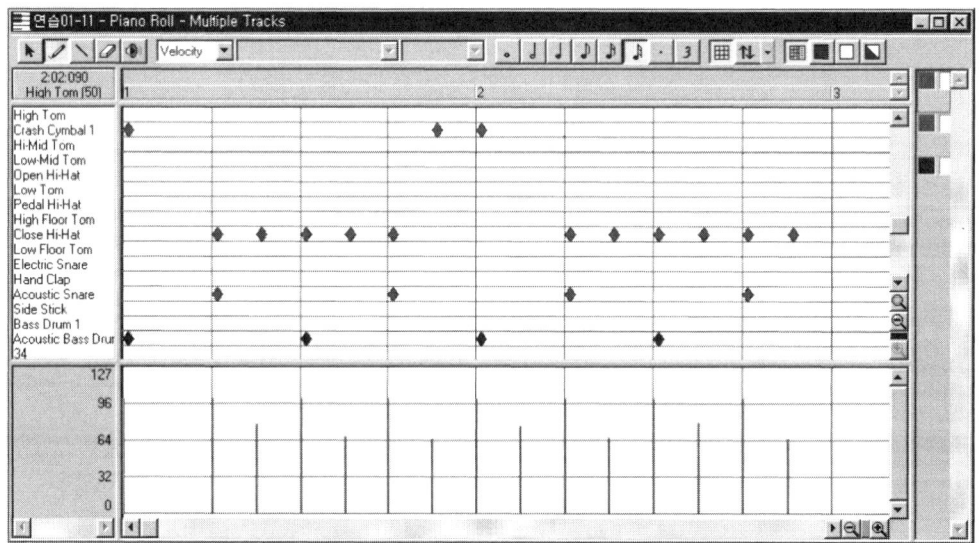

♪ RB-185.mp3

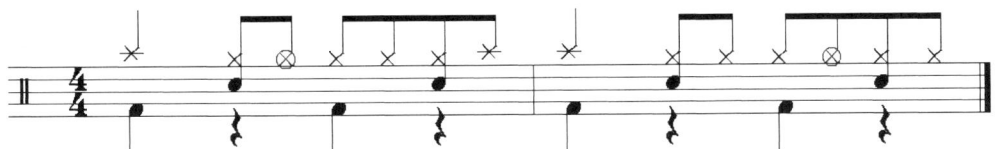

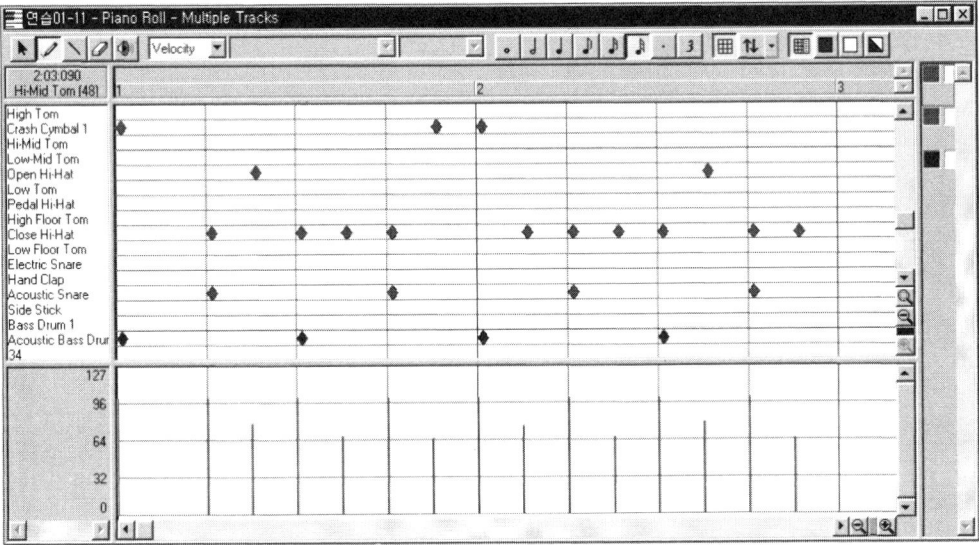

♪ RB-186.mp3

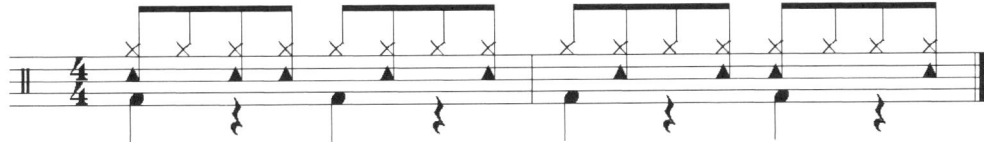

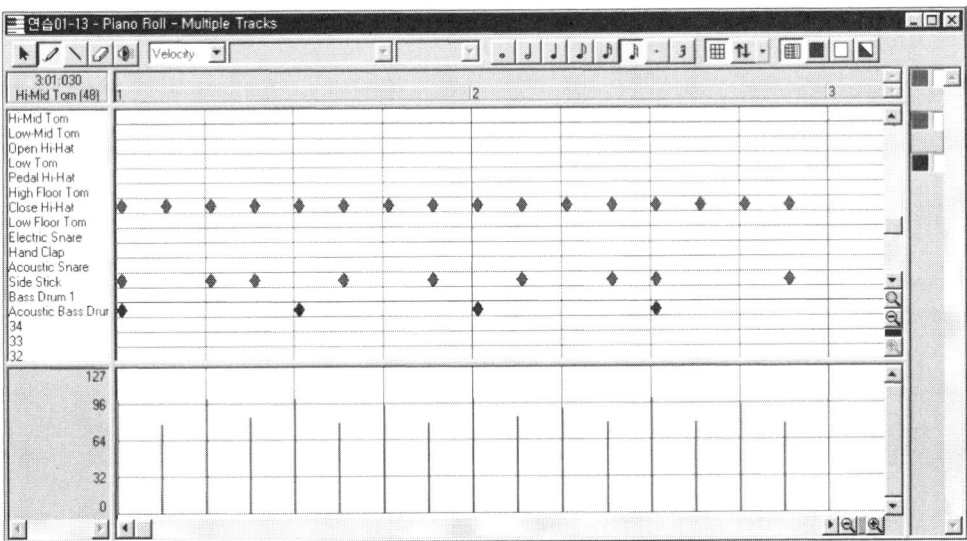

모범답안

♬ RB-187(Jamiroquai-O3).mp3

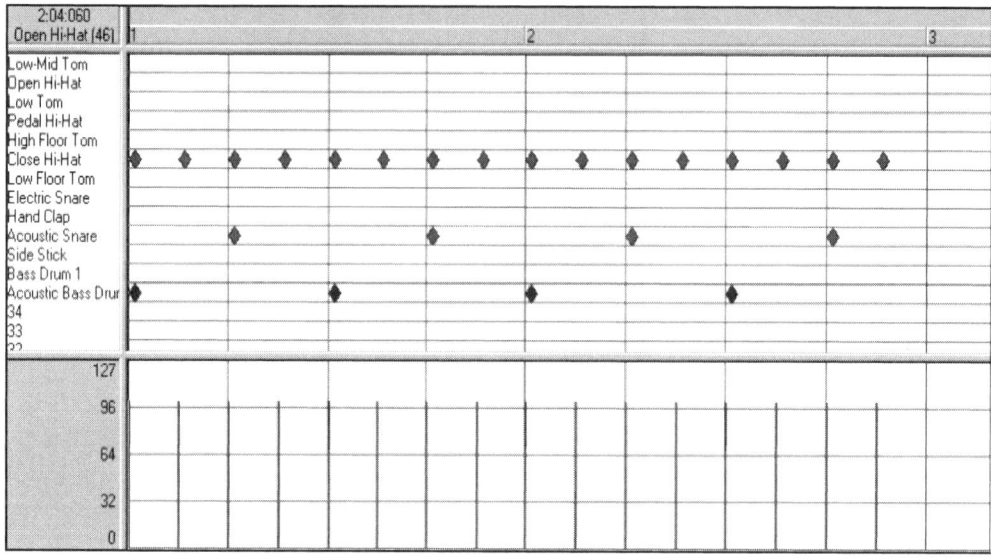

<템포=130>

♬ RB-188(Tony Braxton-Come on over here).mp3

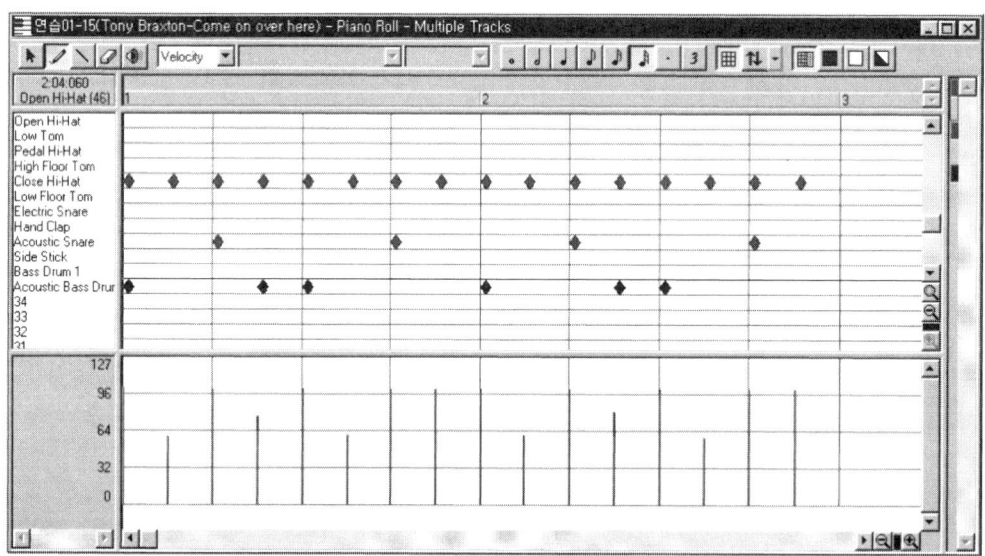

<템포=95>

♪ RB-189(Bone Thugs'N'Harmony-Ghetto Cowboy).mp3

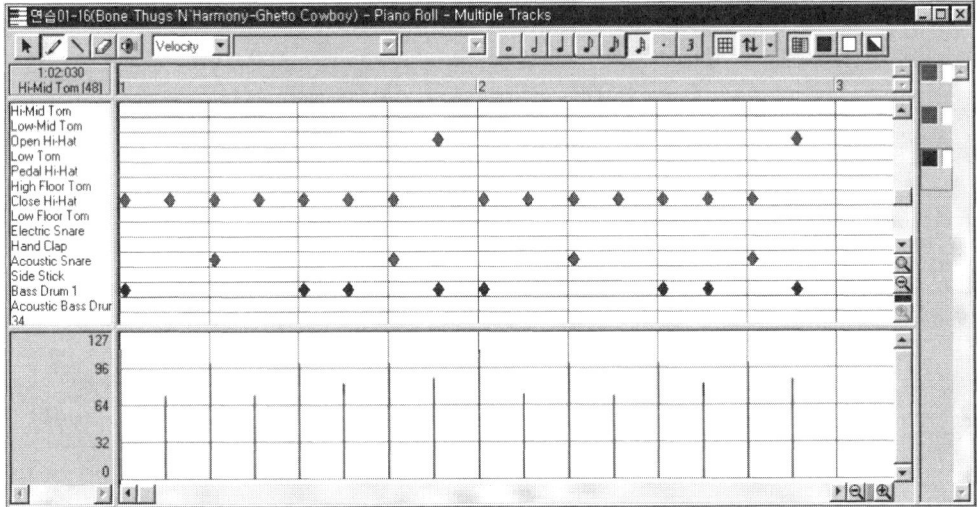

<템포=90>

♪ RB-190(Judas Priest-Screaming For Vengeance).mp3

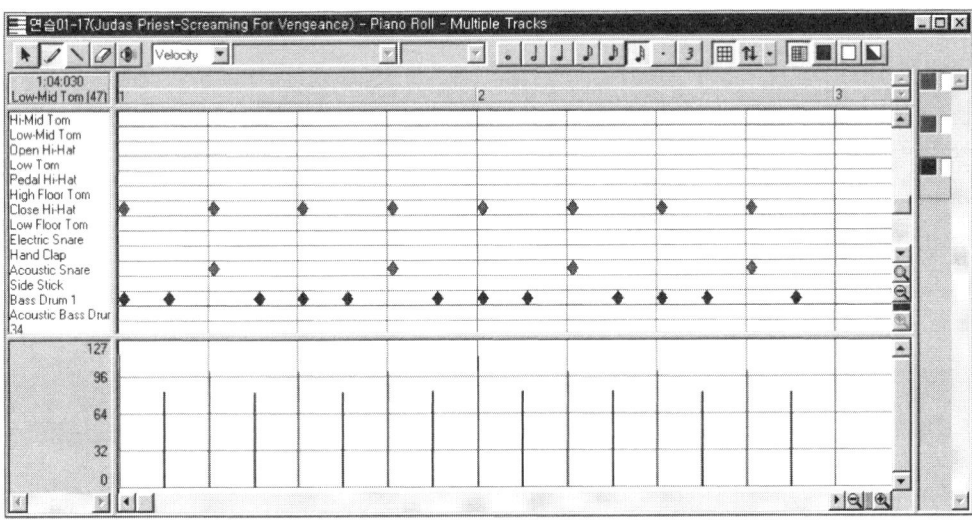

<템포=240>

♪ RB-191(Van Halen-Pretty Woman).mp3

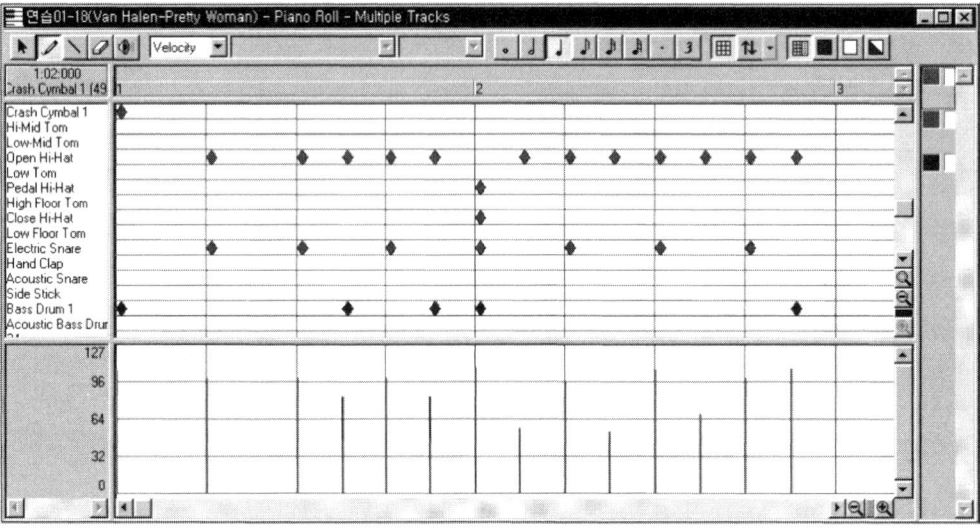

<템포=130>

♪ RB-192(Eminem-The Kids).mp3

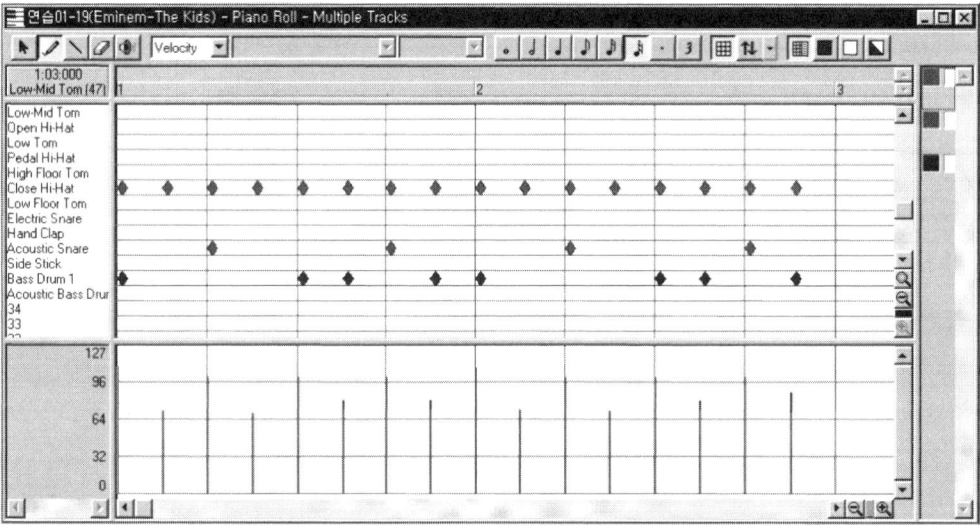

<템포=100>

모범답안

♪ RB-193(N Sync-I Want You Back).mp3

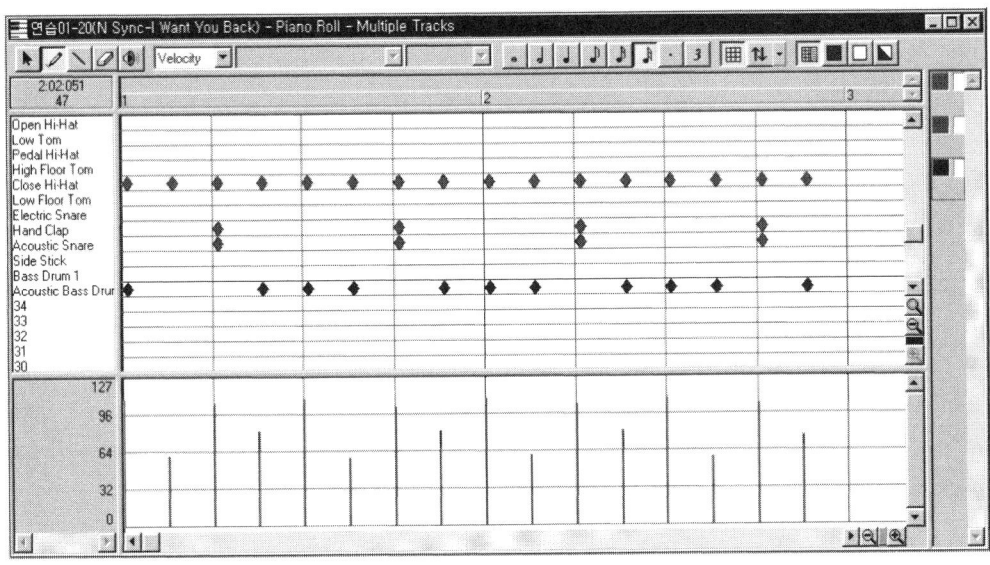

<템포=112>

♪ RB-194mp3

♪ RB-195.mp3

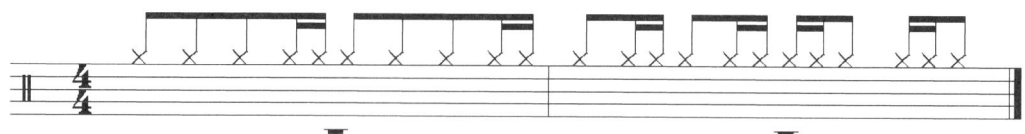

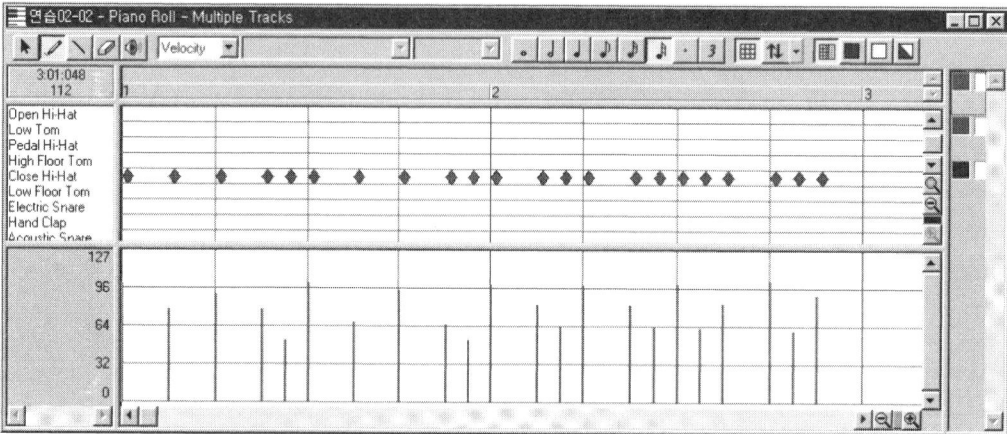

♪ RB-196.mp3

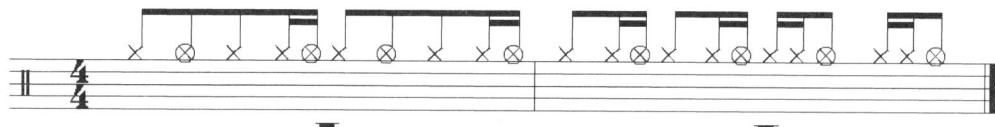

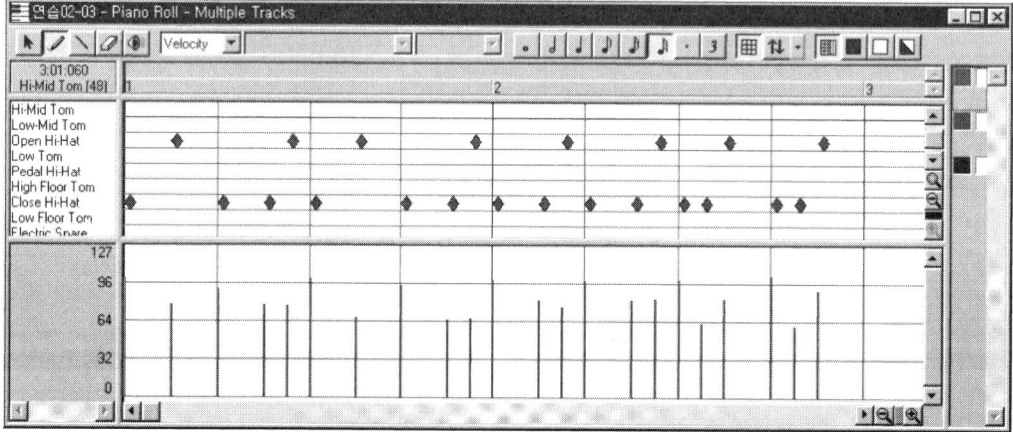

♪ RB-197.mp3

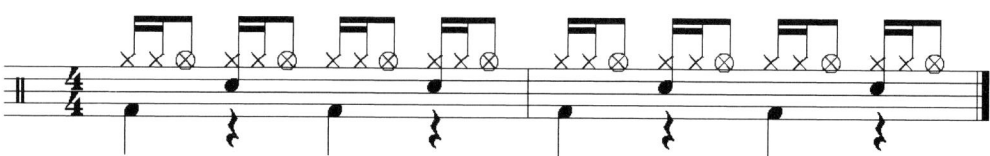

모범답안

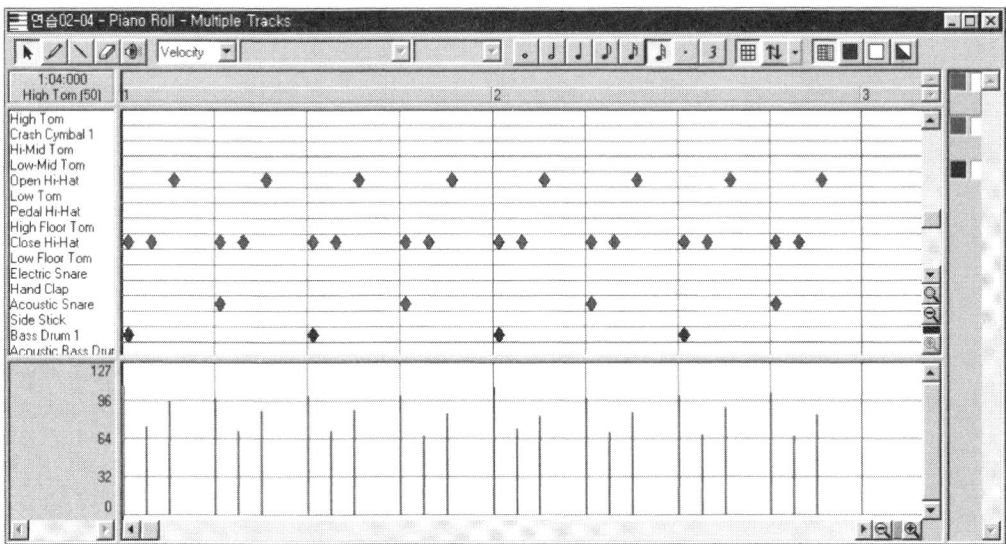

♬ RB-198.mp3

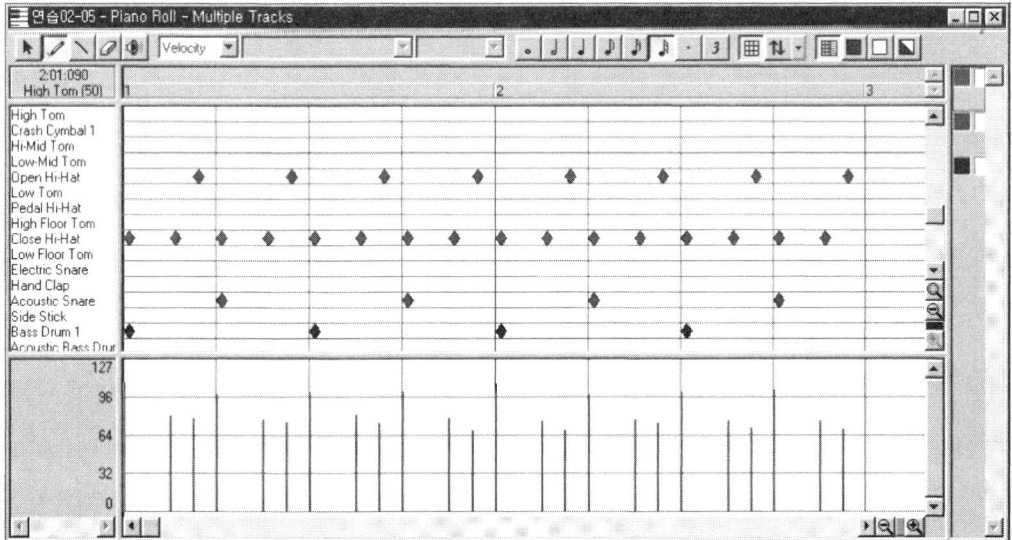

♬ RB-199.mp3

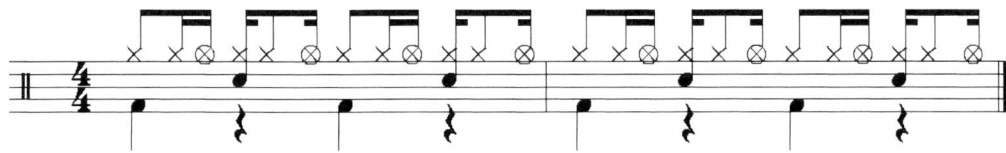

모범답안

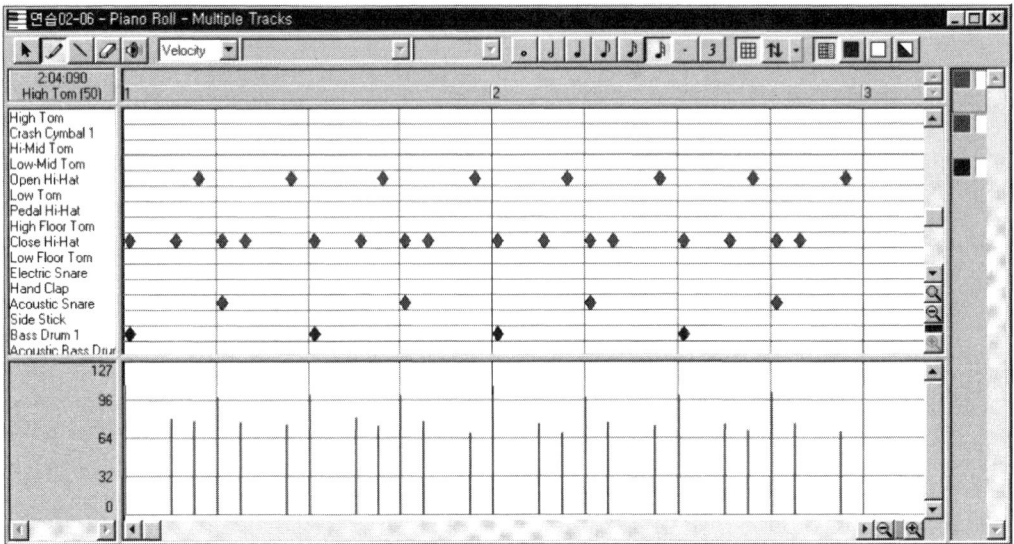

♪ RB-200.mp3

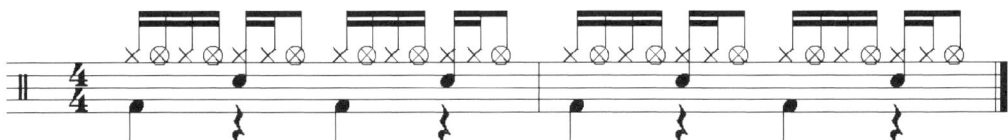

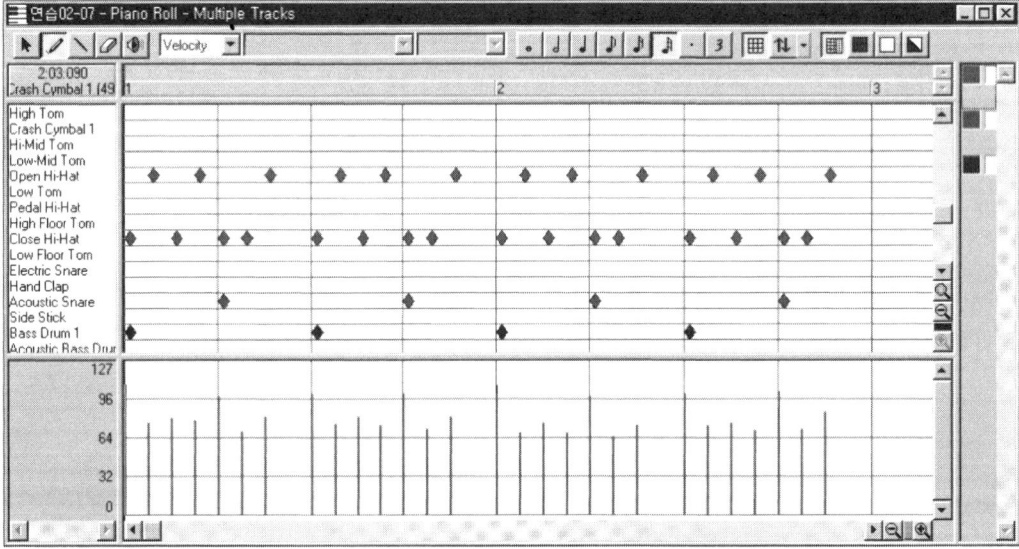

♪ RB-201.mp3

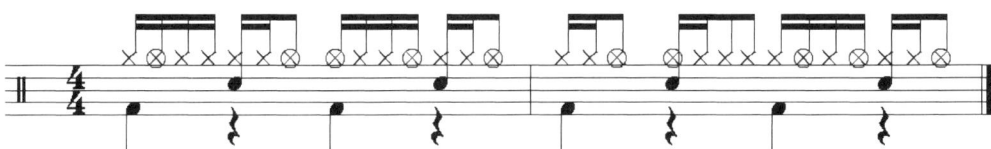

모범답안

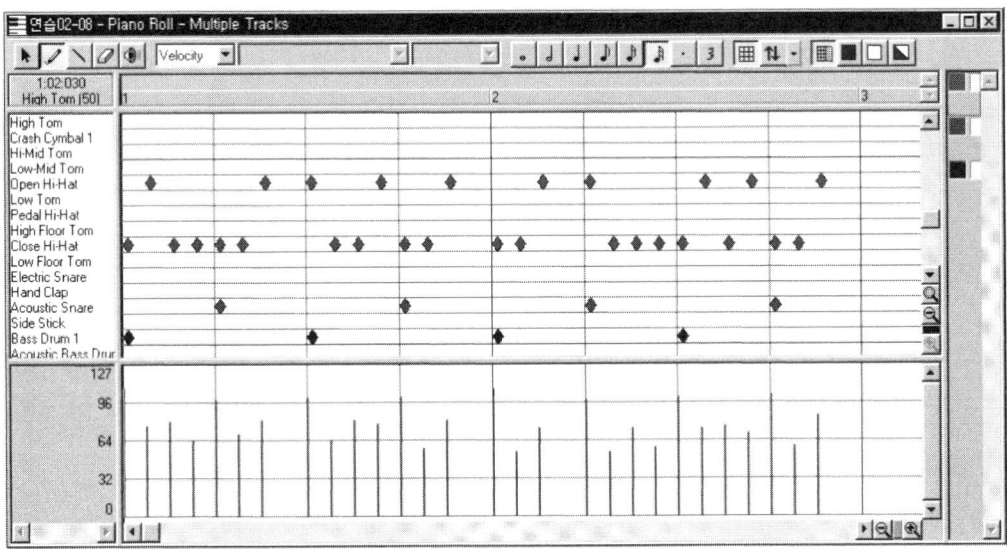

♬ RB-2O2.mp3

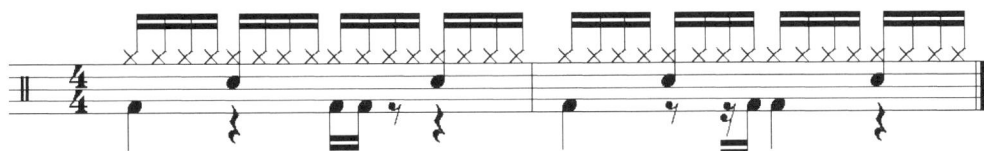

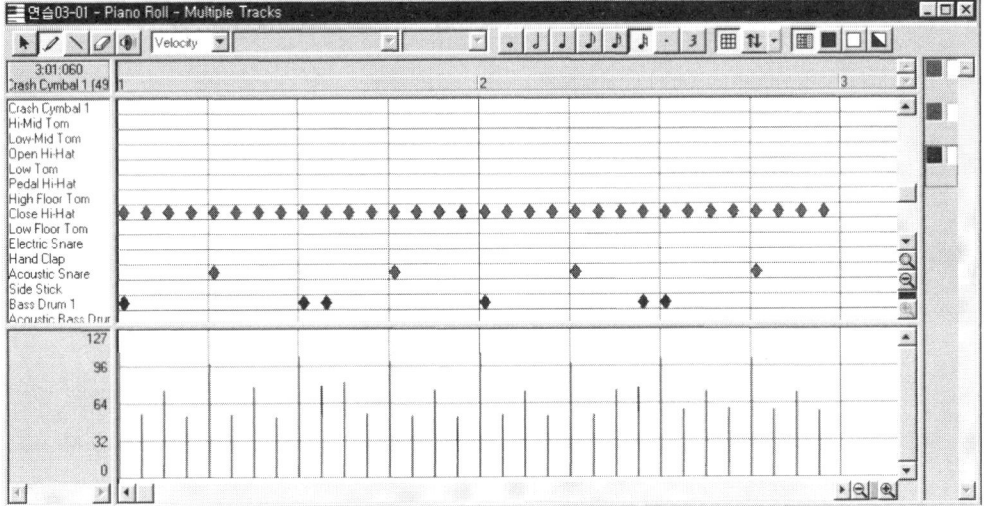

♬ RB-2O3.mp3

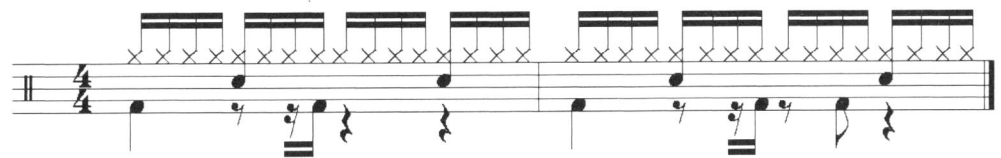

모범답안

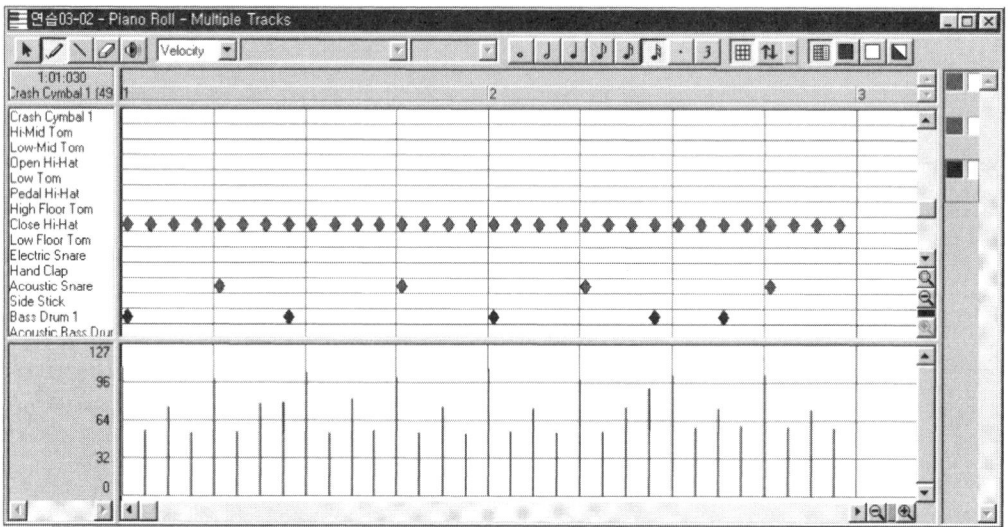

♪ RB-204.mp3

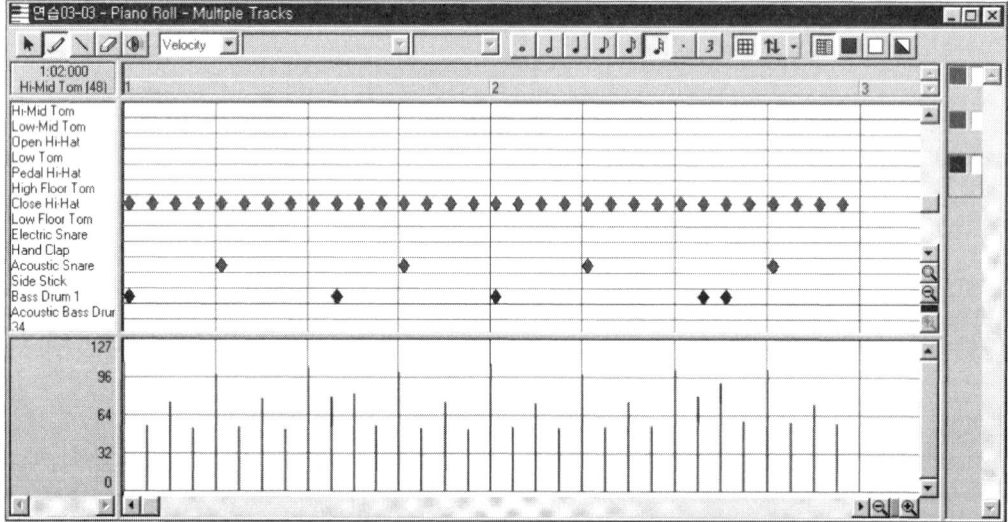

♪ RB-205.mp3

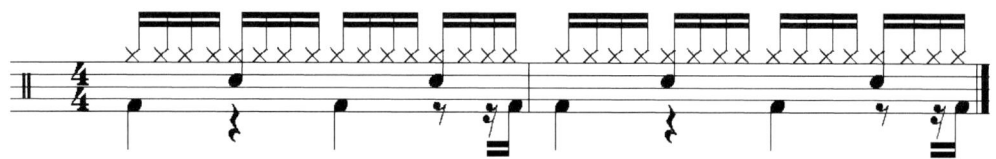

모범답안

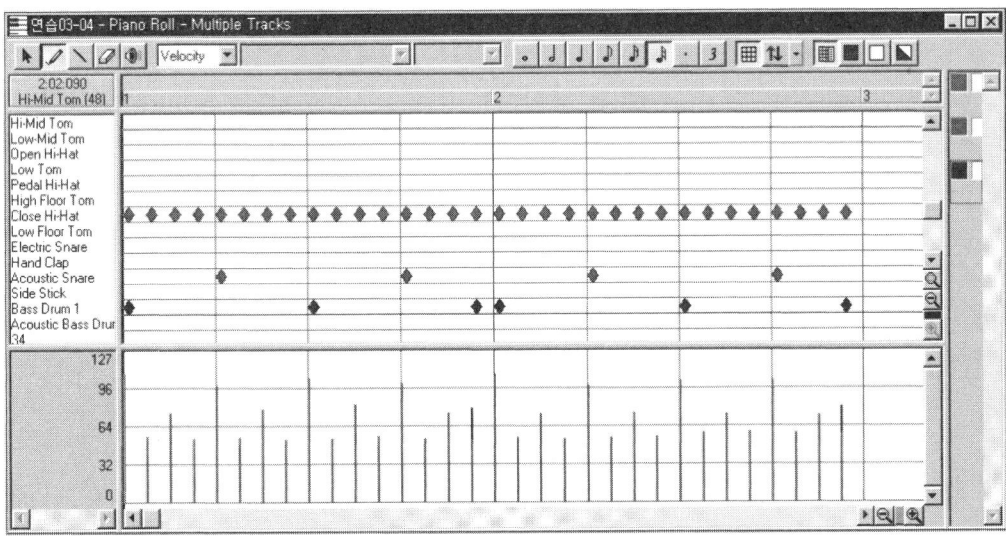

♪ RB-206.mp3

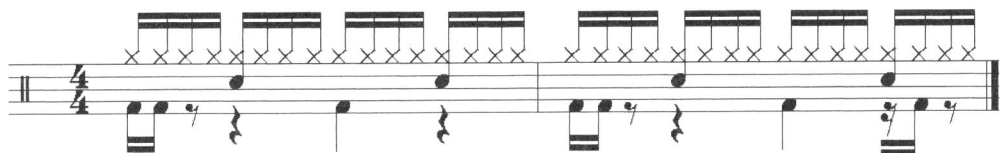

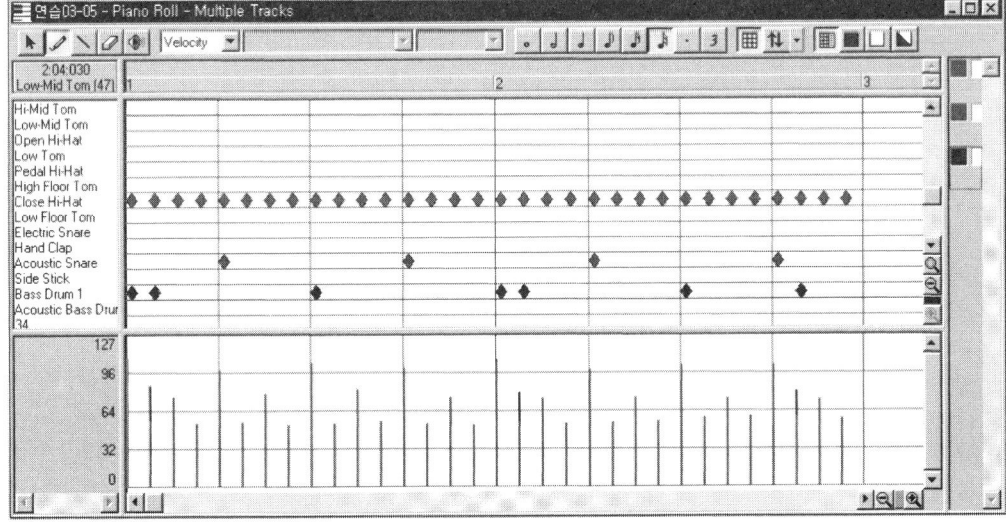

♪ RB-207.mp3

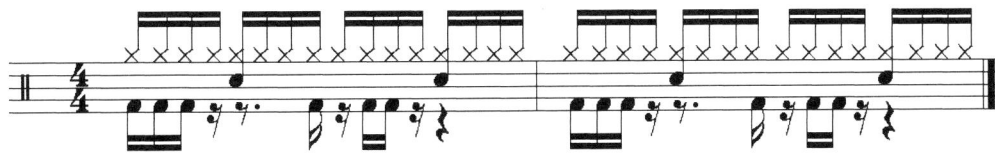

모범답안

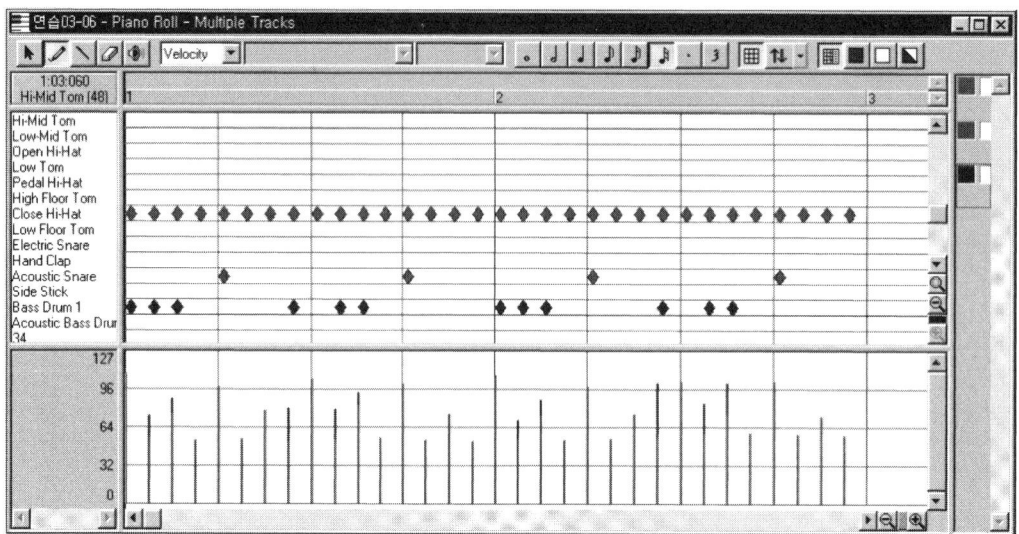

♪ RB-208.mp3

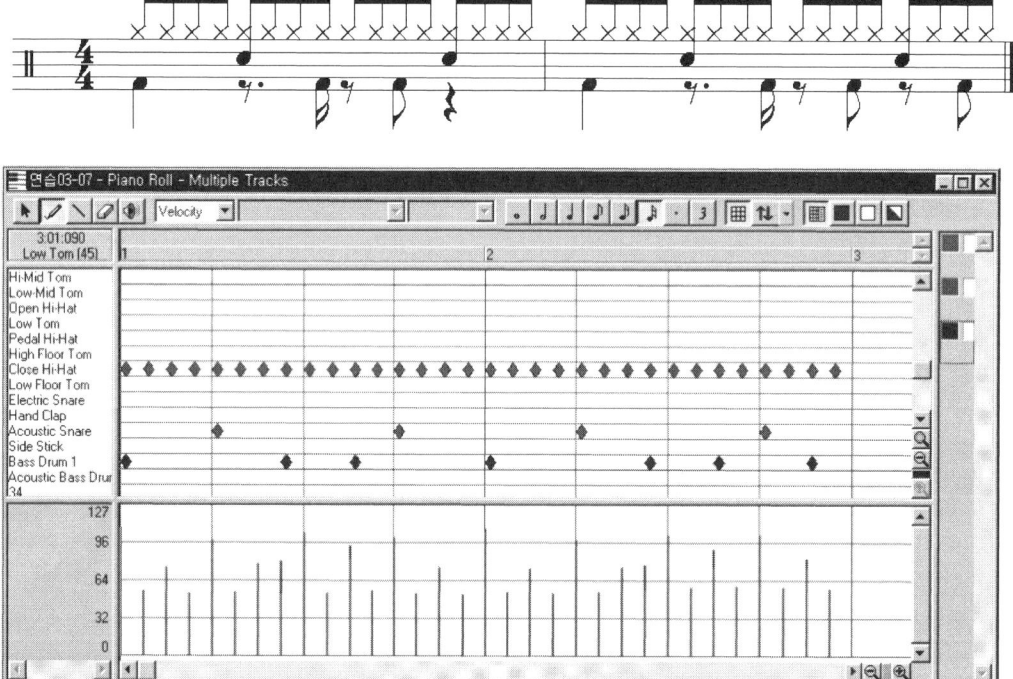

♪ RB-209.mp3

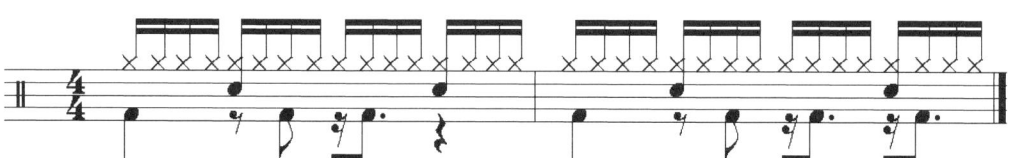

모범답안

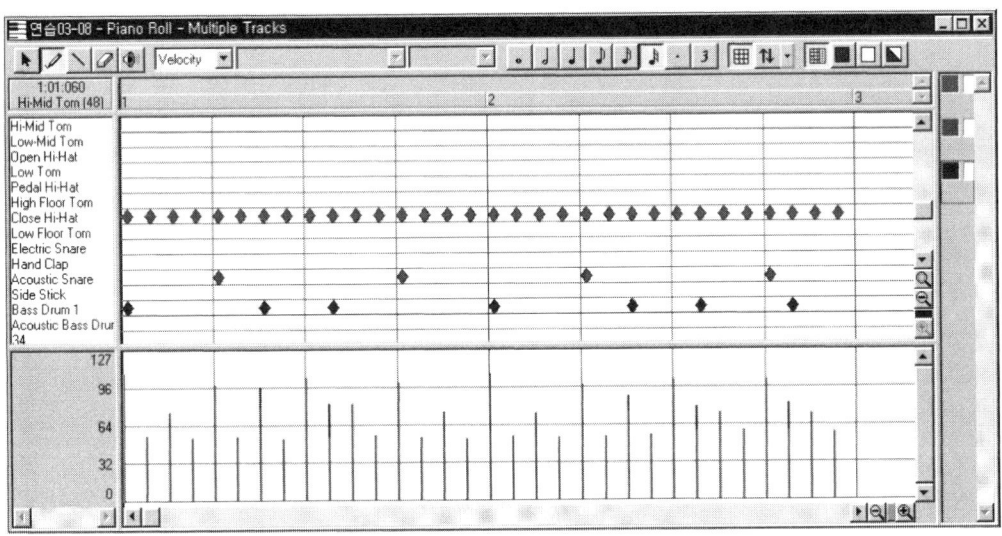

♪ RB-210.mp3

♪ RB-211(Britney Spears-Born To Make You Happy).mp3

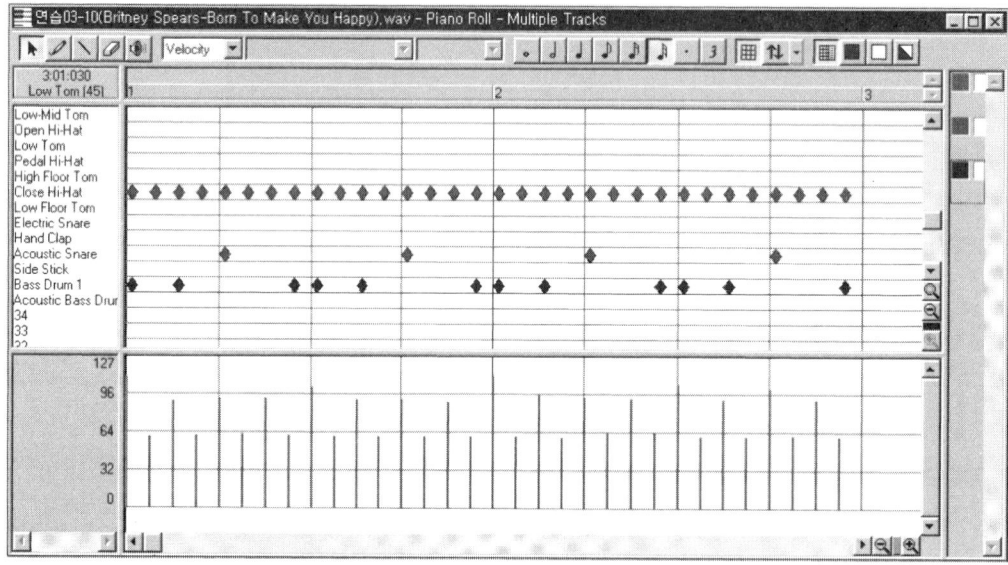

<템포=90>

♪ RB-212(Aqua-Back From Mars).mp3

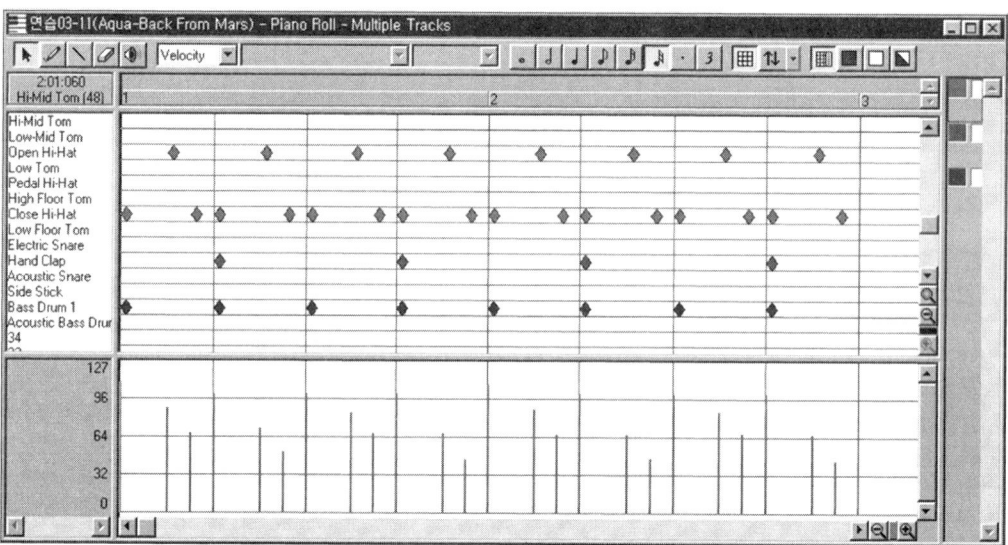

<템포=142>

♪ RB-213(Chemical Brothers-Out of Control).mp3

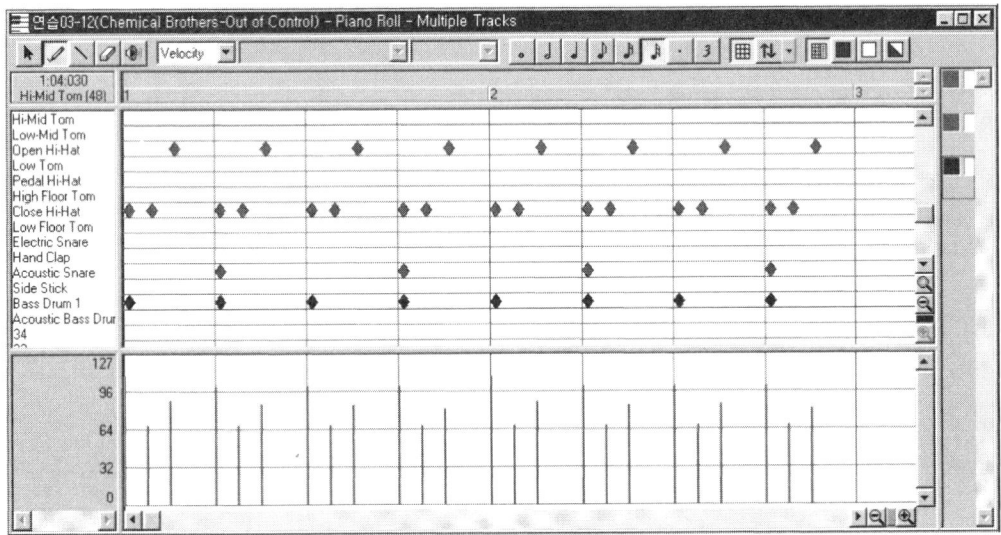

<템포=138>

♪ RB-214(Prodigy-Smack My Bitch Up).mp3

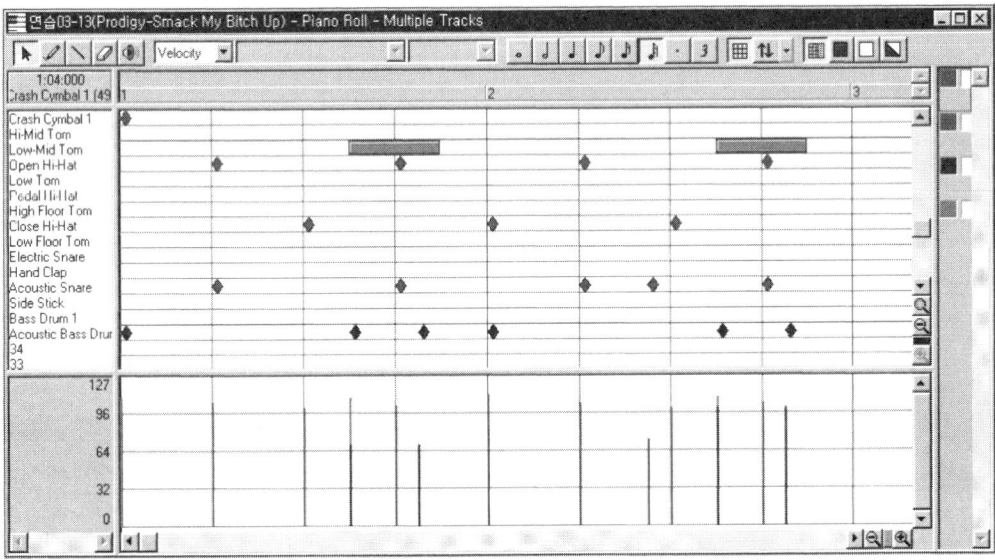

<템포=137>

모범답안

♪ RB-215(Nas-Nas is Like).mp3

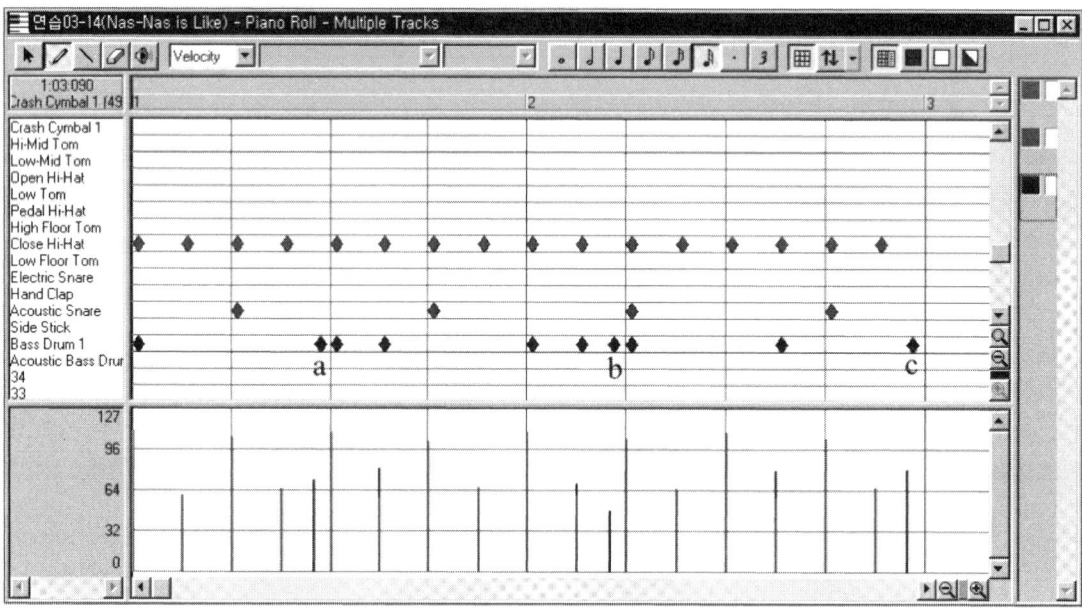

<템포=94>

♪ RB-216(Motley Crue-Dr. Feelgood L).mp3

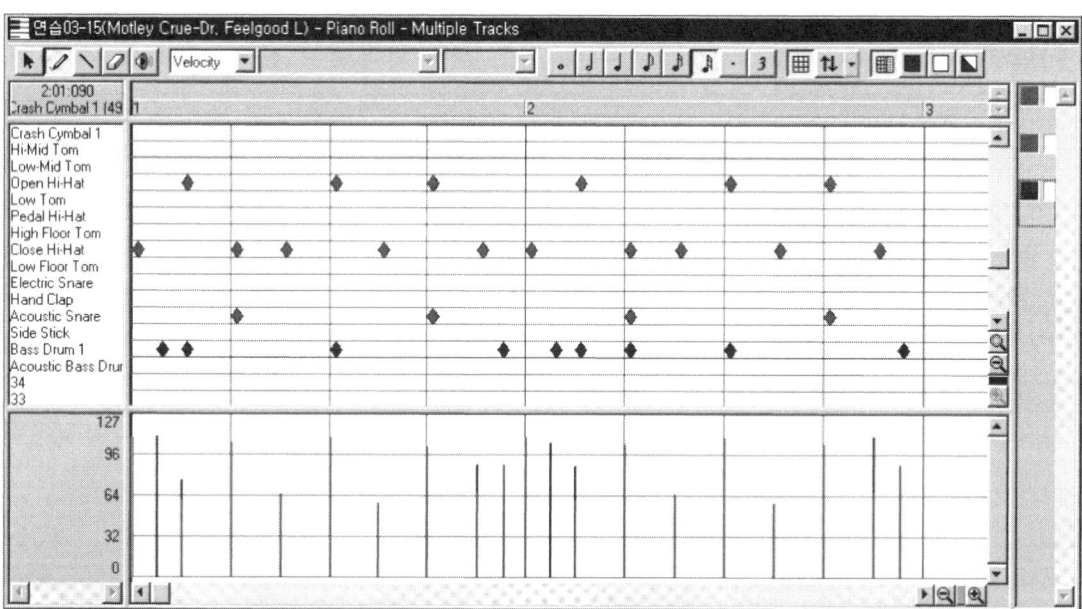

<템포=113>

♪ RB-217(Donna Summer-Hot Stuff).mp3

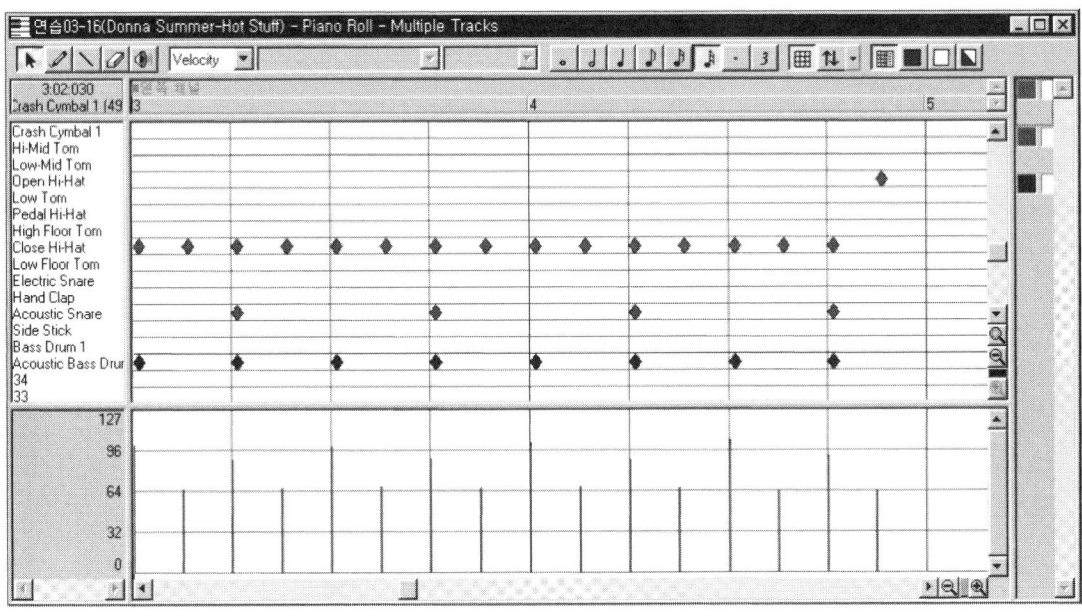

<왼쪽 채널: 템포=120, 왼쪽 채널과 오른쪽 채널의 하이햇이 다르다>

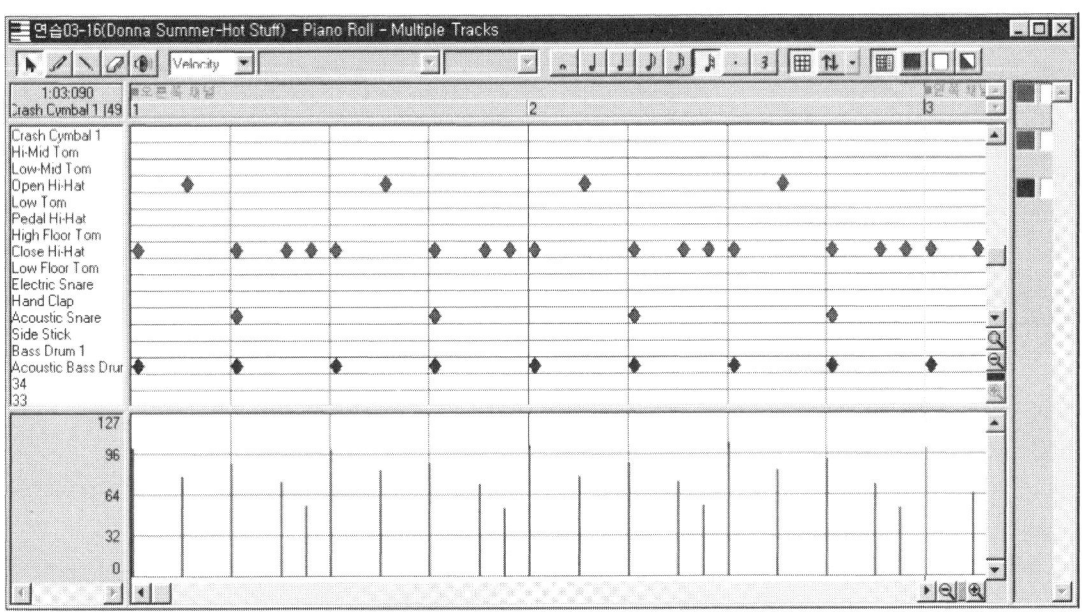

<오른쪽 채널>

♪ RB-218(D'Angelo AZ-You're My Lady).mp3

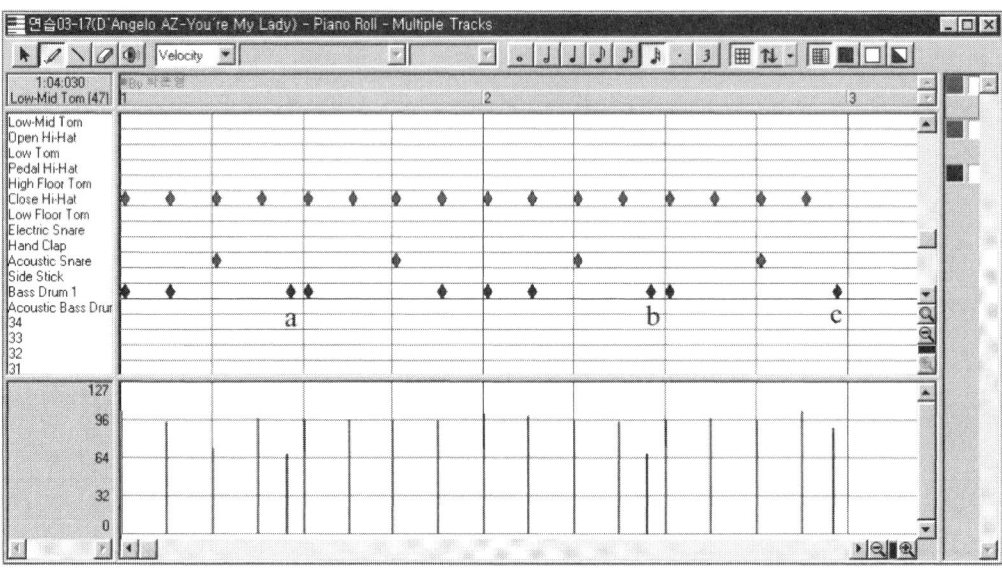

<템포=86>

♪ RB-219(Casiopea-Transient View).mp3

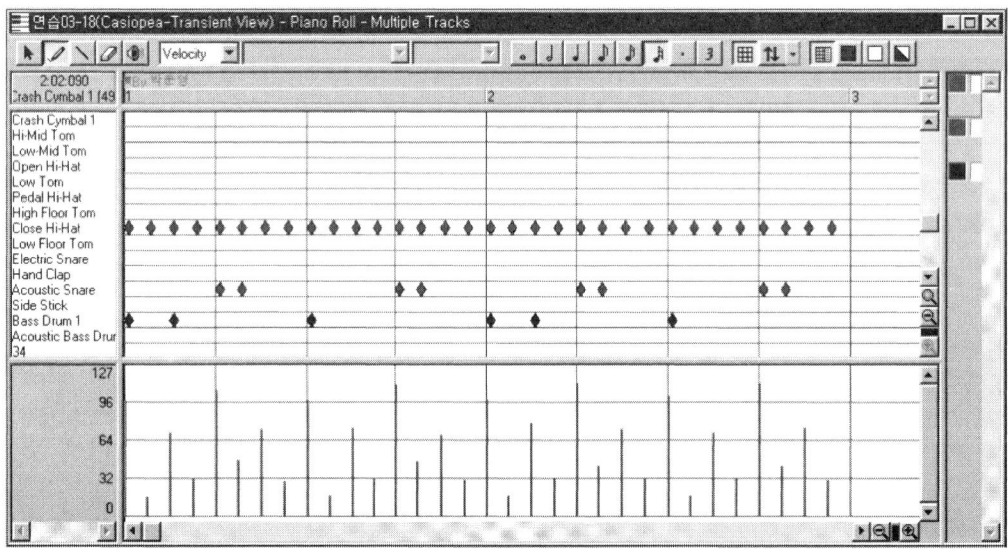

<템포=96>

♪ RB-220(Jimi Hendrix-PupleHaze).mp3

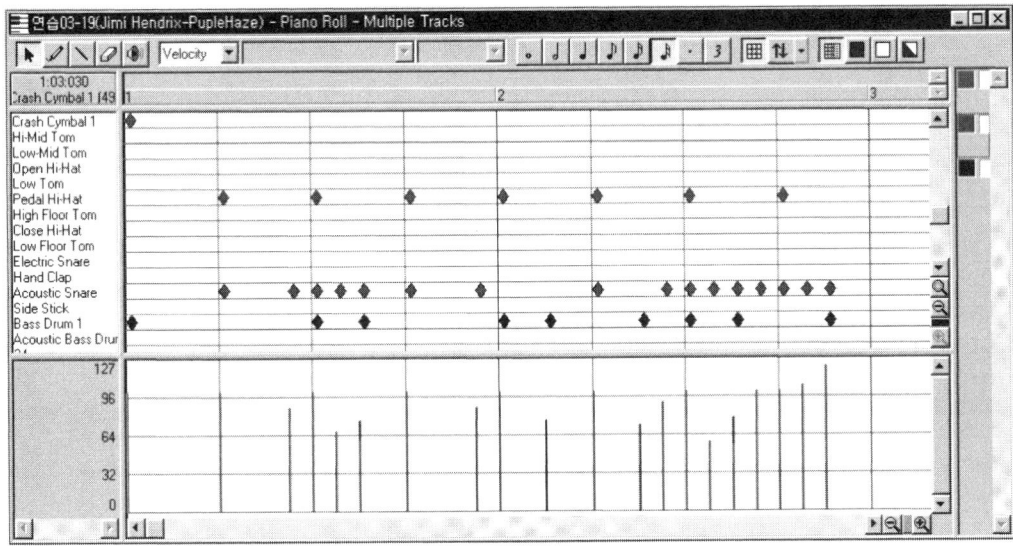

<템포=108>

♪ RB-221(Janet Jackson-Because Of Love).mp3

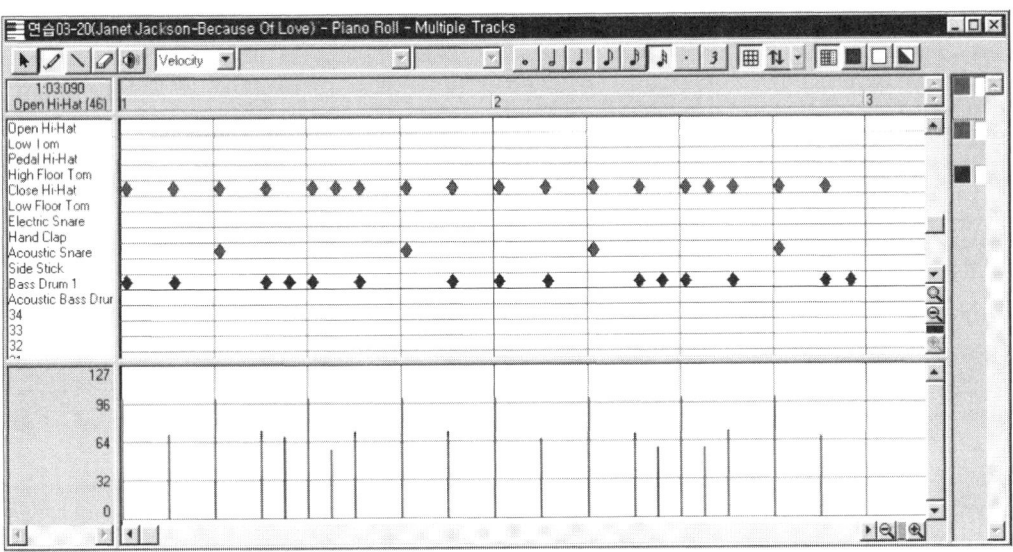

<템포=108>

모범답안

♪ RB-222Mariah Carey-Always Be My Baby).mp3

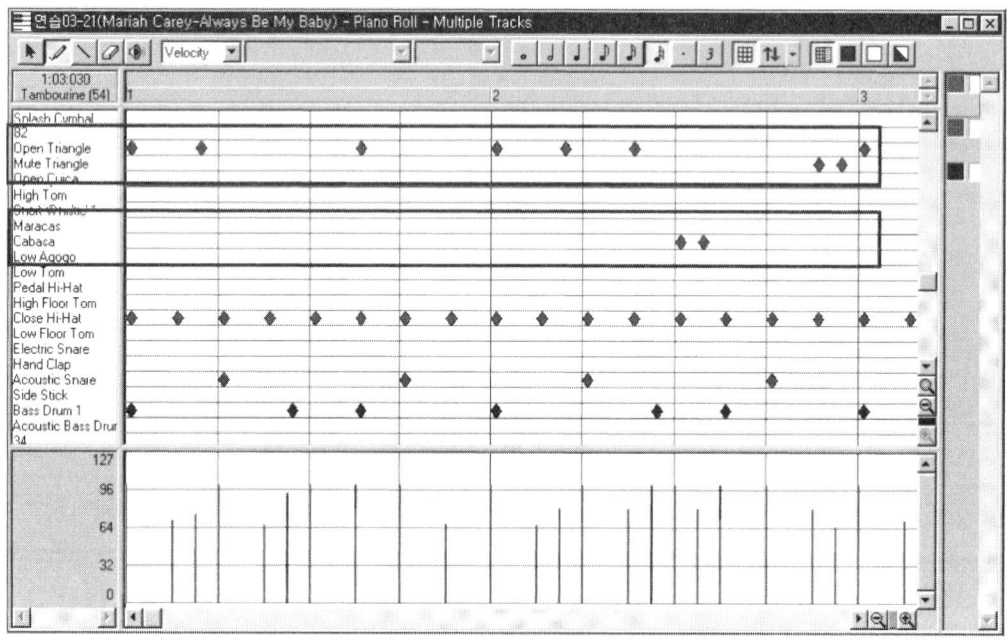

<템포=98>

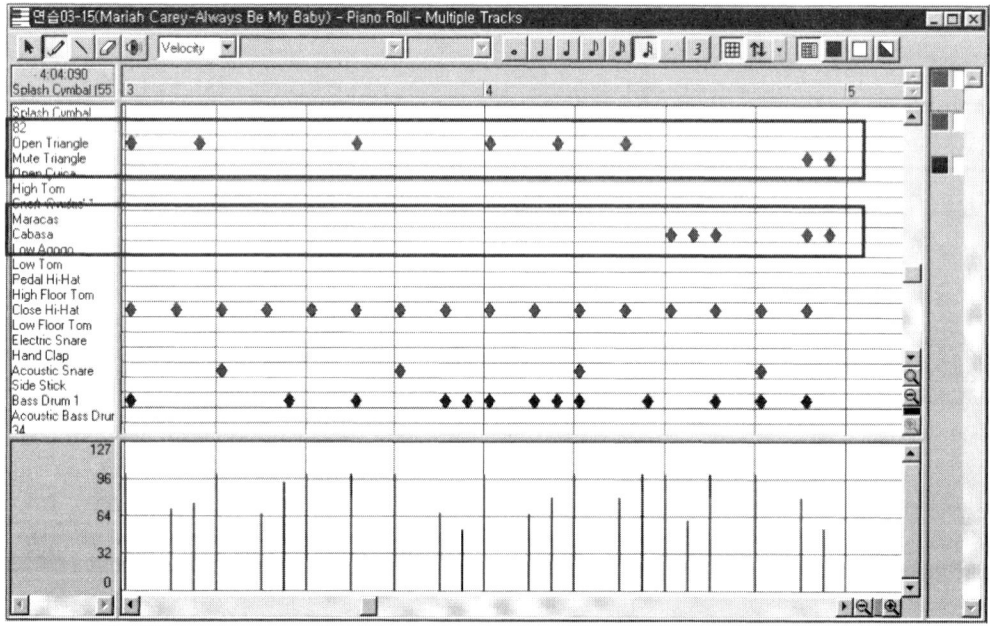

♪ RB-223(Puff Daddy-Fake Thugs Dedication).mp3

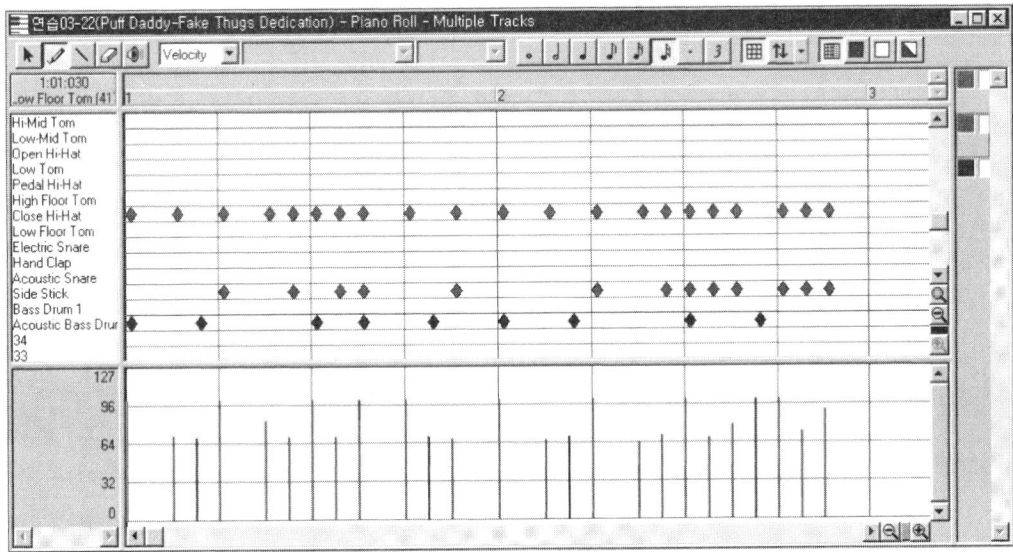

<템포=104>

♪ RB-224(Destiny Child-Independant Woman).mp3

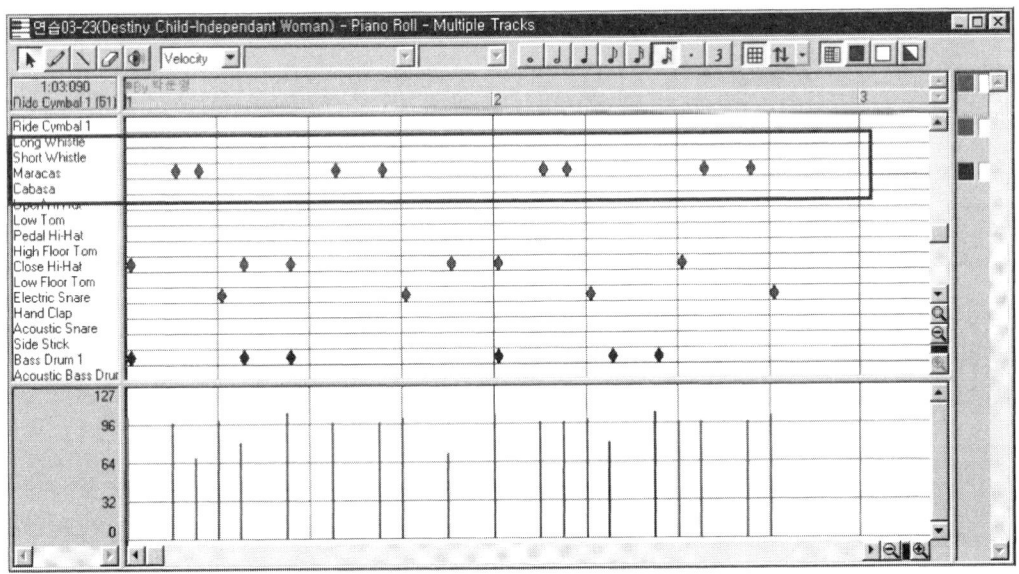

<템포=98>

♪ RB-225(BT-Flaming june).mp3

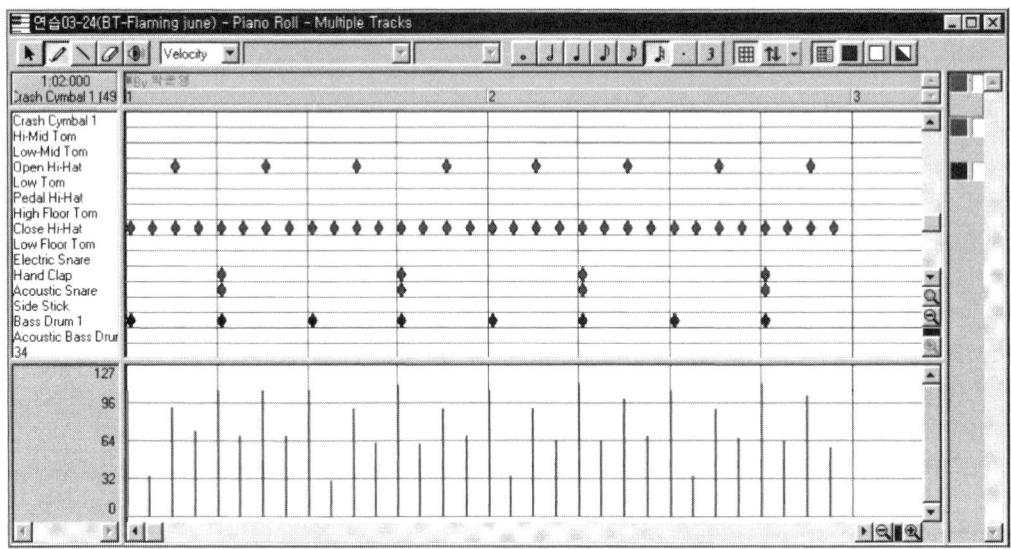

<템포=138>

♪ RB-226(Boyz II Men-4 Seasons Of Loneliness).mp3

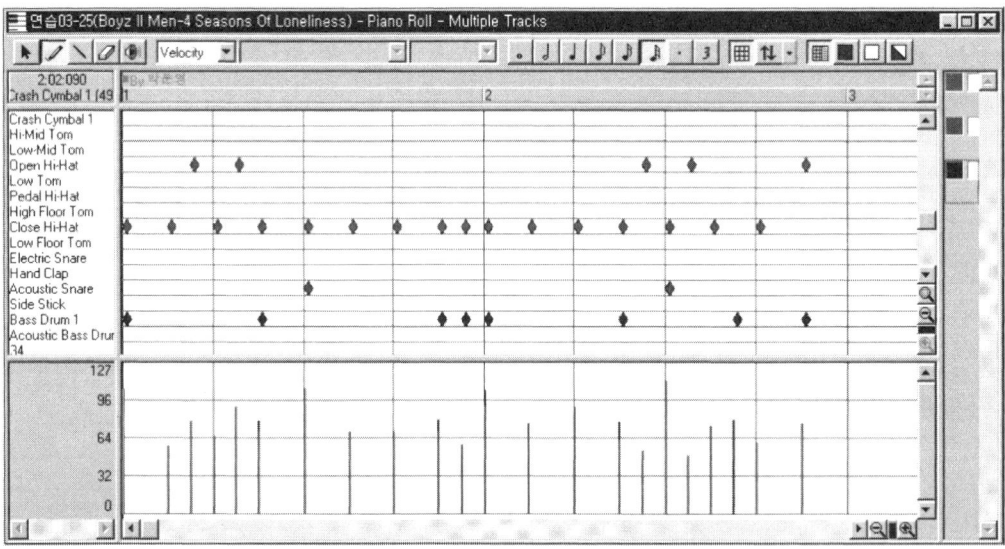

<템포=97>

모범답안

♪ RB-227(Big Punisher-You Came Up).mp3

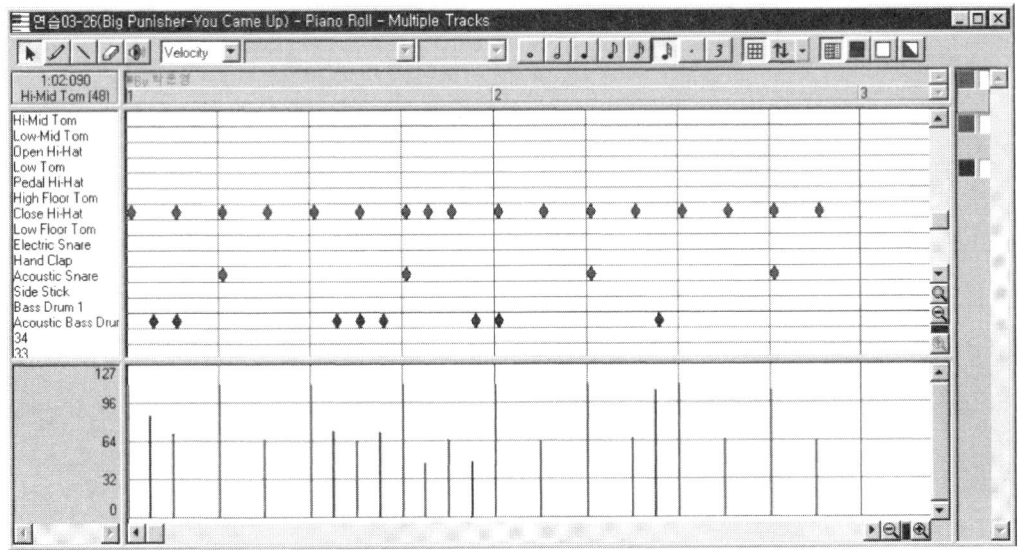

<템포=92>

♪ RB-228.mp3

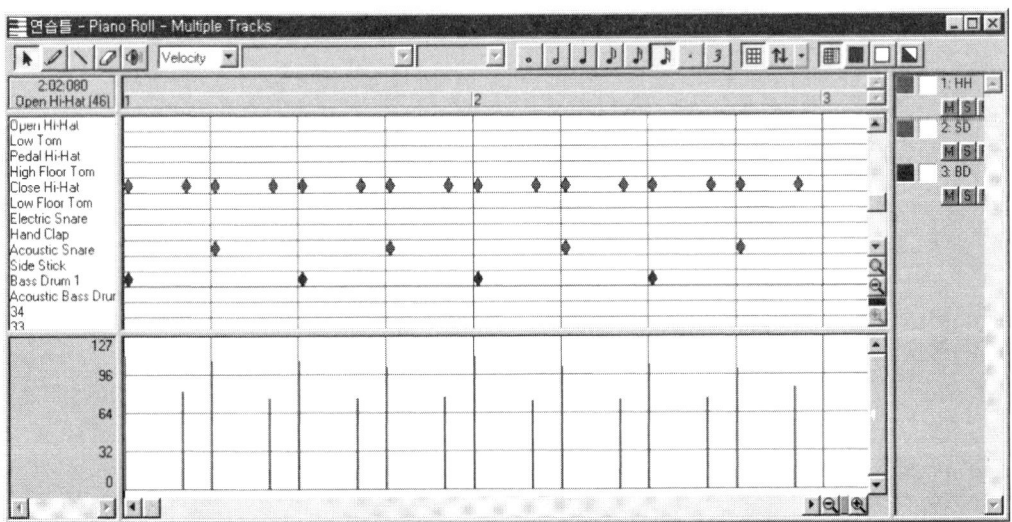

모범답안

♪ RB-229.mp3

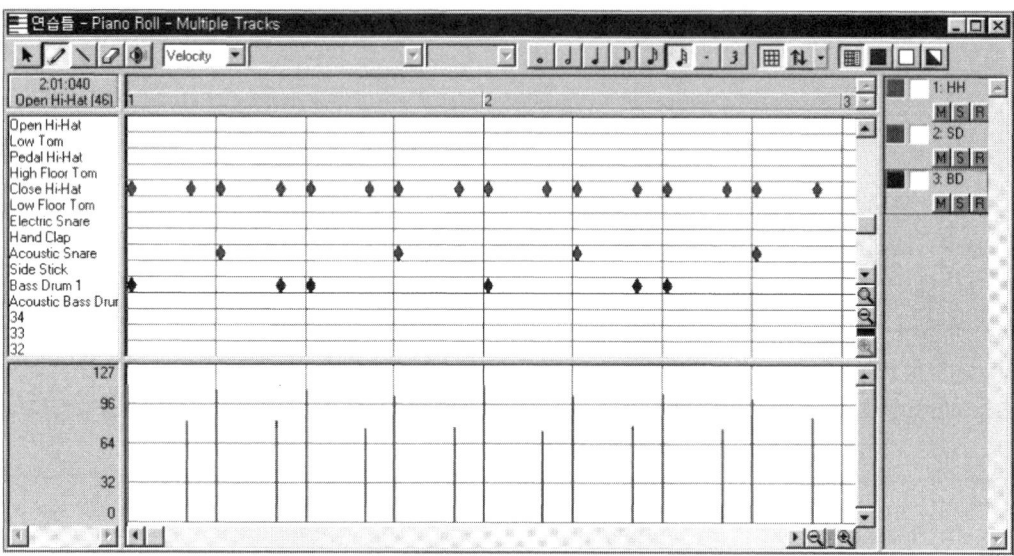

♪ RB-230.mp3

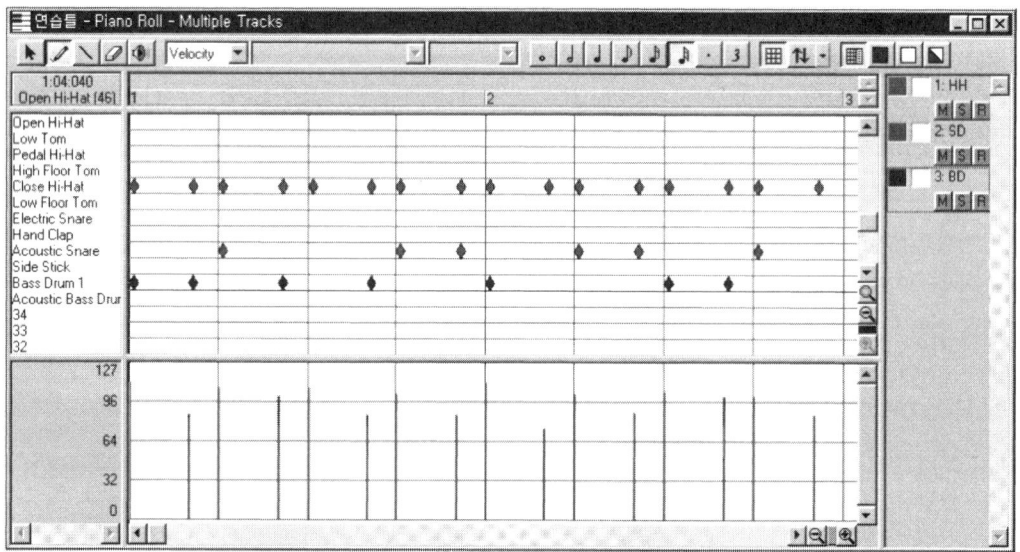

모범답안

♪ RB-231.mp3

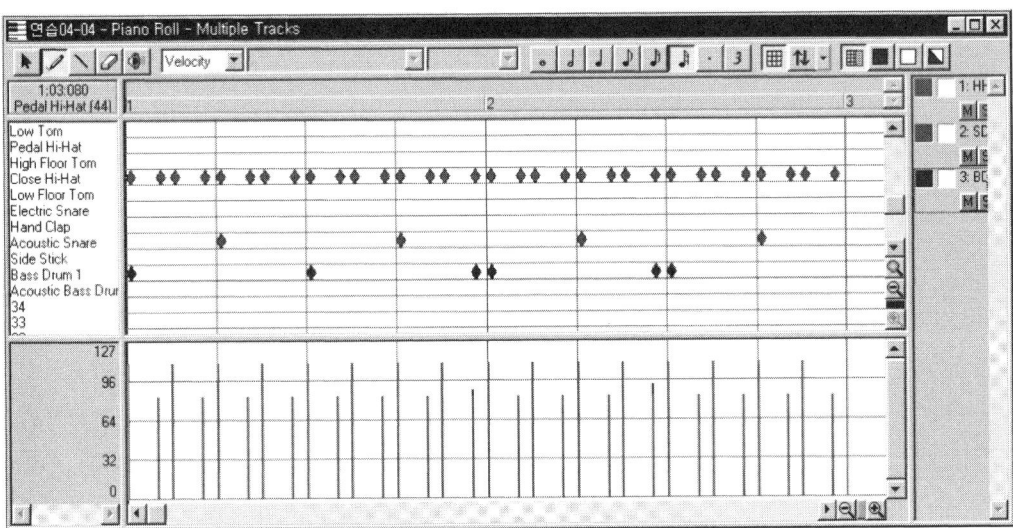

♪ RB-232.mp3

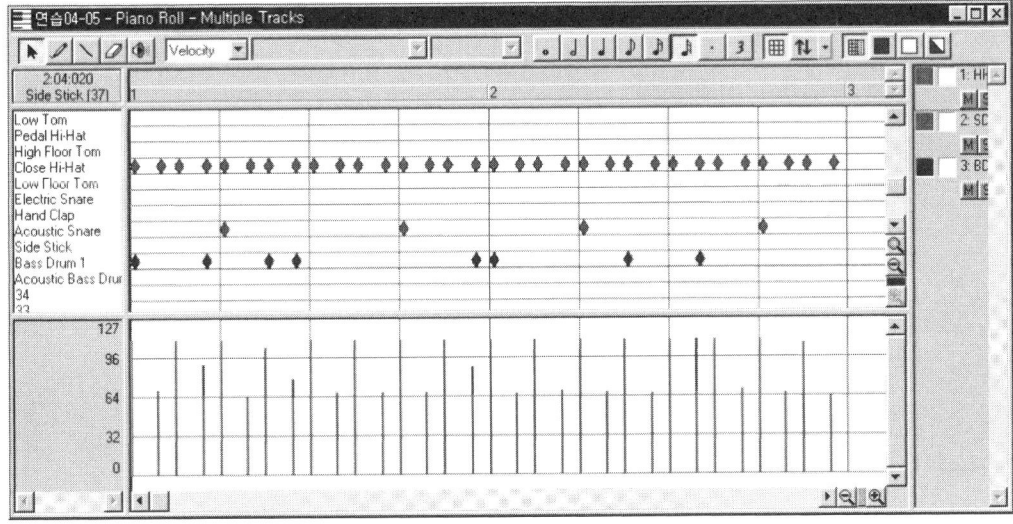

♪ RB-233.mp3

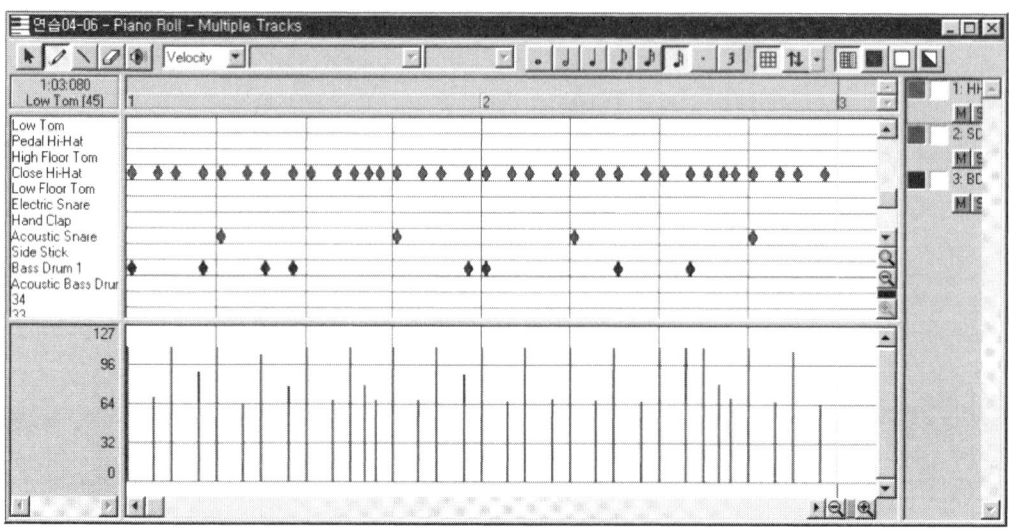

♪ RB-234.mp3

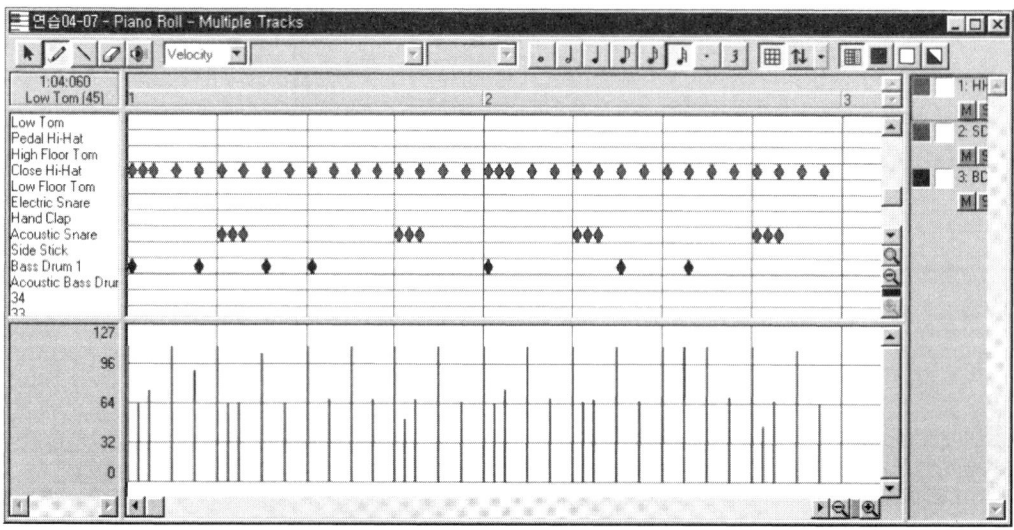

♪ RB-235(Albert King&Stevie Ray Vaughan-Confessin' The Blues).mp3

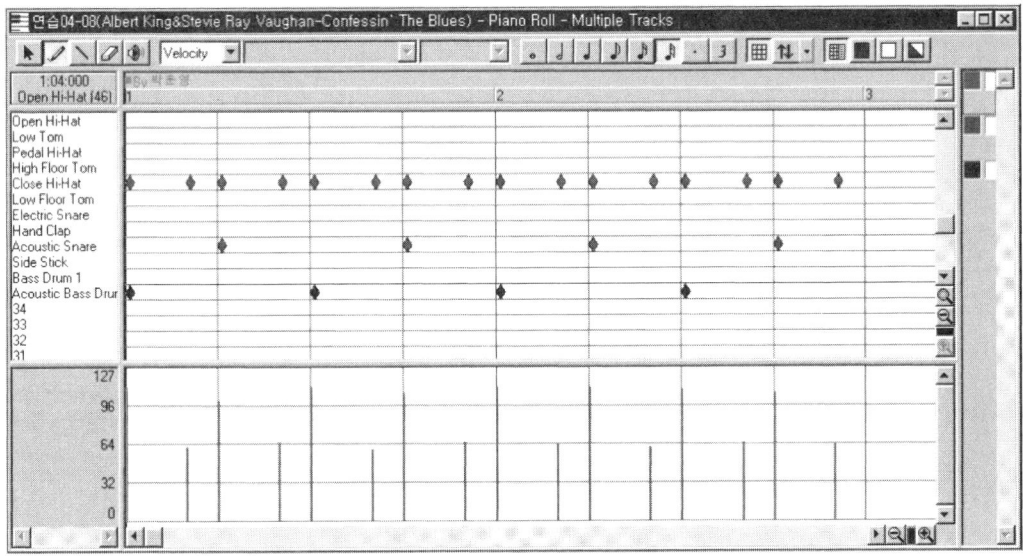

<템포=116>

♪ RB-236(Boyz II Men-I'll make love to you).mp3

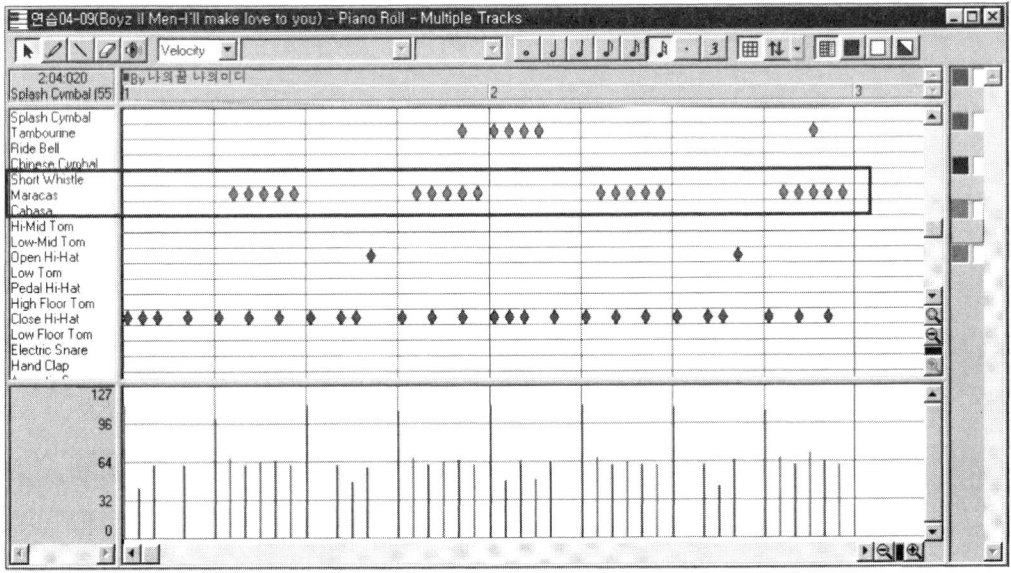

<템포=48>

모범답안

♪ RB-237(Lauryn Hill-Ex Factor).mp3

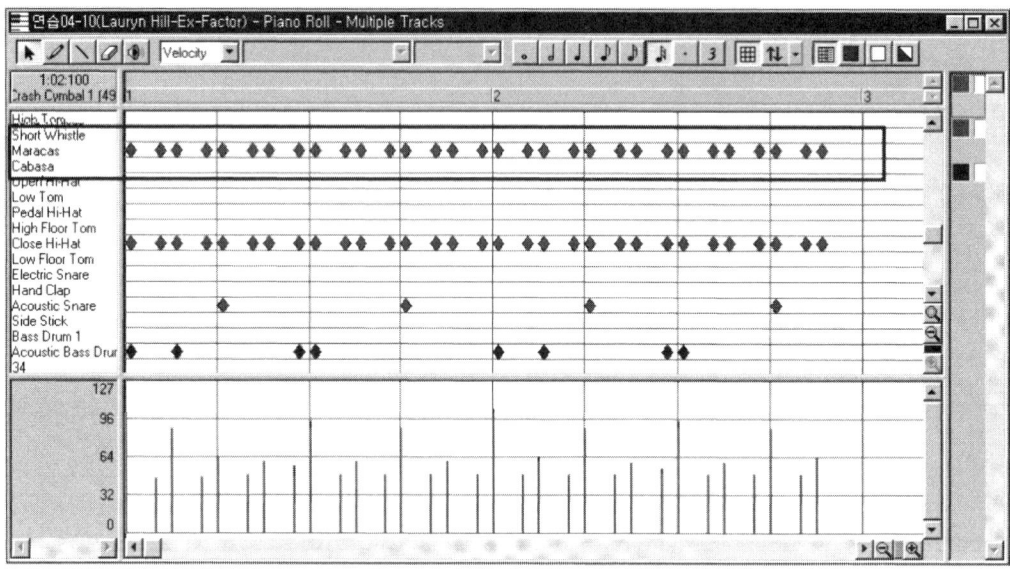

<템포=80>

♪ RB-238Stevie Wonder-Part time Lover).mp3

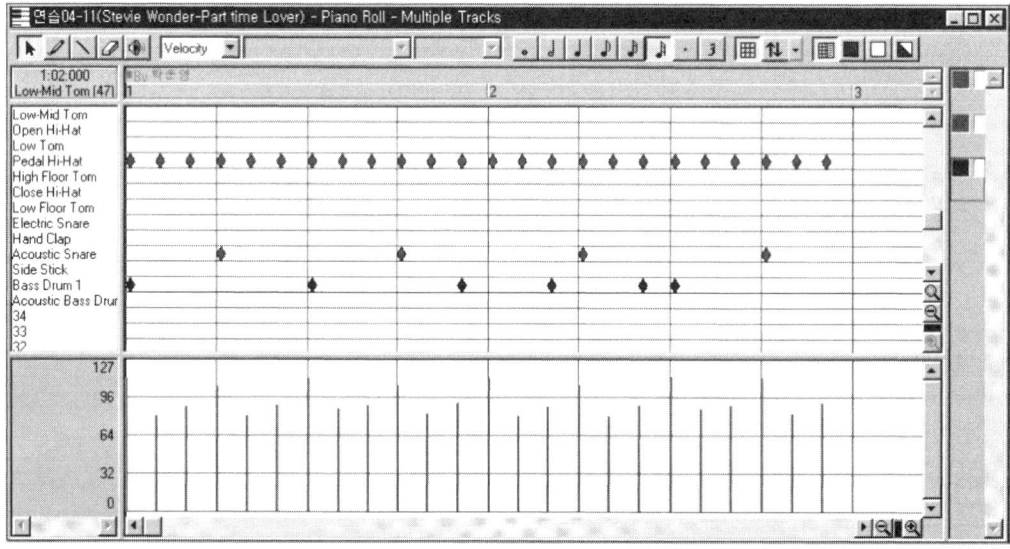

<템포=175>

♪ RB-239(Michael Jackson&Paul Mccartney-The Girl Is Mine).mp3

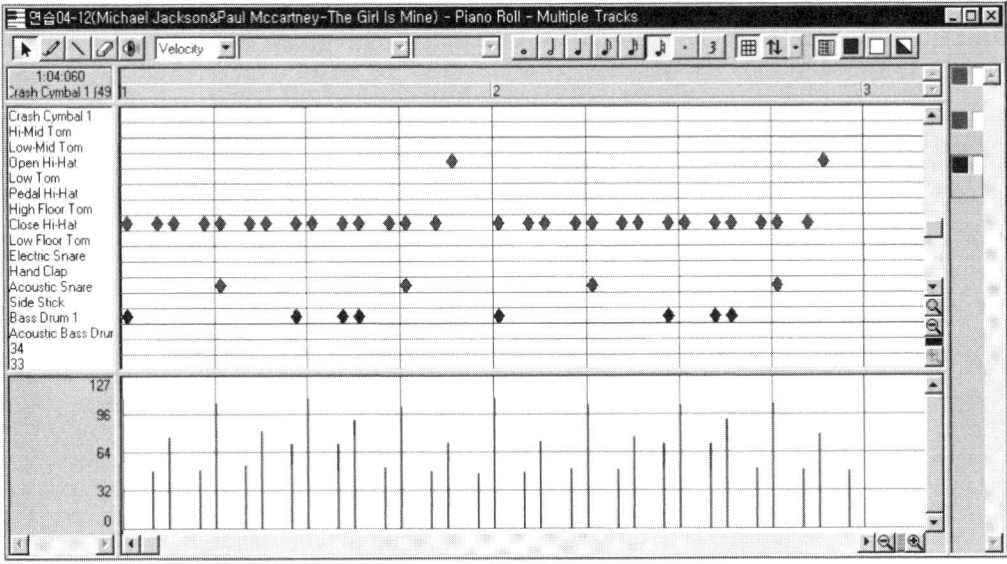

<템포=83>

♪ RB-240(Marilyn Manson-Beautiful People).mp3

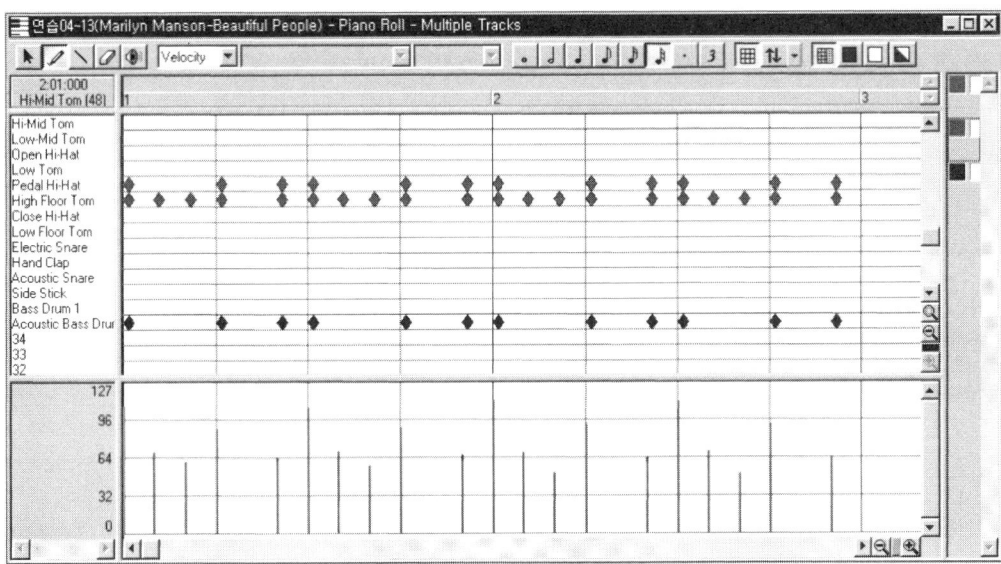

<템포=143>

♪ RB-241(Destiny's Child-Survivor).mp3

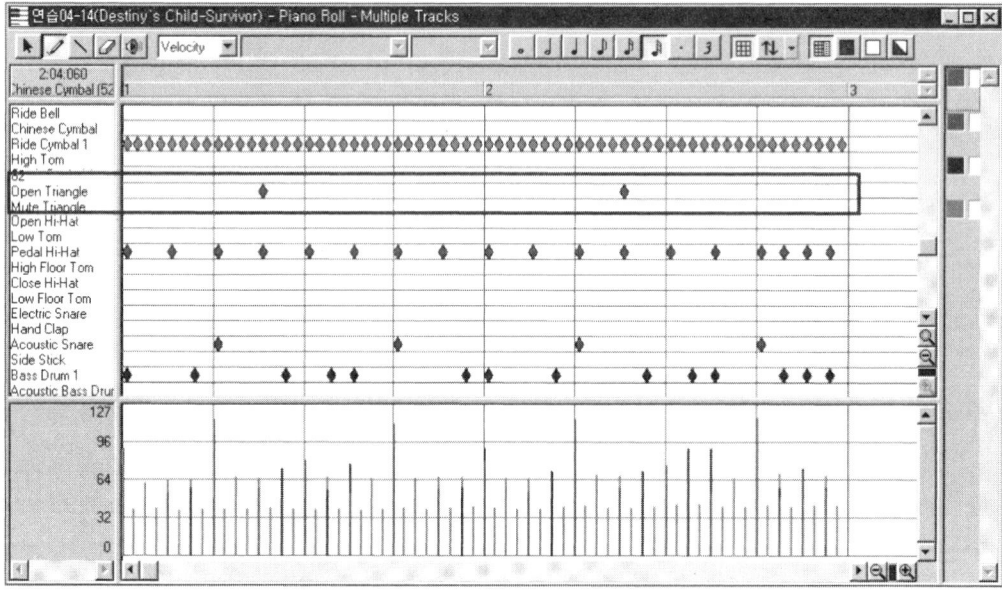

<템포=85>

♪ RB-242(Fear Factory-What Will Become).mp3

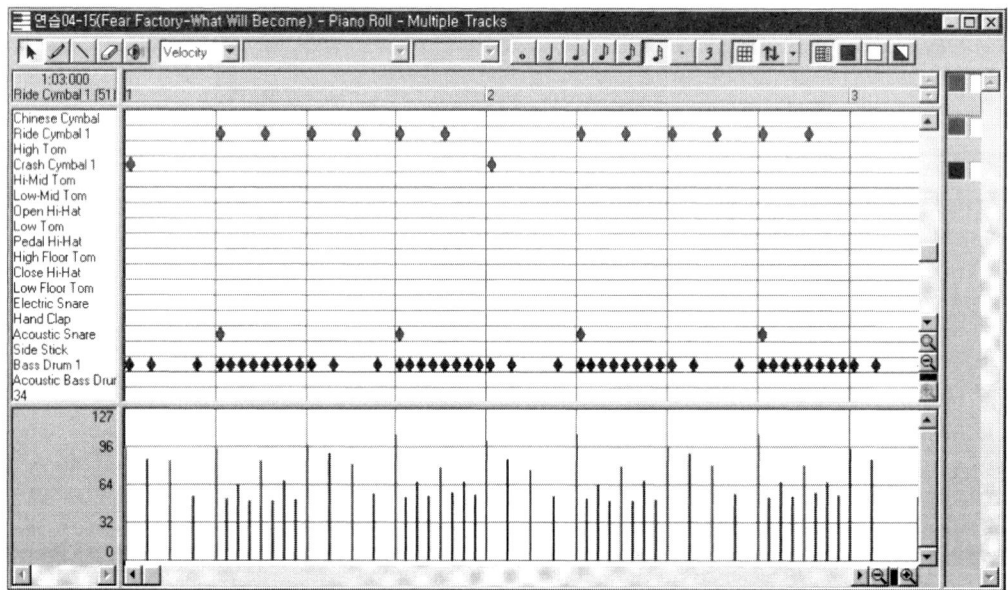

<템포=120>

모범답안

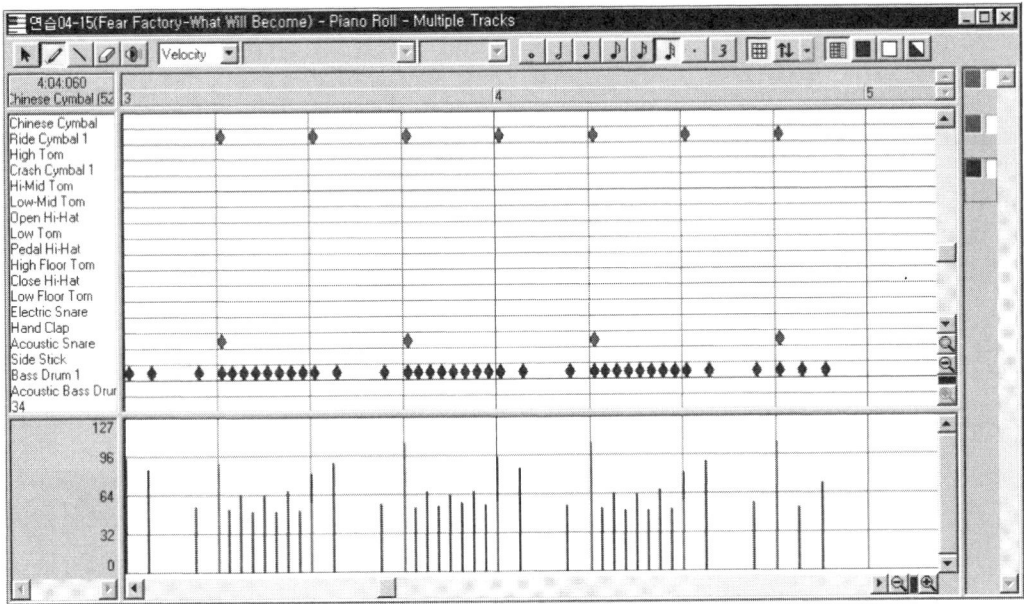

♪ RB-243(N sync-Digital Get Down).mp3

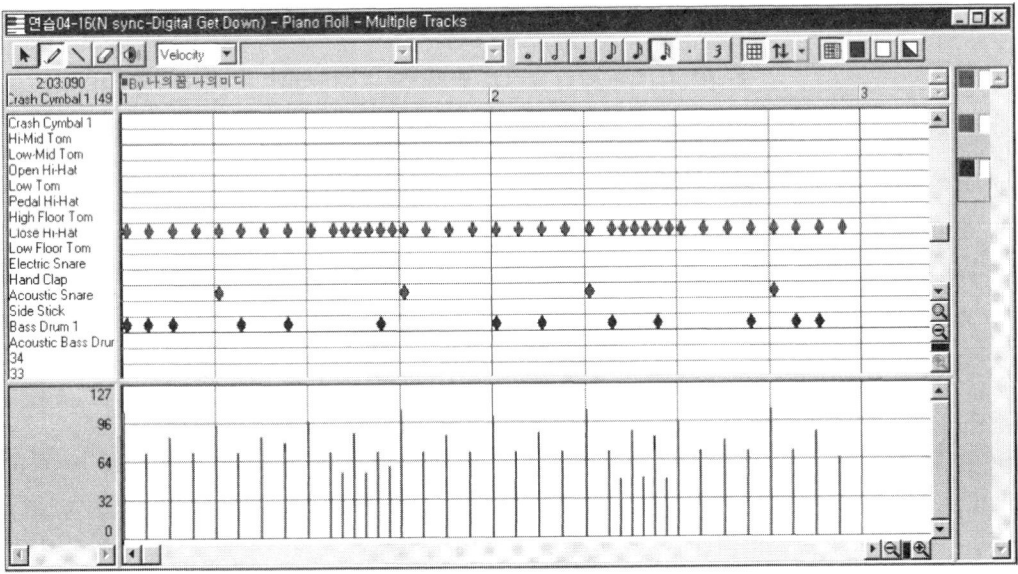

<템포=89>

♪ RB-248.mp3

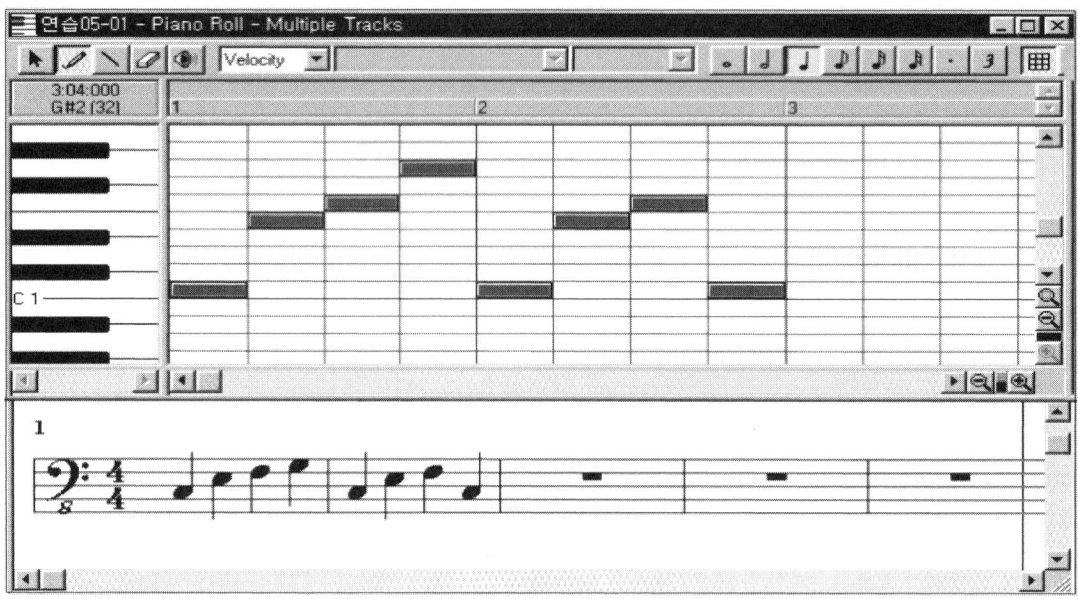

♪ RB-249.mp3

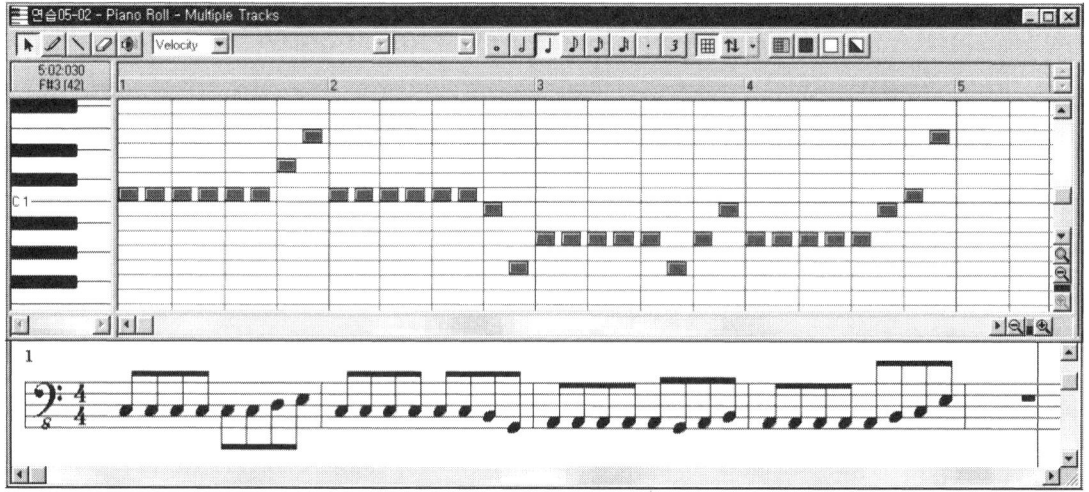

♪ RB-250.mp3

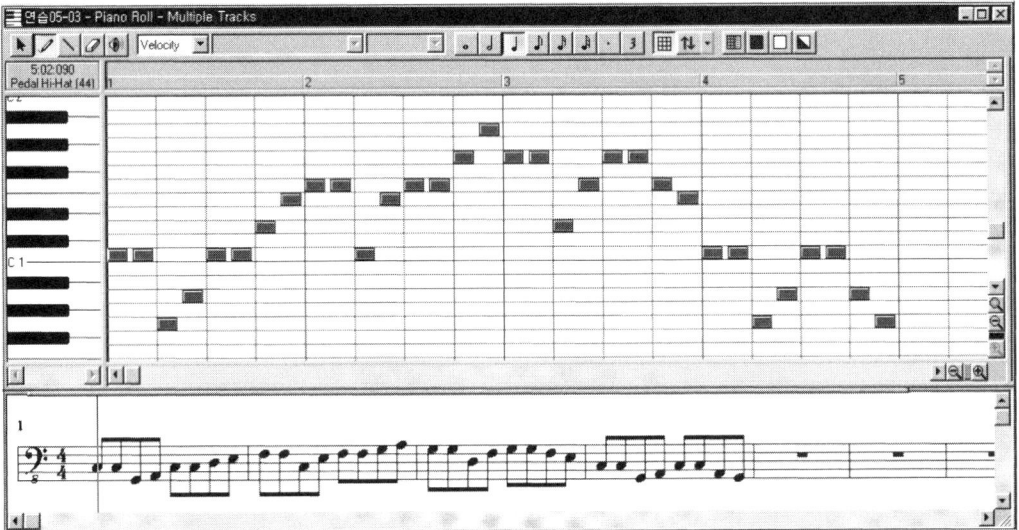

♪ RB-251.mp3

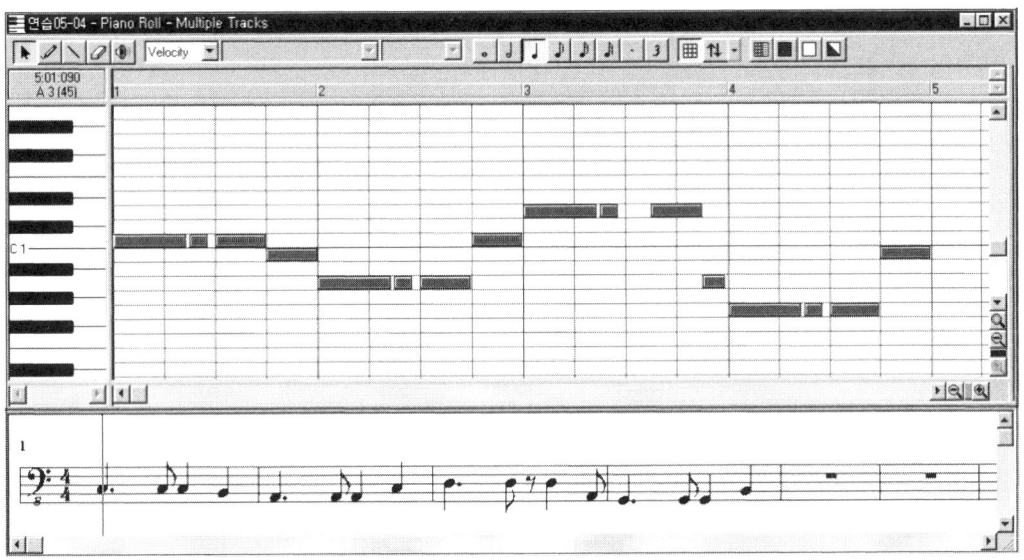

모범답안

♪ RB-252.mp3

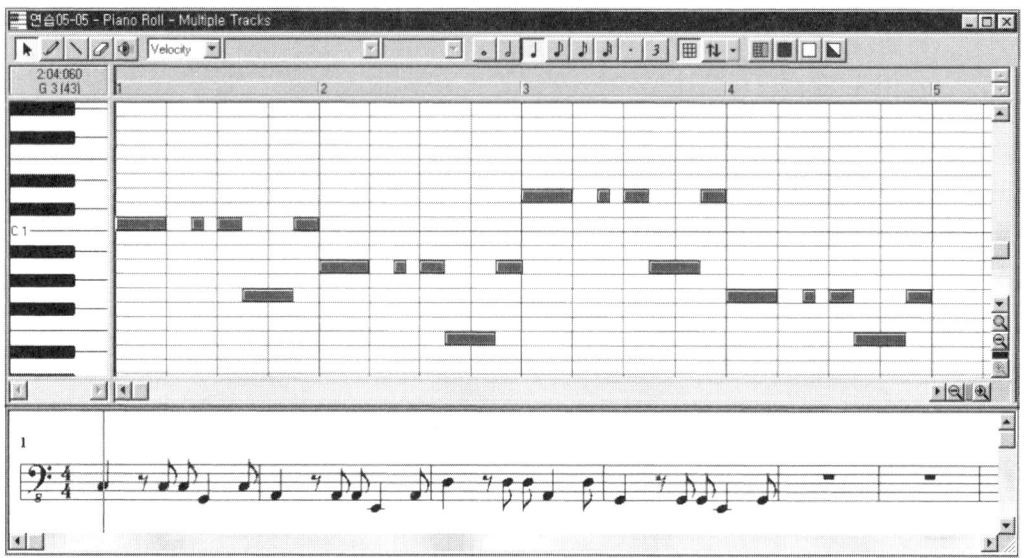

♪ RB-253.mp3

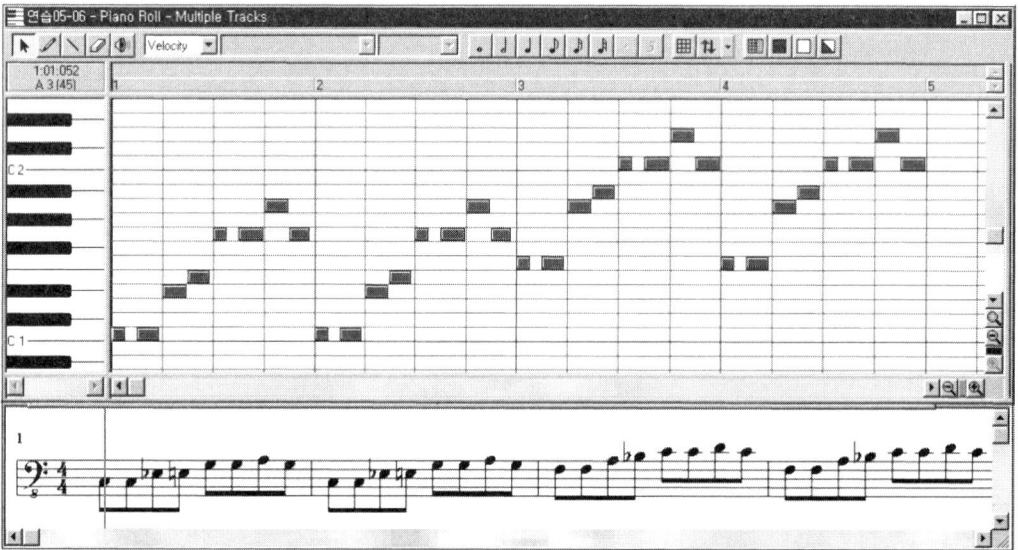

모범답안

♪ RB-254.mp3

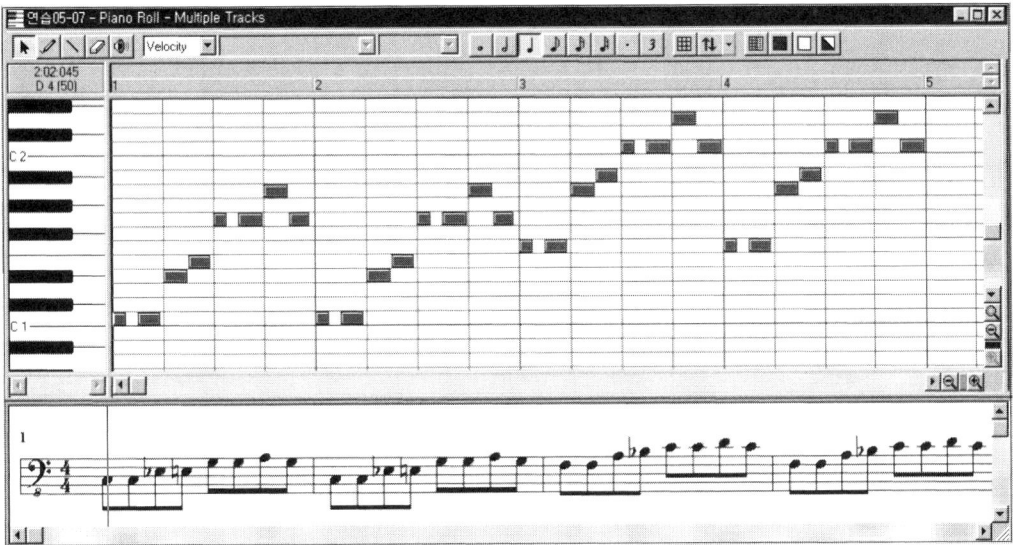

♪ RB-255.mp3

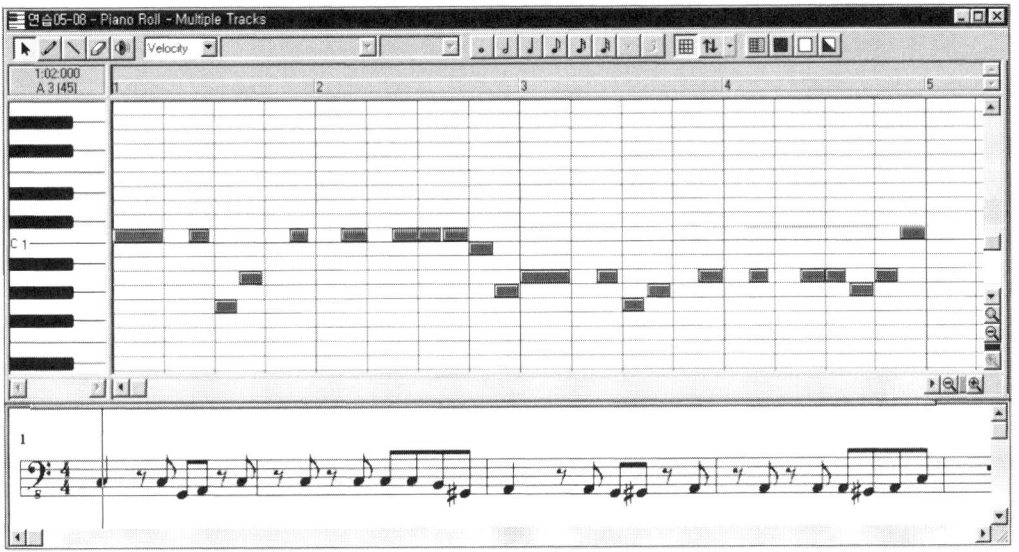

♪ RB-256.mp3

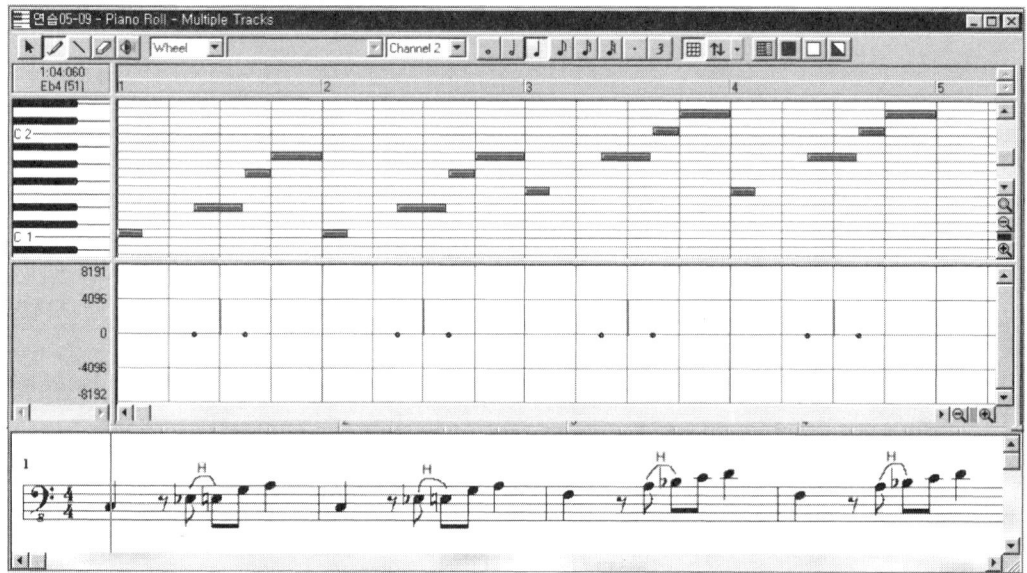

♪ RB-257.mp3

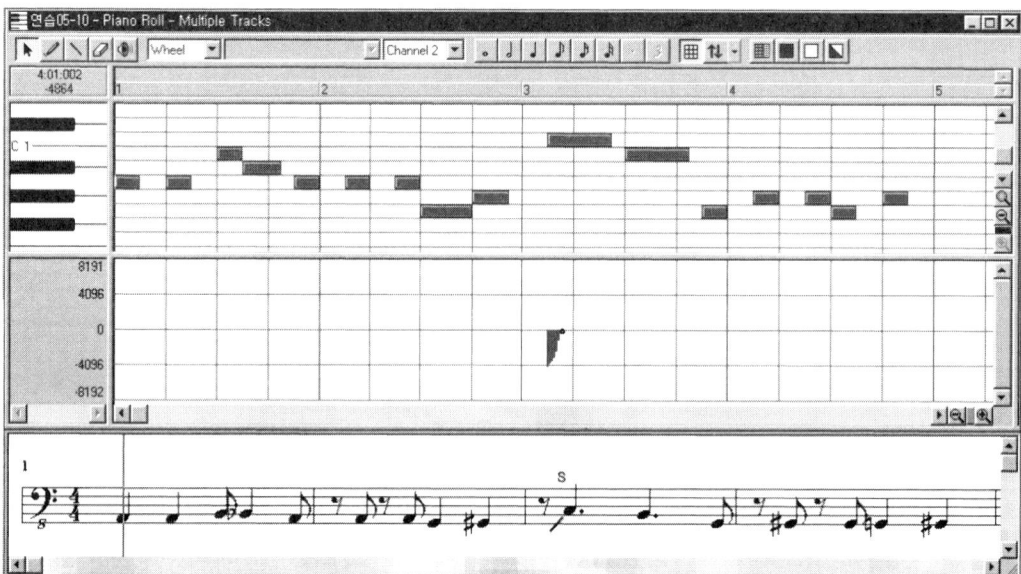

<슬라이드>

♪ RB-258.mp3

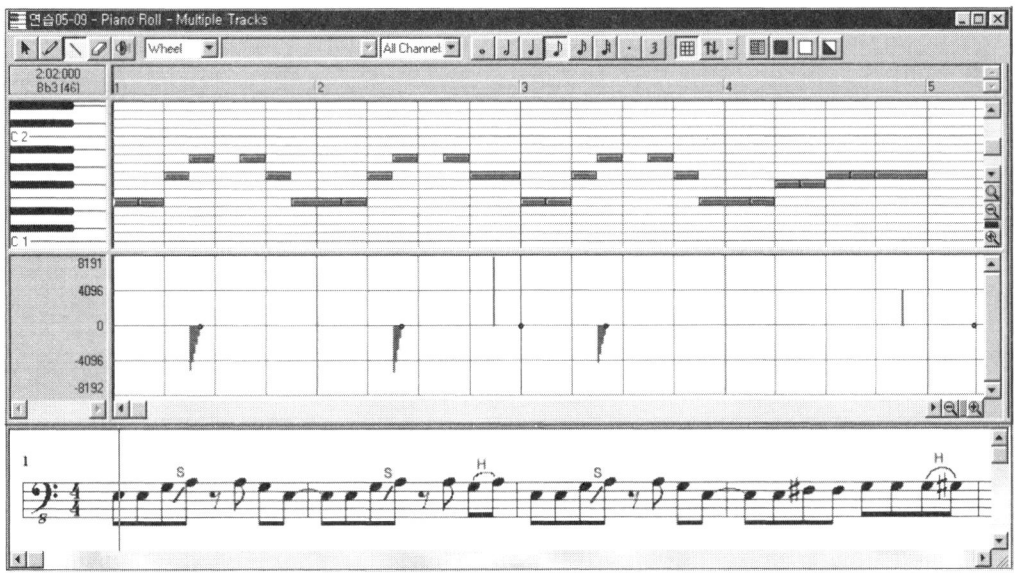

<슬라이드와 해머링, 붙임줄>

♪ RB-259.mp3

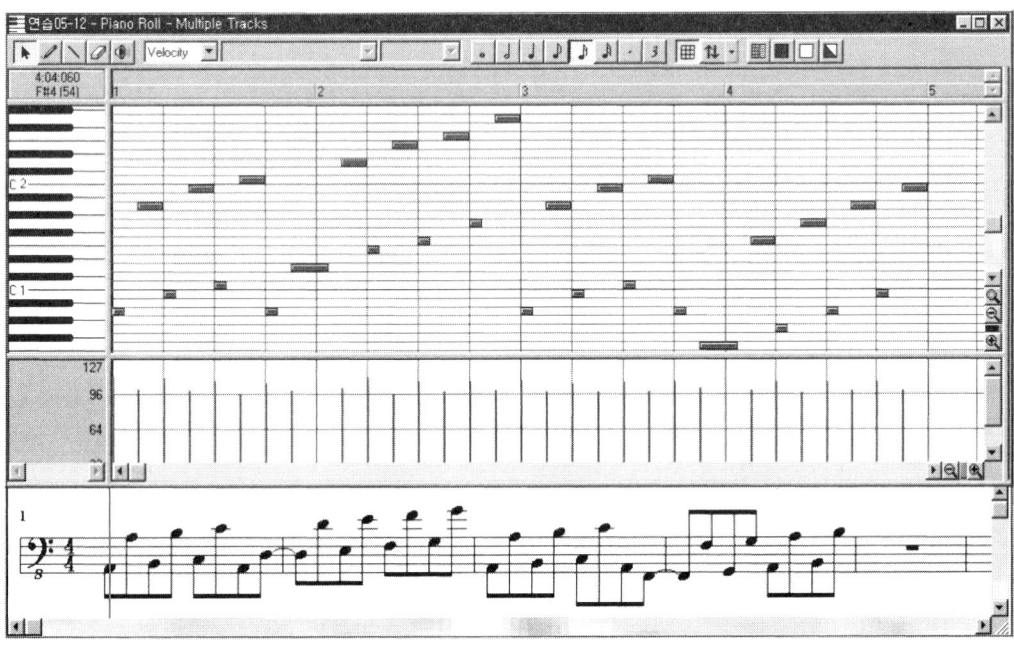

<슬랩=쵸퍼>

♪ RB-260.mp3

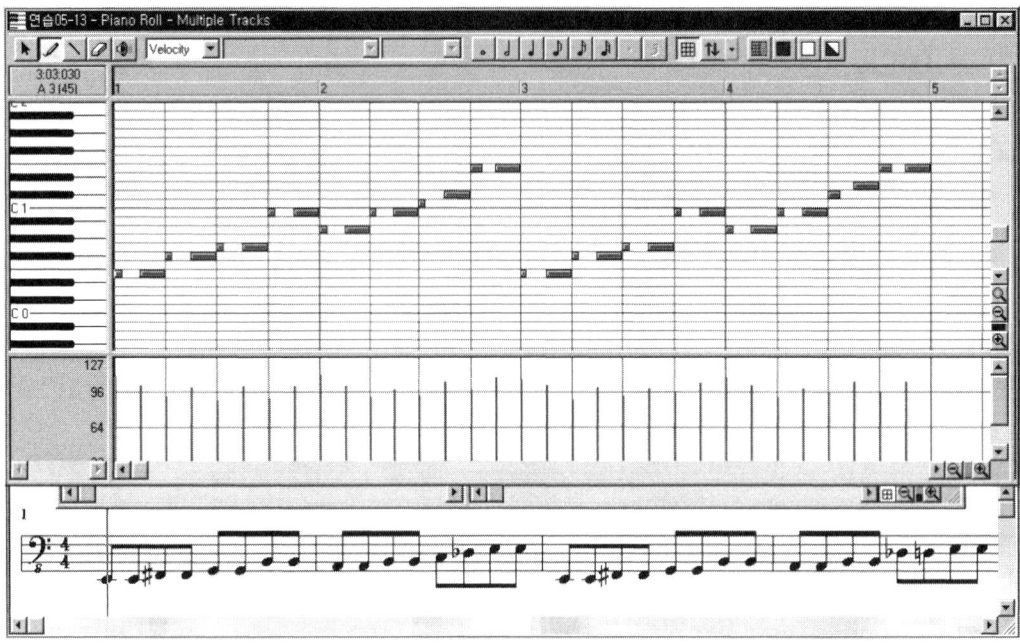

<슬랩=쵸퍼>

♪ RB-261(Madonna-Like A Virgin).mp3

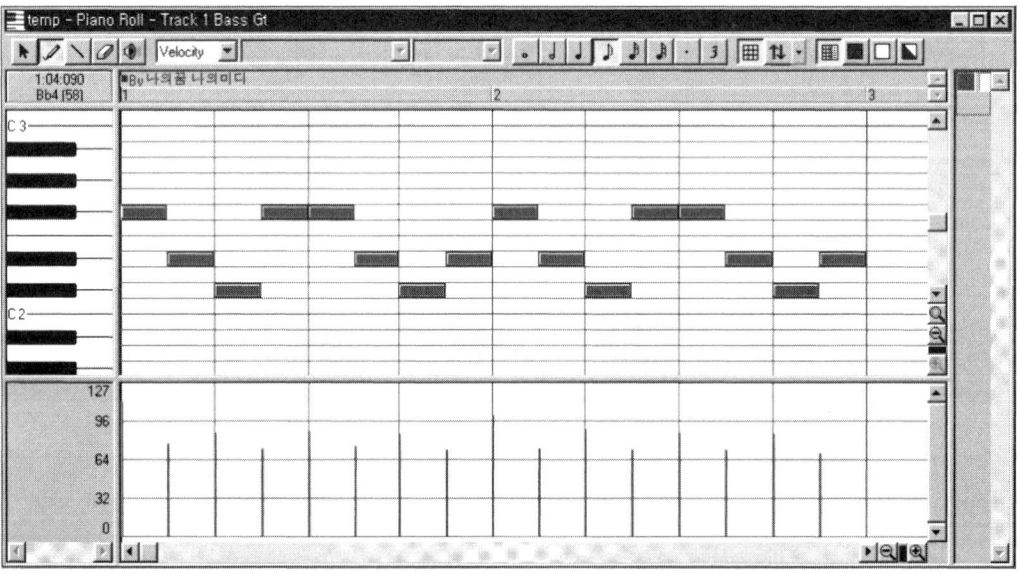

<템포=120, Synth Bass>

♪ RB-262(N Sync-For The Girl Who Has Everything).mp3

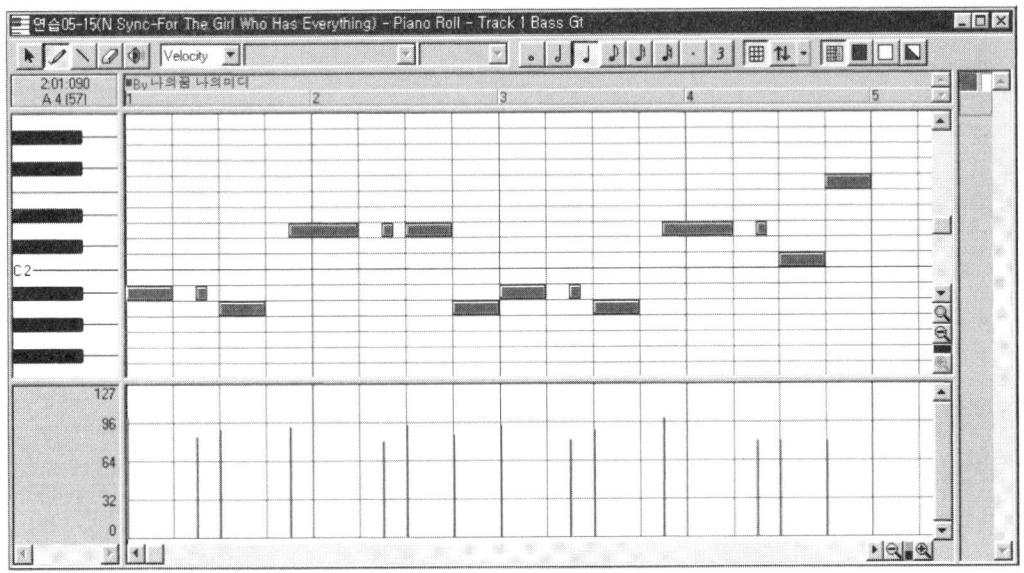

<템포=85, Fingered Bass>

♪ RB-263(Judas Priest-Breaking The Law).mp3

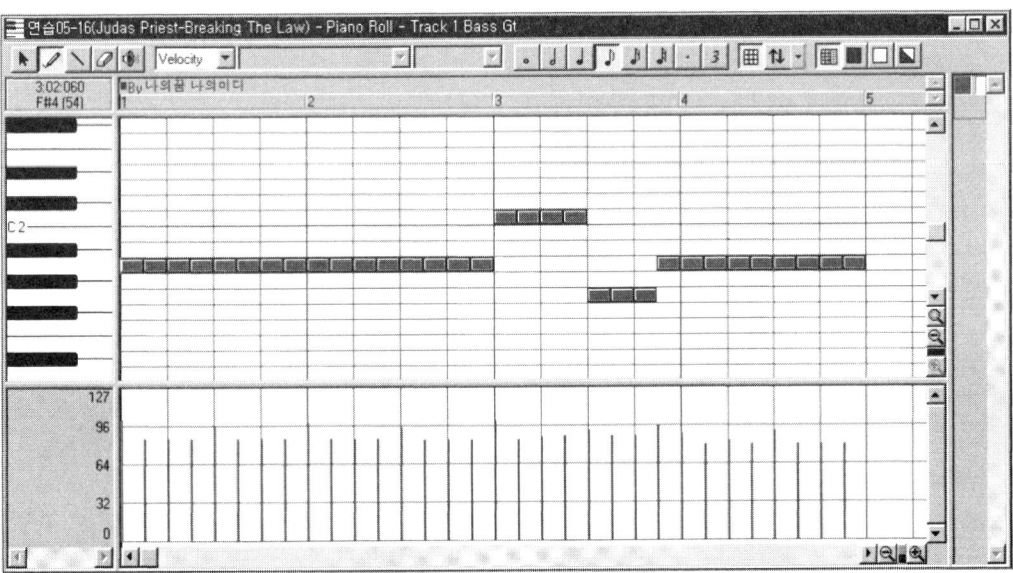

<템포=168, Picked Bass>

♪ RB-264(666-Bomba).mp3

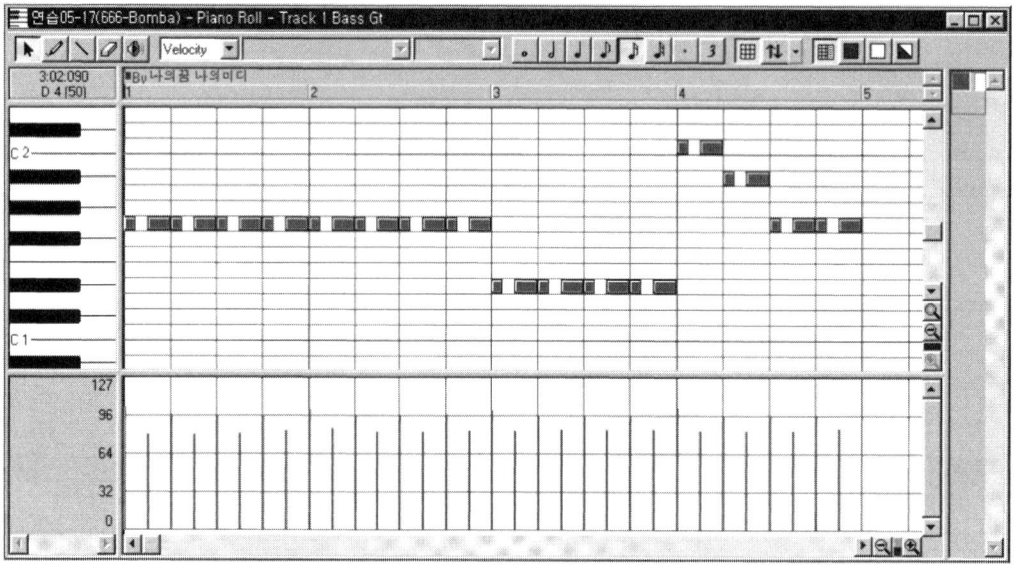

<템포=136, Synth Bass>

♪ RB-265(La Bouche-You won't forget me).mp3

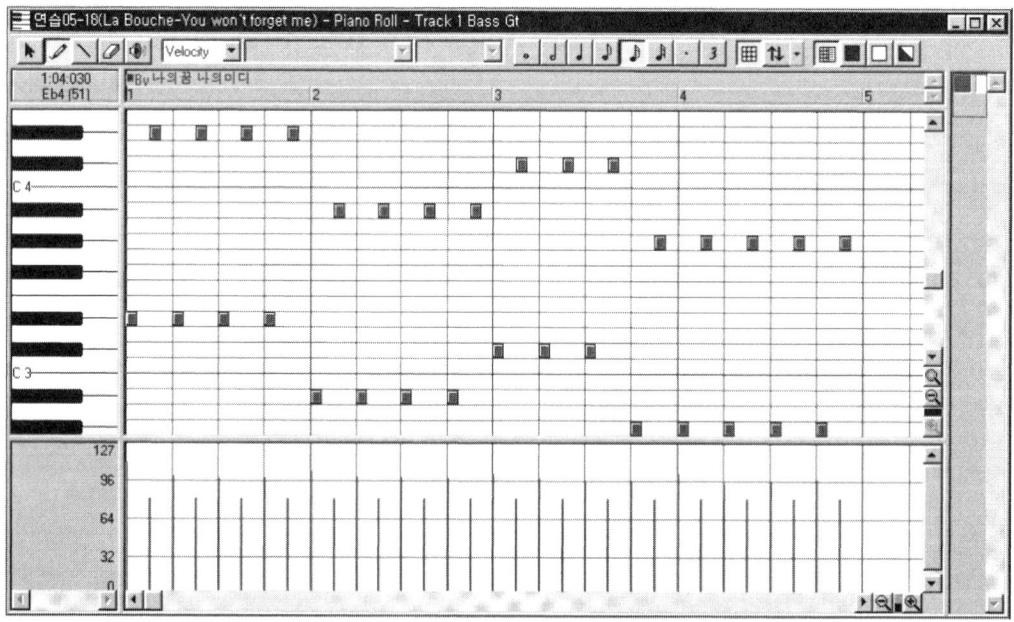

<템포=134, Synth Bass>

모범답안

♪ RB-266(Big Punisher-Punish Me).mp3

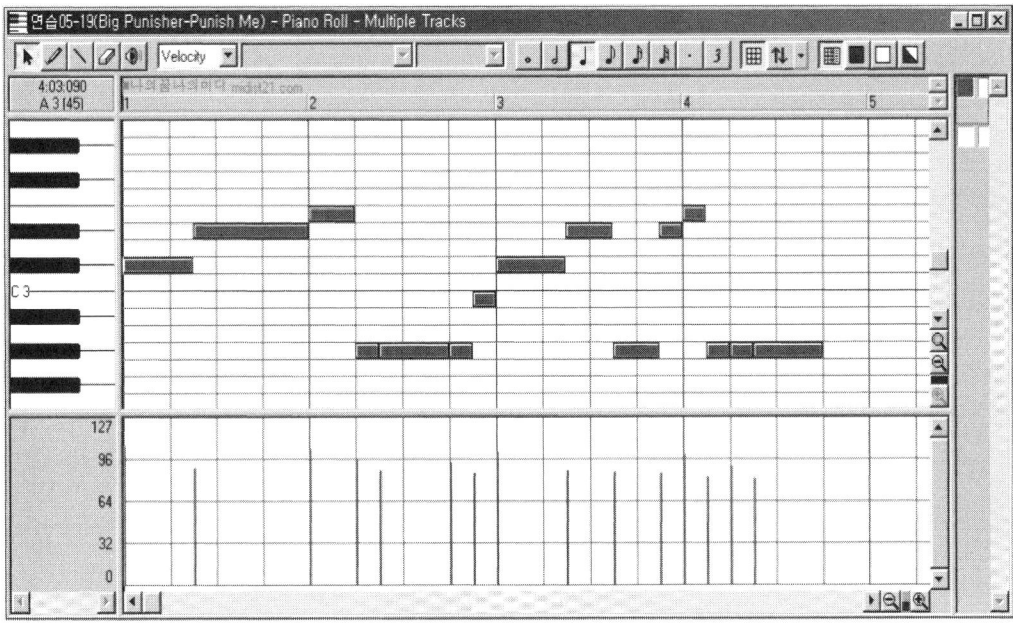

<템포=92, Fingered Bass>

♪ RB-267(Bon Jovi-In These Arms).mp3

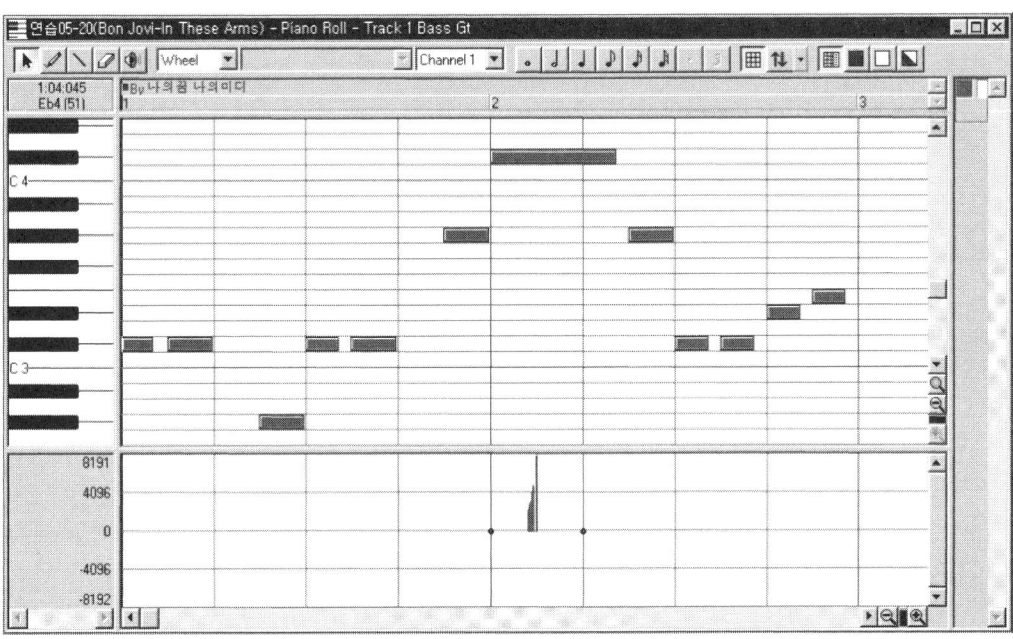

<템포=125, Fingered Bass>

♬ RB-268(Eminem-The Kids).mp3

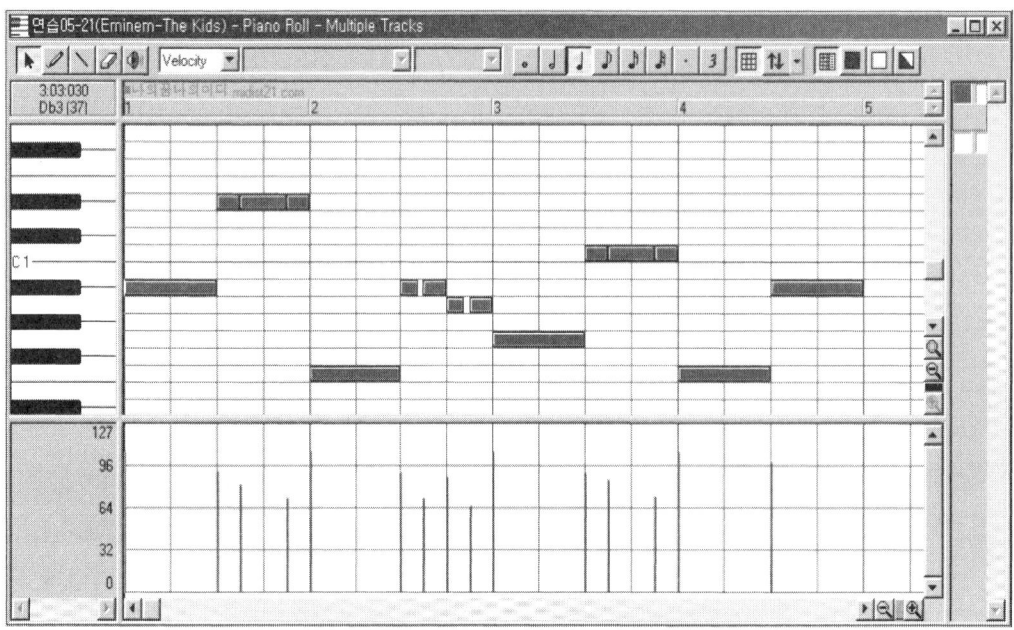

<템포=100, Fingered Bass>

♬ RB-269(Michael Jackson-Billie Jean).mp3

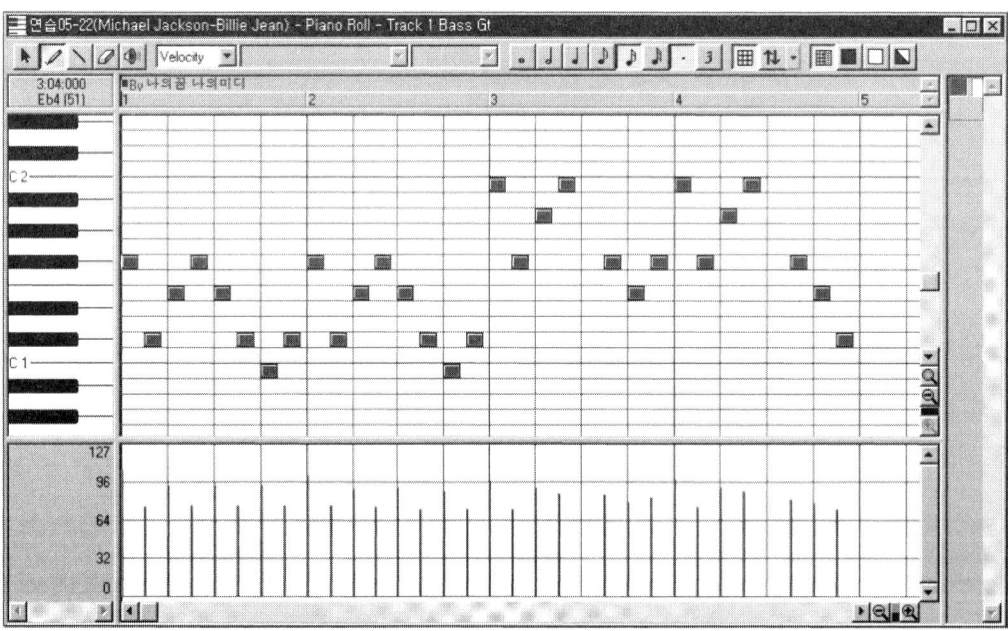

<템포=118, Synth Bass>

♪ RB-270(Puff Daddy-I'll Do This For You).mp3

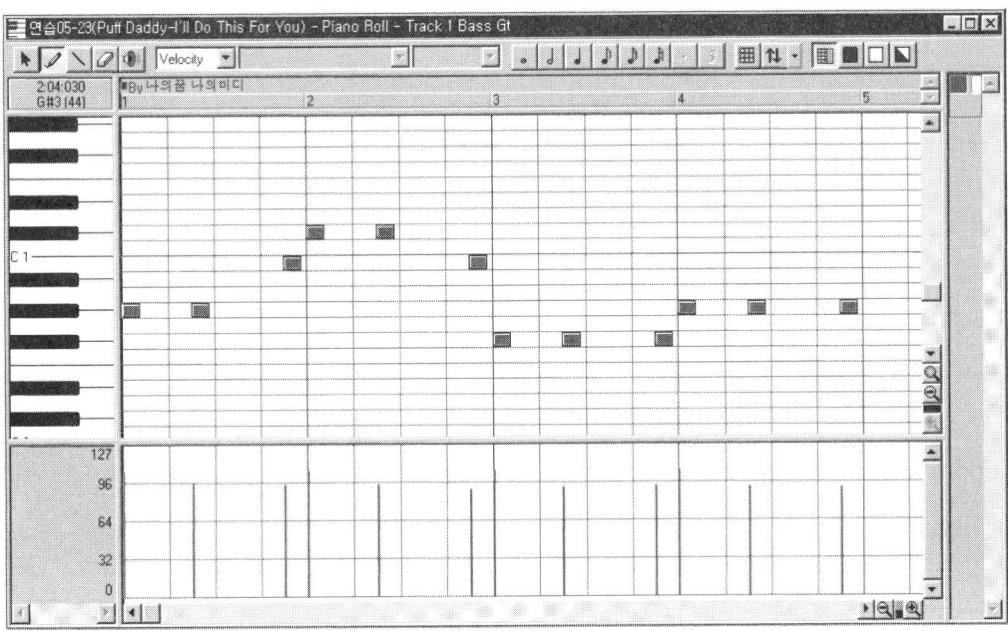

<템포=110, Fingered Bass>

♪ RB-271.mp3

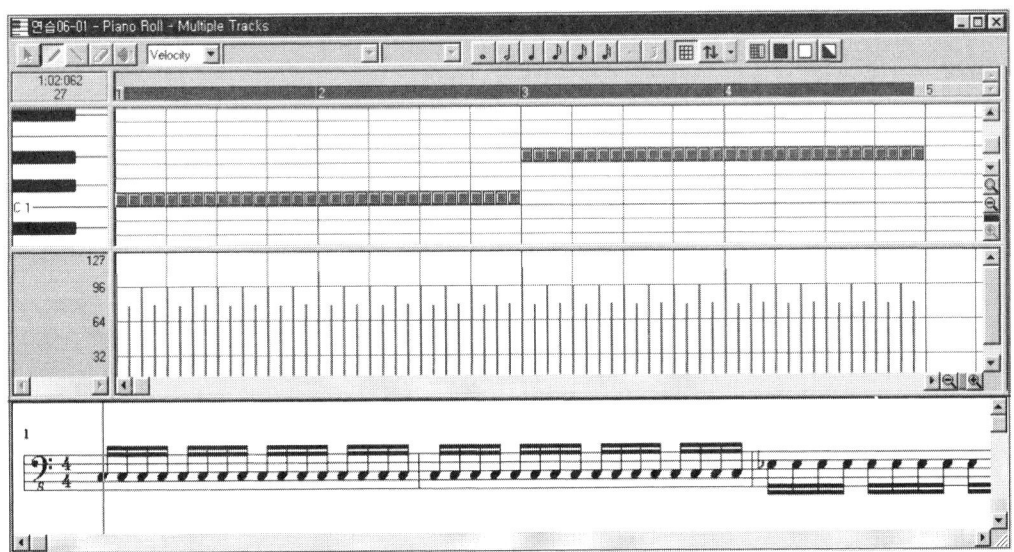

♪ RB-272.mp3

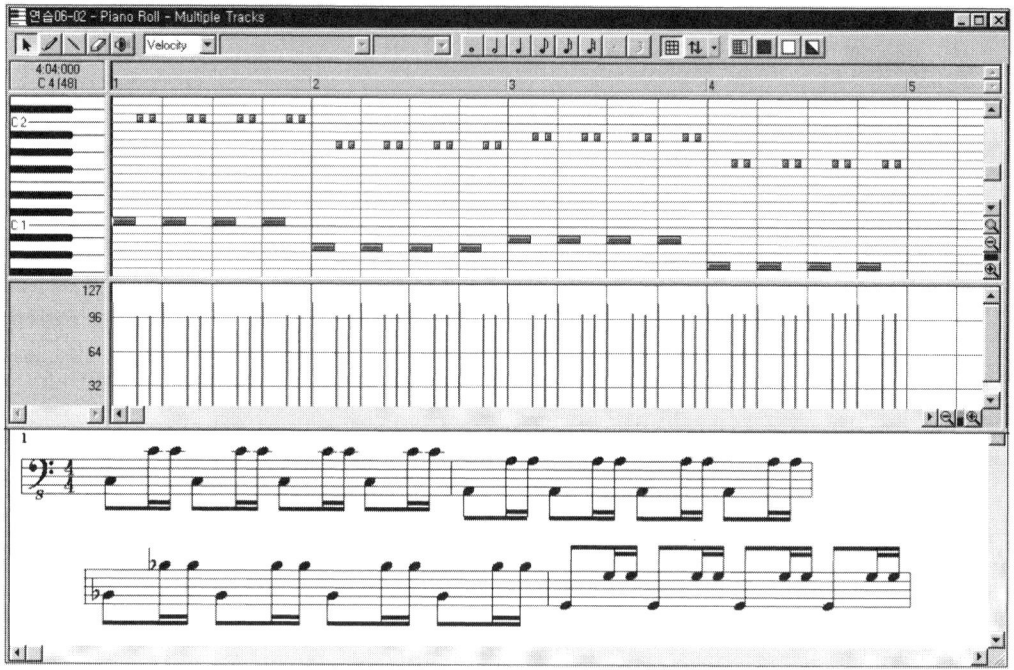

♪ RB-273.mp3

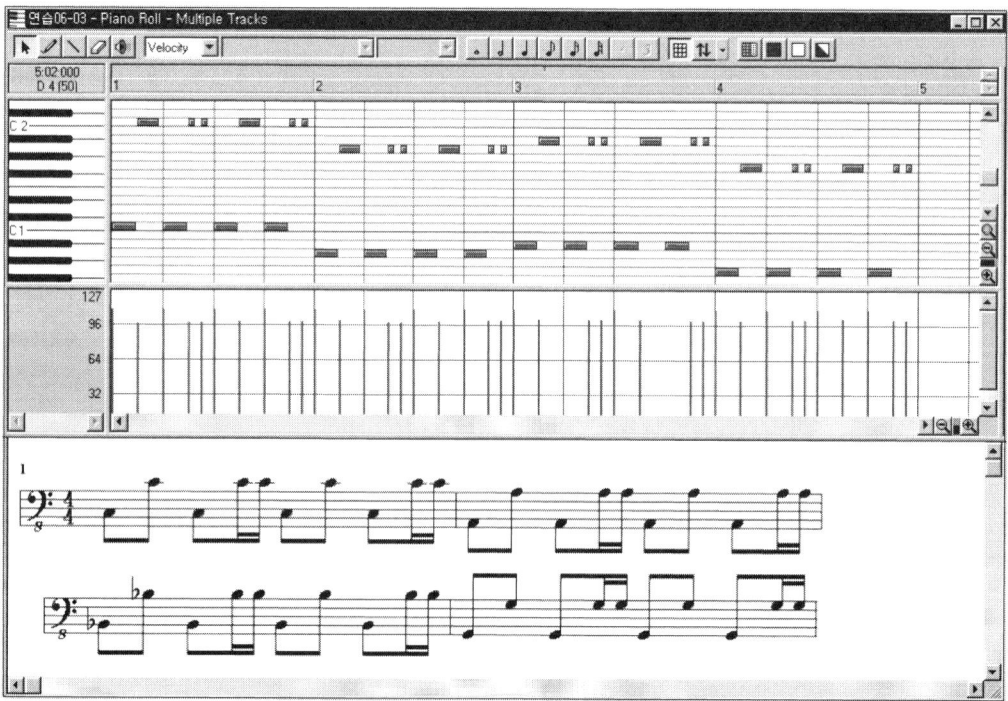

모범답안

♪ RB-274.mp3

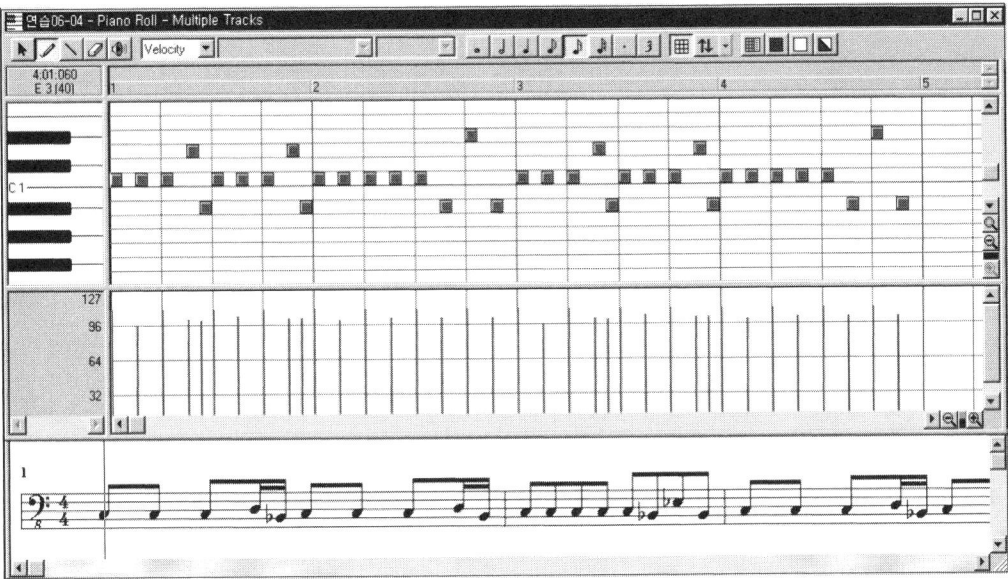

♪ RB-275.mp3

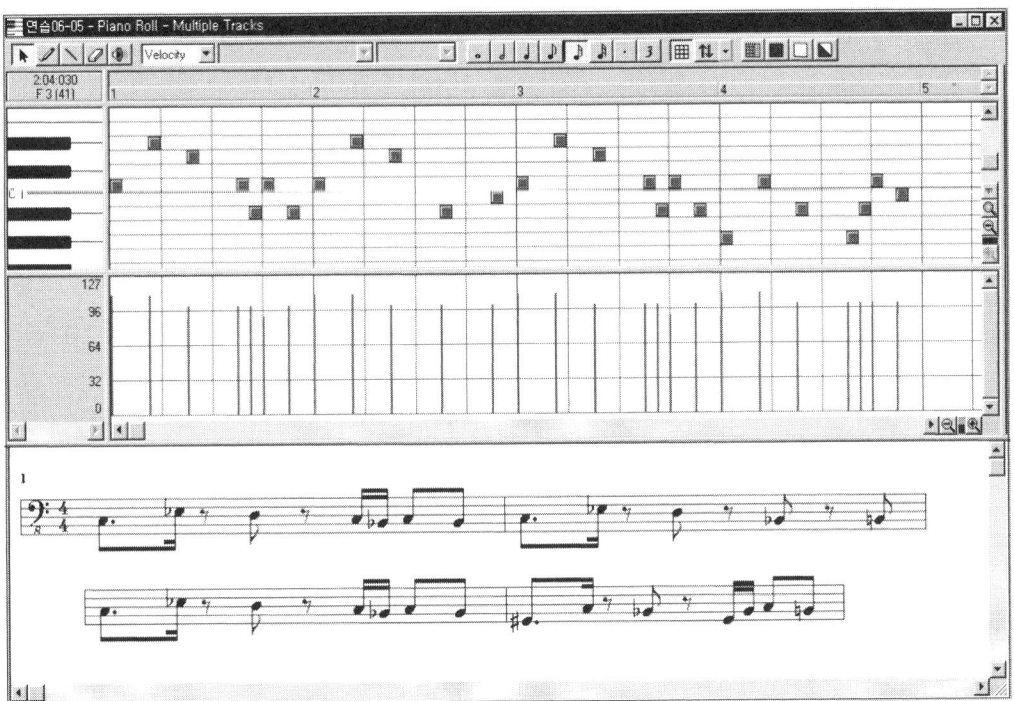

모범답안

♪ RB-276.mp3

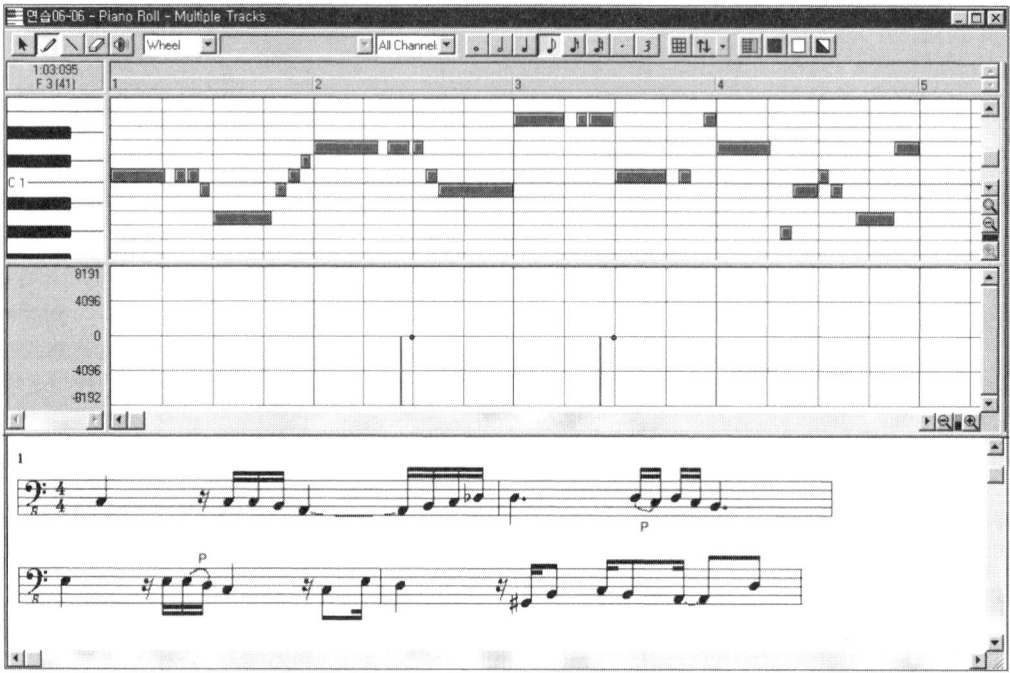

<해머링 혹은 풀링 오프>

♪ RB-277.mp3

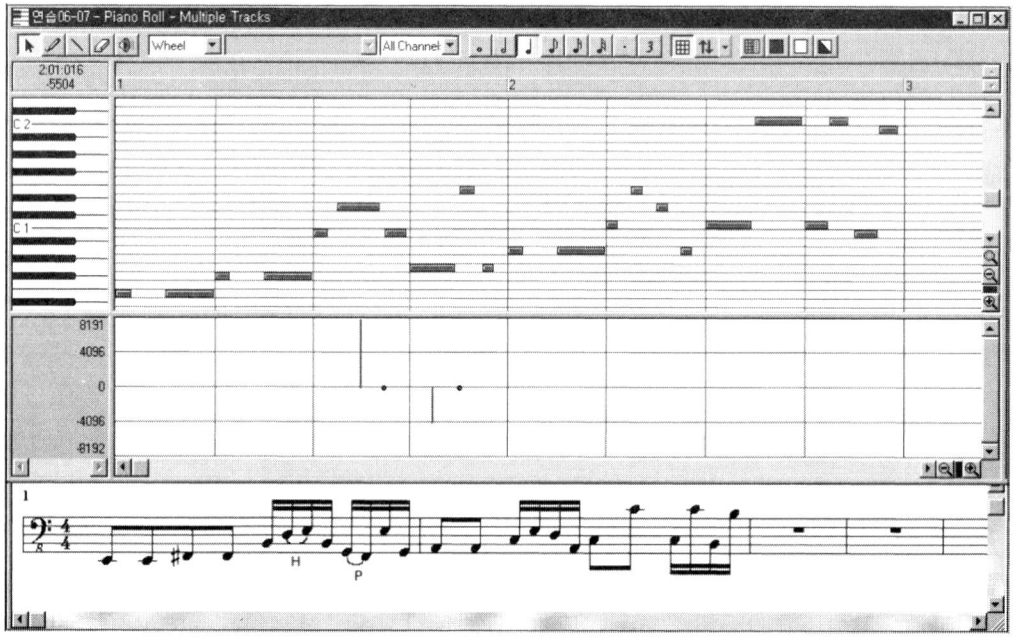

<슬랩=쵸퍼, 해머링, 풀링 오프>

모범답안

♪ RB-278.mp3

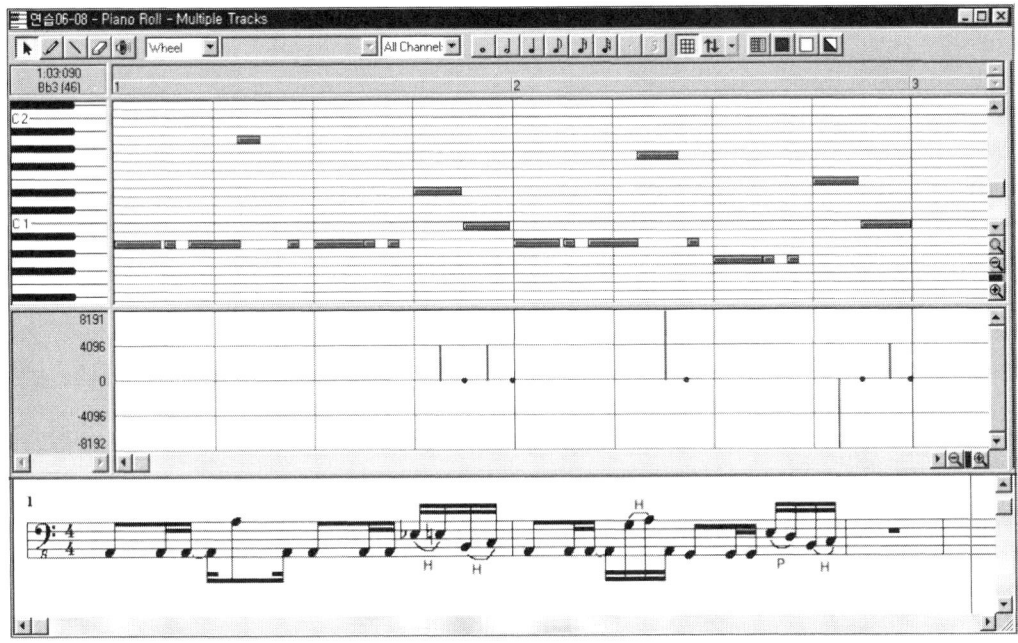

<슬랩=쵸퍼, 해머링, 풀링 오프>

♪ RB-279(Donna Summer-Hot Stuff).mp3

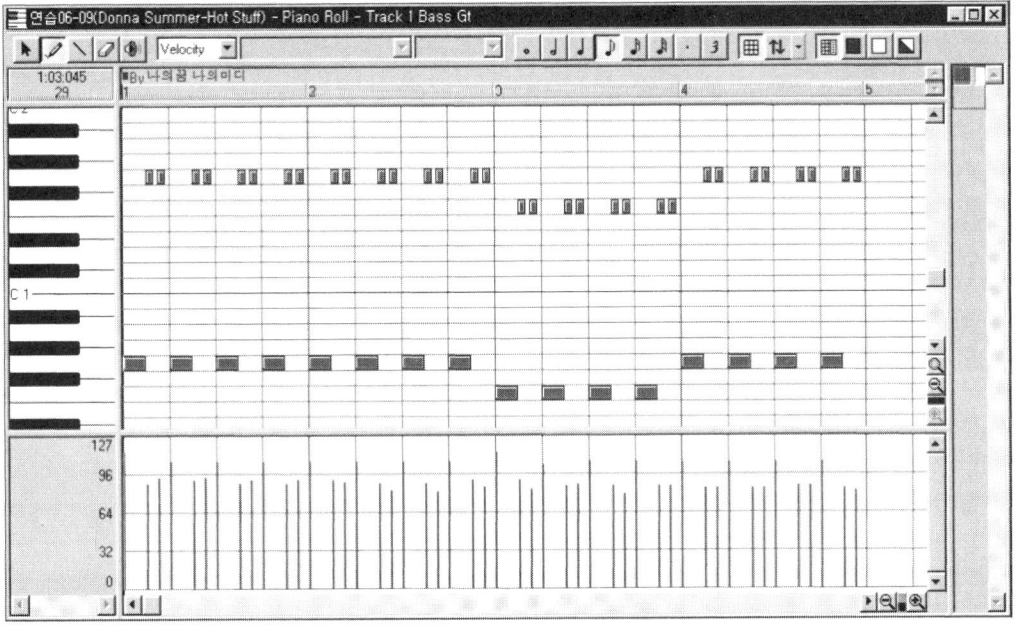

<템포=120, Synth Bass>

♪ RB-280(Labouche-Wanna Be My Lover).mp3

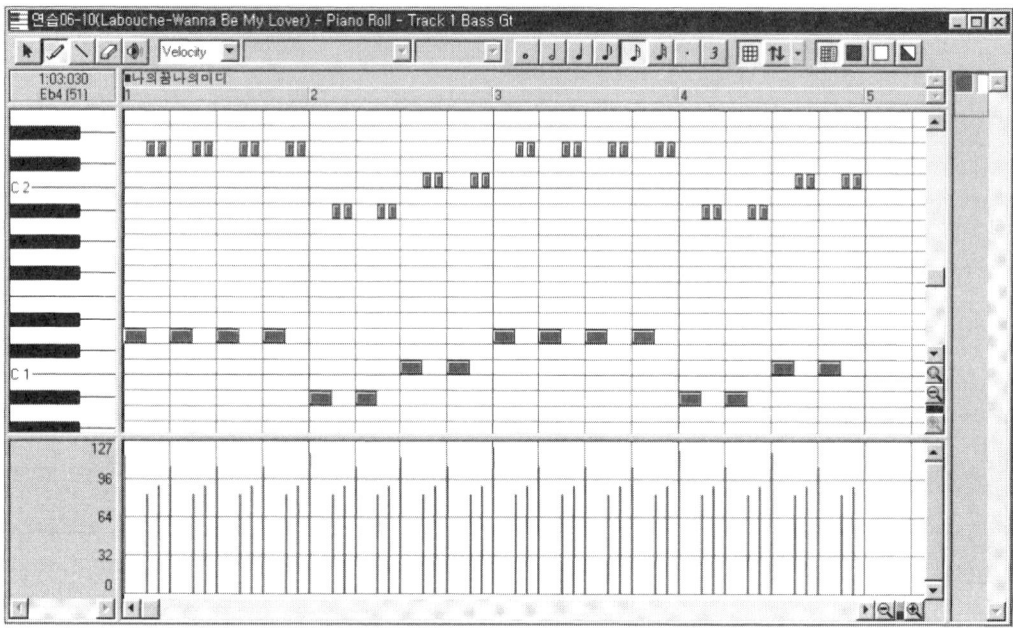

<템포=138, Synth Bass>

♪ RB-281(Chemical Brothers-Out of Control.).mp3

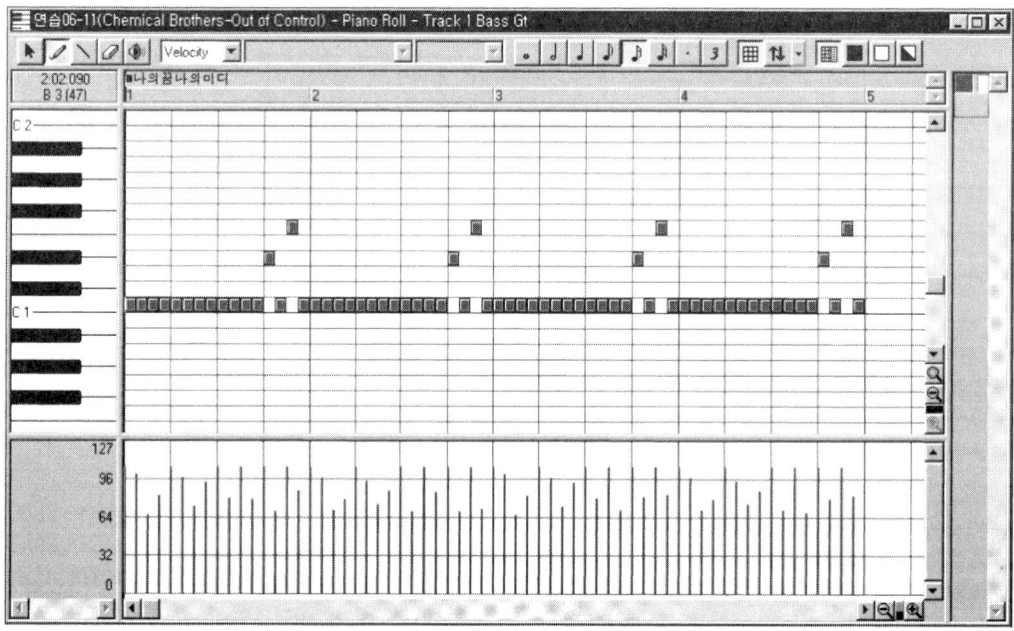

<템포=138, Synth Bass>

♪ RB-282(Radiohead-Creep).mp3

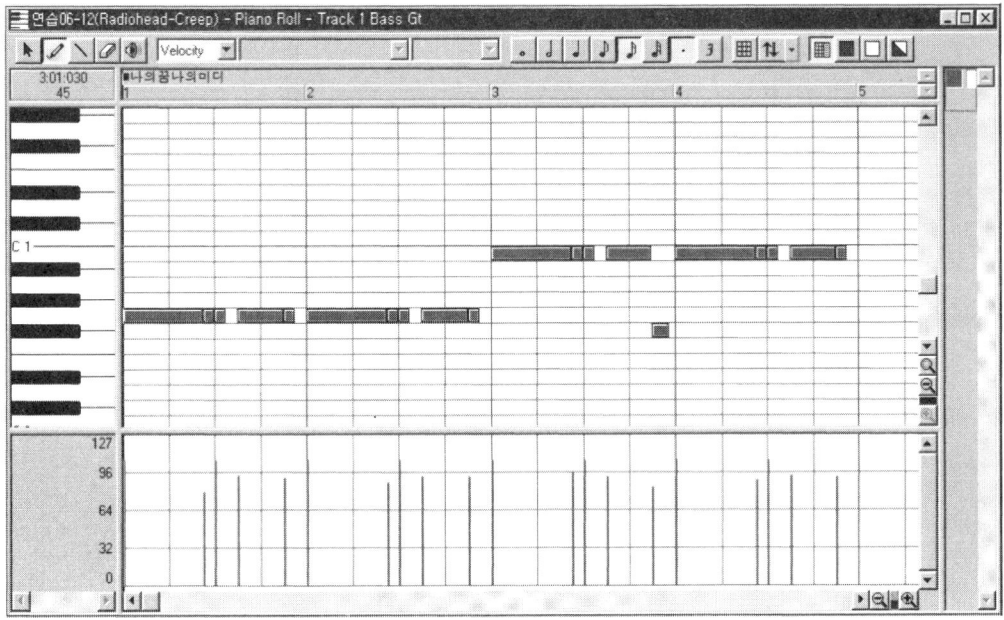

<템포=95, Fingered Bass>

♪ RB-283(Blackstreet-I'm Sorry).mp3

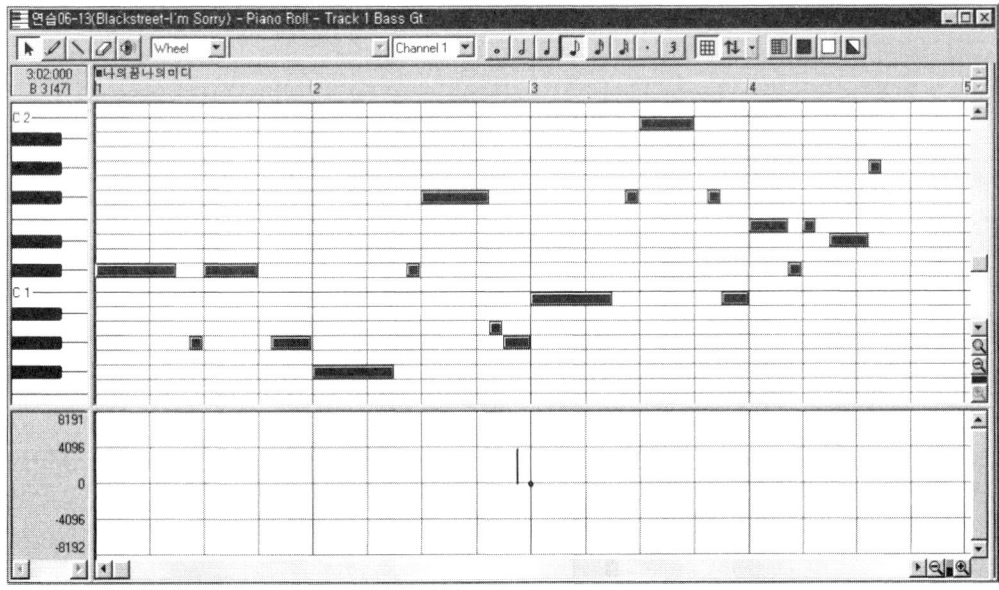

<템포=73, Fingered Bass>

♪ RB-284(Boyz 2 Men-Doin Just Fine).mp3

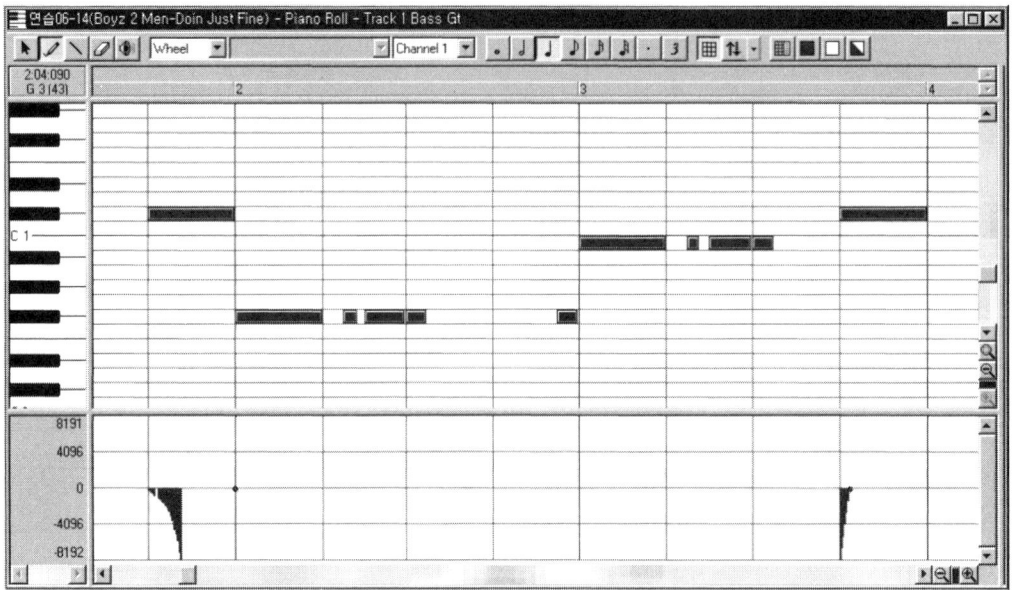

<템포=57, Fingered Bass>

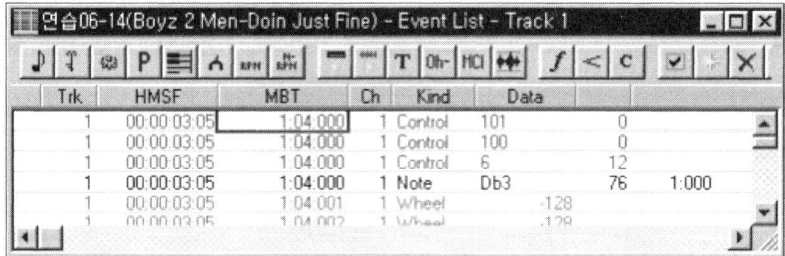

<첫 슬라이드를 위해 신디사이저의 피치휠 감도를 조정하는 RPN값, 12로 맞춘다>

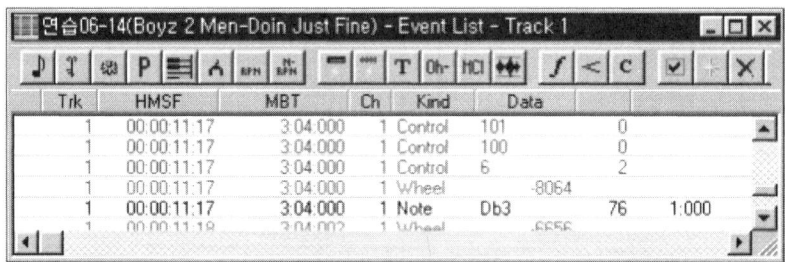

<마지막 슬라이드를 위해 신디사이저의 피치휠의 감도를 조정하는 RPN값. 2로 맞춘다>

모범답안

♪ RB-285(JD&Mariah Carrey-Sweetheart).mp3

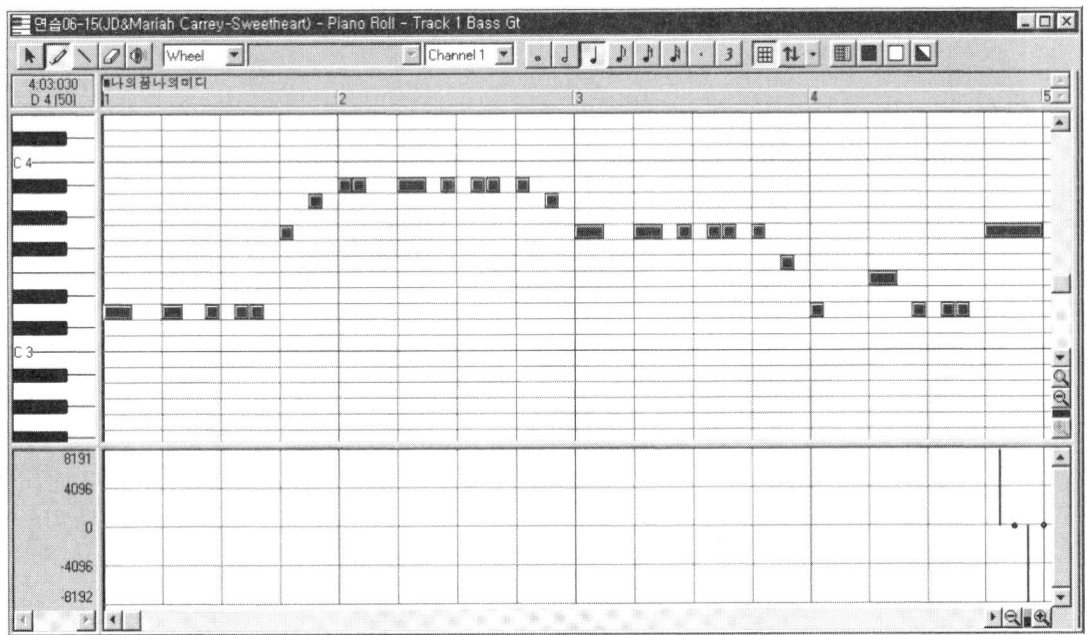

<템포=100, Fingered Bass>

♪ RB-286(N Sync-Sailing).mp3

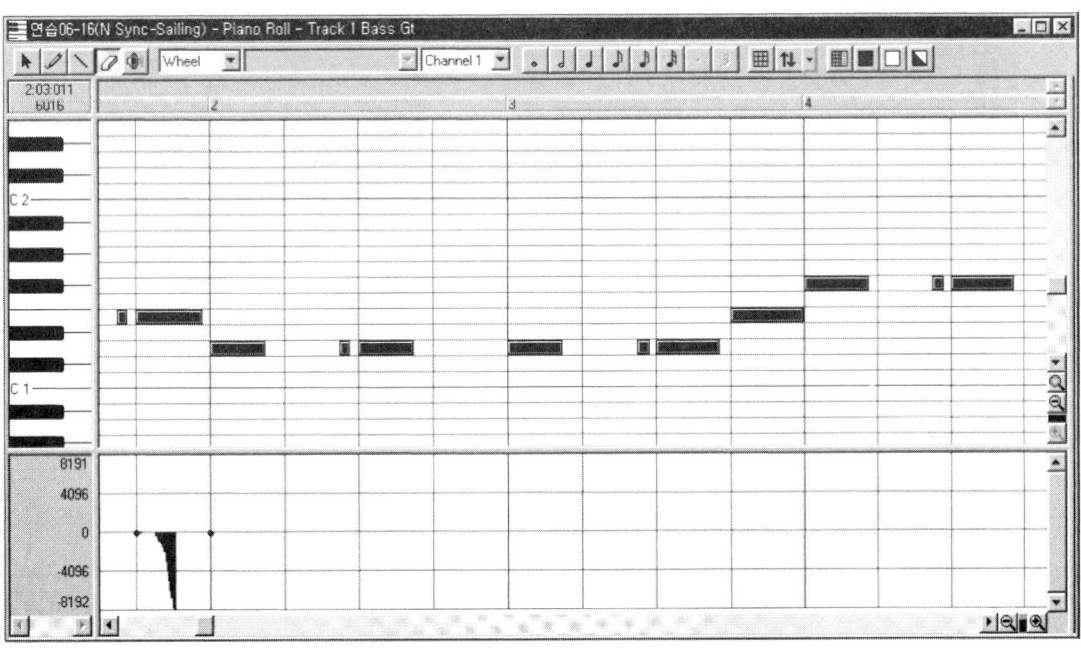

<템포=75, Fingered Bass. RPN을 사용하여 신디사이저의 피치휠 감도를 12로 조정>

♪ RB-287(TLC-Waterfalls).mp3

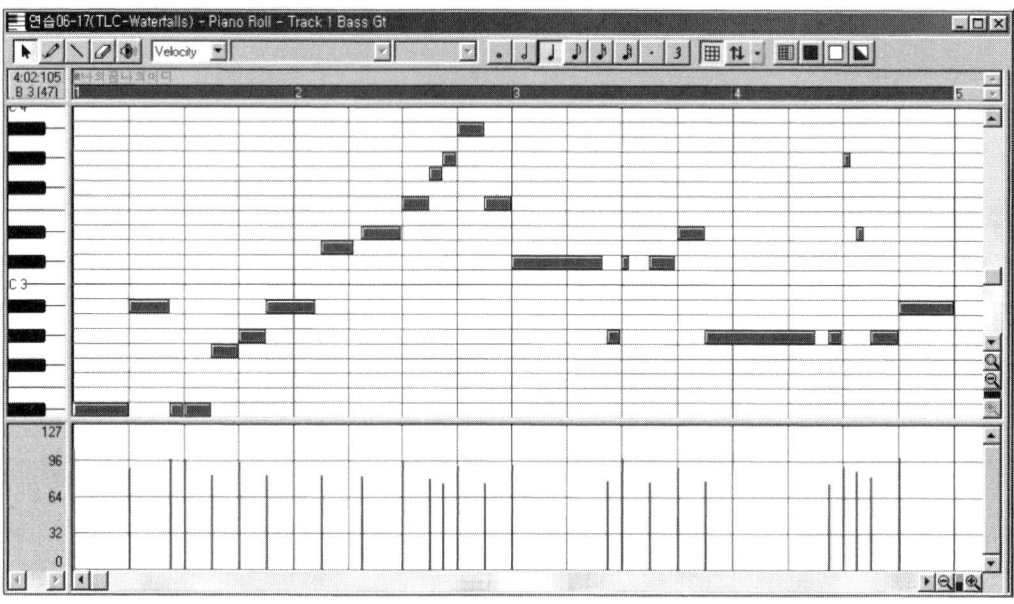

<템포=86, Picked Bass>

♪ RB-288(Tsquare-Sweet Sorrow).mp3

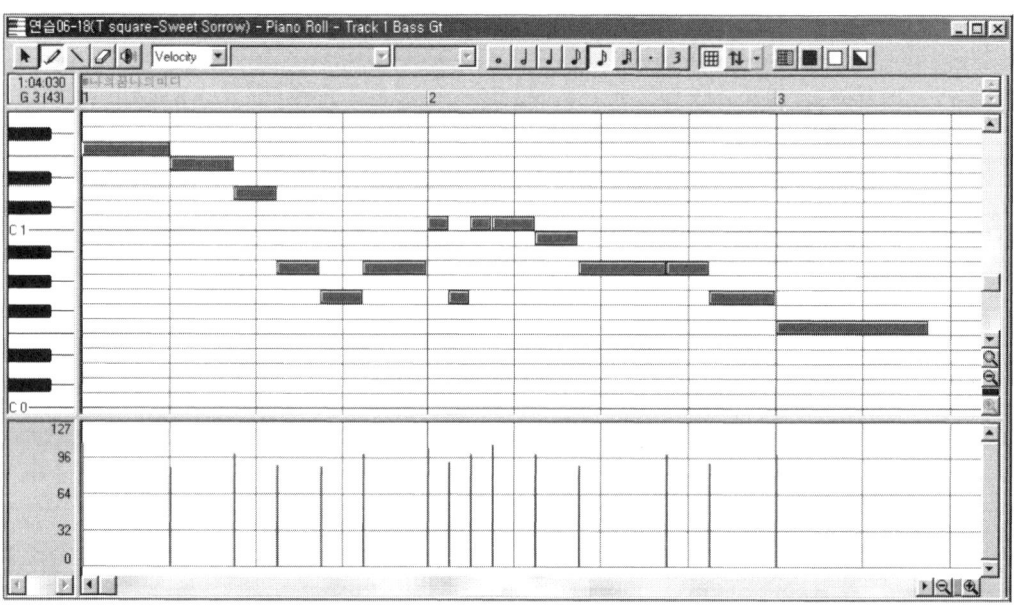

<템포=58, Fingered Bass>

모범답안

♪ RB-289(2pac-all about u).mp3

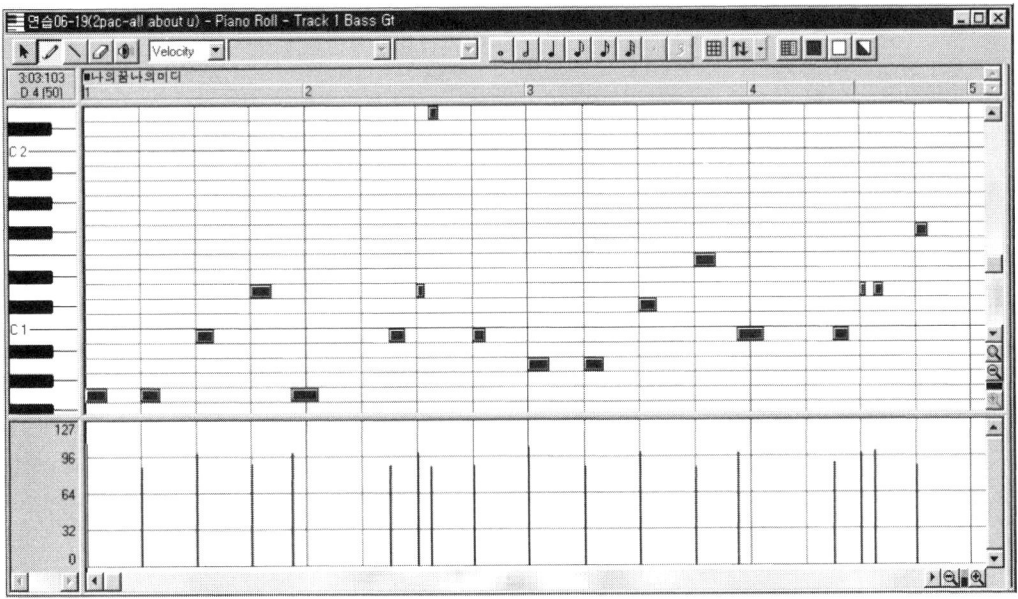

<템포=105, Slap Bass>

♪ RB-290(2pac-All Eyez On Me).mp3

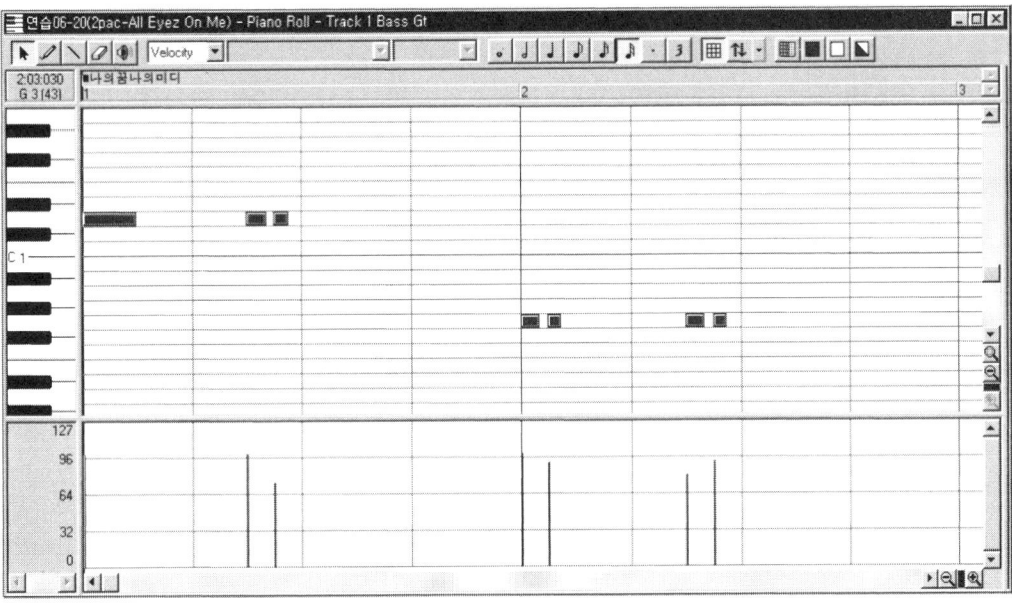

<템포=94, Picked Bass>

♪ RB-291(Big Punisher-Still Not A Player).mp3

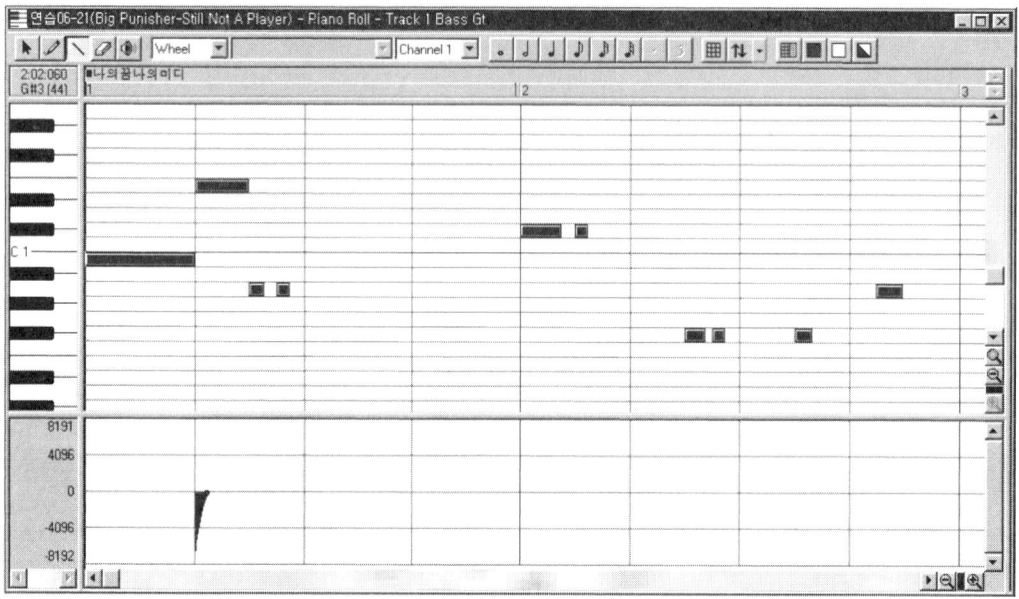

<템포=94, Fingered Bass>

♪ RB-292(Casiopea-Downsouth).mp3

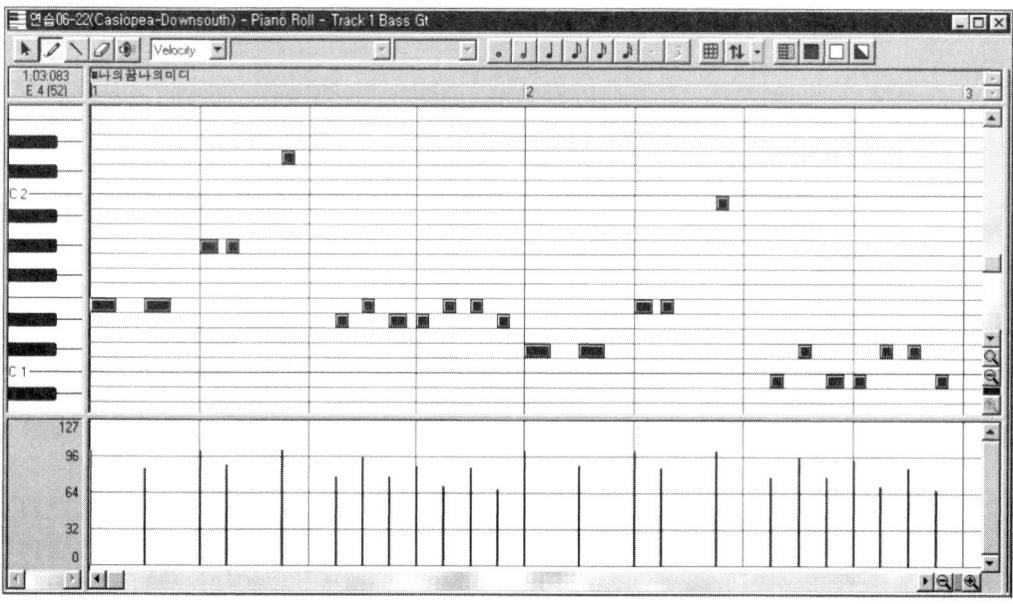

<템포=100, Picked Bass>

♪ RB-293(Madonna-La Isla Bonita).mp3

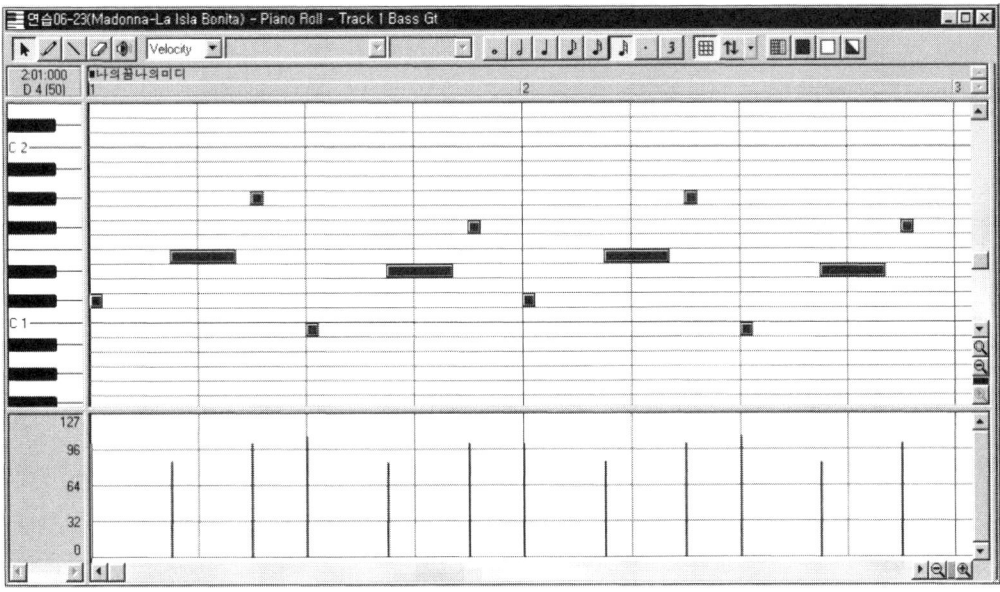

<템포=100, Synth Bass>

♪ RB-294(Michael Jackson-Baby Be Mine).mp3

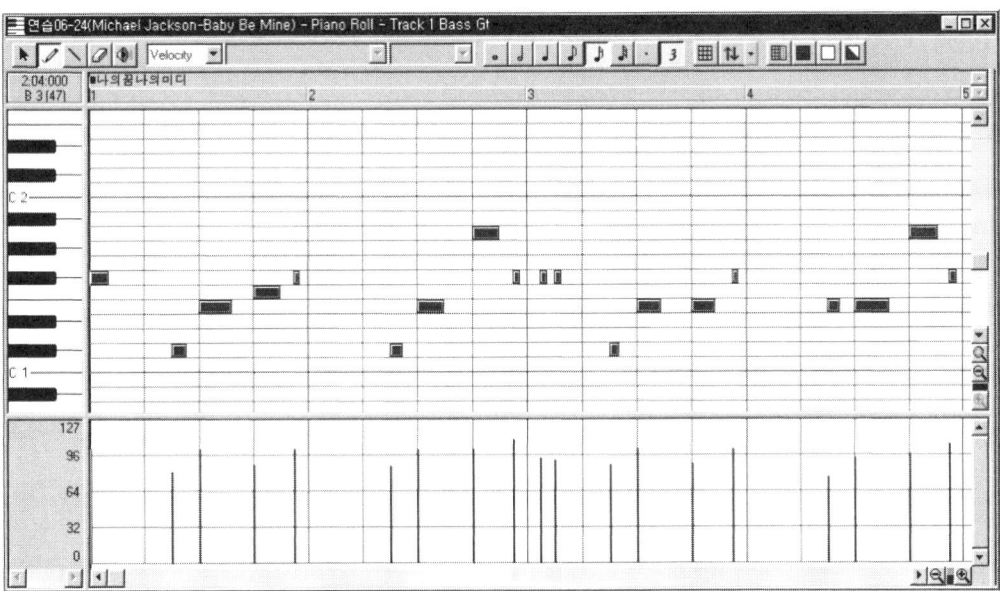

<템포=112, Synth Bass>

♪ RB-295(Lauren Hill-Every Ghetto, Every City).mp3

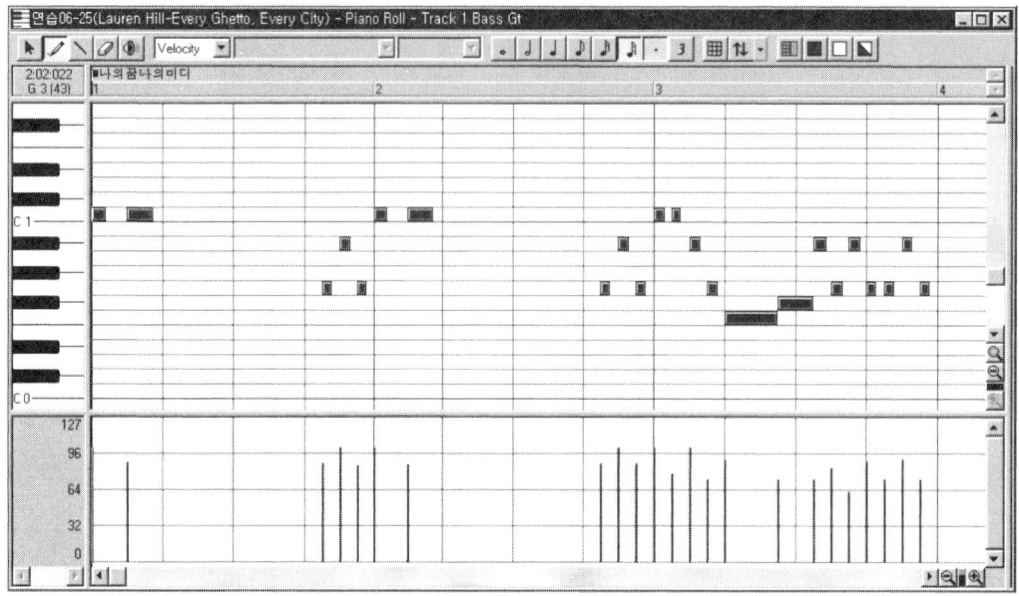

<템포=95, Picked Bass>

♪ RB-296.mp3

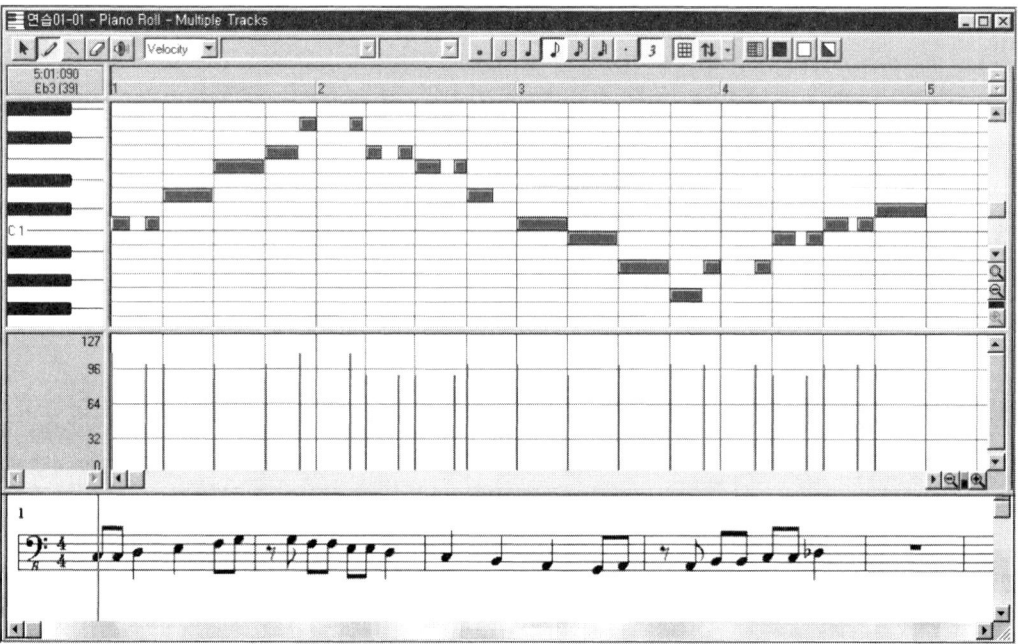

♪ RB-297.mp3

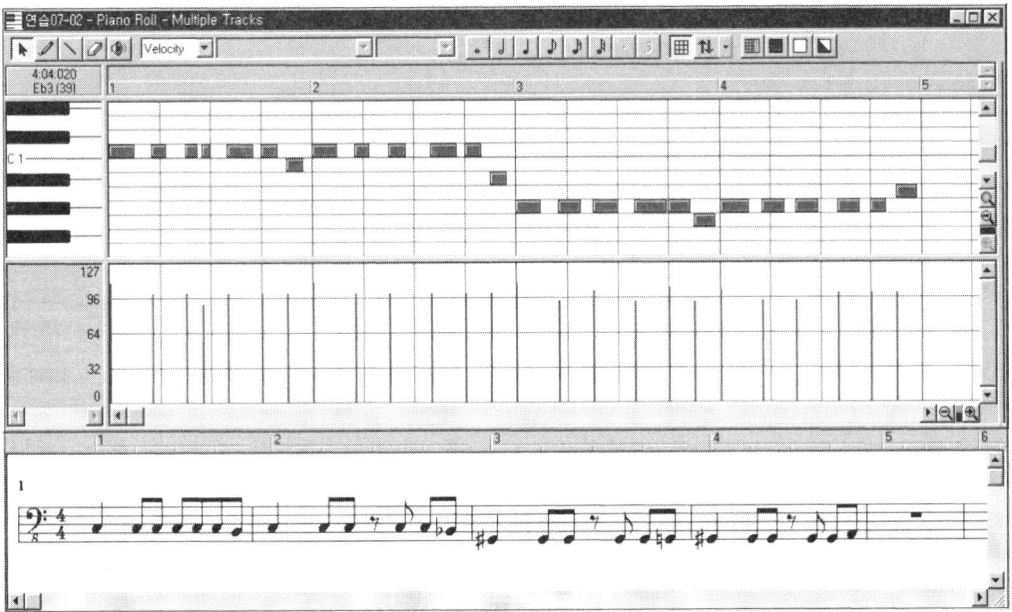

♪ RB-298.mp3

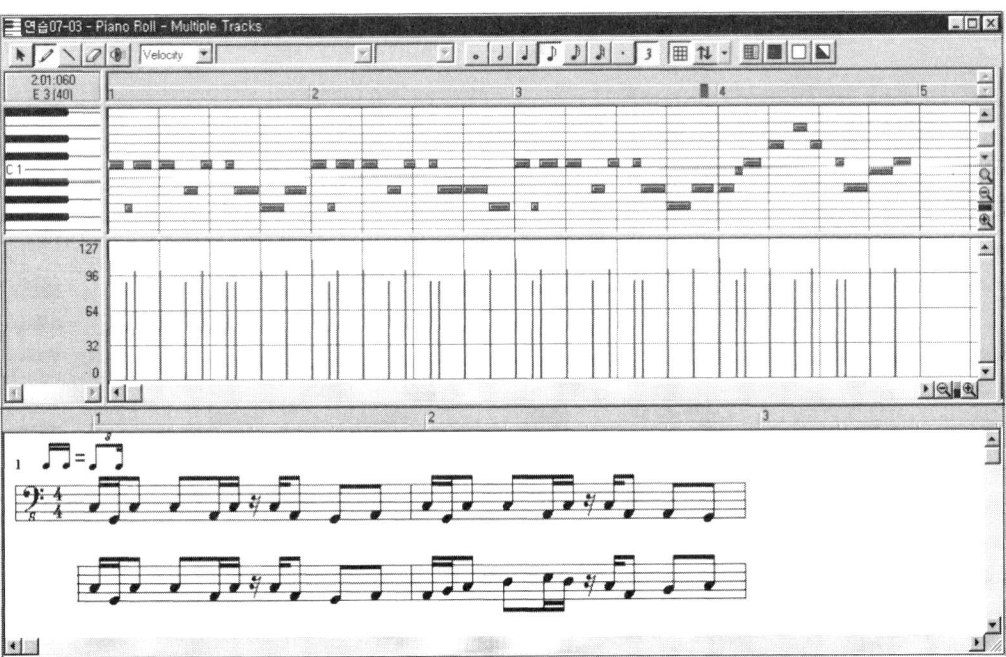

<16비트 스윙>

♪ RB-299.mp3

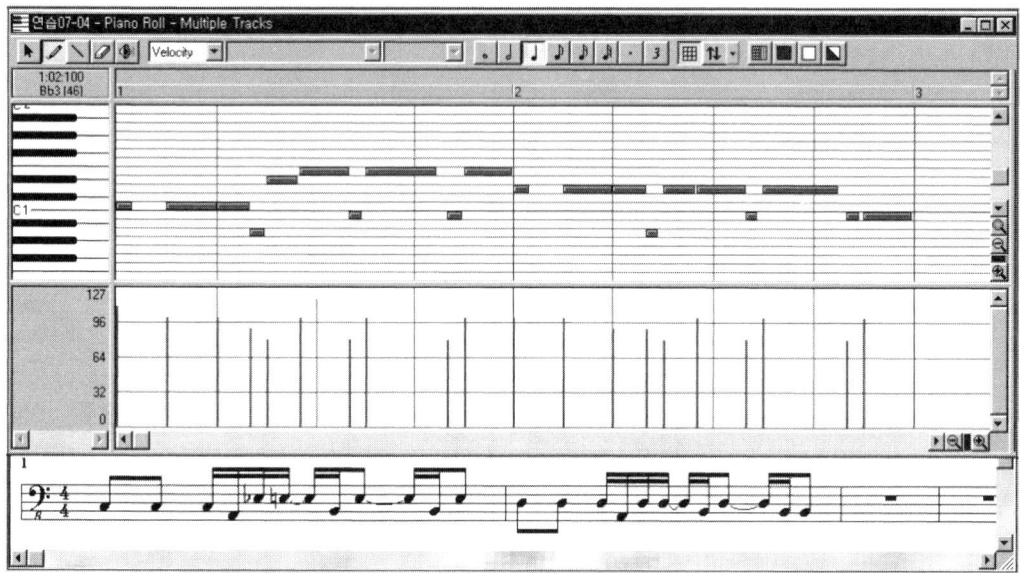

<16비트 스윙>

♪ RB-300.mp3

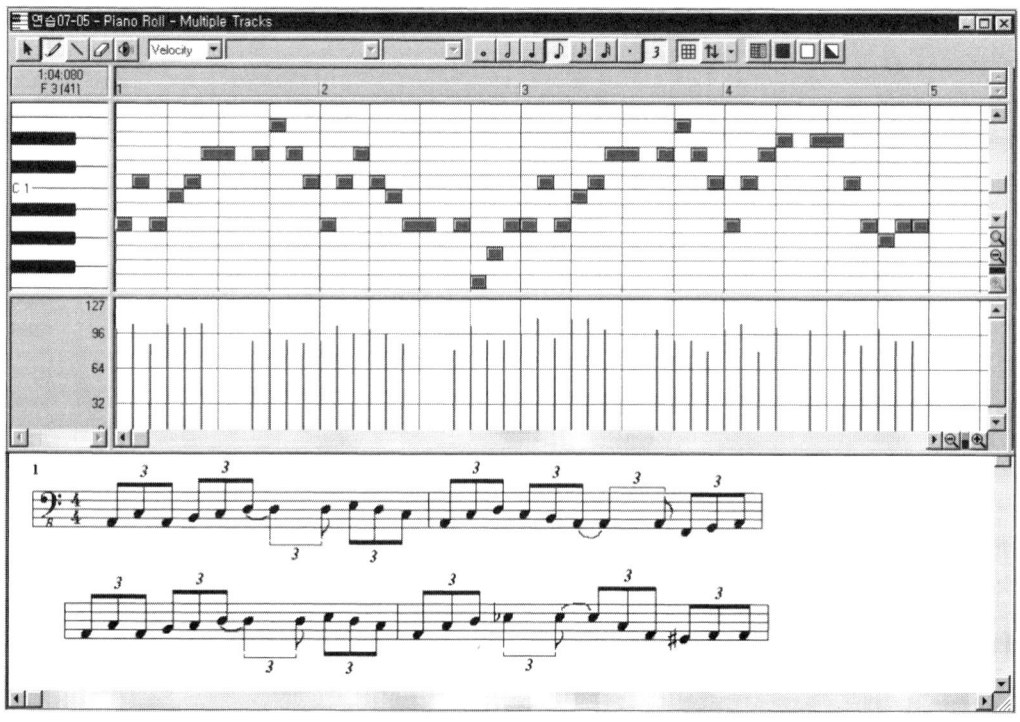

<8분 트리플릿>

모범답안

♪ RB-301.mp3

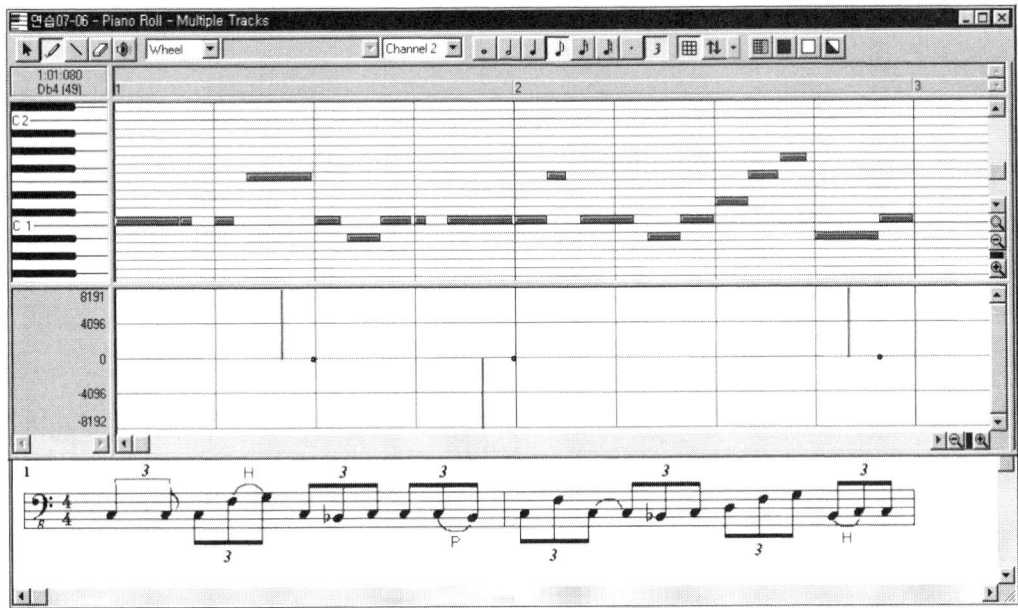

<8분 트리플릿, 해머링>

♪ RB-302.mp3

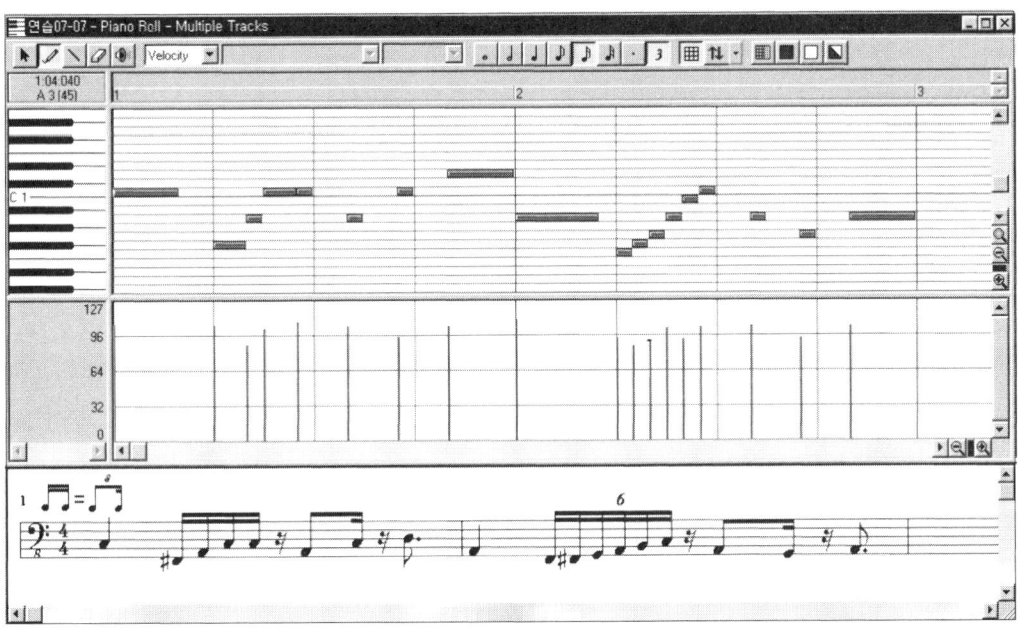

<16분 트리플릿>

♪ RB-303.mp3

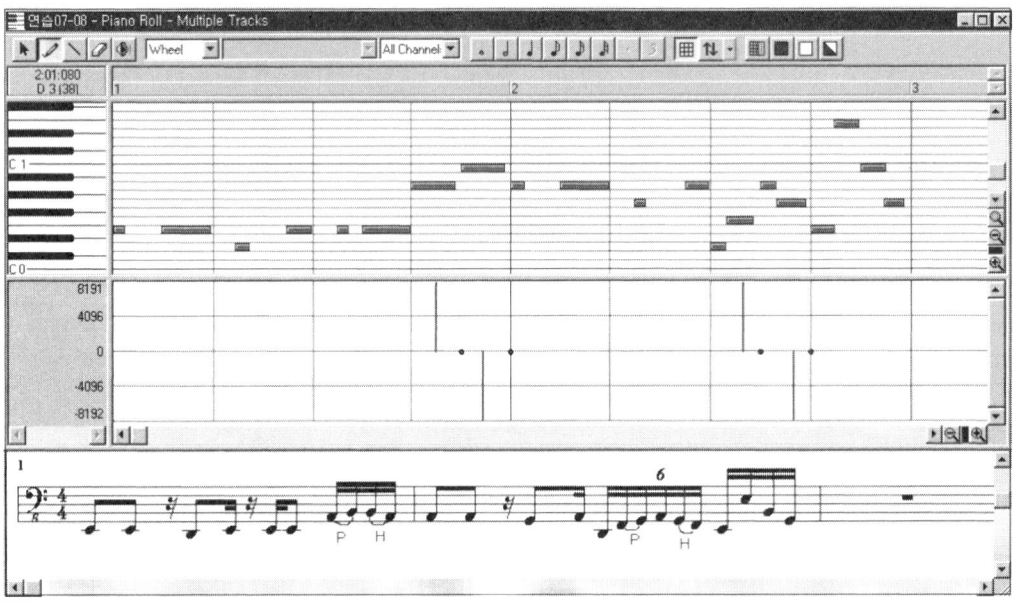

<16분 트리플릿>

♪ RB-304.mp3

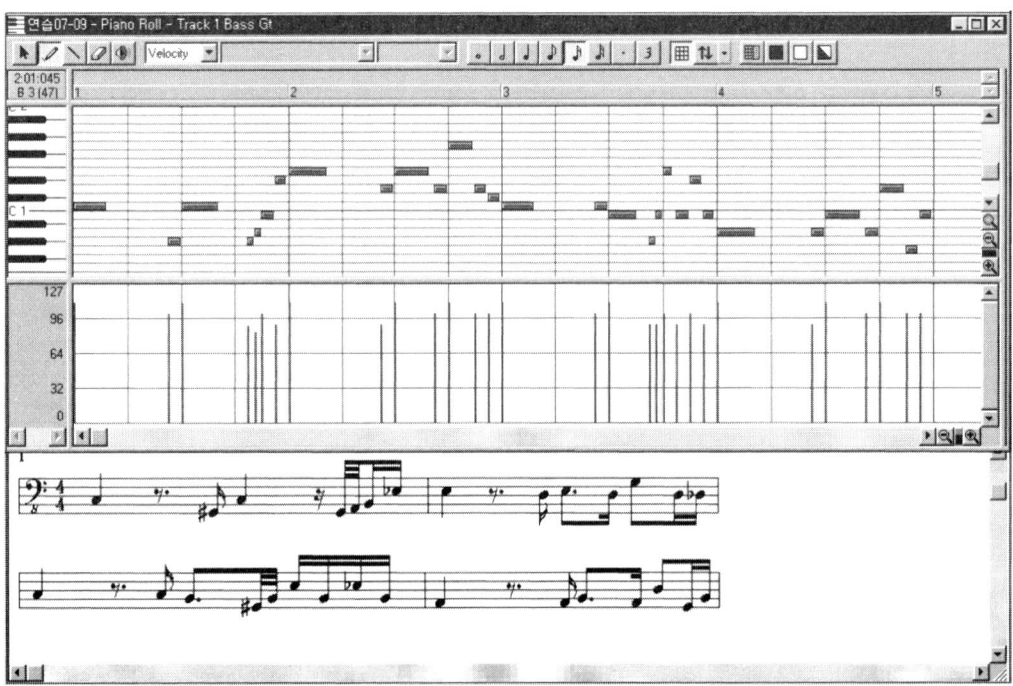

<32비트>

모범답안

♪ RB-305(Jimi Hendrix-Blues8).mp3

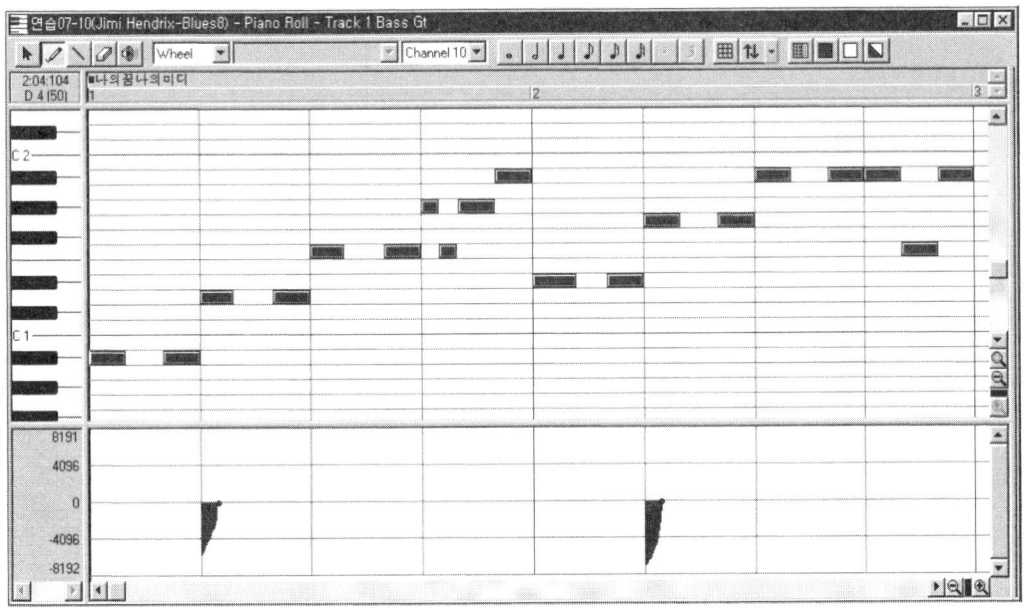

<템포=60, Fingered Bass>

♪ RB-306(Michael Jackson & Paul Mccartney-The Girl Is Mine).mp3

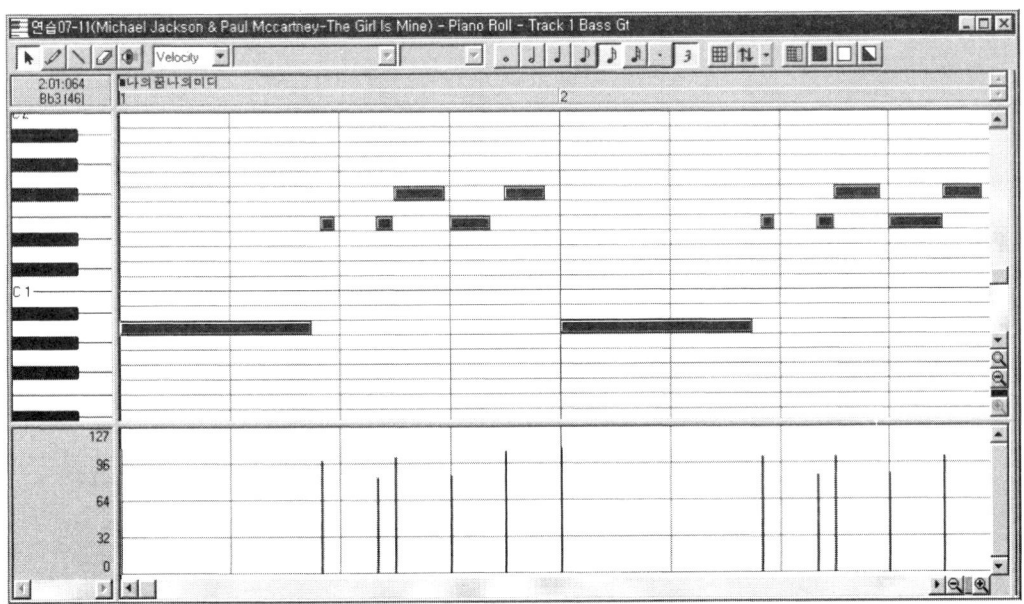

<템포=82, Fingered Bass>

♪ RB-307(Toto-Georgy Porgy).mp3

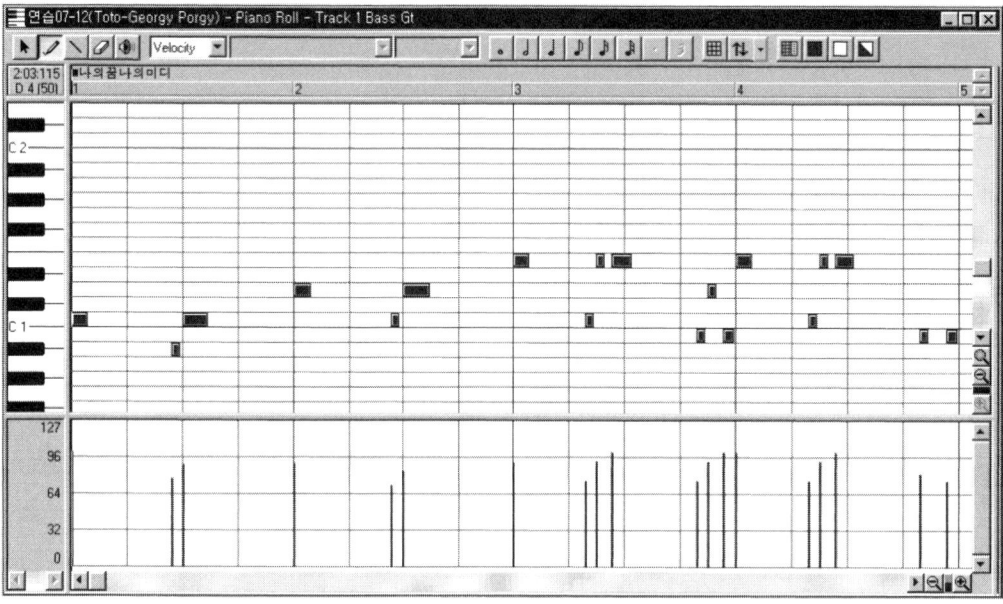

<템포=98, Picked Bass>

♪ RB-308(Boyz II Men-I'll make love to you).mp3

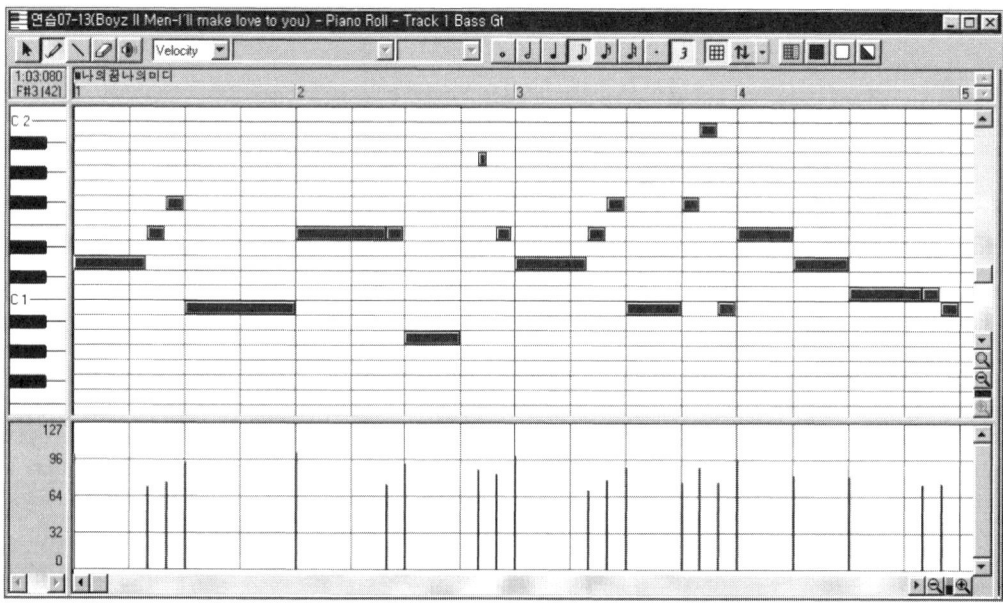

<템포=48, Fingered Bass>

♪ RB-309.mp3

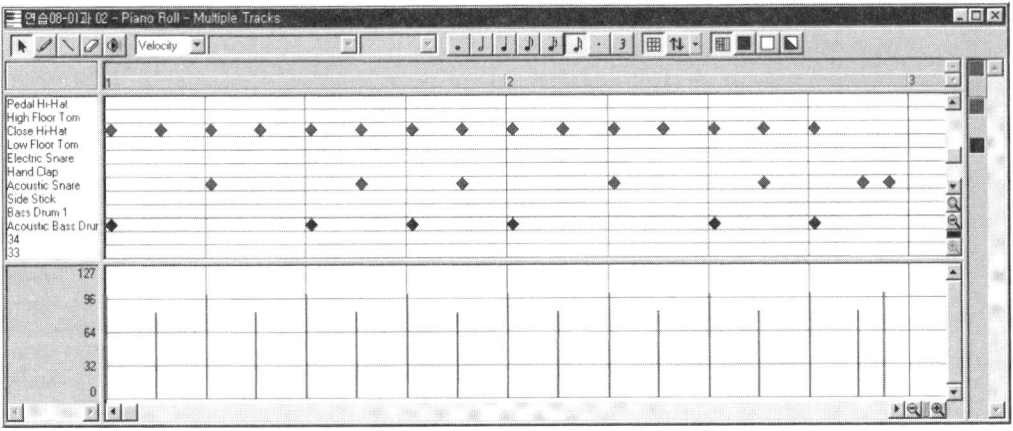

♪ RB-310.mp3

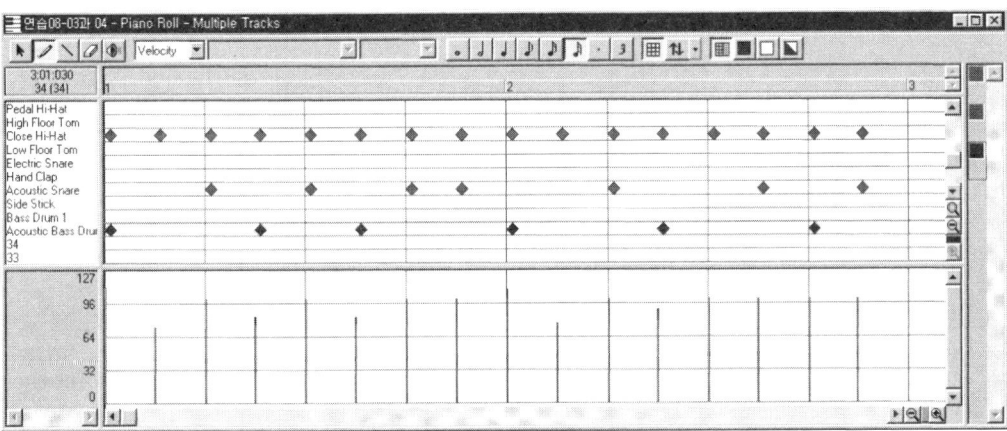

♪ RB-311.mp3

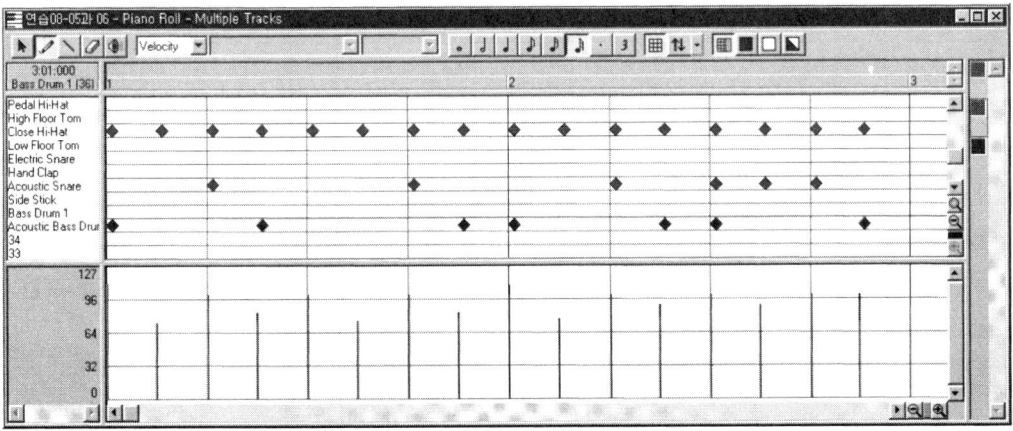

♪ RB-312.mp3

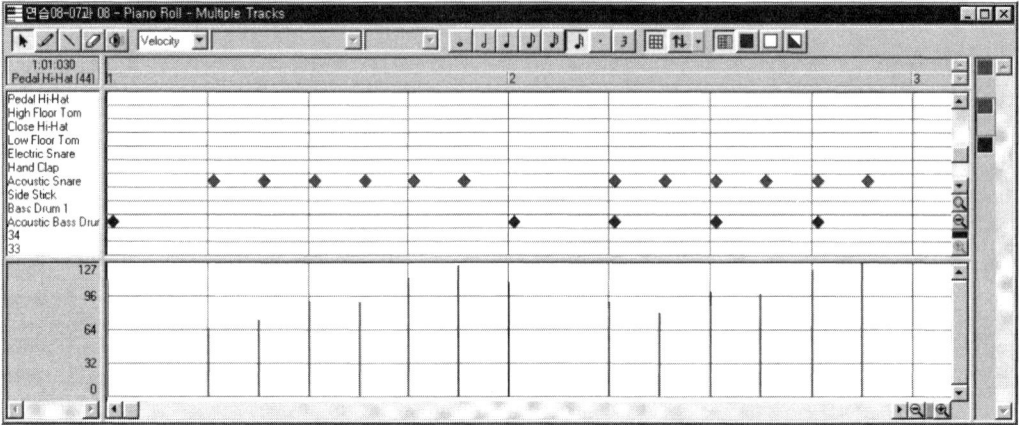

♪ RB-313.mp3

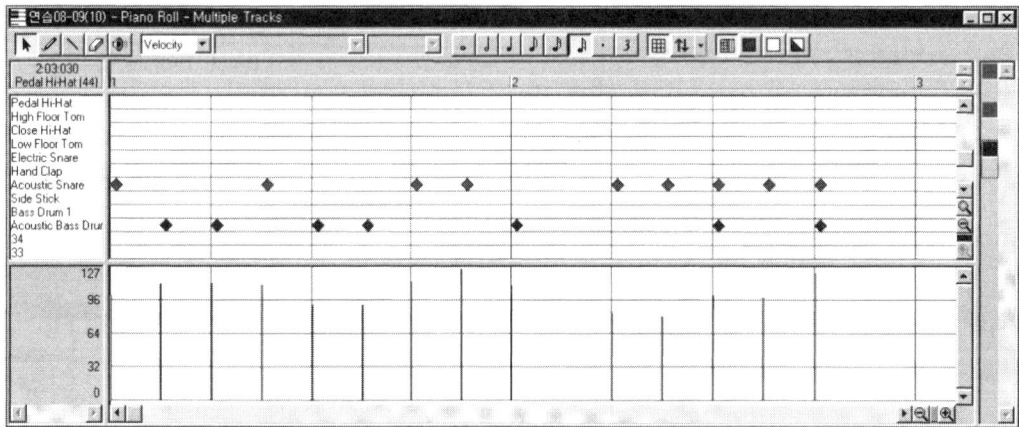

♪ RB-314.mp3

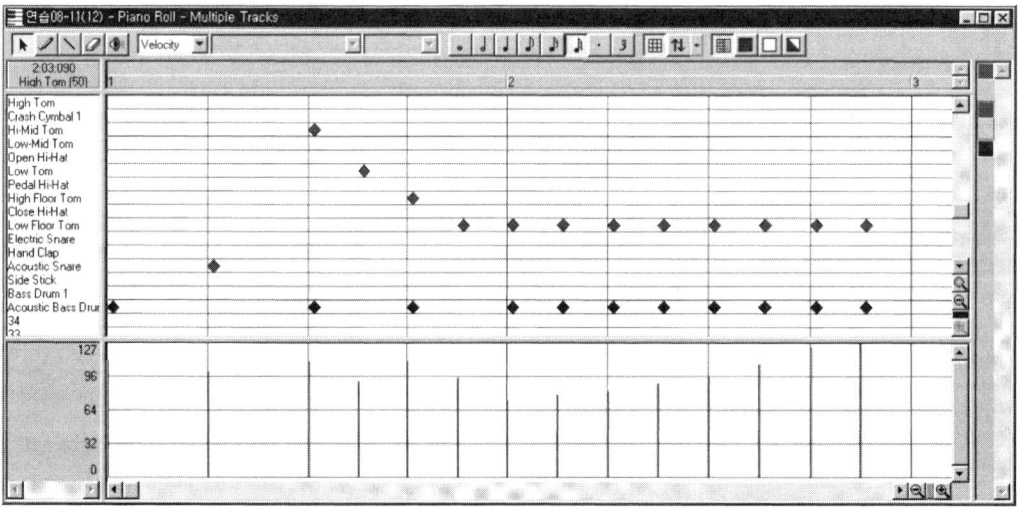

모범답안

♪ RB-315.mp3

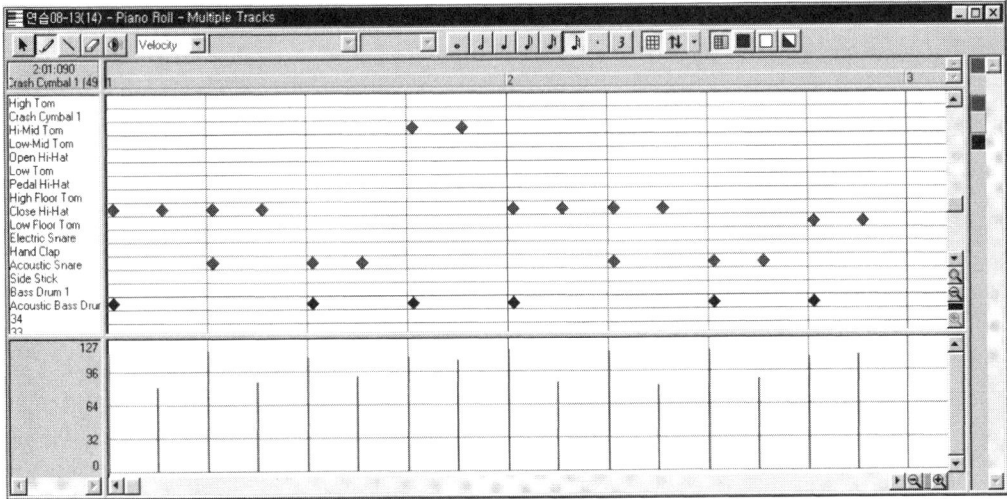

♪ RB-316.mp3

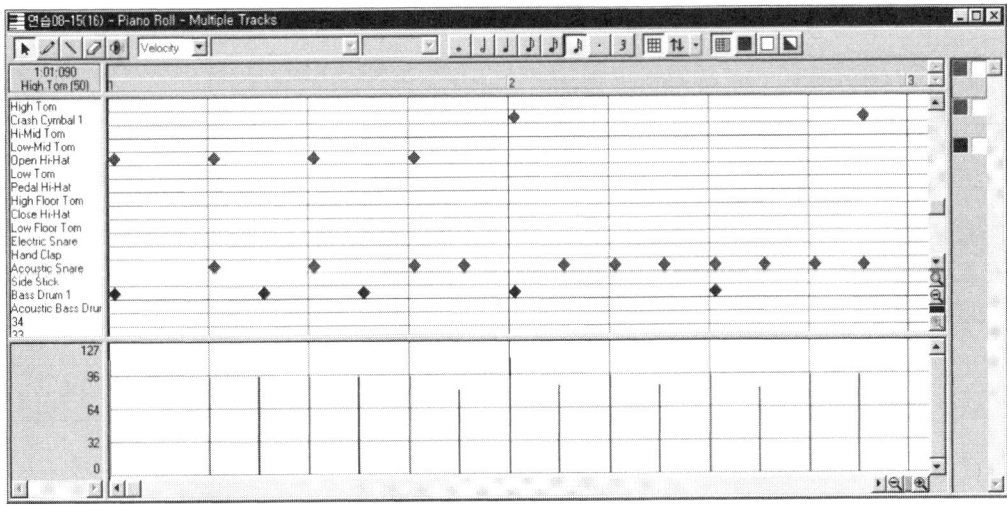

♪ RB-317.mp3

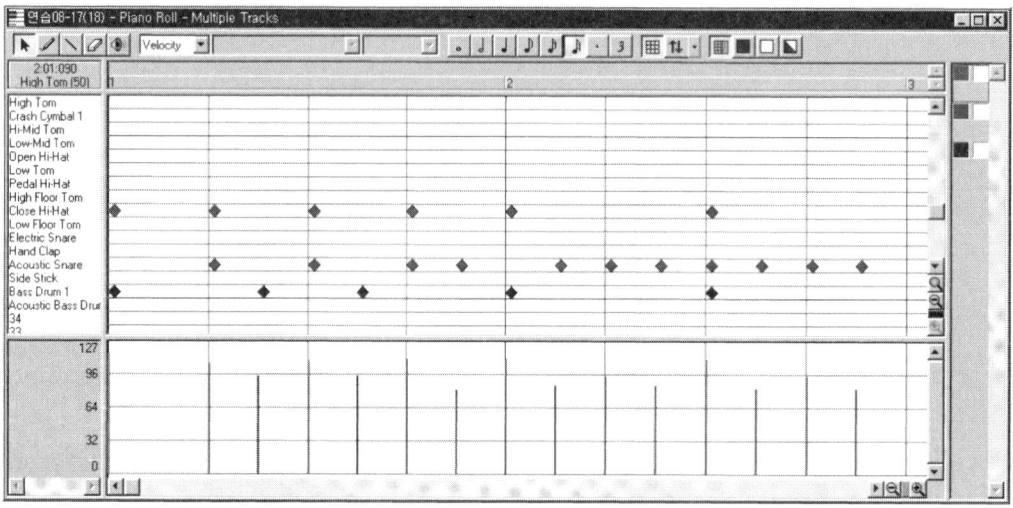

<클로즈 하이햇의 작은 변화>

♪ RB-318.mp3

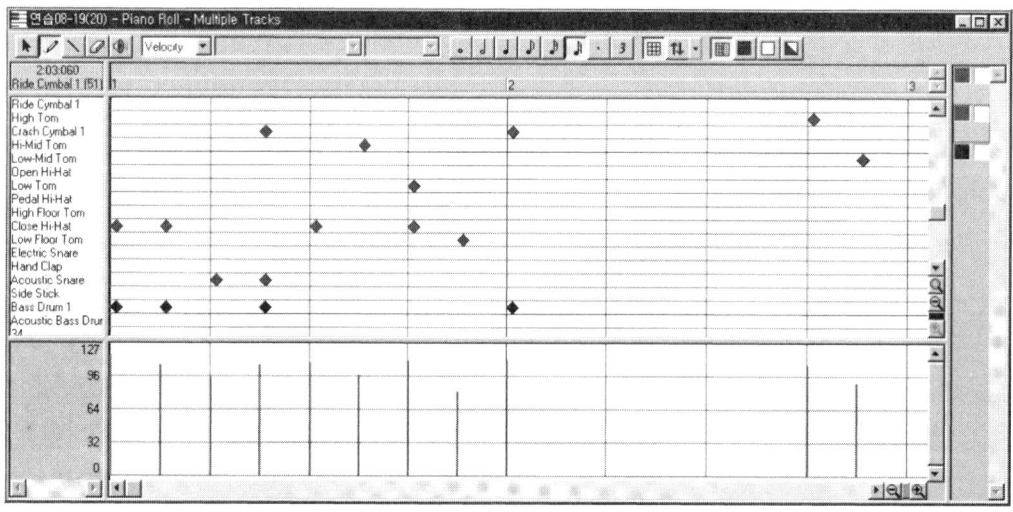

모범답안

♪ RB-319.mp3

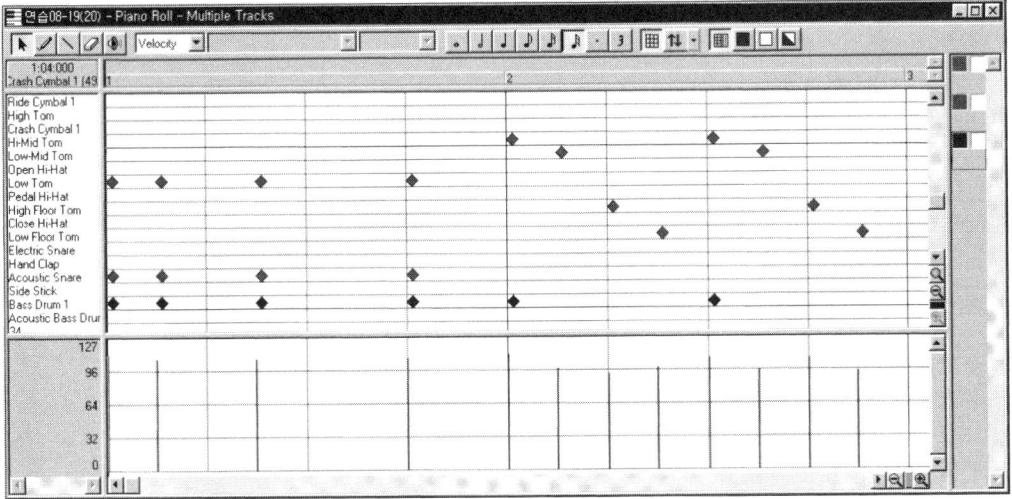

♪ RB-320.mp3

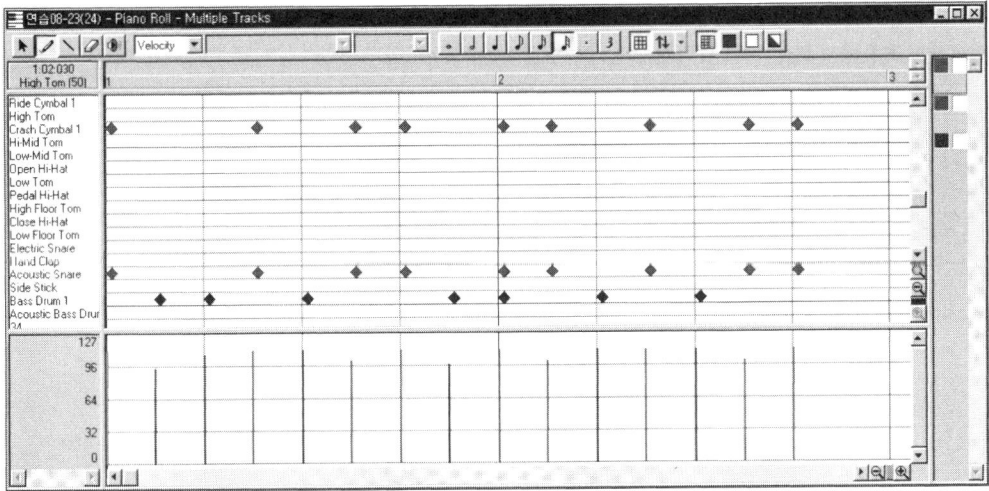

♪ RB-321.mp3

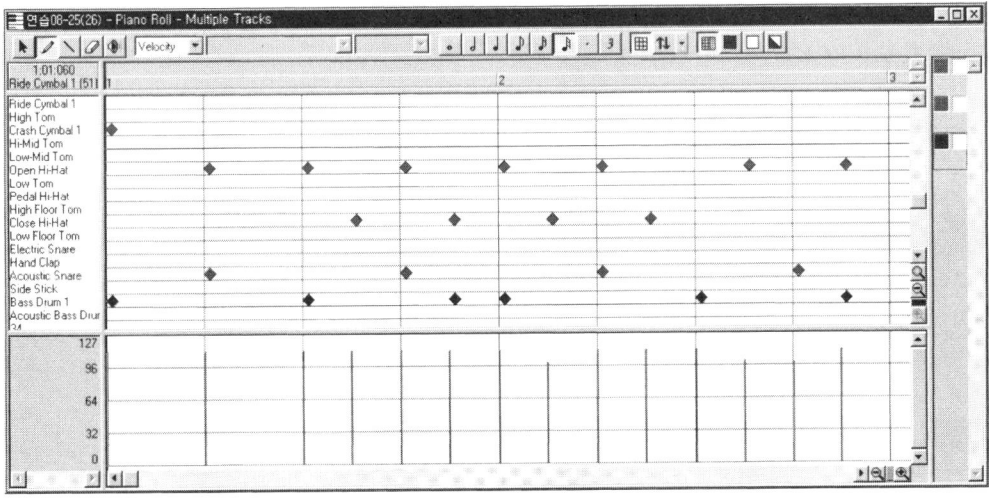

모범답안

♪ RB-322(Nirvana-All Appologies).mp3

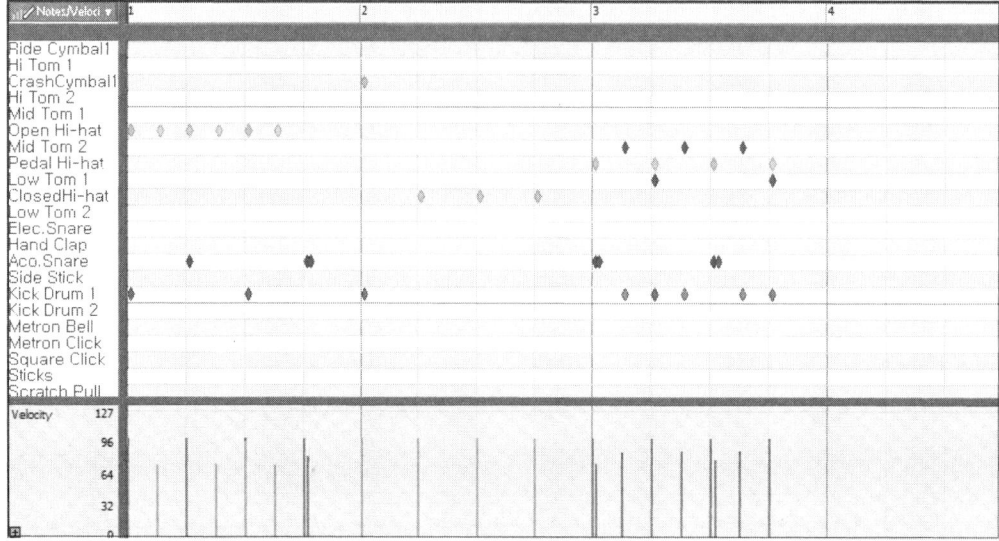

♪ RB-323(Quiet Riot-Love's A Bitch).mp3

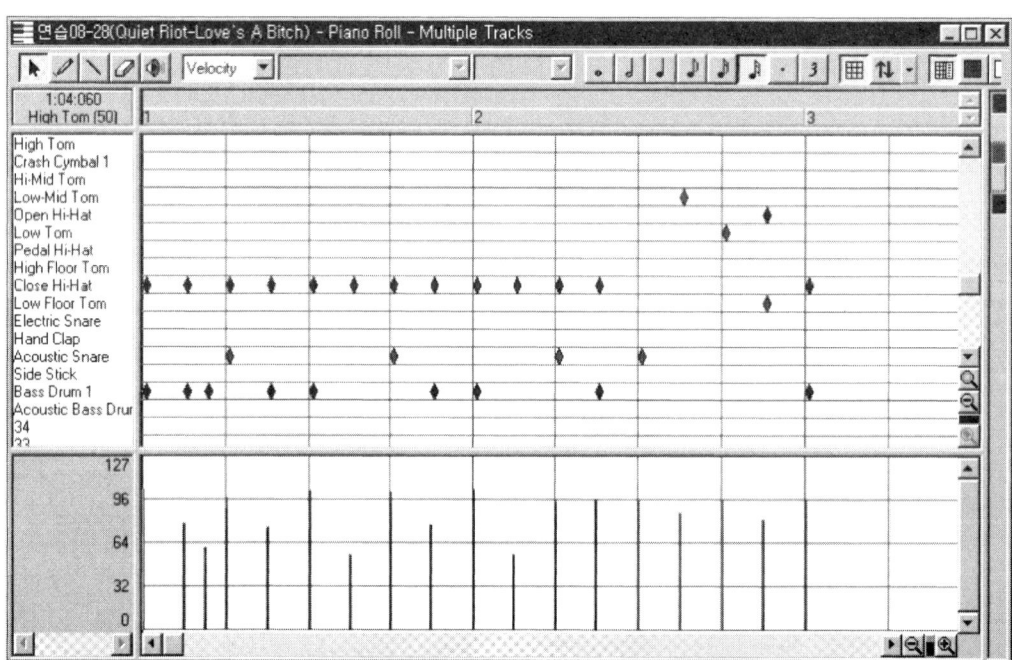

<템포=105>

모범답안

♪ RB-324(Bon Jovi-In These Arms).mp3

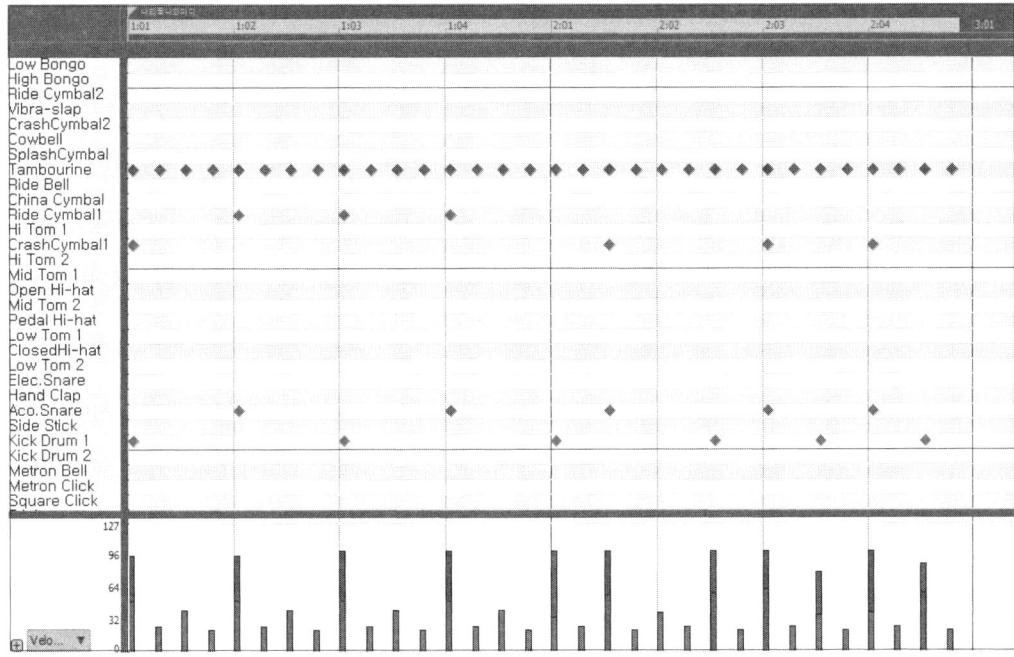

<템포=125>

♪ RB-325(Madonna-Crazy For You).mp3

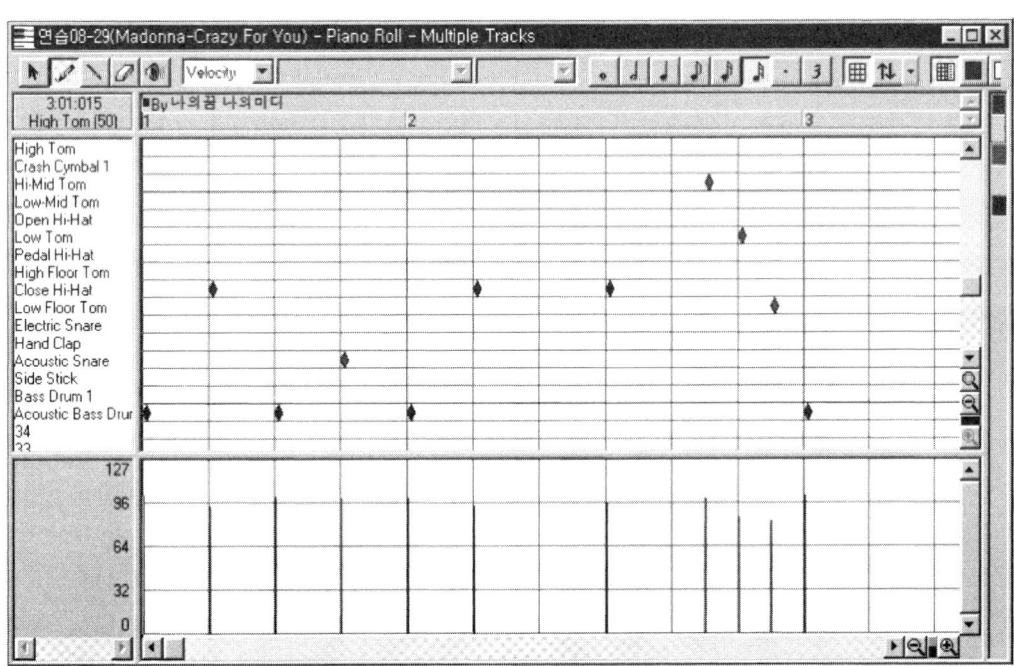

<템포=95>

♪ RB-326.mp3

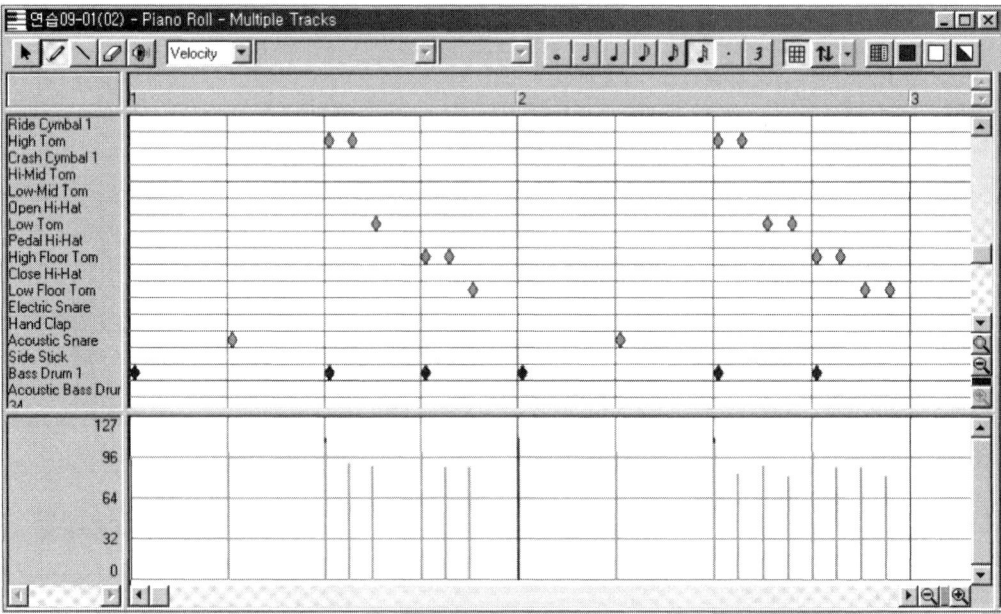

♪ RB-327.mp3

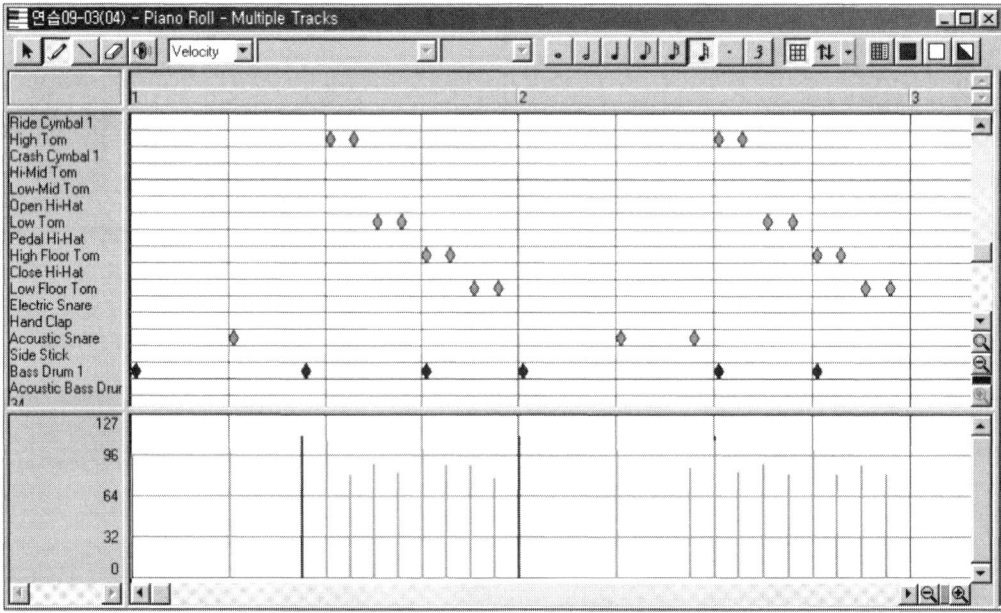

모범답안

♪ RB-328.mp3

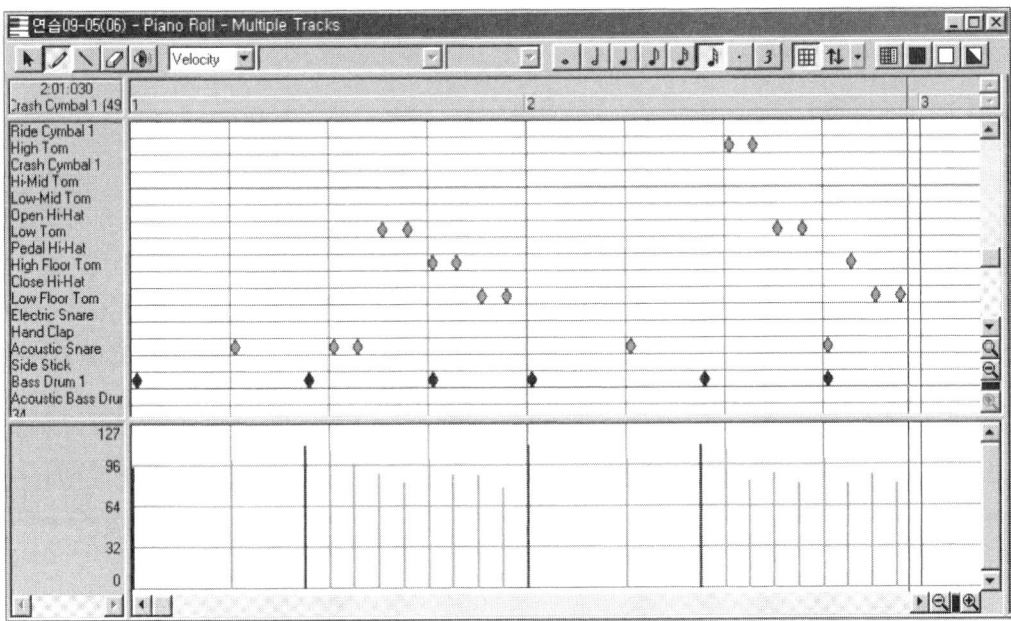

♪ RB-329.mp3

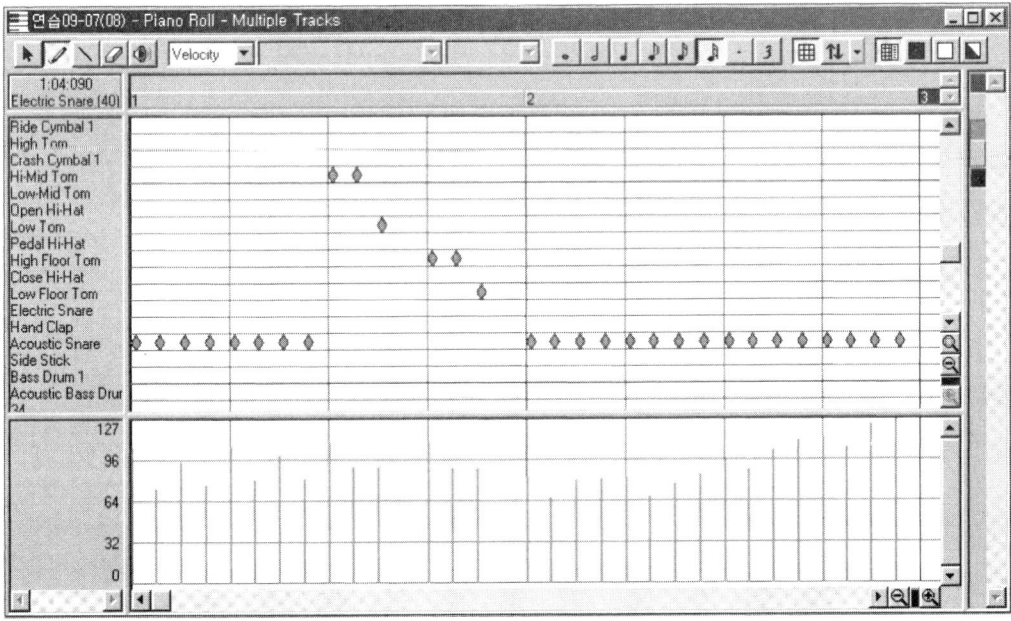

♪ RB-330.mp3

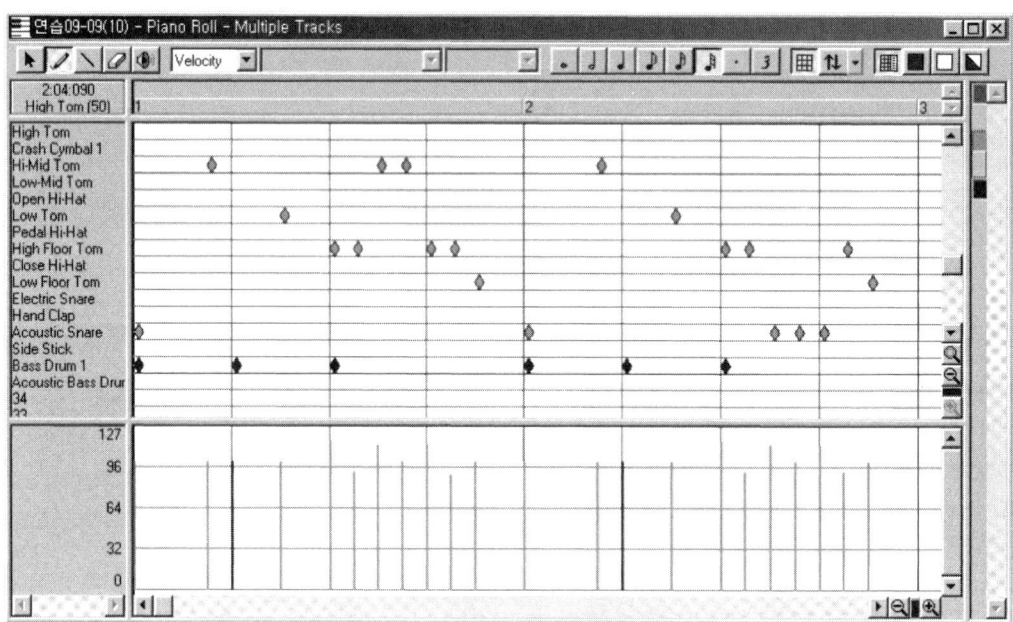

♪ RB-331.mp3

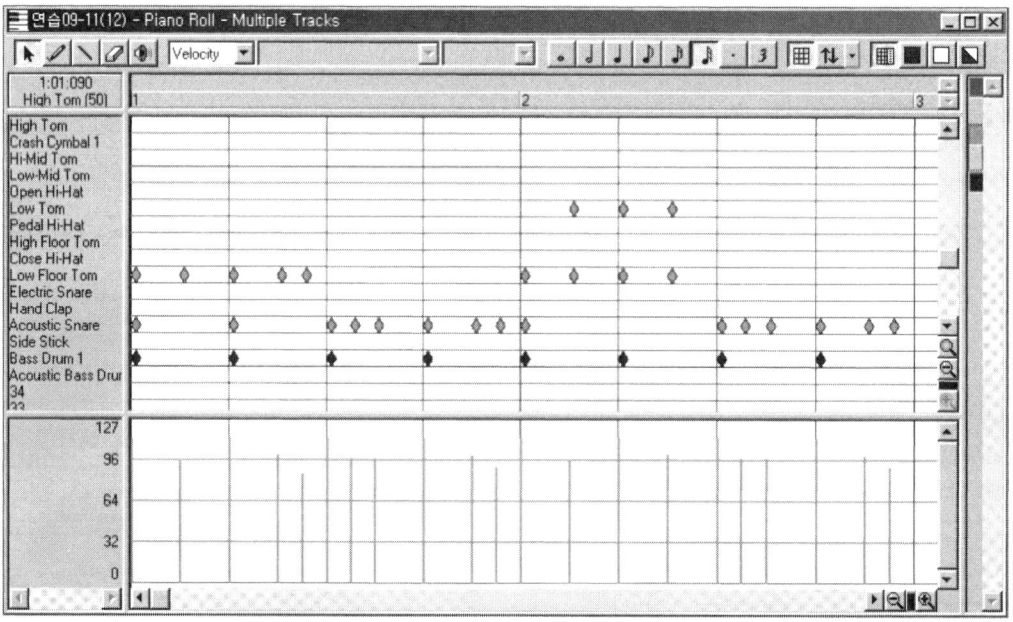

모범답안

♪ RB-332.mp3

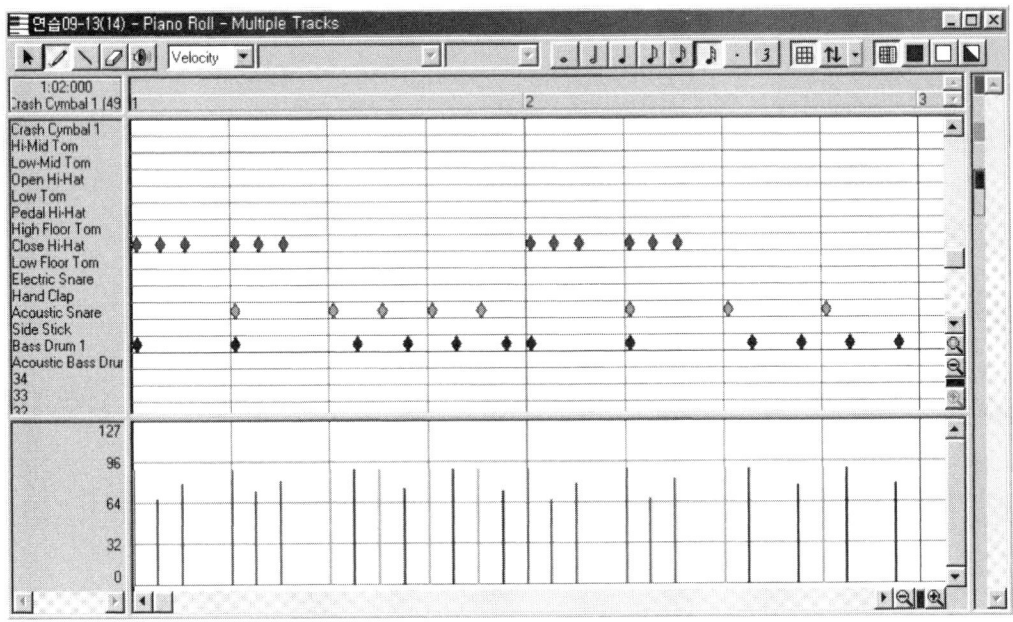

♪ RB-333.mp3

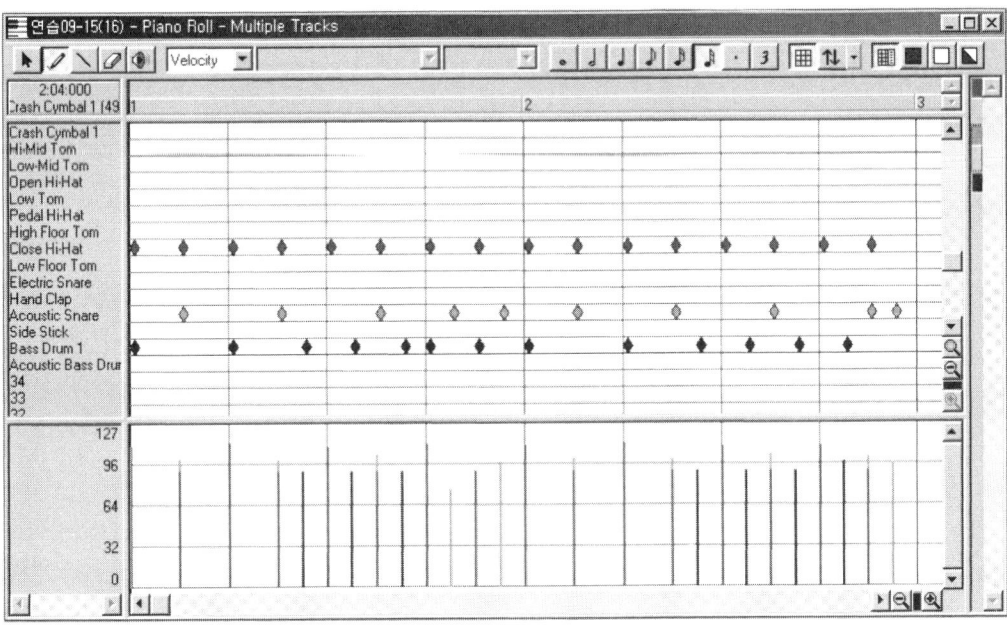

♪ RB-334.mp3

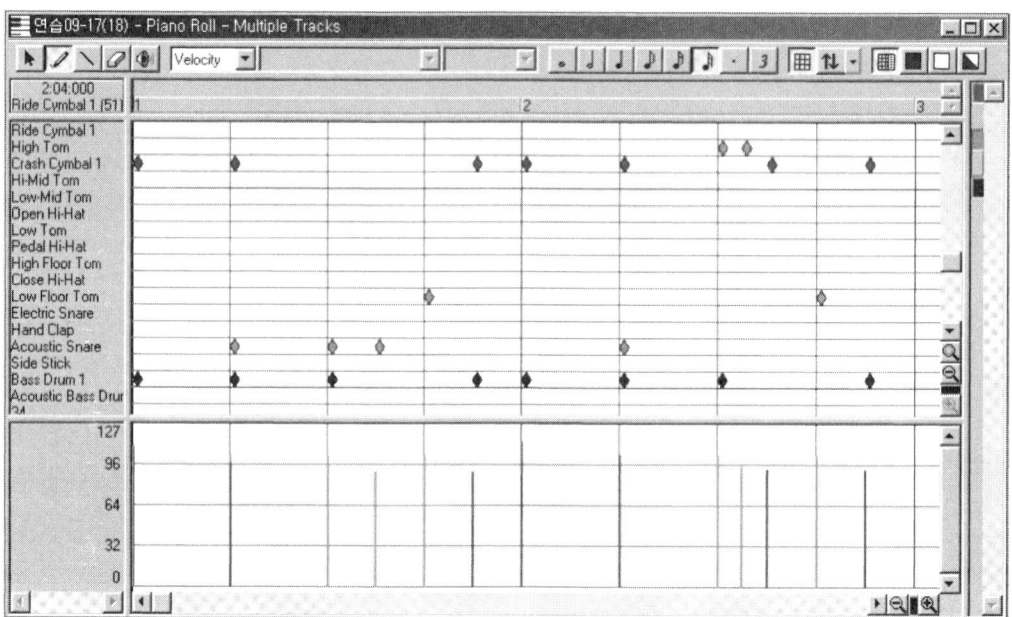

♪ RB-335.mp3

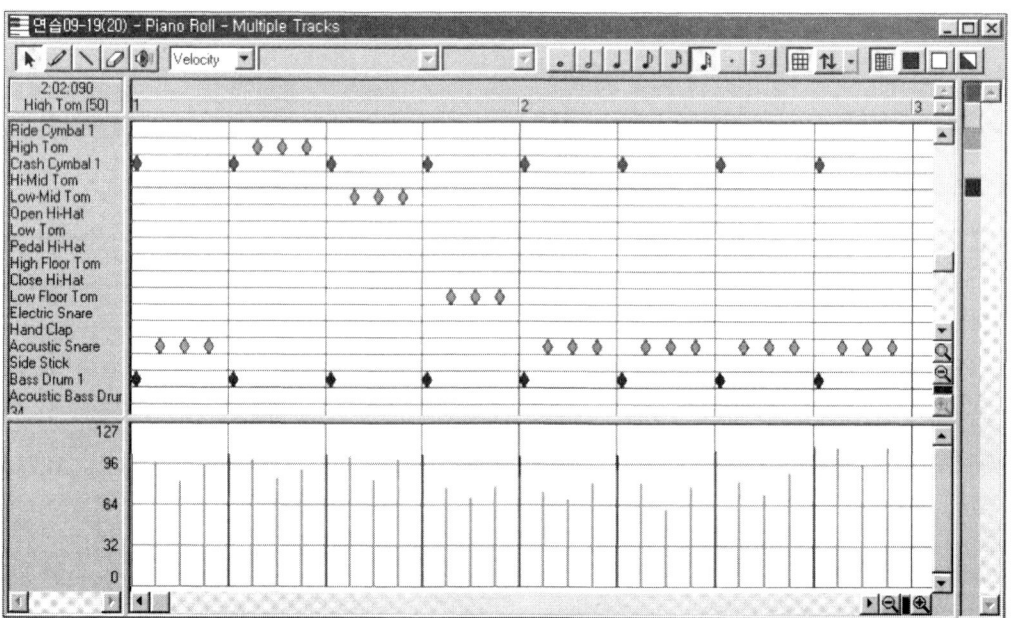

♪ RB-336(Def Leppard-Billy's Got A Gun).mp3

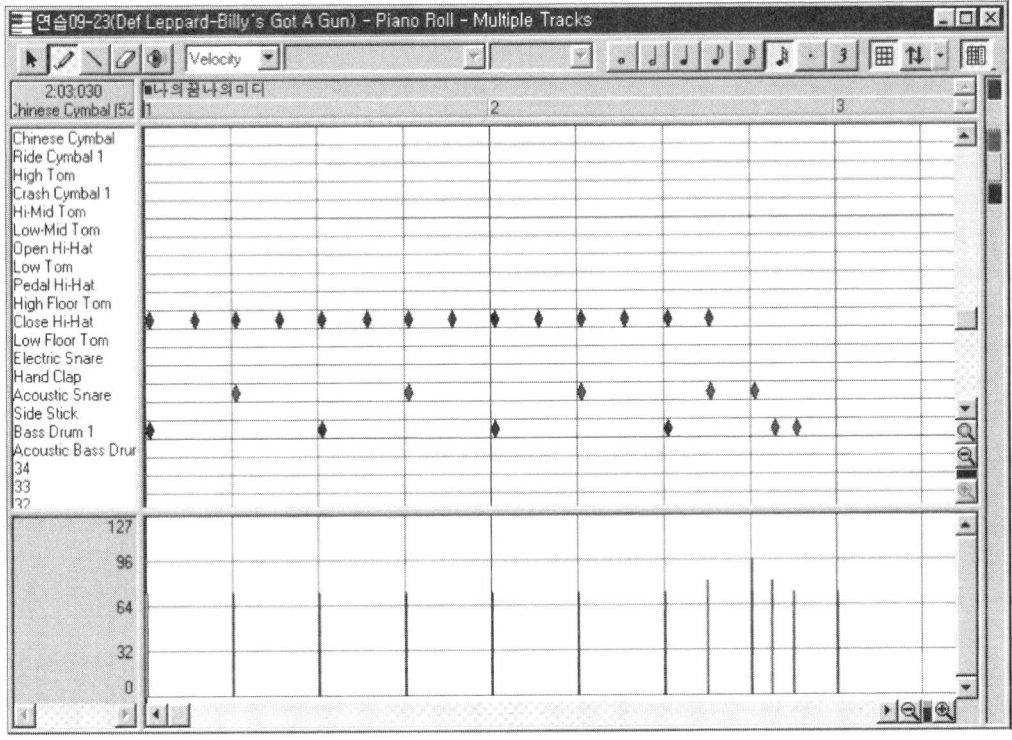

<템포=93>

♪ RB-337(Def Leppard-Billy's Got A Gun).mp3

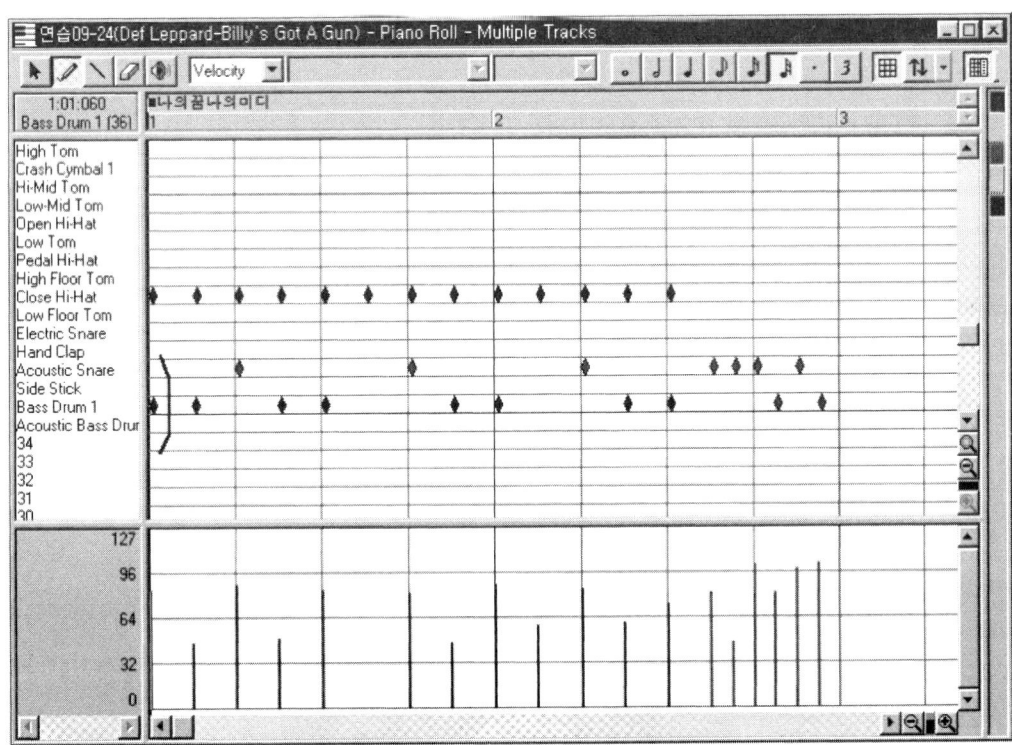

<템포=93>

♪ RB-338(Mariah Carey -Anytime You Need A Friend).mp3

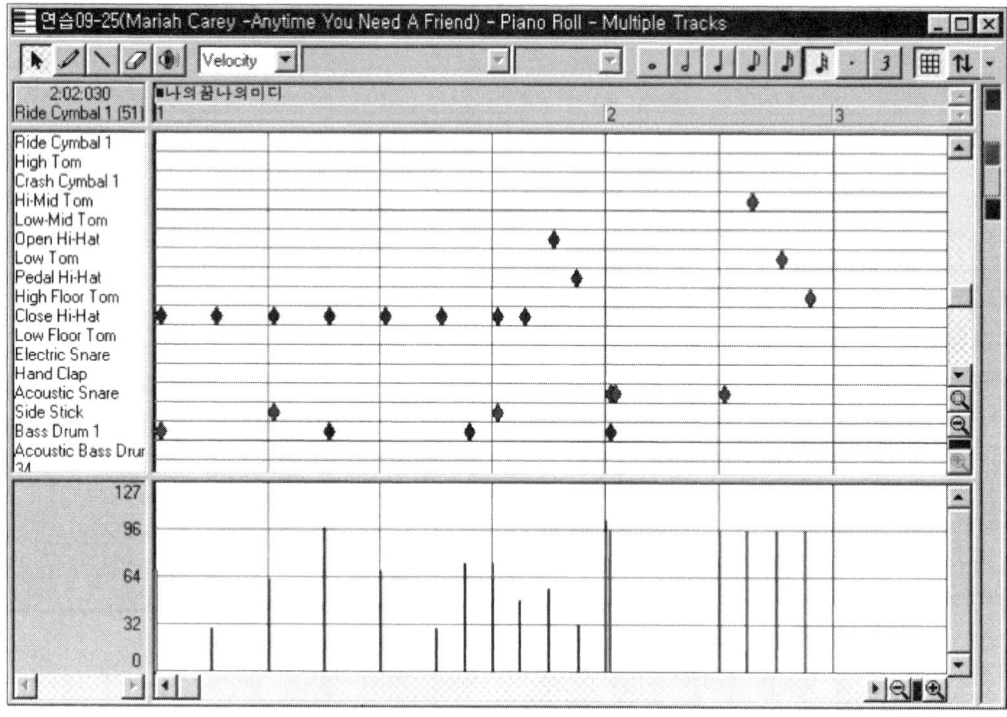

<템포=68>

♪ RB-339(N Sync-Here We Go).mp3

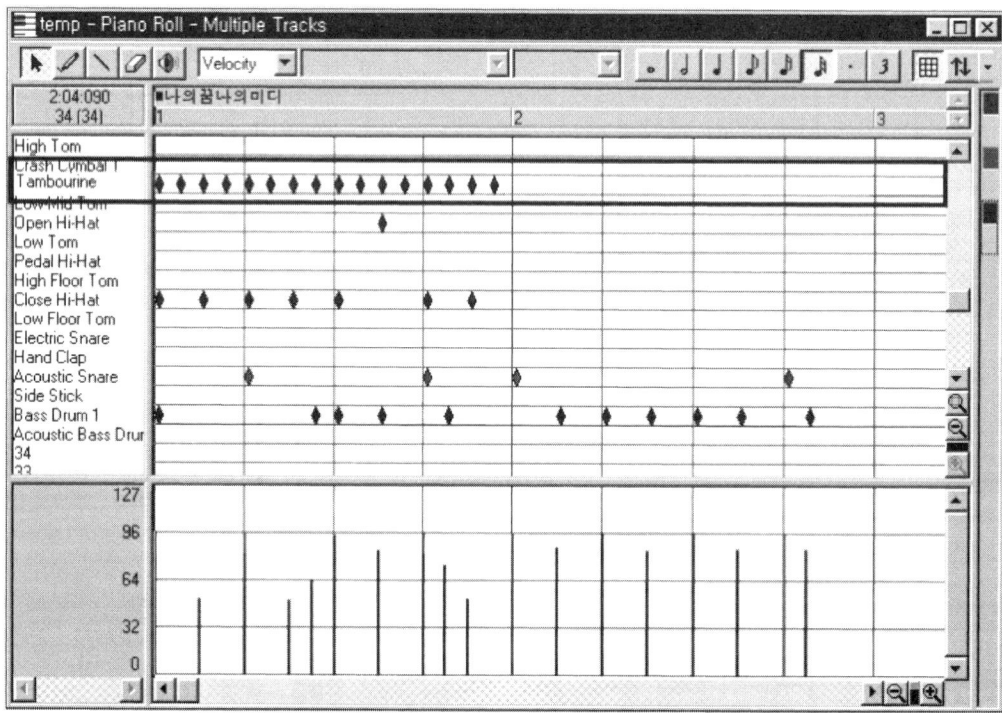

<템포=115>

♪ RB-340(Britney Spears-Born To Make You Happy).mp3

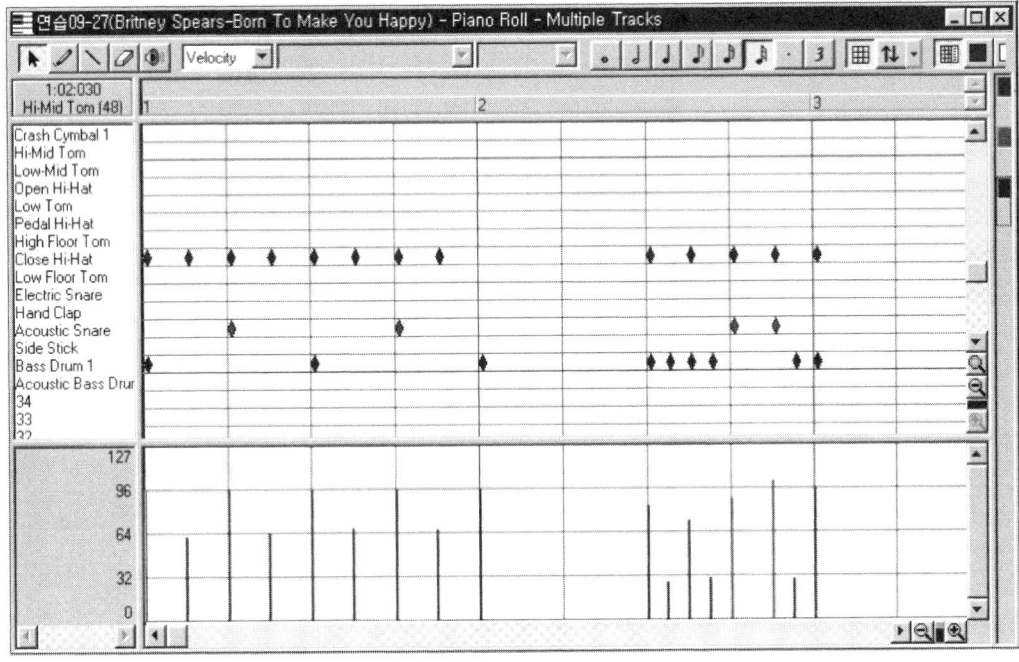

<템포=115>

♪ RB-341(Britney Spears-Born To Make You Happy).mp3

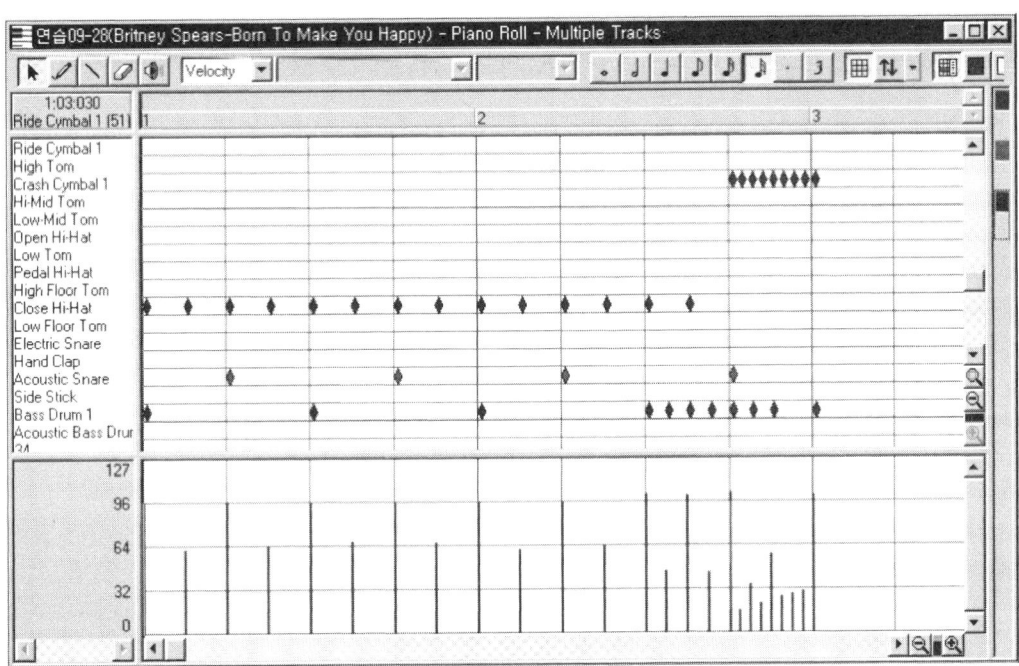

<템포=115>

♪ RB-342(BT-Flaming june).mp3

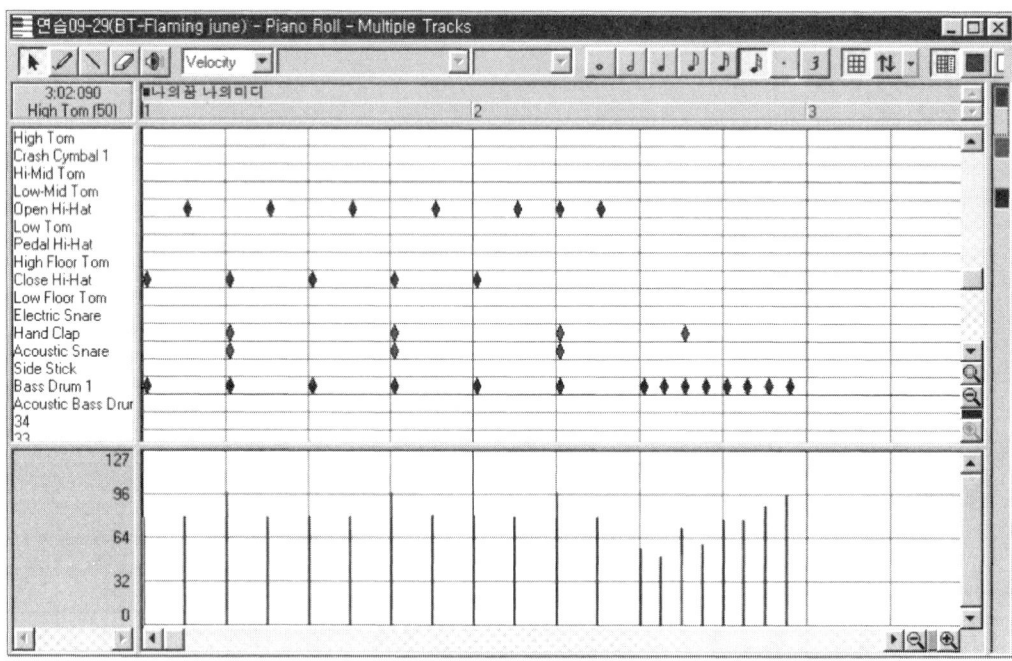

<템포=138>

♪ RB-343.mp3

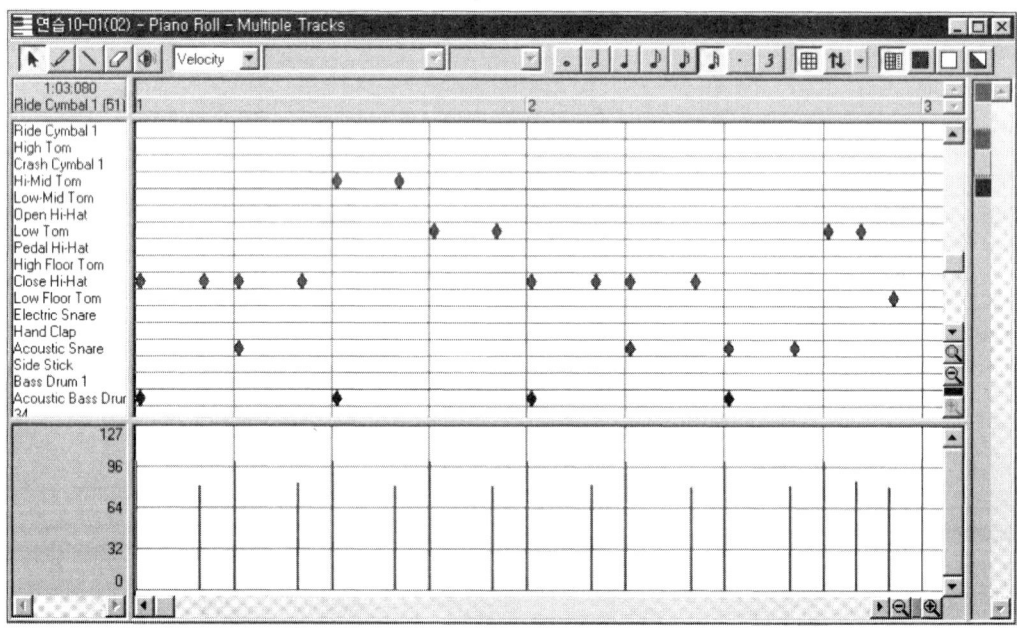

♪ RB-344.mp3

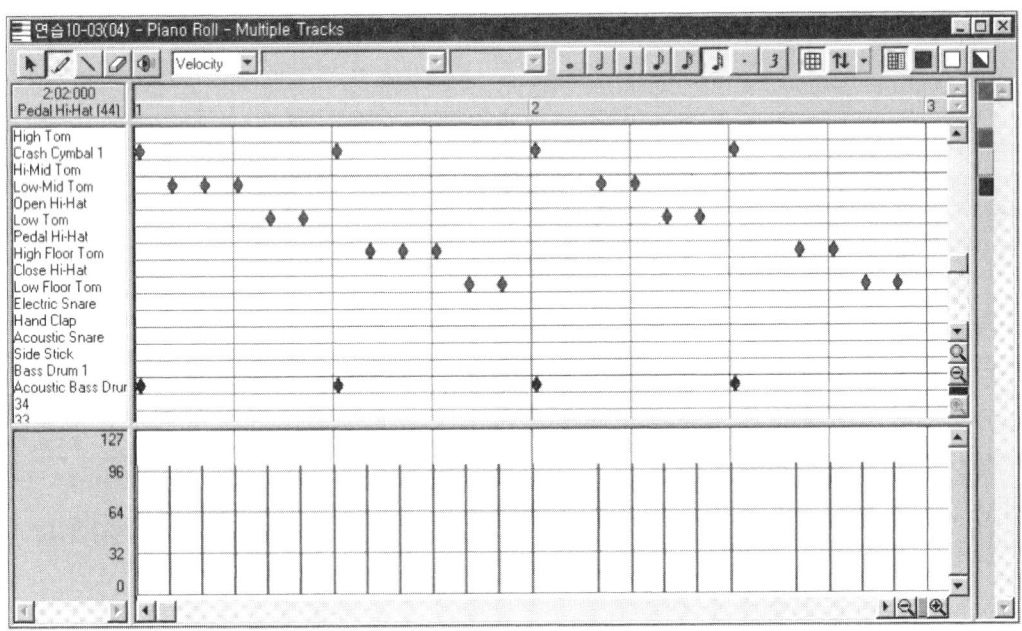

♪ RB-345.mp3

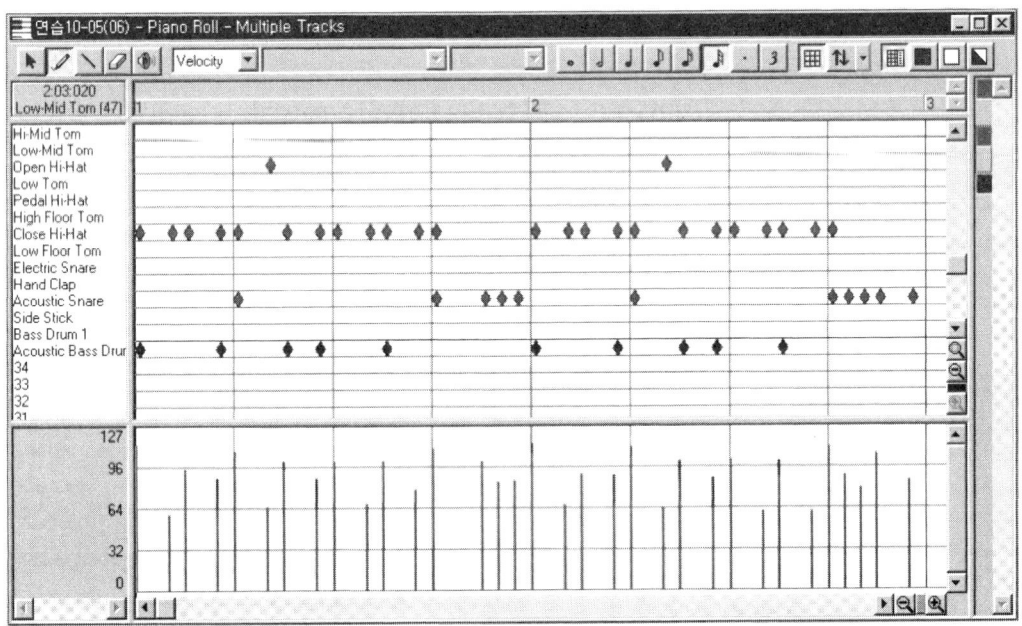

♪ RB-346.mp3

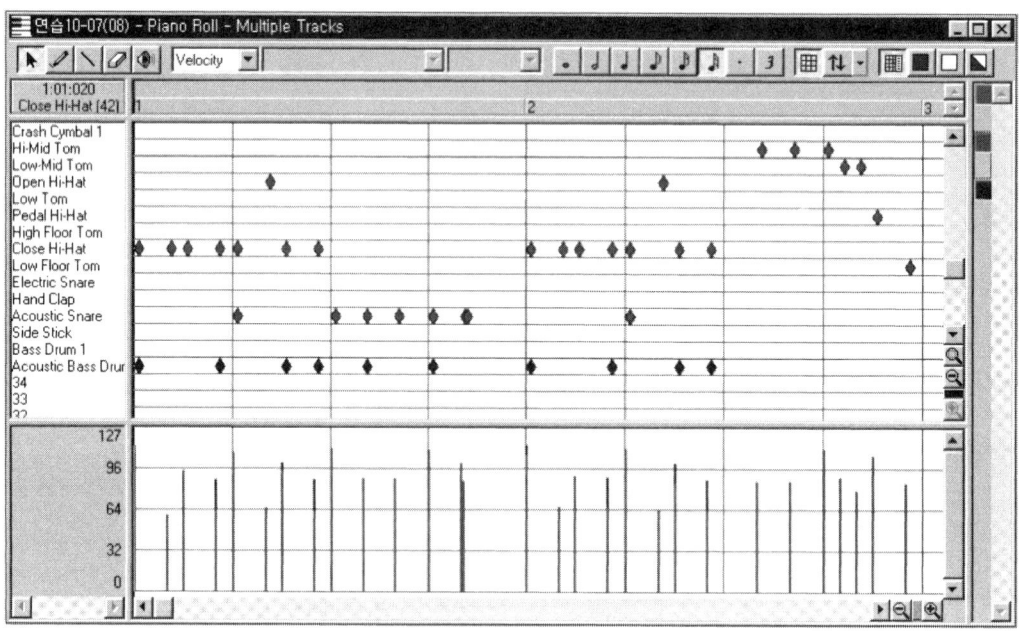

♪ RB-347.mp3

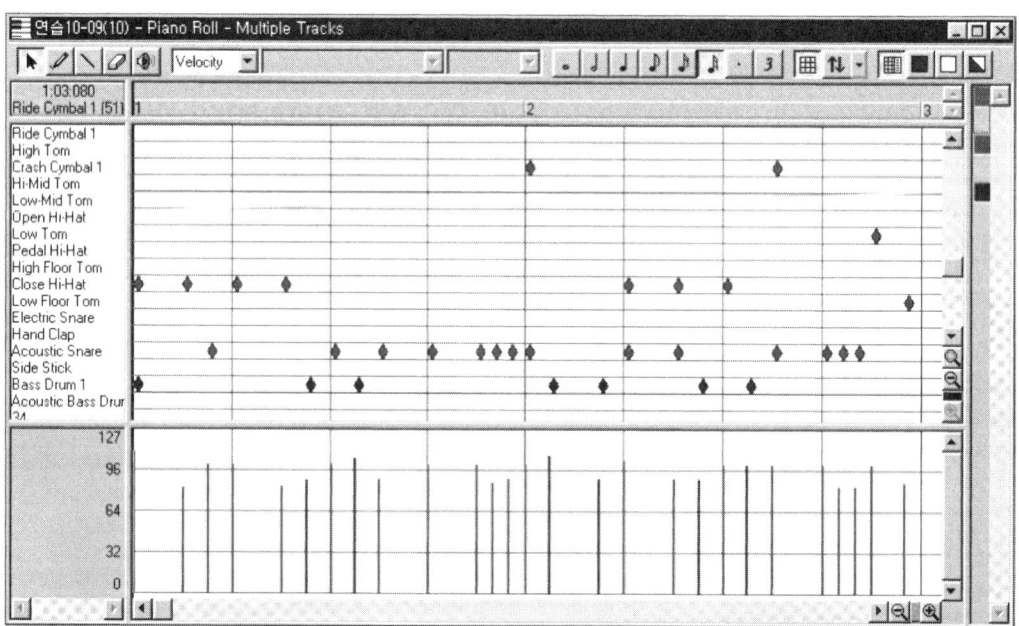

♪ RB-348.mp3

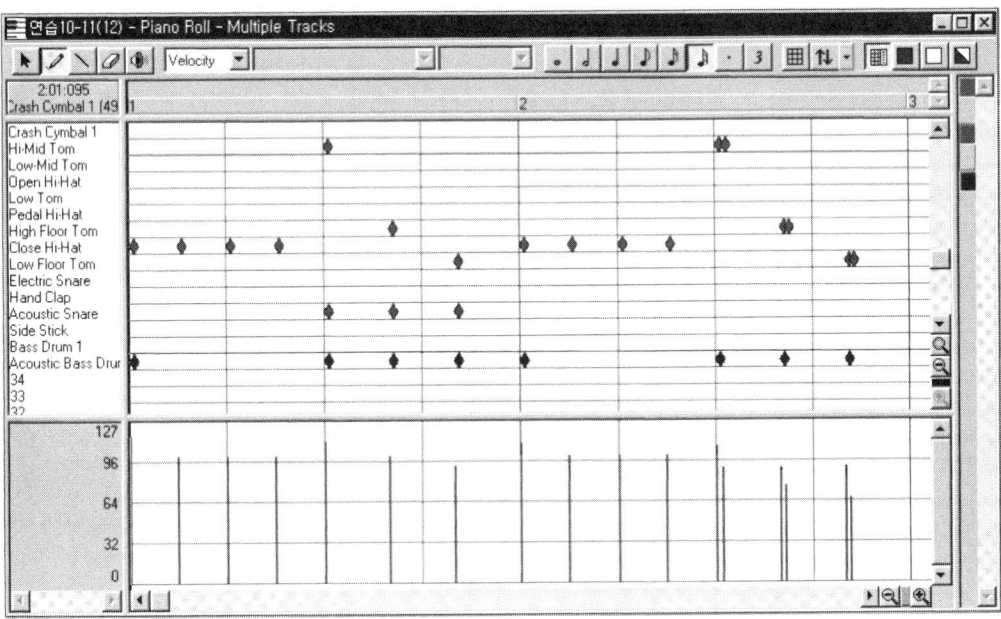

♪ RB-349.mp3

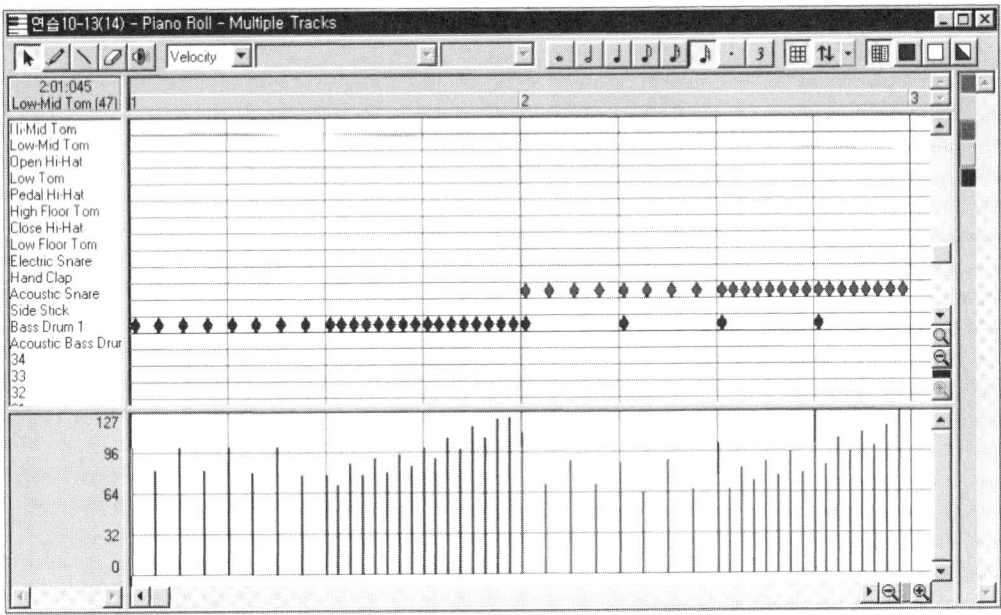

모범답안

♪ RB-350(Journey-Open Arms).mp3

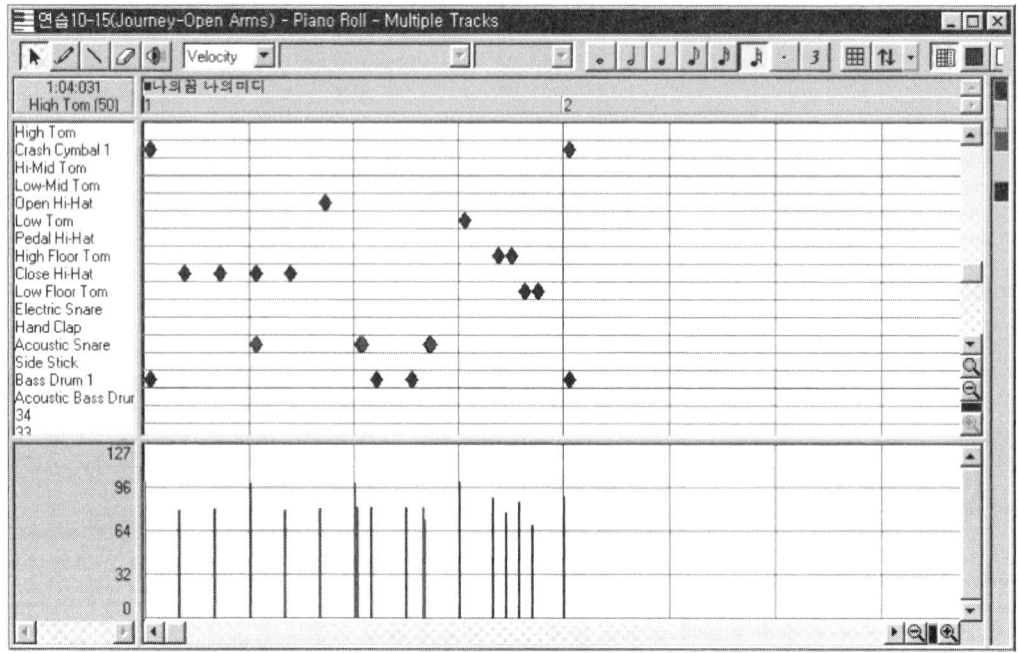

<템포=35>

♪ RB-351(Boyz II Men-I'll make love to you).mp3

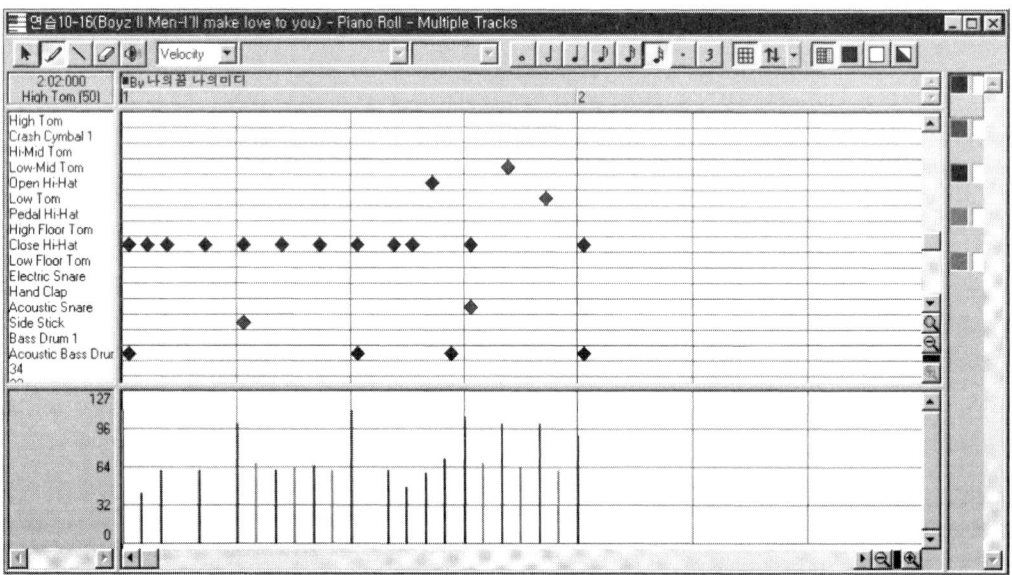

<템포=48>

♪ RB-352(Stevie Wonder-Part time Lover).mp3

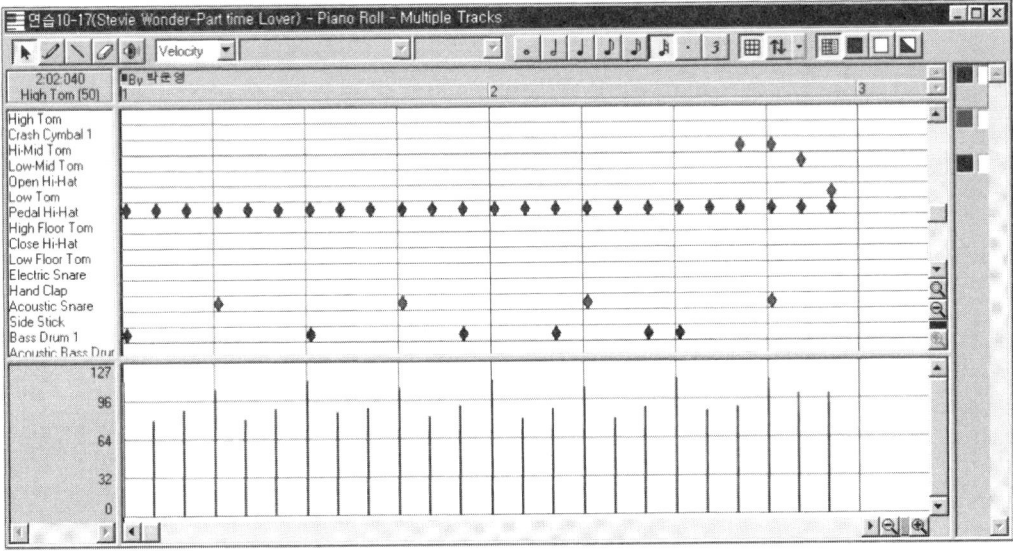

<템포=175>

♪ RB-353(Mariah Carey-And You Don't Remember).mp3

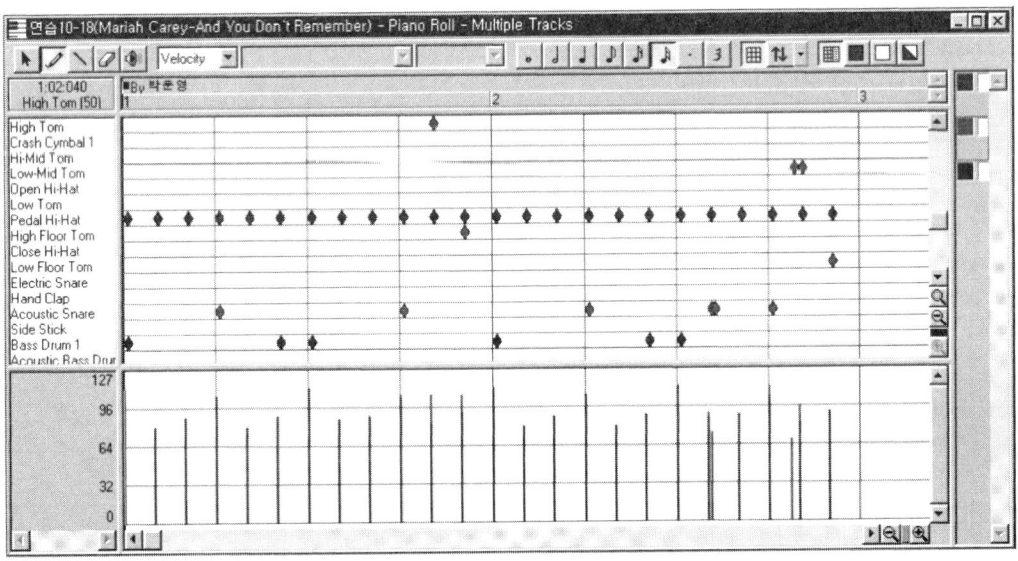

<템포=50>

♪ RB-354(Jamiroquai-Virtual Insanity).mp3

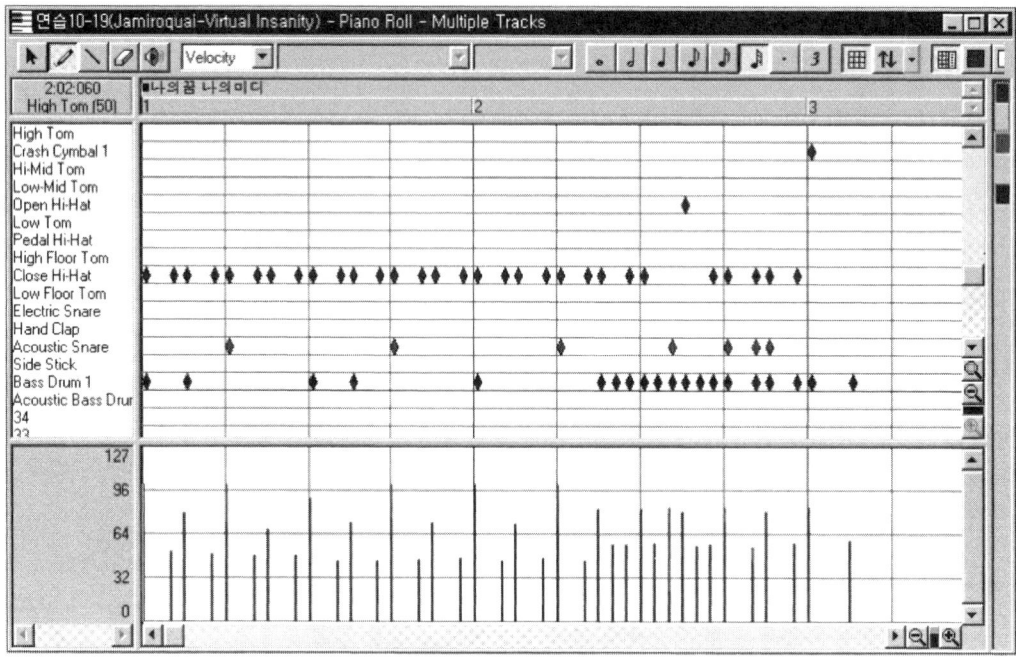

<템포=92>

♪ RB-359(Babyface-nobody knows it but me).mp3

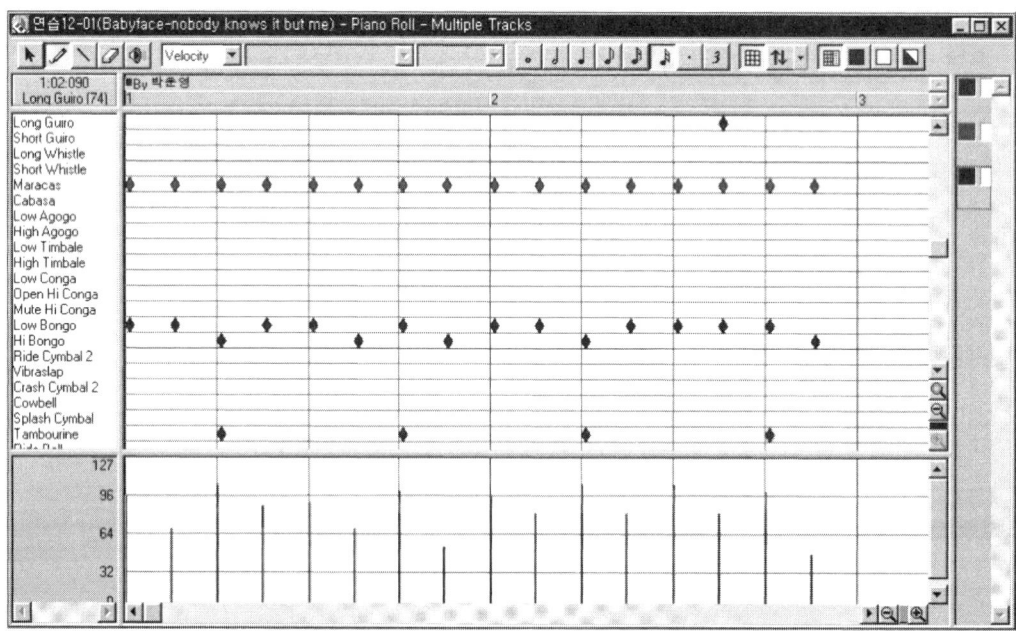

<템포=89>

♬ RB-360(Boyz 2 Men-Do You Remember).mp3

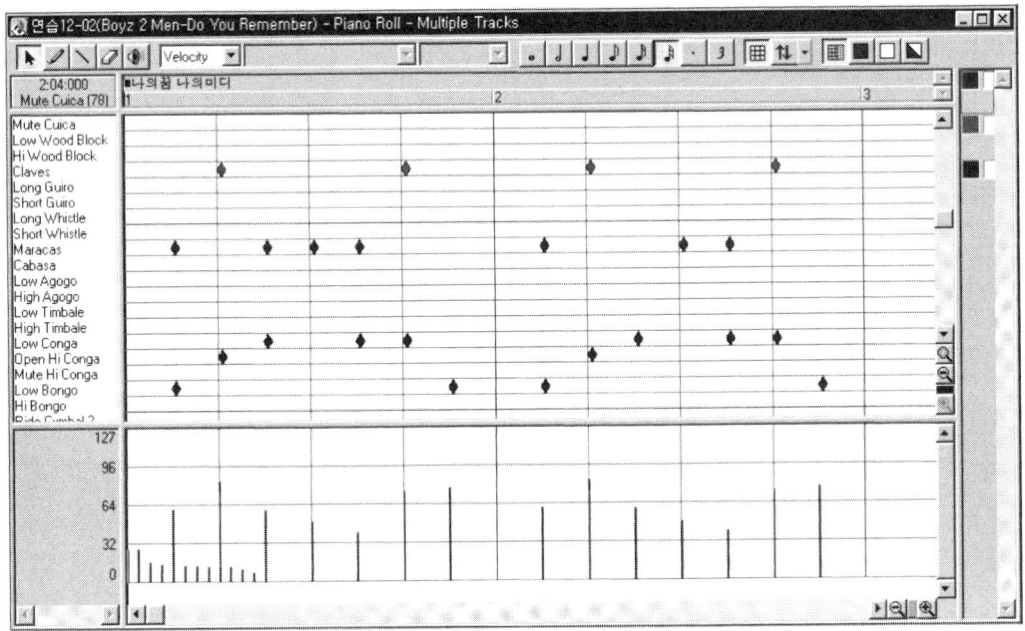

<템포=86>

♬ RB-361(Madonna-La Isla Bonita).mp3

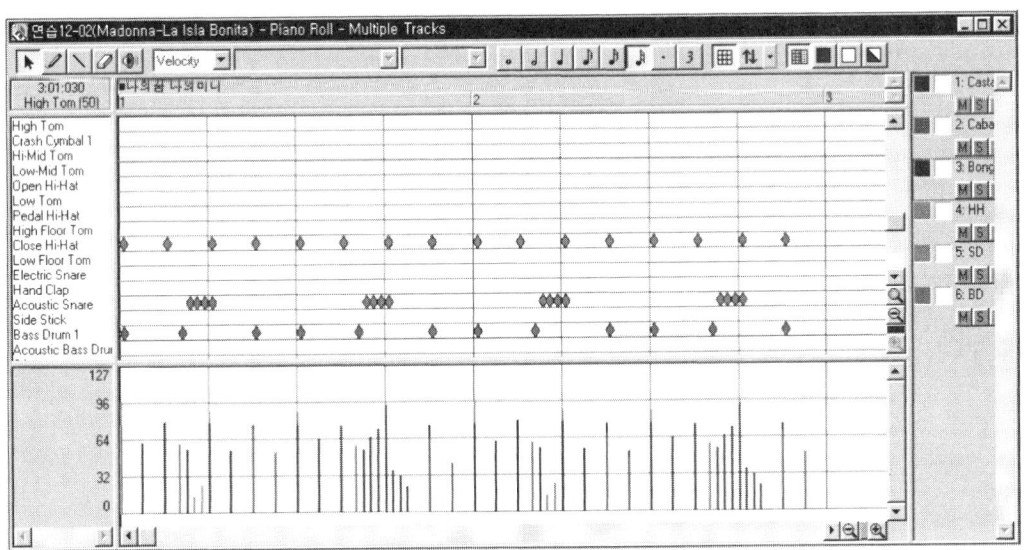

<베이스드럼, 스네어드럼, 클로즈 하이햇: 템포=100>

모범답안

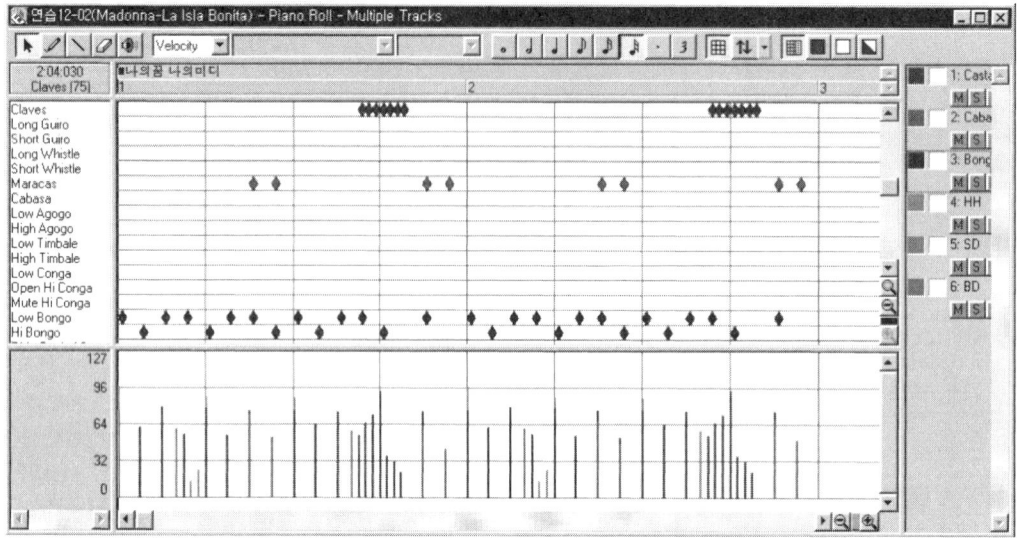

<봉코, 마라카스, 귀로>

♪ RB-362(Stevie Wonder-True To Your Heart).mp3

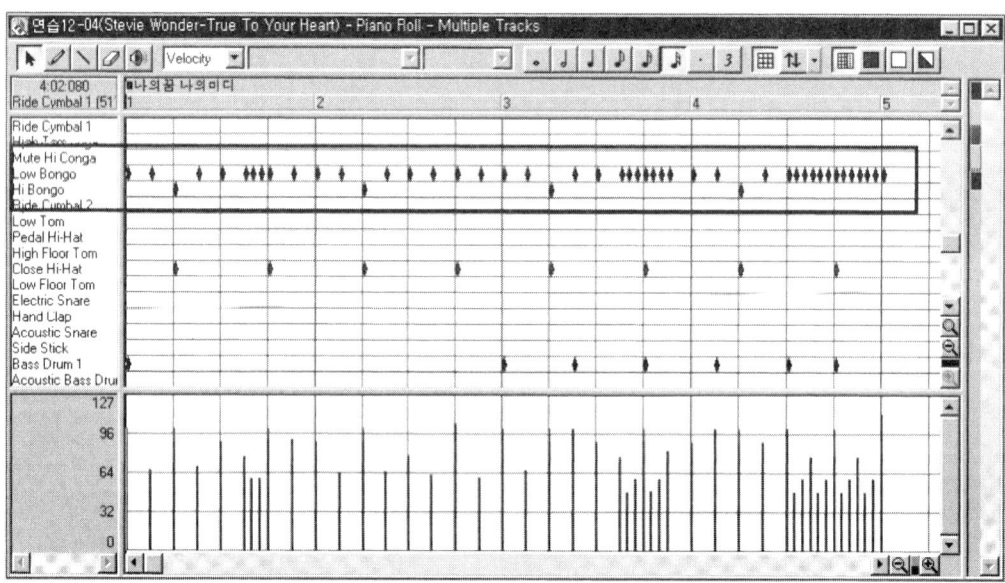

<템포=130>

- 218 -

♪ RB-363.mp3

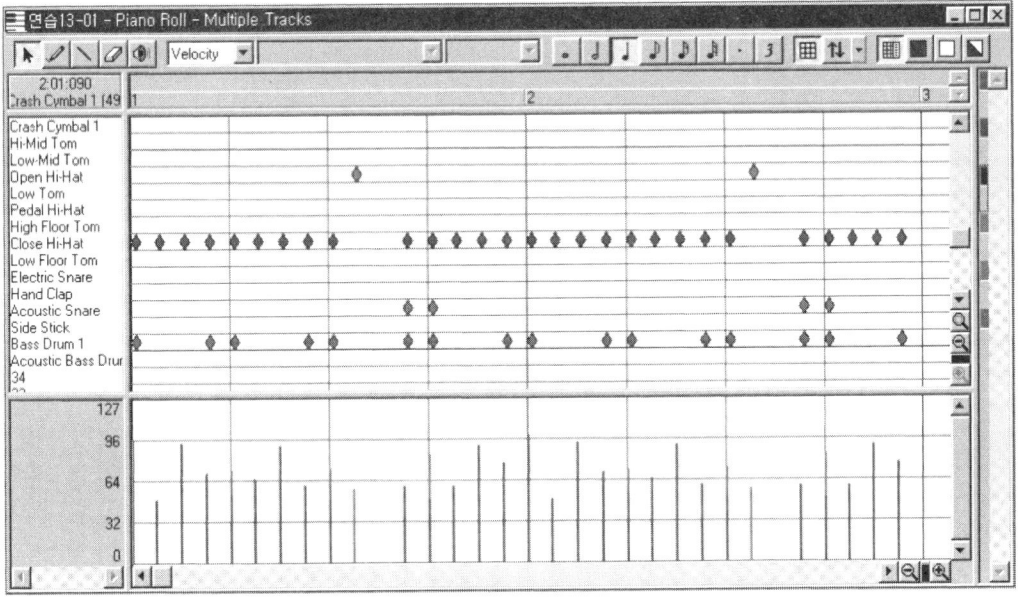

<삼바(Samba)-브라질>

♪ RB-364.mp3

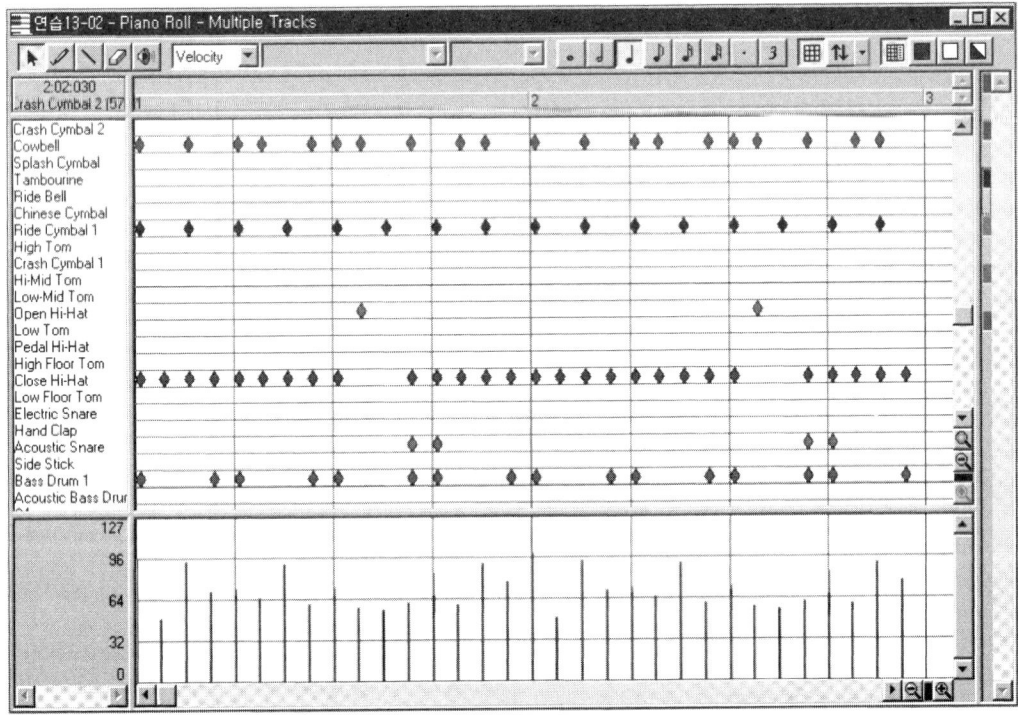

<삼바-첨가>

♪ RB-365.mp3

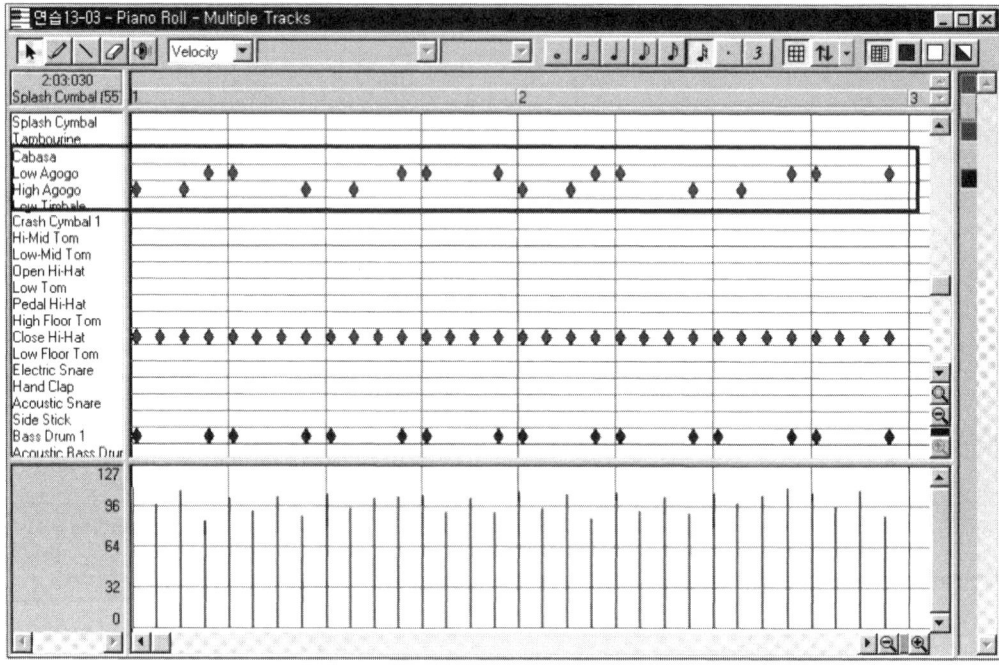

<삼바>

♪ RB-366.mp3

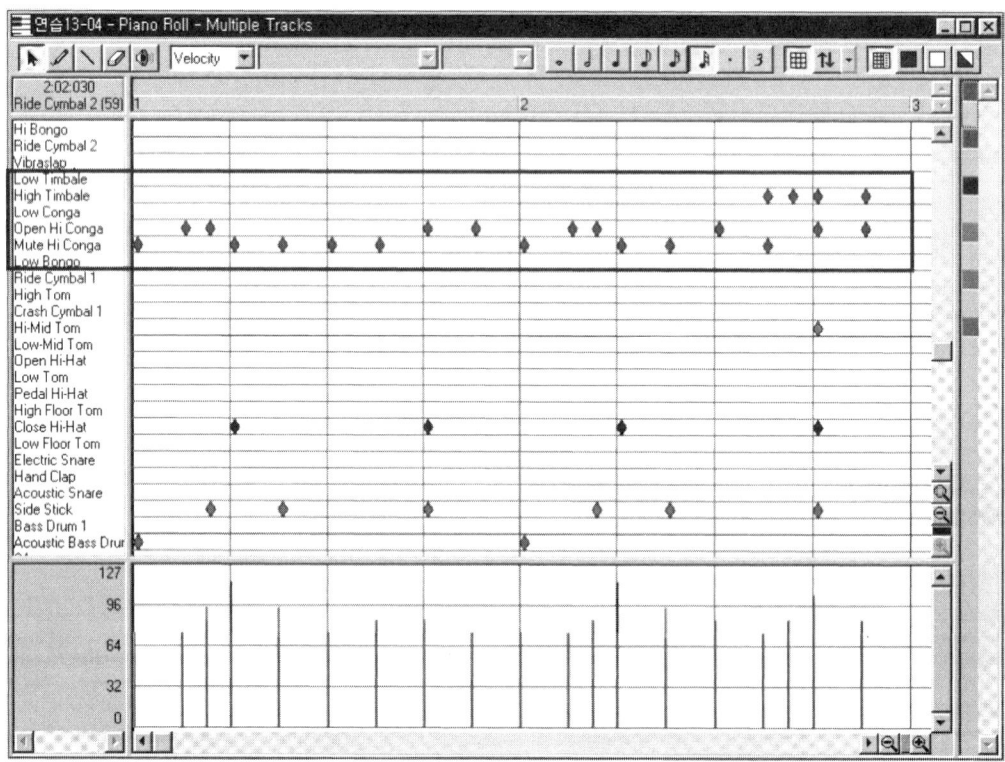

<룸바(Rhumba)의 기본과 필인-쿠바>

♪ RB-367.mp3

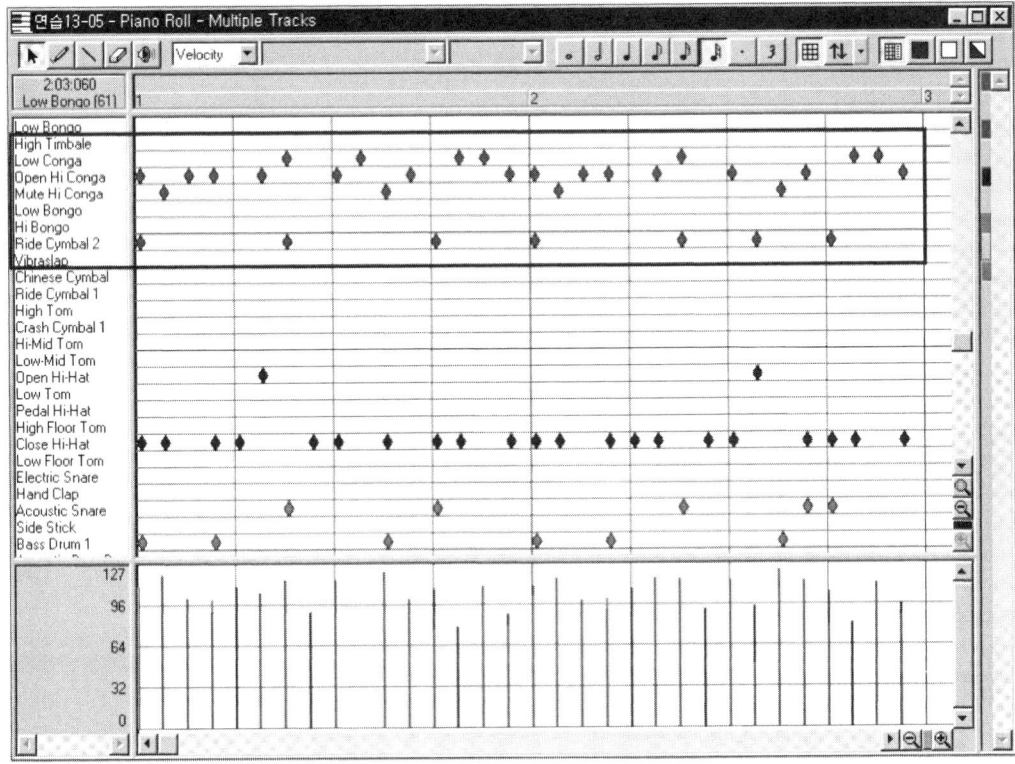

<룸바>

♪ RB-368.mp3

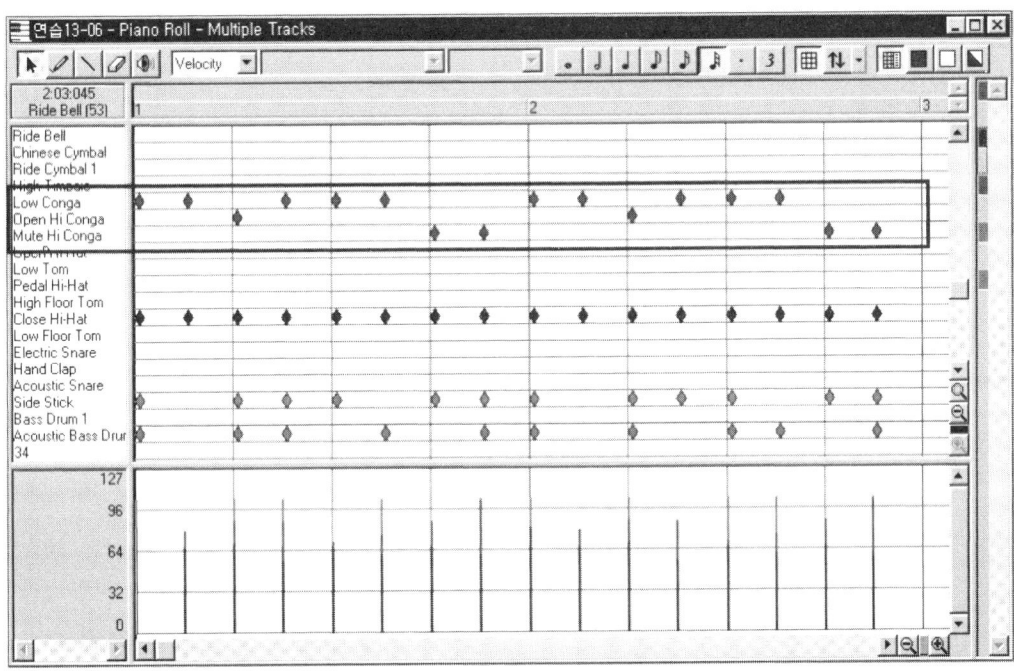

<살사(Salsa)-쿠바>

모범답안

♪ RB-369.mp3

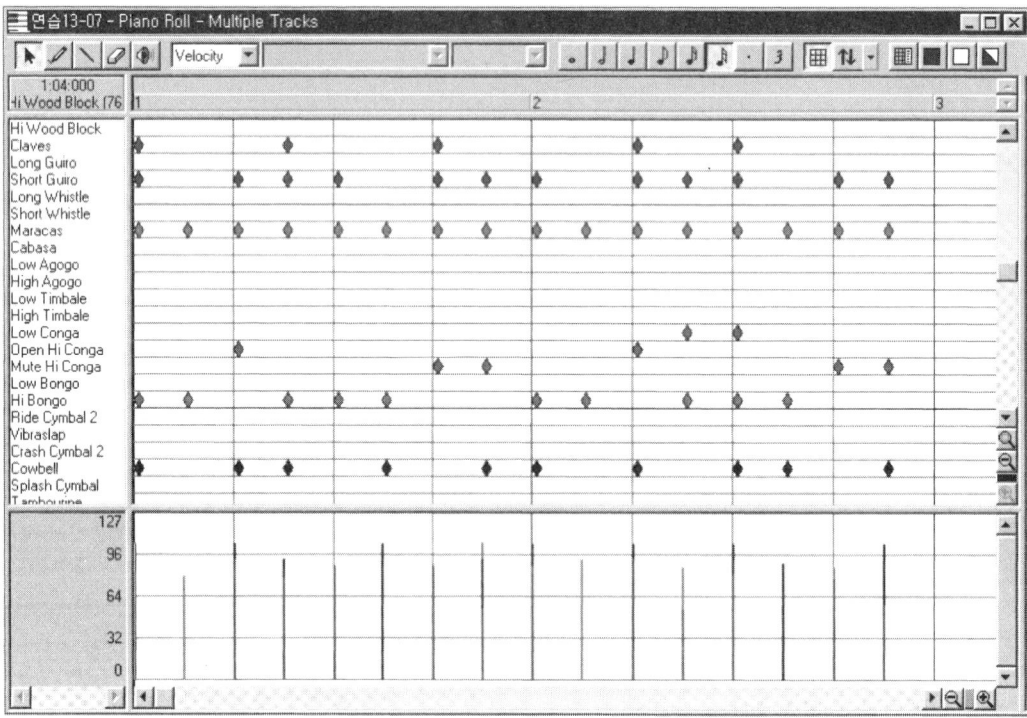

<살사-퍼커션>

♪ RB-370.mp3

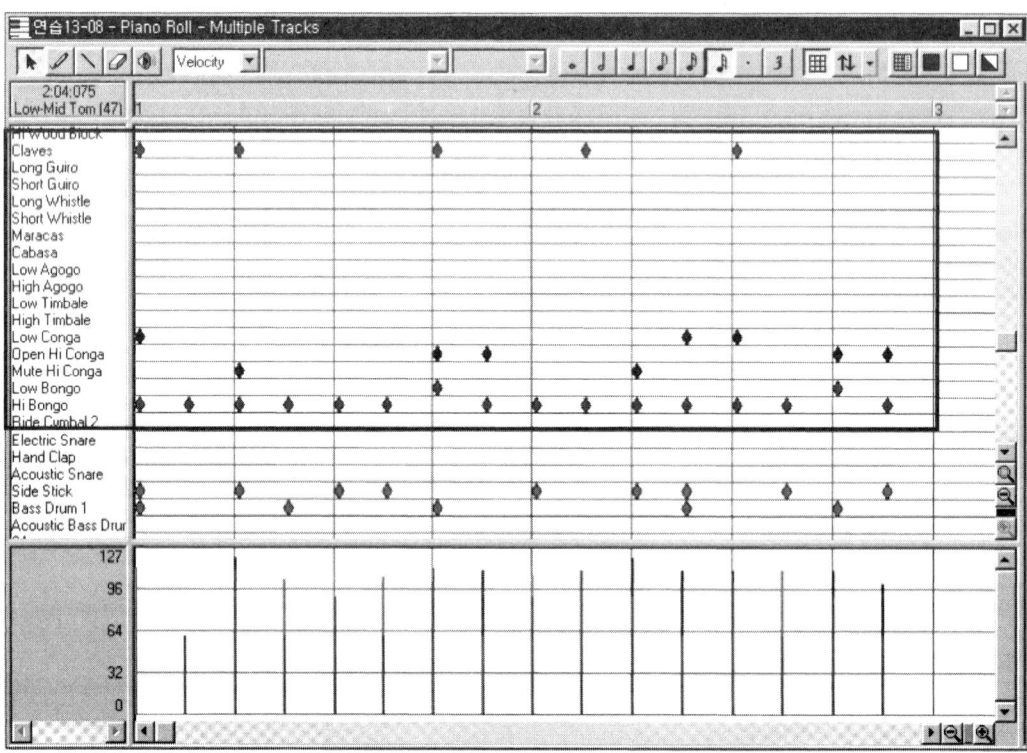

<살사-혼합>

- 222 -

♪ RB-371.mp3

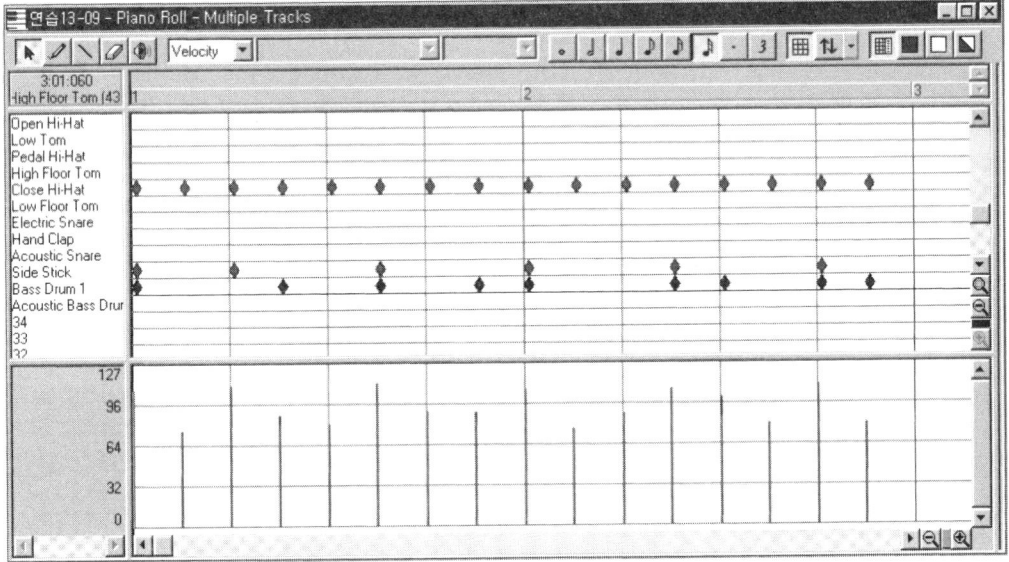

<보사노바(Bosanova)-브라질>

♪ RB-372.mp3

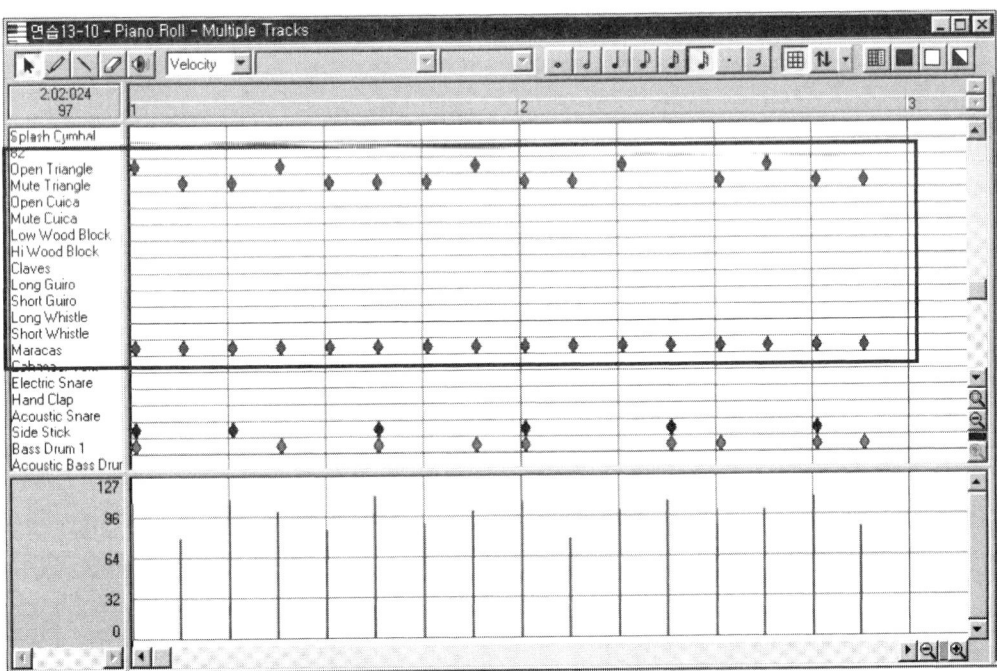

<보사노바>

모범답안

♫ RB-373(Carlos Vives-La Mona).mp3

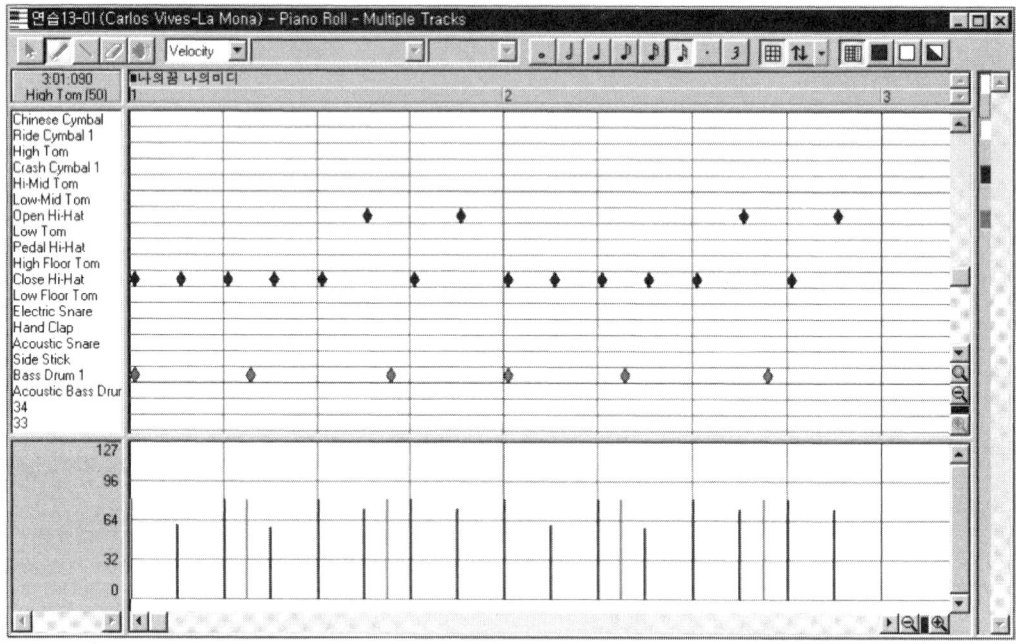

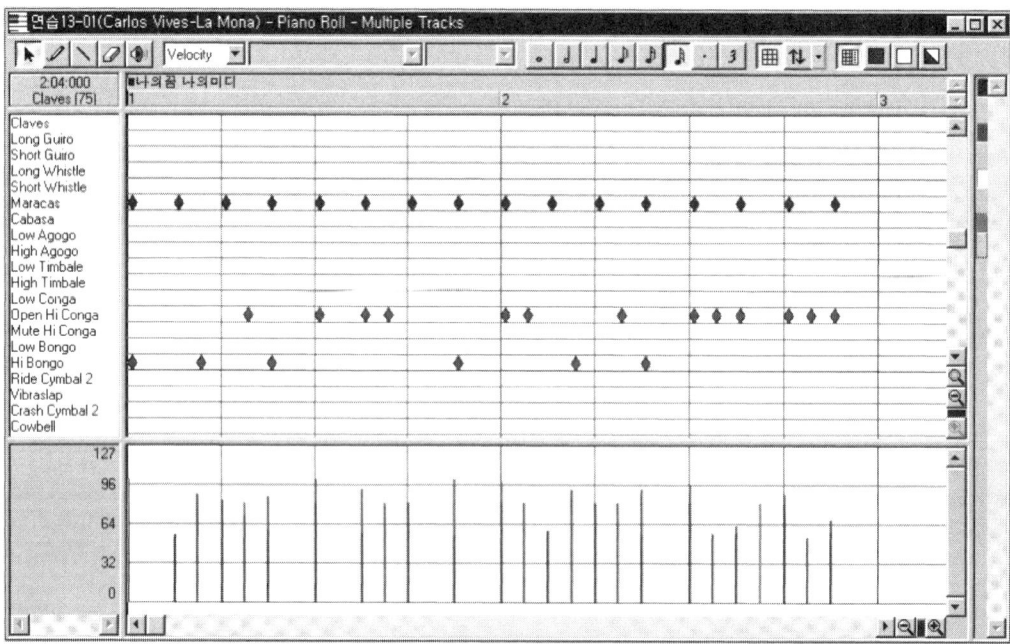

<템포=127>

♪ RB-374(Candela).mp3

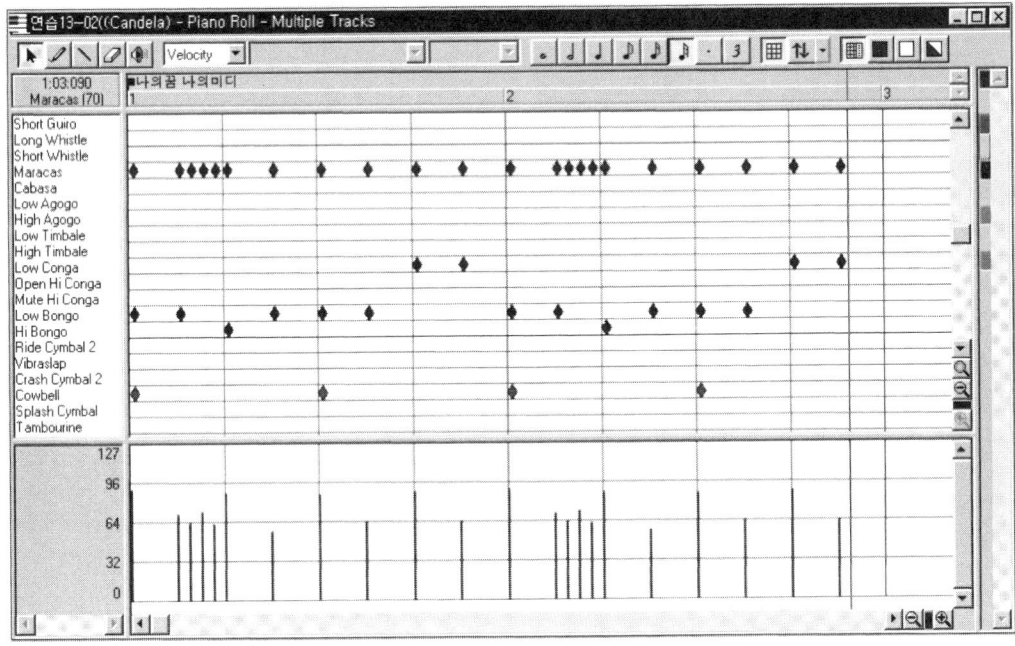

<템포=130>

♪ RB-375(Buena onda).mp3

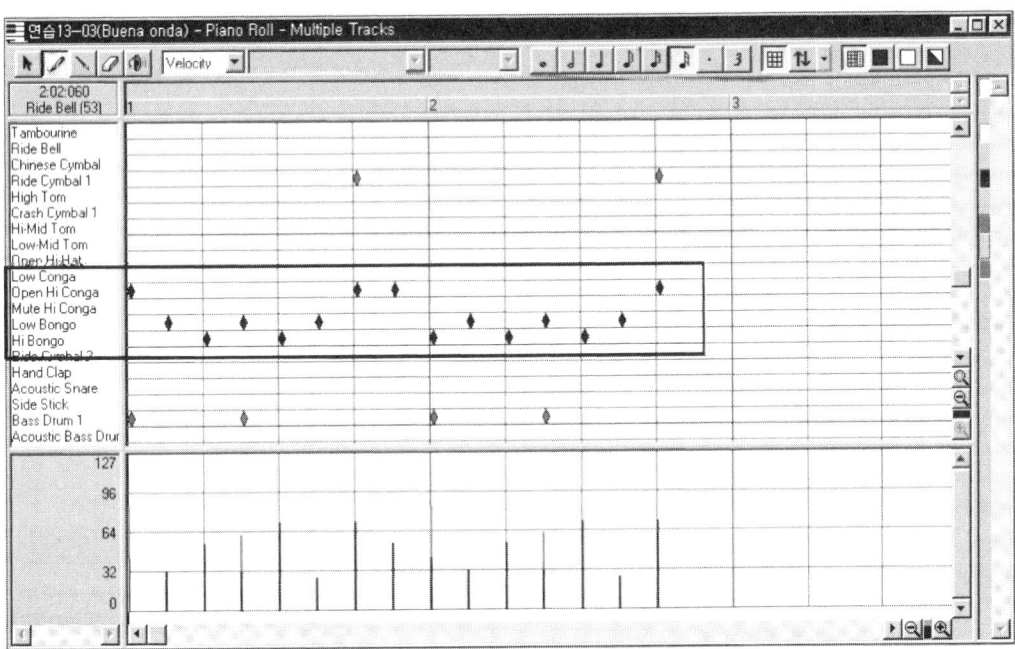

<템포=163>

♪ RB-376(Susana).mp3

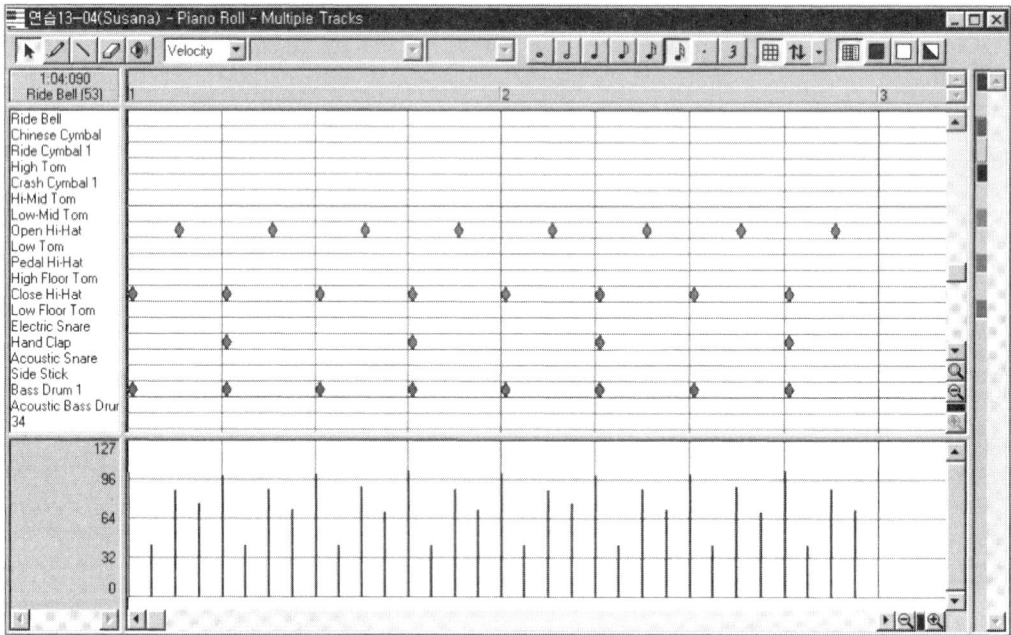

<템포=130>

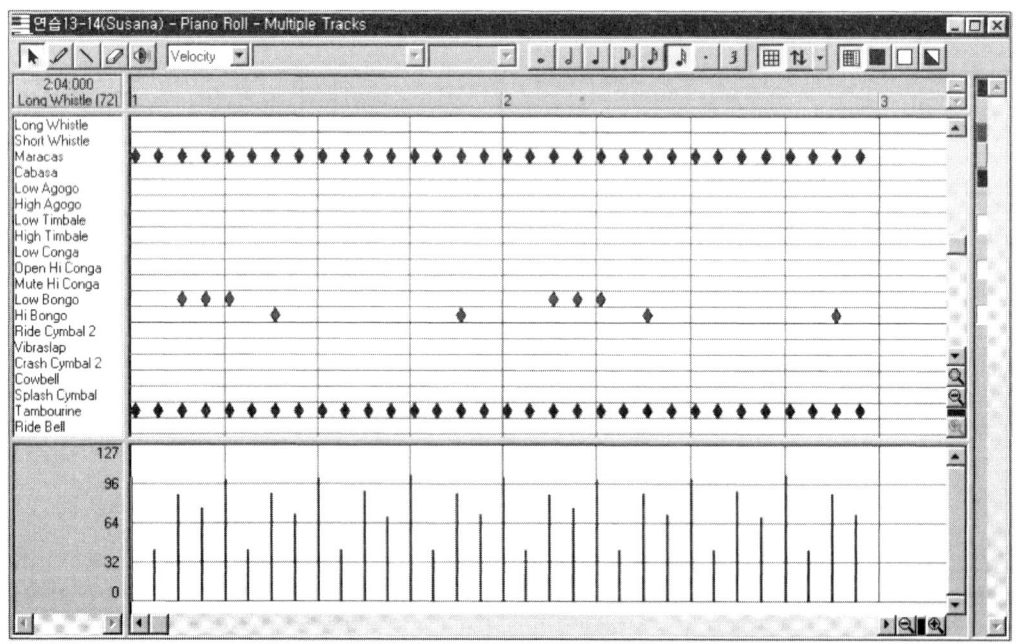

자매 도서 안내

– 저자 박운영 –

영화음악과 오케스트라 (편성편-미디파일본)

한스짐머/존윌리엄스/엔니오모리꼬네/대니앨프먼 등, 유명 영화음악가들의 음악들이 분석,수록되어 있습니다. 미디음악인들이 직접 듣고 시퀀싱하며 편곡의 기초를 배울 수 있습니다. 각 예제곡들에 대한 미디파일 원본이 제공됩니다.

총 212이지, 35,000원
부록데이터: http://www.midist.pe.kr (수준: 초급 ★)

영화음악과 오케스트라 (VSTi 활용편)

스트링/목관/브라스/크와이어/퍼커션 등의 오케스트라 가상악기들이 소개되어 있는데 단순한 사용설명서가 아닌 풀파트 예제 악보를 통해 음악적으로 활용할 수 있는 책입니다.

총 175페이지, 28,000원
부록데이터: http://www.midist.pe.kr (수준: 중급 ★★)

오케스트레이션 (미디파일본)

영화/방송/뮤지컬/게임음악을 위한 스트링/목관/브라스/퍼커션의 고급 편곡법을 소개한 책입니다. 절약과 발전법, 필인, 관악기의 선율/화음/리듬용법, 리듬의 대비감 등. 각 예제곡들에 대한 미디파일 원본이 제공됩니다.

총 323페이지, 45,000원
부록데이터: http://www.midist.pe.kr (수준: 고급 ★★★)

스트링 편곡법

보컬팝, 발라드, R&B, 재즈, 뮤지컬, 보컬 OST를 위한 스트링 편곡법을 소개한 책입니다. 성부쌓기, 내성부 편곡 유형, 장르별 편곡예제와 스트링 시퀀싱 기법이 수록되어 있습니다.

총 220페이지, 32,000원
부록데이터: http://www.midist.pe.kr
수준: 중급 ★★

스트링 편곡법 - 비디오 북

'스트링 편곡법'의 영상 강의물입니다. 모든 시퀀서들이 지원하는 피아노롤(미디 키 에디터) 뷰와 Cinematic Studio Strings을 기본 도구로 하여 스트링 편곡의 실제 작업 과정을 꼼꼼히 설명하였습니다.

총 16강의 (약 250분, 14GB, 44.1kHz/16Bit, MP4 포맷)
가격: 35,000원
판매처: http://www.midist.pe.kr (수준: 중급 ★★)

시퀀싱 백과 I,II (미디파일본)

(큐베이스,로직,스튜디오원,소나를 위한)

출판문화상 후보에 올랐던 '미디오케스트레이션I,II'의 신버전! K팝 아티스트들이 주무기로 삼고 있는 피아노, 기타, 베이스, 드럼, 스트링, 신디, 퍼커션 가상악기의 음악적 활용기법을 체계적으로 소개하였습니다. 각 예제곡들에 대한 미디파일 원본이 제공됩니다.

I편 총 189페이지, 30000원, / II편 총 198페이지, 30,000원
부록데이터: http://www.midist.pe.kr (수준: 초급 ★)

리듬과 베이스

해외 유명 팝 음악 속에 전개되는 드럼과 베이스 패턴들이 장르별로 분석되어 있고 이를 듣고 따라할 수 있는 훈련서입니다. 드럼과 베이스에 의한 리듬은 현대 대중음악의 핵심입니다.

총 244페이지, 22,000원
부록데이터: http://www.midist.pe.kr (수준: 초급 ★)

모범답안

헬로우 스튜디오원3

컴퓨터음악 시퀀서의 새로운 강자로 떠오르고 있는 스튜디오원3의 기본 기능들 뿐만아니라 내장 가상악기와 이펙터의 모든 것들을 충실하게 설명하고 있습니다.

총 250페이지, 28,000원
수준: 초급 ★

나의꿈 나의미디 Cakewalk by Bandlab
(시퀀서의 원조 케이크워크)

컴퓨터음악 부문, 한국 최초의 베스트셀러였던 '나의꿈 나의미디' 시리즈의 최신작으로서 모든 장르를 소화해 낼 수 있는 가장 완벽한 시퀀서, 케이크워크를 설명한 메뉴얼입니다. 32/64비트 VST에 대한 안정적인 지원, 오디오 퀀타이즈와 샘플룹 편집, 믹싱/마스터링 체인 이펙터, 아울러 고급 영역인 CAL 프로그래밍과 널리 애용되는 외부 가상악기들을 소개하였습니다. 총 417 페이지, 40,000원 (수준: 초급 ★)

게임음악, 에픽뮤직, 트레일러 오케스트레이션 (미디파일본)

게임음악, 에픽뮤직, 영화, 트레일러, 프리젠테이션, CF, 방송, 다큐멘터리 등에 널리 활용되는 오케스트레이션 기법을 소개하였습니다. 특히 게임/에픽 뮤지션으로서 널리 알려진 해외 작곡가들(Thomas Bergerse, Steve Jablonsky, Ivan Torrent, David Solis 등)의 기법들이 각 예제 속에 적용함으로써 동시대에 통용되는 감각을 익힐 수 있게 하였습니다. 각 예제곡들에 대한 미디파일 원본과 악기별 멀티트랙 오디오 데이터(5GB)가 제공됩니다.

총 230 페이지, 45,000원 (수준: 중급 ★★)

게임음악, 에픽뮤직, 트레일러 오케스트레이션 - 비디오북

'게임음악, 에픽뮤직, 영화, 트레일러 오케스트레이션' 책의 실제 오케스트레이션 기법들(제 4~11장)을 영상으로 설명하였습니다. 영상의 장점을 활용하여 '주도권의 이동, 사용된 악기들 소개, 핵심 요소의 완성 등'과 같은 새로운 개념들이 추가되었습니다.

총 8강의 (약 180 분, 10GB, 44.1kHz/16Bit, MP4, 2560×1440 포맷), 동일한 부록 데이터(예제에 대한 원본 미디파일 5GB)
가격: 30,000원 (수준: 중,고급 ★★)

[리듬과 베이스 (개정판)]

발행일	2017년 10월 1일
지은이	박운영 (Janinto)
제작,기획	함예진
디자인	함예진
표지사진	www.pexels.com (free photos)
발행처	예진미디어
출판등록	제 307-2017-56 호 (2017년 08월 7일)
주 소	서울시 강남구 논현로122길 28, 104호
대표전화	02-747-6784
홈페이지	www.midist.pe.kr
이메일	ilbobae@naver.com
인쇄	남양인쇄소
제책	성광제책사

값 20,000 원

본 책 내용의 전부 또는 일부를 재사용하려면

반드시 저작권자의 동의를 받으셔야 합니다.

ⓒ 박운영 2017

ISBN 979-11-961675-3-0 93670

이 도서의 국립중앙도서관 출판예정도서목록(CIP)은 서지정보유통지원시스템 홈페이지(http://seoji.nl.go.kr)와 국가자료공동목록시스템(http://www.nl.go.kr/kolisnet)에서 이용하실 수 있습니다.(CIP제어번호: CIP2017023897)